古代歷史文化研究輯刊

二十編

王明蓀 主編

第8冊

元代官營工商業法律制度研究

綦保國 著

國家圖書館出版品預行編目資料

元代官營工商業法律制度研究／綦保國 著 — 初版 — 新北市：
花木蘭文化事業有限公司，2018〔民 107〕
目 2+286 面；19×26 公分
（古代歷史文化研究輯刊 二十編；第 8 冊）
ISBN 978-986-485-540-7（精裝）
1. 中國法制史 2. 工商企業 3. 元代
618　　　　　　　　　　　　　　　　　　　107011987

ISBN-978-986-485-540-7

9 789864 855407

古代歷史文化研究輯刊
二十編　第 八 冊　　　　　　ISBN：978-986-485-540-7

元代官營工商業法律制度研究

作　　　者　綦保國
主　　　編　王明蓀
總 編 輯　杜潔祥
副總編輯　楊嘉樂
編　　　輯　許郁翎、王筑　美術編輯　陳逸婷
出　　　版　花木蘭文化事業有限公司
發 行 人　高小娟
聯絡地址　235 新北市中和區中安街七二號十三樓
　　　　　　電話：02-2923-1455／傳眞：02-2923-1452
網　　　址　http://www.huamulan.tw 信箱 hml 810518@gmail.com
印　　　刷　普羅文化出版廣告事業
初　　　版　2018 年 9 月
全書字數　265926 字
定　　　價　二十編 25 冊（精裝）台幣 66,000 元

元代官營工商業法律制度研究

綦保國 著

作者簡介

綦保國，男，1974 年出生，湖南衡陽人。法律史博士，畢業於西南政法大學，師從於著名法史學家曾代偉先生。現在聊城大學法學院任教，主講外國法制史、外國法律思想史、中國傳統法律文化、經濟學導論、法律經濟學等課程。曾從事人民警察、執業律師等職，有豐富的法律職業實踐基礎和辦案經驗。學術研究方向：法律史、法律經濟學。參加國家社會科學基金課題一項，公開發表學術論文 20 餘篇。

提　　要

　　中國古代官營工商業法律制度有著深厚的歷史文化底蘊。它起源於西周的「工商食官」之制，經秦漢，歷唐宋，制度歷備，內容代豐，可謂一脈相承。然而，其歷史功過、價值利弊，自古也是人們爭議的焦點。言利而害義，富國而傷民，溢上而損下，官營工商業法律制度因此累遭世人詬病。本文以元代官營工商業法律制度作爲標本，對其立法背景、規制內容、運行狀況、社會效果等方面作了比較系統的考析和論述。通過這些考析和論述，可以看出：

　　元代官營工商業法律制度基本上沿襲了唐、宋舊制。官府直接經營管理大量工商業經濟，其主要目的仍然是爲皇室貴族和各級政府提供各種消費品和奢侈品，爲國家財政節約貨幣開支並獲得大量利稅收入。然而，由於其獨特的政治、經濟及民族文化背景，就官營工商業法律制度的價值意義而言，元代的官營工商業法律制度挫長揚短，將官營工商業法律制度的百般弊病暴露無遺。究其具體原因，既有法律運行的政治、法治環境的原因，也有其制度本身缺陷的原因。

　　元代的官營工商業法律制度，在恢復和促進元初的國民經濟發展過程中發揮過重要作用，但由於官營工商業發展成果被少數蒙古權貴攫取，廣大中原民眾淪爲官營工商業法律制度的受害者，被無情地剝削和壓榨，最終導致官貪民窮，民窮則國也不富，國民經濟陷入民不聊生，經濟崩壞的境地。這種歷史教訓值得人們認真總結和反思，任何一個國家和民族都是背負著過去走向未來的，過去與現在不僅不可割裂，還能共同構築一個美好的未來！

目
次

緒　論

一、選題的來源和意義

　　中國是一個有著五千年歷史文化傳統的國家，也是一個正在加速走向現代化的國家。過去的傳統與現在的現代化如何連接和融合，並共同構築一個美好的未來，是一個博大精深而又十分現實的宏大課題。法治現代化是我國現代化極其重要的一環。自清末法制改革以來，中國傳統法律文化遭到了西方法律文化的全面衝擊。時至今日，這兩種法律文化一方面表現出折衷與融合，另一方面還是表現為一種根深蒂固的衝突與博弈。在筆者看來，這一點在政治法和經濟法這兩個重要的法律領域表現得尤為明顯和直接。無論是在理論上，還是在實踐中，民主分權憲政政治與民本集權專政政治，自由市場經濟與政府干預經濟的理論衝突與實踐較量並末結束，也不會結束。

　　中國傳統封建經濟結構可以分為三個部分，即民間自給自足經濟、官營公有制經濟和一定程度的商品交換經濟。在中國歷史上，這三種類型的經濟既相對獨立，又相互滲透和交織。但是，這三種類型的經濟在整個社會經濟生活中所處的地位和作用是不同的。民間的自給自足經濟是基礎。商品經濟既依賴於前兩種經濟的發展，又對它們起著促進作用，可以說，商品經濟是封建社會經濟向前發展的標誌。官營公有制經濟，尤其是官營工商業經濟在中國傳統封建社會中具有十分重要的作用和意義：

　　首先，官營工商業經濟作為一種經濟類型具有相當大的規模，在整個封建國家經濟中佔有很大的比重。著名經濟史學家傅築夫先生就指出：「官工業是中國封建經濟結構中的一個特殊制度，是隨著封建制度的產生而產生，並

隨著封建制度的發展而發展的，不但是從古代起即一脈相承地繼續下來，而且它的種類和規模，更是一代超過一代。」〔註1〕

其次，官營工商業經濟不僅僅是一種經濟類型和一定的經濟規模，而且官營工商業經濟制度本身還是國家主導、干預、管理國家經濟的一種特殊制度和手段。正如曾代偉先生在《中國經濟法制史綱》一書中所指出的，「奴隸主國家對於手工業和商業的管理，實行『工商食官』的官工商制度，即主要手工業和商業部門由官府直接經營管理。」〔註2〕事實上，這種產生於奴隸制社會的管理國家經濟的制度，不僅沒有在封建社會消失，反而有了進一步的發展，以至在中國歷史上，一個王朝的興起、繁榮和衰亡總是與這個王朝官營工商業經濟的興起、發展和衰落相生相伴，互為因果。

再次，官營工商業是中國封建經濟結構中的一個特殊制度，是中國古代傳統經濟制度的典型代表，具有獨特的中國傳統法律文化個性。它在中國傳統封建社會，一脈相承貫穿始終，有著深厚的歷史文化底蘊。今天，我國走的是具有中國特色的社會主義道路，公有制經濟在國民經濟中佔有舉足輕重的主導地位。雖然其政治經濟學基礎與中國古代官營工商業法律制度完全不同，但其地位和作用與中國古代官營工商業十分類似。

但是，由於眾所周知的原因，我們過去長期認為公有制經濟主要存在於遠古的原始社會和當今的社會主義社會，而對封建社會的公有制經濟要麼進行徹底的抹殺，將官營經濟與皇帝的個人經濟劃等號，要麼認為它是次要的，長期遭到人們的忽視。正因為如此，對中國古代官營公有制經濟及其法律制度的研究一直是經濟史和法律史研究工作中的一個重要的薄弱環節。

與歷代封建王朝一樣，大元王朝的興起、繁榮和衰亡與其官營工商業經濟的興起、發展和衰落相伴隨。而且，就官營工商業經濟及其法律制度的研究來說，大元王朝所具有的歷史個性，使其作為官營工商業法律制度的典型和標本更具研究價值和現實意義。這種歷史個性主要表現在以下幾個方面：

其一，元代的官營工商業經濟規模大，在國家經濟中的地位和作用更為突出。以官辦造作手工業為例，有學者認為：元代的官營手工業「規模大，產品多，遠遠超過宋、金時的官手工業」；〔註3〕「元代的官營手工業一度

〔註1〕 傅築夫：《中國經濟史論叢》（下），上海：三聯書店，1993年版，第608頁。

〔註2〕 曾代偉：《中國經濟法制史綱》，成都：成都科技大學出版社，1994年版，第8頁。

〔註3〕 韓儒林主編：《中國大百科全書·中國歷史·元史》，上海：中國大百科全書

得到大規模發展。……元政府建立起了龐大的官營手工業，全國共設立大小工業局院三百一十餘所，其中規模較大者有七十多處」。〔註 4〕再以製鹽業爲例，高樹林先生認爲：「元朝鹽課，在官府財政收入中佔有極爲重要的地位，比唐、宋王朝又有了更多增長。」唐、宋時鹽課收入一般占財政收入不到一半，或者「實居其半」，但元代鹽課有「國家經費，鹽課居十之八」的記載，〔註 5〕

其二，元代是一個蒙古少數民族強勢統治中原的朝代。蒙古統治者起自漠北，在大蒙古汗國時期實行的是自由工商業政策。入主中原之後，其經濟法律思想重利輕義，受中原儒家「不與民爭利」的傳統觀念影響較少。在這一時期，各種與官營工商業法律制度相關的思想相互激蕩，各種與官營工商業法律制度相關的文化相互衝突，這爲研究官營工商業法律制度的思想、文化基礎提供了方便。

其三，元代權貴經濟盛極一時，外貿相對內貿畸形發展，而且元政權命運短暫，其興也勃，其亡也忽。這些經濟現象和政治現象，必然與元代官營工商業法律制度有某種聯繫。這爲探究官營工商業法律制度利弊得失提供了素材和線索。

其四，元代法律資料既有法律條文，又有大量的斷例、判例，有利於研究法律的立法目的、法律的運行狀況及法律的運行效果。

正是基於上述原因，我選擇元代官營工商業法律制度作爲博士論文的研究對象。但是期望僅僅以一篇博士論文解決中西方法律文化中自由主義經濟法律制度與政府干預經濟法律制度的全部理論與實踐衝突是不現實的，也是筆者的學識所不能及的。我的論文將主要是對元代官營工商業法律制度做全面客觀的文獻分析，並在此基礎上進行「有幾分證據，說幾分話」的理論研究和價值反思，以期爲社會主義公有制經濟法律制度的理論建設和實踐探索提供歷史經驗。儘管如此，本選題的理論和實踐意義還是十分明顯的，在中國經濟正面臨著國有經濟管理體制的低效率和全球資本主義金融風暴、經濟危機的雙重夾擊下的今天，這種與歷史上的同類事物的「對話」就變得尤爲重要。

出版社，1985 年版，第 36 頁。

〔註 4〕劉佛丁主編：《中華文化通志：工商制度志》，第 41 頁。

〔註 5〕參見高樹林：「元朝鹽茶酒醋課研究」，《河北大學學報》，1995 年第 3 期，第 5 頁。

二、國內外研究現狀

對中國古代官營公有制經濟及其法律制度的專門研究一直是經濟史和法律史研究工作中的一個重要的薄弱環節，尤其是元代官營經濟法律史的研究，還只能說處於起步階段。但是國內外元史研究的前輩和新秀對元代法律史料的整理，對元代經濟史包括人口、農業、手工業、稅賦、商業等的研究以及元代經濟法律史的研究作出了不可磨滅的貢獻，也取得著有成效的成果，爲筆者元代官營工商業法律制度的專門研究提供了難能可貴的堅實基礎。

（一）元代法律史料整理情況

法律史料的整理是法律史研究的基礎工作，這方面的工作主要分爲兩個層次：

一是經典史籍的整理和翻譯。這方面首先應提到的是《元史》的點校和《蒙古秘史》的校勘。《元史》的點校工作在翁獨健先生主持下進行，早在1975年已經完成並出版。《蒙古秘史》的校勘，前有1981年出版的額爾登泰和烏雲達賚的校勘本，後有2005年出版的鮑思陶點校本。他們爲元史研究工作做出了可貴的貢獻。其次是國外《世界征服者史》、《多桑蒙古史》、《史集》、《草原帝國》等多部經典史籍的翻譯，目前這些史籍都有了很好的漢文譯本。

二是法律專題史料的整理和輯錄。方齡貴先生經過長期的努力完成了《通制條格校注》，已於2001年出版。黃時鑒先生1988年出版的《元代法律資料輯存》可爲是苦心孤詣，將散見於漢文史料中的元代法律資料輯錄於一處，爲我輩後學者利用史料提供了極大的方便。除此之外，吳海航的《元代法文化研究》第三章《蒙古成文法》對成吉思汗《大札撒》作了系統的史料考證工作。國外學者在元代法律史料整理方面也作出了重要貢獻。俄國學者梁贊諾夫斯基早在1929年就出版了《蒙古習慣法研究》，後又於1938年出版了《成吉思汗大札撒》。日本學者對元代的法律研究一直十分關注並起步很早，20世紀20年代淺見倫太郎就於1923年發表了《元之〈經世大典〉與元律》的先聲之作，緊隨其後的是安部健夫、有高岩等優秀代表。安部健夫在京都大學人文科學研究所組織成立了《元典章》的研究班，培養了幾代學者，至今成果不斷。

　　說到元代法律史料，不得不提起的是《大元聖政國朝典章》，簡稱《元典章》。《元典章》是 1303 年大德七年在江西奉使宣撫的提議下，經過元政府的批准，分門別類彙集始自中統元年（1260 年）止於至治二年（1322 年）的全部所行的聖旨條畫、條格及斷例的大彙編，被法史學界公認爲是「元代法史資料的寶庫」。《元典章》現存有元代刻本，1998 年中國廣播電視出版社影印出版了元刻本，從而使學者能方便利用到該第一手法史資料。儘管《元典章》的點校工作至今還未完成，但學界前輩對之作了諸多研究工作，爲後學者打開了入室之門。

　　除上述史料之外，《吏學指南》、《事林廣記》等文獻以及元代名人王惲、胡祗遹等文集也有大量的第一手元史法律資料。1991 年李逸友編著的《黑城出土文書（漢文文書卷）》也是元代法律史料的重要組成部分。

（二）元代官營經濟史研究現狀

　　在元史研究中，元代經濟史一直是學者關注的重點，其研究的成果也較多，涉及到元代人口、農業、手工業、稅賦、商業等各個經濟領域。然而，對元代官營經濟較全面的專題研究，就筆者目前瞭解的情況來說，還沒有見到。因此，目前元代官營經濟史的研究只能說是零星的、散亂的，而且多是一些官營經濟狀態和運行過程的描述，對官營經濟基本法律制度和管理制度的研究相對較少。儘管如此，他們的諸多研究，如劉莉亞的《元代手工業研究》及《元代礦冶業研究》、高樹林的《元代賦役制度研究》、陳高華的《論元代的和雇和買》、胡小鵬的《元代的係官工匠》等，對筆者瞭解元代官營經濟的概貌和許多具體法律問題（例如：係官匠人的法律地位）還是提供了巨大的幫助。

（三）元代官營工商業法律史研究現狀

　　對元代官營工商業法律制度進行專門綜合研究的成果目前還沒有，但前輩學者還是就相關法史領域進行了很有價值和意義的考證和探索。其中具有較大影響的，有曾代偉先生《中國經濟法制史綱》，該著不僅對歷代官營經濟法律制度的歷史沿革著墨頗多，而且在第四章專門考證和論述了元代國有土地法、官田田賦法、科差法、專賣法、金融法以及外貿管理和關稅法，對筆者的後續研究極具啓示和引導意義。其次是張晉藩主編，韓玉林分卷主編：《中國法制通史》（元），該書第四章《元朝的經濟法律規範》對元代官營經濟法律規範也多有涉及。其他的著作有胡興東的《元代民事法律制度研

究》、吳海航的《元代法文化研究》、徐昱春的《元代法定刑考辯》等，他們的研究對象雖然不是元代的官營工商業法律制度，但涉及到的相關內容對筆者的研究也頗多幫助。

三、論文的基本結構與研究方法

根據筆者的研究目的和元代官營工商業法律制度體系結構的內在邏輯，論文正文分爲三個部分，共五章：

第一部分即第一章，元代官營工商業法律制度的建立。主要是對元代官營工商業法律制度建立的政治經濟背景、思想文化衝突、產權基礎以及立法過程進行分析。

第二部分是實體分析部分，共三章，即第二章元代官營造作手工業的法律規制，第三章元代官營課程手工業的法律規制，第四章元代官營商業的法律規制。本部分在充分佔有翔實的法律史料基礎上，首先，從靜態的角度，對元代官營工商業法律制度進行全面、系統地文獻分析，考證元代官營工商業法律制度的主要內容，包括具體法律制度、經營模式、管理規範和管理過程中存在的主要問題及法律措施；其次，從歷史的縱向角度運用比較分析等方法考察元代主要官營工商業法律制度的產生、形成及其嬗變的歷史過程；再次，通過典型案例的補充研究，揭示元代官營工商業法律制度的運行情況和法律規制效果。

第三部分是總結評析部分，即第五章元代官營工商業法律制度評析。主要是在分析中國古代官營工商業法律制度的政治經濟學基礎及功利價值、主要流弊的基礎上，總結元代官營工商業法律制度的主要特徵和歷史個性，反思元代官營工商業法律制度的利弊得失，以期爲社會主義國有經濟法制建設提供歷史借鑒。

論文以馬克思主義唯物史觀爲指導，在充分搜集、佔有史料和前人研究成果的基礎上，採取了如下一些研究方法：

（一）主要運用文獻分析法

文獻分析法是本文的主要研究方法。爲完成本書的研究，筆者充分搜集了四個方面的文獻資料：一是有關元代的官方史料，即正史，如《元史》、《蒙古秘史》、《元典章》、《大元通制條格》等基本史料。二是除正史以外，元人留下的大量奏章、筆記、戲曲、詩歌、野史、雜劇等。三是近現代學者對元

史的研究成果，如各種論文。四是國外的有關元代的史料及著述。在充分佔有上述直接史料和間接史料，有意史料和無意史料的基礎上，運用「二重證據法」的基本考據方法，分析文獻，考據史實，力求得出準確、科學的歷史結論。

（二）廣泛運用統計分析法

統計分析法，又稱定量分析法，本文廣泛運用了數學圖表和數量統計，採用定性分析與定量分析相結合的辦法，力求探索元代經濟及其法律制度背後蘊藏的信息和規律。如筆者在研究元代官營工商業的規模及其與經營管理官員秩品的聯繫、官營課程手工業法定定額的增長幅度、財政收入的分配制度等方面都大量運用了統計分析法，取得了很好的研究效果。

（三）充分運用個案分析法

元代法律資料既有法律條文，又存在大量的斷例、判例，這為大量運用個案分析研究方法提供了基礎。同時，通過對大量斷例、判例的個案剖析，不僅可以充分認識、理解法律條文的真實含義，而且有利於研究法律的立法目的、法律的運行狀況及法律的運行效果。例如，通過對《大元通制條格》卷三「良嫁官戶」判例的個案分析，可以發現官戶婚姻不僅由官方作主，而且其聘禮錢都必須依賴官錢給付，由此可見，官戶沒有獨立的經濟，沒有任何自主財產，沒有婚姻的自由，身份地位比一般的工匠要低得多，實質上就是由政府直接控制的官奴。

（四）獨到運用法律的經濟分析法

經濟學是一門關於我們這個世界的理性選擇的科學，人類在其生活目的、滿足方面是一個理性最大化者。運用經濟學的基本原理和研究方法來分析、解讀、評價元代官營工商業法律制度及其經濟合理性，本文是一次不錯的嘗試。例如，筆者在評價元代官營工商業法律制度時指出：組織生產的兩種方法：一是自由契約方法，一是命令服從方法，第一種方法遇到的問題是交易成本很高的問題，第二種方法遇到的問題是控制成本很高的問題。因此，從純粹經濟學分析來看，官營工商業法律制度的最大問題是控制問題，是代理成本問題，是代理人忠誠問題，而且建立一種使一系列命令的上下通達並確保上級決策科學、下級服從有效的監督機制是十分必要的，但這種監督機制肯定是既昂貴而又不完善的。

四、本文的特色和創新

就國內外的研究現狀而言，本文具有開拓性。官營工商業法律制度的研究一直是法史研究的一個重要的薄弱環節，尤其是元代官營工商業法律制度的研究，還只能說處於起步階段。除此之外，本文的特色和創新之處還包括以下幾點：

首先，就研究的意義來說，本文將研究的焦點直接對準西方經濟私有制與中國傳統經濟公有制、西方自由經濟與中國政府干預經濟的法文化衝突，不僅凸顯了本文的研究目的和研究意義，而且為研究確定了「活的靈魂」。而就研究的對象而言，本文選題定位具體，十分務實，且直指要害。中國傳統封建經濟是政府干預經濟，政府干預、主導、管理國家經濟的最主要、最根本的手段和制度就是官營工商業法律制度。因此，本文選題以元代官營工商業法律制度為研究對象，其「以小搏大」「知微見著」意蘊十分明顯。

其次，本文十分注重對「社會生活中的法律」、「社會運行中的法律」進行研究。筆者在本文的研究過程中，不僅關注有關元代工商業法律制度的立法及體現於一定文本的法律制度，而且把法律看作一種社會現象，更關注社會中的法律，即法律在社會中應用與運作過程及社會效果，法律與政治、法律與經濟等的相互關係。也就是說更為關注元代官營工商業「活法」的研究。其具體體現如下：

一是本文不僅注重對元代法史文本如《元典章》、《大元條格通制》的研究，而且注重搜集和分析元人留下的大量奏章、筆記、戲曲、詩歌等文獻資料，挖掘元朝社會生活中的「法律事實」。

二是本文不僅研究元代官營工商業法律制度的法律文本和法律條文，而且關注元代官營工商業法律制度的立法目的、運作狀況及法律效果，也即法律的具體運作情況。

三是本文極為重視對法律的調整對象——社會關係本身進行研究。過去，在法律制度史的研究中，往往總是就法制談法制，而對法律的調整對象——法律所調整的社會關係漠不關心，結果是法律條文羅列了不少，但人們對法律所調整的社會關係仍然知之不多。本文十分關注元代官營工商業經濟的運行過程，從生產資料的產權屬性到勞動力的來源與法律地位，從官營工商業經濟的生產經營方式到產品、收益的分配制度都納入了本文的研究視野。

　　四是本文不僅研究元代官營工商業法律制度產生、形成、演化的社會、政治、經濟基礎，而且還注重研究元代官營工商業法律制度對經濟發展、社會進步的作用和影響，試圖對元代官營工商業法律制度的社會效果、利弊得失給出合理的評價。

　　再次，本文將元代官營手工業分爲造作手工業和課程手工業，將其作爲兩種不同手工業類型分別進行研究，分類更合理，邏輯更清晰。以往的官營工商業研究成果中，要麼將官營課程手工業與官營造作手工業統稱爲官營手工業進行研究，由於兩者的職能、目的及具體法律制度存在明顯的差異，將它們混爲一談，很不合理；要麼將官營課程手工業法律制度與專賣制度合併在一起進行討論，但結果往往只關注官營課程手工業產品的流通制度即專賣制度，而對官營課程手工業的宏觀調控制度、生產管理制度、產品分配制度不作重點研究，甚至留下空白，這是很不嚴謹的。儘管課程手工業產品的生產和課程手工業產品的流通是官營課程手工業生產經營兩個不可分割的環節，而且在法史資料上，兩者的法律條文往往出現在同一法律文本中，但從邏輯上和從研究的目的及意義上看，將官營課程手工業生產方面的法律規制單獨作一章進行研究十分必要。而且，從最終研究結果上看，官營課程手工業法律制度這一章的內容極具創新性，很少有人涉及，但又極其重要。

　　當然，由於筆者才疏學淺，史學基礎不甚紮實，其間多有謬誤，且不乏言過其實之處，望各位方家不吝賜教。

第一章　元代官營工商業法律制度的建立

第一節　大蒙古汗國早期的自由工商業政策

　　元代蒙古政權起自朔方，其俗不待蠶而衣，不待耕而食，無論是生活方式還是國家制度都與中原殊異。在大蒙古汗國建國之初，制度未創，典章未備，國家既無官有財產，更無官營工商業經濟，國家實行的是以私有制爲基礎的自由工商業經濟政策。

一、早期蒙古社會的財產權狀況

　　由於史料的缺乏，學者對蒙古社會早期，尤其是成吉思汗之前蒙古社會經濟生活的瞭解是十分有限的；各種描述不乏模糊的推測和詩意的猜想。其中，《世界征服者史》的作者志費尼的概括性描述既生動又經典，他認爲：「成吉思汗出現前，他們沒有首領或君王。每一部落或兩部落分散生活，彼此沒有聯合起來，其中時時發生戰鬥和衝突。他們有些人把搶劫、暴行、淫猥和酒色看成豪勇和高尚的行爲。契丹汗經常向他們強徵硬索財物。他們穿的是狗皮和鼠皮，吃的是這些動物的肉和其他死去的東西。他們的酒是馬奶，甜食是一種形狀似松的樹木所結的果實，他們稱之爲忽速黑……他們當中大異密的標誌是：他的馬蹬是鐵製的；從而人們可以想像他們的其他奢侈品是什麼樣了。他們過著這種貧窮、困苦、不幸的日子，直到成吉思汗的大旗

高舉」。〔註1〕

　　根據史學家的描述，在早期蒙古社會，蒙古部落過著一種簡單的，幾乎沒有工商業品、更沒有奢侈品的游牧生活。但這並不意味著他們沒有財富，更或者沒有財產權觀念。財產是人們賴以生產、生活的物質基礎，而財產權則構成一切法律制度的核心和基礎。在人類歷史上，曾經有過各種各樣的財產權制度，而基於不同的財產權制度，各種生產、生活的物質資料在法律上被賦予不同的權利主體所佔有、支配、使用和處分，從而形成不同的社會生產關係及各種不同的社會制度與經濟制度。據《元史》的開篇記載，孛端察兒（太祖十世祖）在他母親阿蘭死後，他的兄弟因為懷疑他的血緣純潔性（其母寡後生之），而拒絕分給他遺產，「阿蘭歿，諸兄分家貲不及之」，他竟然輕描淡寫地說道：「貧賤富貴，命也，貲財何足道」。獨乘青白馬，至八里屯阿懶之地居焉。〔註2〕這一記載不僅富有詩意而且極具浪漫色彩，畢竟，像孛端察兒這樣視貲財若無物的天神之子是十分罕見的。《元朝秘史》的類似記載可以印證上述事件很可能是一段真實的史實，「母親阿蘭豁阿歿了之後，兄弟五個的家私，……只四個分了。見孛端察兒愚弱，不將他作兄弟相待，不曾分與。……因此上騎著一個青白色斷梁瘡禿尾子的馬，順著斡難河去到巴勒諄阿剌名字的地面裏，結個草庵住了」。〔註3〕從從上述史料的記載來看，孛端察兒沒有繼承母親遺產的事件，表明蒙古社會在很早以前就進入了私有制社會，並具有某種形式的遺產繼承制度。

　　事實上，《元朝秘史》最早有關私有財產權的記載出現於太祖的十二世祖脫羅豁勒真伯顏，「他（脫羅豁勒真伯顏）有一個家奴後生，名字羅勒歹速牙勒必。又有兩個好騸馬，一個答驛馬，一個孛羅馬」。〔註4〕一個奴隸，兩匹好馬，這樣的私有財產權規模並不算很大，但到太祖的八世祖土敦・篾年的妻子莫拿倫時，個人佔有的財富就極具規模了。根據《史集》的記載，莫拿倫是一個寡婦，但她卻「擁有巨額的收入和財富。……她的馬和牲畜，多到無法計算，當她坐在山頭上，看到從她所坐的山頂上直到山麓大河邊滿

〔註1〕　〔伊朗〕志費尼：《世界征服者史》上冊，何高濟譯，翁獨健校訂，呼和浩特：內蒙古人民出版社，1980年版，第23頁。
〔註2〕　〔明〕宋濂等：《元史》卷一《太祖》，北京：中華書局校點本，1976年版，第1頁。
〔註3〕　《元朝秘史》，鮑思陶點校，濟南：齊魯書社，2005年版，第12頁。
〔註4〕　《元朝秘史》，鮑思陶點校，濟南：齊魯書社，2005年版，第4頁。

是牲畜，遍地畜蹄時，她便喊道：『牲畜全聚攏來』——要不然她就命人去找畜群」。〔註5〕從《元史》的記載來看，莫拿倫應該還擁有數量不菲的奴隸。莫拿倫與押剌伊而部因草場使用權發生衝突，押剌伊而部滅其家。莫拿倫第七子納眞不及難，「聞其家被禍，來視之，見病嫗十數與海都尙在」。〔註6〕此處的病嫗十數自然是奴隸，由此可想見莫拿倫擁有奴隸的總規模。

　　由於各部落還沒有聯合和統一起來，也沒有出現極度權威的、強大的汗權或其他形式的政府公權力，直到成吉思汗稱汗並頒佈系統的法律《大札撒》，部落首領對人們的私有財產權及以此爲基礎的經濟生活的干預是十分有限的。在蒙古游牧部落，人們的財富主要來自於三個方面：放牧、狩獵與搶掠。爲了加深對上述蒙古社會私有財產權狀況的理解，在此筆者將就這三個方面來源的財富分別進行具體的財產權歸屬分析：

（一）游牧經濟財產權狀況

　　在早期蒙古社會，游牧經濟在部落經濟中佔有主導地位，是起決定性作用的經濟部門。游牧經濟的主要財富形態是牲畜，當然，草地作爲絕對重要的生產資料，還是最值得關注的。然而，財產權是對有價值的資源進行排他性使用的權利，草地在當時是一種有價值的資源，但是它卻無法進行排他性使用。也就是說，當時人們還無法對草地進行有法律效力的財產權創設並實施。

　　這一點正如西方著名的法律經濟分析學派理論大師波斯納所指出的：「假設在原始社會中土地的主要用途是放牧。相對土地數量而言，社會人口較少，牧群也很少。在此不存在施肥、灌溉等其他使土地增值的手段、技術。用作圍欄的木材和其他材料的成本很高，並且由於這是個文盲社會，所以土地所有權的公共登記制度也是不可能存在的。在這種情況下，財產權實施的成本可能會遠遠超過其收益」。〔註7〕波斯納所假設的這種情況正好是蒙古社會早期的眞實情況，正是因爲防止他人對某一片草地的使用，既不符合當時的游牧生活習慣，又不符合創設、實施財產權成本太高、代價太大的經濟學

〔註5〕〔波斯〕拉施特：《史集》第一卷第二分冊，余大鈞、周建奇譯，北京：商務印書館，1983 年版，第 18 頁。

〔註6〕〔明〕宋濂等：《元史》卷一《太祖》，北京：中華書局校點本，1976 年版，第 2 頁。

〔註7〕〔美〕波斯納：《法律的經濟分析》（上），蔣兆康譯，林毅夫校，北京：中國大百科全書出版社，1997 年版，第 43 頁。

原理，蒙古人沒有選擇草地財產權的排他性創設，而是選擇將營盤進行不斷的遷移、再遷移，追逐一個又一個水草豐茂的地方。當然，從法律的經濟學原因來看，遷徙制度就如農耕經濟的輪種制度，非常有利於草地恢復肥力。事實上，根據南宋人的記載，他們的遷徙十分頻繁，「韃主徙賬，以從校獵，凡偽官屬從行，曰『起營』。……得水則止……亦無定止，或一月或一季遷耳」。〔註8〕

在蒙古社會早期，蒙古部落隨遇而安，逐水草而居，草地的財產權無論在法律上還是在事實上都沒有被創設，對草地的使用處於一種自然、自由的狀態，沒有所謂的財產權歸屬問題，既非私有，也非公有。下面的一個事例或許可以作進一步的佐證。根據《元朝秘史》的記載，鐵木眞與札木合曾經有過一段政治蜜月期，兩個人的營盤駐紮在一起，「同住了一年半」。但是，在一次起營時，札木合對這種共同游牧有些不滿，「正是夏四月十六日，貼木眞、札木合一同車前頭行，行間，札木合說：『咱每如今挨著山下（營），放馬的得帳房住；挨著澗下（營），放羊的放羔兒的喉嚨裏得吃的。』……」於是鐵木眞帶著自己的人連夜兼行，離開了札木合。〔註9〕從這一事例可以清楚地看出：草地的所有權既不歸札木合，也不歸鐵木眞，也不是他們所共有的，否則事態就不會是這樣發展，也不會是這樣的結果；其中雖然有草地使用上的矛盾，但卻看不出有任何解決這類矛盾的有關草地財產權的根據。

事實上，馬克思對這個問題也有過精闢的論述：「在游牧的畜牧部落，……土地和其他自然條件一樣，是以原始的無窮無盡的形式出現的，……在這裡，被佔有和再生產的，事實上只是畜群，而不是土地，在每一處停留地上土地都是被暫時共同使用的」。〔註10〕蒙古社會早期正是如此，游牧經濟的主要財富形態是牲畜而不是草地，草地是公開的，有如陽光，它有使用價值，但它不爲任何個人或群體所獨佔。

至於游牧畜群的財產權狀態，草原上的牲畜是完全私有的，當時還沒有公權力的抽分稅賦制度，官營畜牧業那完全是後來的事情。正是因爲沒有稅賦，沒有官馬或其他形式公用的馬匹，一旦有戰事發生時，戰士們必須騎自己的私馬、裝備自己的私有軍器去參加戰鬥。「無論何時，只要抗敵和平叛

〔註8〕〔南宋〕彭大雅、徐霆：《黑韃事略》，王國維箋證本，文殿閣書莊，民國25年版，第38頁。

〔註9〕《元朝秘史》，鮑思陶點校，濟南：齊魯書社，2005年版，第56頁。

〔註10〕《馬克思恩格斯全集》（第46卷上），北京：人民出版社，1979年版，第490頁。

的任務一下來，他們便徵發需用的種種東西，從十八般武器一直到旗幟、針釘、繩索、馬匹及驢、駝等負載的動物；……檢閱的那天，他們要擺出軍備，如果稍有缺損，負責人要受嚴懲。」〔註11〕還有，在後來窩闊台汗建立站赤制度時，馬匹和其他運輸用的動物的來源也是來自站戶的私有馬匹，而不是官馬或其他形式的公用馬匹。

不惟蒙古部落首領和奴隸主擁有大量的私有牲畜，而且蒙古部落的一般成員，也擁有屬於自己的牲畜。就拿救過成吉思汗的鎖兒罕失剌的事例來說，鎖兒罕失剌在泰亦赤兀部的社會地位並不高，成吉思汗說他是「在前泰亦赤兀種的脫迭幹家人」。〔註12〕根據大百科全書《元史》「怯憐口」條的解釋：「蒙古語 ger-ün köhüd（意為家中兒郎）的音譯。指蒙古和元朝皇室、諸王、貴族的私屬人口。」〔註13〕私屬人口是投下人口的一種，鎖兒罕失剌顯然就屬於這種私屬人口，是部落貴族的「家人」，但他卻在保護鐵木真脫離危險之後，「與了他一個無鞍子甘草黃白口不生駒的騍馬，再煮熟了一個吃兩母乳得肥羔兒，皮桶裏盛著，與了馬奶子，更與了一張弓，兩支箭，不曾與他火鐮，這般打發教去了。」〔註14〕從這件事的描述中，我們至少可以得出如下三點結論：其一，儘管鎖兒罕失剌的社會地位不高，但他卻擁有屬於自己的牲畜，並可以自由地進行處分和贈予。其二，他擁有的牲畜數量應當具有一定的規模，否則他不可能一次性冒險送給鐵木真一個「逃犯」一匹馬、一隻肥羊羔、一皮桶馬奶子，而讓人不會知覺。其三，這些牲畜並沒有經過領主或部落首領的登記，牲畜的增減變法情況沒有公權力對其進行嚴格的管理。

（二）狩獵經濟財產權狀況

狩獵作為一種經濟形態，而不是作為訓練戰士或娛樂君王的手段，其出現要比游牧經濟形態早得多。游牧經濟是畜牧經濟的一種，根據《辭海》的定義，畜牧經濟是指「人類以牧養動物為生的經濟。原始社會後期，人們因在狩獵中常和動物接觸，懂得了動物的馴養；最初養犬、豕、雞等，後又養

〔註11〕〔伊朗〕志費尼：《世界征服者史》，何高濟譯，翁獨健校訂，呼和浩特：內蒙古人民出版社，1980 年版，第 32 頁。

〔註12〕《元朝秘史》，鮑思陶點校，濟南：齊魯書社，2005 年版，第 149 頁。

〔註13〕韓儒林主編：《中國大百科全書・中國歷史・元史》，上海：中國大百科全書出版社，1985 年版，第 78 頁。

〔註14〕《元朝秘史》，鮑思陶點校，濟南：齊魯書社，2005 年版，第 37 頁。

牛、馬等。畜牧發達以後，有的部落逐漸以游牧生活爲主。」〔註15〕由此可見，狩獵經濟應在游牧經濟之先。

在有史料記載的蒙古社會，其經濟發展已經進入游牧經濟時代。但是以狩獵爲生的經濟痕跡還是有的，弘吉刺部就是一個很好的例子。德薛禪曾經對太祖的父親也速該說：「俺翁吉刺家在前日子裏，不與人爭國土百姓」。〔註16〕此處的「國土百姓」就是指草地和牧民；由於游牧經濟的分散性特徵，游牧部落是不可能不爭草地和牧民的。此處的注解給了我們答案，「《契丹國志》曰：正北至蒙古裏國，無君長所管，亦無耕種，以弋獵爲業，不常其居，……不與契丹爭戰。」〔註17〕這表明弘吉刺部「在前日子裏」是一個以狩獵爲主的部落，因此不與契丹及其他部落爭國土百姓。

儘管已經步入游牧生活，狩獵經濟在早期蒙古社會仍然還具有十分重要的財富意義。《元朝秘史》記述，太祖的十一世祖朵奔篾兒幹一次打獵時，向兀良哈部落的人索要了一頭鹿肉，用這隻索來的鹿後腿換來了一個馬阿里黑伯牙兀歹人氏的奴隸，「朵奔篾兒幹往脫豁察溫都兒名字的山上捕獸去，……朵奔篾兒幹問他索肉，兀良哈的人將這鹿取下頭皮帶肺子自要了，其餘的肉都與了朵奔篾兒幹，……將鹿一隻後腿的肉與了，將那人的兒子換去了，家裏做使喚的了」。〔註18〕《史集》對這一事件的記載略有不同，「四個兒子中最小的那個的後裔〔有一個〕名叫禿倫·撒合勒的人，有一次殺死了一頭馬鹿。巴牙兀惕部有一個名叫巴牙里黑的人，帶來自己的兒子賣給了他，換了些馬鹿肉，由於他是阿蘭·豁阿丈夫的親族，他又將這個孩子送給了阿蘭·豁阿。巴牙兀惕部的大多數人就是這個孩子的後裔（nasl），他們是成吉思汗兀魯黑的奴隸。」〔註19〕從這些記述中可以看出：人們經常把狩獵所得要麼贈與自己的親族，要麼用來交換奴隸；他們的狩獵活動往往是一種私自活動，獵物完全歸自己獨立所有和支配。

早期這種單獨的或以家庭爲單位的狩獵活動的史料記載非常多，《元史》記敘太祖十世祖孛端察兒在兄弟拒絕分與他家貲後，「食飲無所得，適有蒼鷹

〔註15〕《辭海》，上海：上海辭海出版社，1989年版，第4686頁。
〔註16〕《元朝秘史》，鮑思陶點校，濟南：齊魯書社，2005年版，第37頁。
〔註17〕《元朝秘史》，鮑思陶點校，濟南：齊魯書社，2005年版，第37頁。
〔註18〕《元朝秘史》，鮑思陶點校，濟南：齊魯書社，2005年版，第8～9頁。
〔註19〕〔波斯〕拉施特：《史集》第一卷第二分冊，余大鈞、周建奇譯，北京：商務印書館，1983年版，第18頁。

搏野獸而食，孛端察兒以緝設機取之，鷹即馴狎，乃臂鷹獵兔禽以爲膳。」
完全開始了狩獵渡日的生活。〔註 20〕莫拿倫被押剌伊而部殺戮餘生的唯一兒
子納真，一次「路逢父子二騎先後行，臂鷹而獵」。〔註 21〕鐵木真一家早期的
生活食品來源也主要依賴於這種狩獵方式，「將針做鉤兒，於斡難河裏釣魚，
又結網捕魚，將母親奉養了」；「我昨前射得個雀兒，也被他奪了」；「打捕土
撥鼠、野鼠吃著過活了」。〔註 22〕

　　由於狩獵經濟的所有權取得原則採取的是「先占原則」，難免會出現一兔
在野，百人逐之的過渡捕獵的情況。爲了保護狩獵資源不被濫用，某種形式
的環境保護法是十分必要的。阿蘭·豁阿的父親豁里剌兒台篾兒幹原本是豁
里禿馬敦部落的官人，「爲豁里禿馬敦地面貂鼠青鼠野物，被自火裏禁約，不
得打捕的上頭煩惱了。聽得不兒罕山野物廣有，全家起來，投奔不兒罕山的
主人名哂赤伯顏。」〔註 23〕這是記載最早的蒙古社會禁獵的法令，法令不是
君主的意志，而是「自火裏禁約」的民間公約；豁里剌兒台篾兒幹身爲豁里
禿馬敦部落的官人，雖對禁約有不滿「煩惱了」，但禁約必須遵守，豁里剌兒
台篾兒幹只得全家投奔他族；這也表明豁里剌兒台篾兒幹一家對狩獵經濟的
依賴之深。

（三）搶掠經濟財產權狀況

　　搶掠是蒙古社會獲取牲畜、資財、奴隸甚至妻妾的重要手段。自早期蒙
古社會以來，有關搶掠的史實就不勝枚舉。正如《世界征服者史》的作者志
費尼所指出的：「他們有些人把搶劫、暴行、淫猥和酒色看成豪勇和高尚的
行爲」。〔註 24〕太祖之母訶額倫就是太祖之父也速該從篾兒乞氏也客赤列都
手裏搶過來的，而太祖之妻孛兒貼又被篾兒乞人拿了配與赤列都弟赤勒格兒
力士爲妻，從而又引起了太祖組織的第一次大規模搶掠並奪妻戰爭。在這場
戰爭中，別勒古臺說道：「原曾來不而罕山圍繞了三遭的那三百人每，盡數

〔註 20〕　〔明〕宋濂等，《元史》卷一《太祖》，北京：中華書局校點本，1976 年版，
　　　　　第 1 頁。
〔註 21〕　〔明〕宋濂等，《元史》卷一《太祖》，北京：中華書局校點本，1976 年版，
　　　　　第 2 頁。
〔註 22〕　《元朝秘史》，鮑思陶點校，濟南：齊魯書社，2005 年版，第 32、33、37 頁。
〔註 23〕　《元朝秘史》，鮑思陶點校，濟南：齊魯書社，2005 年版，第 6 頁。
〔註 24〕　〔伊朗〕志費尼：《世界征服者史》上冊，何高濟譯，翁獨健校訂，呼和浩特：
　　　　　內蒙古人民出版社，1980 年版，第 23 頁。

殄滅了。他的其餘妻子每，可以做妻的做了妻，做奴婢的做了奴婢」。〔註25〕

事實上，成吉思本人就是以掠奪財富爲榮、以掠奪女人爲樂事的蒙古族領袖。據《史集》記載，太祖早期趁金朝軍隊驅迫強大富有的塔塔兒部落的機會，「在浯勒札地方，截住了蔑兀眞‧速勒圖，擊潰了他的軍隊，捉住殺死了他，並奪取了他們的全部馬群、畜群和財產。在這次掠奪中，他們獲得了銀搖籃和織金床單。由於當時這種〔奢侈〕品在蒙古人中間很少，因此這件事出了名，被認爲是了不起的大事。」〔註26〕還有一次太祖與孛斡兒出、孛羅忽勒等討論「對男子漢來說什麼是最大的快樂？」當時孛斡兒出、孛羅忽勒等都認爲狩獵是最快樂的事情，但成吉思汗說道：「你們說得不好！鎭壓叛亂者、戰勝敵人，將他們連根剷除，奪取他們所有的一切；使他們的已婚婦女號哭、流淚，騎乘他們的後背平滑的駿馬，將他們的美貌的后妃的腹部當作睡衣和墊子，注視著她們的玫瑰色的面頰並親吻著，吮她們的乳頭色的甜蜜的嘴唇，這才是男子漢〔最大〕的樂趣」〔註27〕

至於戰爭中掠奪財物的分配，他們像佔有無主財產一樣，採取「先占原則」，各盡所能，各取所需。但這種處置掠奪財物的原則，明顯不利於戰爭時戰鬥力的發揮，對原來的習慣進行某些改變是十分必要的。直到壬戌年（1202），太祖發兵於兀魯回失連眞河，伐按赤塔塔兒、察罕塔塔兒二部時，新的法律才以軍令的形式予以頒佈：「苟破敵逐北，見棄遺物，愼無獲，俟軍事畢散之。」但這條不得掠奪戰利品和財物的規定，當場就遭到太祖的叔父答力臺等族人的反對，他們沒有認眞遵守，「既而果勝，族人按彈、火察兒、答力臺三人背約，帝怒，盡奪其所獲，分之軍中。」〔註28〕儘管沒有遵守軍令的族人被太祖強制執行，但馬上導致了答力臺等人的反彈，「成吉思汗下令將戰利品從他們那裡奪回來。他們生了氣，跑到王汗那邊去了」。〔註29〕由這一事件可以看出，蒙古社會搶掠財產所有權「先占原則」的觀念是如此根深

〔註25〕《元朝秘史》，鮑思陶點校，濟南：齊魯書社，2005年版，第32、33、53頁。
〔註26〕〔波斯〕拉施特：《史集》第一卷第二分冊，余大鈞、周建奇譯，北京：商務印書館，1983年版，第121～122頁。
〔註27〕〔波斯〕拉施特：《史集》第一卷第二分冊，余大鈞、周建奇譯，北京：商務印書館，1983年版，第121～122頁。
〔註28〕〔明〕宋濂等，《元史》卷一《太祖》，北京：中華書局校點本，1976年版，第8頁。
〔註29〕〔波斯〕拉施特：《史集》第一卷第二分冊，余大鈞、周建奇譯，北京：商務印書館，1983年版，第344頁。

蒂固，成吉思汗爲對此項財產權原則的改變付出了慘痛的代價。

從史料的記載來看，成吉思汗的這項軍令，有如後來元朝統治者屢次頒發的禁止搶掠的詔令一樣，只是一紙空文，一直沒有被很好地執行。就是太祖在位之時，私自搶掠的風氣根本沒有多大改變，「太祖兵至藁城……眞定既破，（趙）迪亟入索藁城人在城中者，得男女千餘人，諸將欲分取之，迪曰：『是皆我所掠，當以歸我。』諸將許諾」；〔註30〕太祖晚年征西夏時，與阿沙敢不在賀蘭山廝殺，「咱軍將他能廝殺的男子並駞駞等物盡殺擄了，其餘百姓縱各人所得者自要」；〔註31〕稍後，丙戌（1226）冬，太祖下靈武，「諸將爭取子女金帛，（耶律）楚材獨收遺書及大黃藥材」。這種無節制無紀律的「先佔先得」的搶佔之風，甚至漫延到戰爭之外，滲入到平常治理之中，「帝自經營西土，未暇定制，州郡長吏生殺任性，至孥人妻女，取貨財，兼土田，燕薊留後長官石抹咸得卜尤貪暴，殺人盈市」；「拖雷監國時，國雖有取民聚斂之制，但掠奪之風尤存」。以致史家評論，「太祖之世，歲有事於西域，未暇經理中原，官吏多聚斂自私，貲至鉅萬，而官無儲待」。〔註32〕

太祖的兒子們對私自搶掠的態度更爲放縱，術赤、察合台、窩闊台三人得了玉龍傑赤城，「將百姓分了，」甚至「不曾留下太祖的分子。及回，太祖三日不許三子入見。」〔註33〕一直到忽必烈平定江南時，私自掠奪之風還在，「至元十九年，（相威）又奏阿里海牙占降民一千八百戶爲奴，阿里海牙以爲征討所得，有旨：『果降民也，還之有司；若征討所得，令御史臺籍其數以聞，量賜有功者』」。〔註34〕

綜上所述，早期蒙古社會財產權狀態處於一種普遍的私有制階段。各部落成員的財產權具有充分的獨立性，部落首領的權力或其他形式的公權力對部民私有財產權的管理與干涉非常有限，部民甚至可以離開自己的部落首領，帶著自己的財產和人馬投奔其他部落。在此時期，尚不存在正式的賦稅制度，也不存在任何形態的公有財產或官有財產，更不存在任何形式的以官

〔註30〕〔明〕宋濂等，《元史》卷一百五十一，《趙迪傳》，北京：中華書局校點本，1976年版，第3569頁。

〔註31〕《元朝秘史》，鮑思陶點校，濟南：齊魯書社，2005年版，第188頁。

〔註32〕〔明〕宋濂等，《元史》卷一百四十六，《耶律楚材傳》，北京：中華書局校點本，1976年版，第3456～3458頁。

〔註33〕《元朝秘史》，鮑思陶點校，濟南：齊魯書社，2005年版，第197頁。

〔註34〕〔明〕宋濂等，《元史》卷一百四十六，《相威傳》，北京：中華書局校點本，1976年版，第3130～3131頁。

有財產爲基礎的官營經濟。

二、大蒙古汗國早期的自由工商業政策

　　早期的蒙古社會，人們很少擁有工商品或者奢侈品。太祖搶得富有的塔塔兒人的銀搖籃和織金床單被認爲是「了不起的大事」。志費尼也曾描述：「他們當中大異密的標誌是：他的馬蹬是鐵製的；從而人們可以想像他們的其他奢侈品是什麼樣了。」〔註35〕儘管如此，一些小規模的家庭手工業是必需的，「他們的婦女製作各種東西：皮袍、長袍、鞋、裹腿和用皮做的各種東西。」〔註36〕甚至出現了專門的手工業工匠，太祖的「四狗」之一者勒篾的父親札兒赤兀臺老人就是一個「背著打鐵的風匣」到處遊食的工匠。〔註37〕商業貿易也時有發生，最早的記載是一次奴隸實物貿易，太祖的十一世祖朵奔篾兒幹一次打獵時，用鹿後腿換來了一個馬阿里黑伯牙兀歹人氏的奴隸。〔註38〕在成吉思汗的部落統一戰爭時期，蒙古部落與回回商人之間的商業貿易已經有了相當大的規模。據《元朝秘史》記載，成吉思被王罕驅迫至巴勒渚納海子時，「有阿三名字的回回，自汪古惕種的阿剌忽失的吉惕忽里處來，有羯羊一千，白駝一個，順著額兒古涅河，易換貂鼠、青鼠」。〔註39〕

　　隨著成吉思汗的統一戰爭和對外征服戰爭，蒙古部落迅速崛起。大量的搶掠，使人們變得十分富有，各種工商業品及奢侈品的需求不斷增長，工商業經濟在這一時期有了顯著的增長。早在成吉思當初被擁立爲乞顏部首領時，他就成立了專門的手工業部門，「古出沽兒管修造車輛。」〔註40〕古出古兒製造了一種可以代步的鐵車，成吉思送給速別額臺一輛，「教襲脫黑脫阿的子忽都等去，」並告訴他：「我欲教你追到極處，所以造與你鐵車，你雖離得我遠，如在近一般」。〔註41〕到成吉思稱汗，建九腳白旗做皇帝時，「木匠古出古兒，管的百姓少了」，手工業工匠嚴重不足，成吉思下令：「於各官下百

〔註35〕〔伊朗〕志費尼：《世界征服者史》上冊，何高濟譯，翁獨健校訂，呼和浩特：內蒙古人民出版社，1980年版，第23頁。

〔註36〕〔英〕道森：《出使蒙古記》，呂浦譯，北京：中國社會科學出版社，1983年版，第19頁。

〔註37〕《元朝秘史》，鮑思陶點校，濟南：齊魯書社，2005年版，第44頁。

〔註38〕《元朝秘史》，鮑思陶點校，濟南：齊魯書社，2005年版，第9頁。

〔註39〕《元朝秘史》，鮑思陶點校，濟南：齊魯書社，2005年版，第112頁。

〔註40〕《元朝秘史》，鮑思陶點校，濟南：齊魯書社，2005年版，第63頁。

〔註41〕《元朝秘史》，鮑思陶點校，濟南：齊魯書社，2005年版，第136頁。

姓內，抽分著，……做千戶管者，」將古出古兒管理的手工業部門擴充到一千戶。〔註42〕在商業貿易方面，據《史集》記述：「由於蒙古部落是游牧民，遠離城市，他們十分珍視各種織物和墊子，關於同他們通商可以賺錢的消息便遠播開去了。」〔註43〕志費尼也指出：「成吉思汗統治後期，他造成一片和平安定的環境，實現繁榮富強，道路安全，騷亂止息；因此，凡有利可圖之地，那怕遠在西極和東鄙，商人都向那裡進發。」〔註44〕

由於早期蒙古社會財產權的普遍私有制，大蒙古國早期的工商業幾乎都是屬於私營的性質，國家對私營工商業的態度也非常積極、非常開放。事實上，大蒙古國早期出臺了一系列支持、鼓勵私營工商業經濟自由發展的政策與法令；這一時期的有些政策、法令甚至對整個元代的工商業經濟都具有深遠的影響。

（一）發展手工業的主要政策與法令

1、保護手工業勞動力，唯匠屠免政策

在成吉思汗統一蒙古之後，蒙古社會對工商品及奢侈品的需求日益增長；連年征戰，兵器、戰車等戰爭器械的補給也日益重要。由於早期蒙古社會以游牧經濟為主，尚無精良的手工業生產，熟練的專業化的工匠十分稀缺，完全不能滿足此時的社會需要。因此，蒙古統治者很早就意識到保護手工業勞動力的重要意義，在對外的歷次征戰中，他們都採取了唯匠屠免的政策。

根據志費尼記載，他們將花剌子模的訛答剌城夷為平川，「那些刀下餘生的庶民和工匠，蒙古人把他們虜掠而去，或者在軍中服役，或者從事他們的手藝。」〔註45〕在此之後，拖雷征服馬魯，亦下令：「除了從百姓中挑選的四百名工匠，……其餘所有居民，包括婦女和兒童，統統殺掉」。〔註46〕在中原戰場上，木華黎征東平時，「廣寧劉琰、懿州田和尚降，木華黎曰：『此叛寇，

〔註42〕　《元朝秘史》，鮑思陶點校，濟南：齊魯書社，2005年版，第150頁。

〔註43〕　〔波斯〕拉施特：《史集》第一卷第二分冊，余大鈞、周建奇譯，北京：商務印書館，1983年版，第258頁。

〔註44〕　〔伊朗〕志費尼：《世界征服者史》上冊，何高濟譯，翁獨健校訂，呼和浩特：內蒙古人民出版社，1980年版，第90頁。

〔註45〕　〔伊朗〕志費尼：《世界征服者史》上冊，何高濟譯，翁獨健校訂，呼和浩特：內蒙古人民出版社，1980年版，第99頁。

〔註46〕　〔伊朗〕志費尼：《世界征服者史》上冊，何高濟譯，翁獨健校訂，呼和浩特：內蒙古人民出版社，1980年版，第125頁。

存之無以懲後。』除工匠優伶外，悉屠之。」〔註47〕再有，「保州屠城，唯匠者免」。〔註48〕

2、維護掠奪工匠的私有性與合法性，免稅免役政策

在對外征服戰爭中，蒙古將士像掠奪並佔有財產一樣地掠奪並佔有手工業工匠。國家不僅承認這種掠奪人口的合法性，而且還免除這一部分私屬人戶的國家賦役義務，以完全供其領主役使。

這一政策在元代的戶令中仍然有充分的反映。例如，至元八年（1271）三月的《戶口條畫》就明確規定各投下貴族擁有的私屬人口不納國家「差發」，「諸附籍漏籍諸色人戶，如有官司明文分撥隸屬各位下戶數，曾經查對不納係官差發，別無經改者，仰依舊開除。」〔註49〕這裡的諸色人戶，自然包括手工業工匠。關於「諸色人匠」的專門規定更為詳細，「諸投下壬子年元籍除差畸零無局分人匠，自備物料造作生活於各投下送納，或納錢物之人，依舊開除外。」「諸投下蒙古戶並寄留驅口人等習學匠人，隨路不曾附籍，每年自備物料或本投下五戶絲內關支物料造作諸物赴各投下送納者，充人匠除差。」〔註50〕由此可以看出，不僅在投下設置的局院裏工作的手工業工匠是除差的，就是「畸零無局分人匠」，或者「寄留驅口人等習學匠人」，其製造的工業品「於各投下送納」的，都算作投下的私有人口，不承擔國家賦役。

3、提高手工業者地位，鼓勵手工業造作

中原文化，士農工商，以工商為末業，歧視手工業工匠、抑制民間手工業發展。與之形成鮮明對照，蒙古統治者十分重視手工業的發展，鼓勵平民從事手工業造作。由於太祖十分看重能工巧匠，有技藝的匠人在當時處於一種特殊優越地位，甚至比儒者還見用於國家。「夏人常八斤，以善造弓，見知於帝，因每自矜曰：『國家方用武，耶律儒者何用。』楚材曰：『治弓尚須用弓匠，為天下者豈可不用治天下匠耶！』」〔註51〕儒者耶律楚材也不得不自稱

〔註47〕〔明〕宋濂等，《元史》卷一百一十九，《木華黎傳》，北京：中華書局校點本，1976年版，第2930頁。

〔註48〕劉因：《靜修先生文集》卷二一，《武遂楊翁遺事》，四庫全書本。

〔註49〕《元典章》卷十七，《戶部三‧戶計‧籍冊‧戶口條畫》，北京：中國廣播電視出版社，影印元刊本，1998年版，第622頁。

〔註50〕《元典章》卷十七，《戶部三‧戶計‧籍冊‧戶口條畫》，北京：中國廣播電視出版社，影印元刊本，1998年版，第627頁。

〔註51〕〔明〕宋濂等，《元史》卷一百四十六，《耶律楚材傳》，北京：中華書局校點

爲「治天下匠」，可見當時匠者之重。

　　據《史集》第二卷《成吉思汗的繼承者》記載，窩闊台的諸多事蹟表明他十分重視民間手工業，並鼓勵平民從事手工業造作活動。例如：「一窮人，無以爲生，亦不習任何生業。彼以鐵片銳其鋒爲錐，安於木柄之上。……家財鮮少，而食口甚繁，故帶此錐來獻合罕。……彼予此不值一文之每一錐一巴里失。」就是這樣一個「游手好閒」之徒，造作的「錐」質量又極劣，原本「不值一文」，但窩闊台卻給予重獎「每一錐一巴里失（貨幣單位）」。再如：「一外人攜來箭二枝，跪於前。彼等詢其情況。彼言：『我爲矢人，負債七十巴里失。如能令國庫代償此數，我將每年納箭萬枝。』合罕言：『此窮漢之困境使彼完全錯亂，有以如此眾多之箭而但得此數額之巴里失。可予彼現金一百巴里失，俾使彼有助於其事業。』……彼載巴里失於車而去。」〔註52〕在這一事例中，有兩點尤其值得注意，一是當時的軍器並不是官方專造；二是窩闊台明確鼓勵矢人造作，即「使矢人有助於其事業」。可見當時太宗窩闊台對私營手工業的肯定態度和鼓勵傾向。

（二）發展商業貿易的主要政策與法令

1、開放的商業貿易政策

　　成吉思汗統一蒙古，結束蒙古各部落之間的戰爭狀態，爲商業貿易的發展掃清了障礙。大量的回回商人輾轉於西亞、中亞與蒙古各部落之間，他們追求商業利潤，「那怕遠在西極和東鄙，商人都向那裡進發」。成吉思對回回商人與蒙古部落之間的商業貿易持完全開放的態度，他甚至頒佈一條札撒：「凡進入他的國土內的商人，應一律發給憑照，而值得汗受納的貨物，應連同物主一起遣送給汗」。〔註53〕

　　成吉思汗本人不僅直接與回回商人經常進行商業貿易，而且他還委託回回商人代表自己從事商業貿易活動。這種商人與蒙古貴族聯手經營商業貿易的「合夥」關係，蒙古語稱之爲「斡脫」（ortoq）。自大汗到諸王、公主、后妃都有自己的「斡脫」。那些回回商人得到被委託的「斡脫錢」，便獲得了「奉

　　　　本，1976 年版，第 3456 頁。

〔註52〕〔波斯〕剌失德丁：《史集》第二卷《成吉思汗的繼承者》，周良霄譯注，天津：天津古籍出版社，1992 年版，第 110 頁。

〔註53〕〔伊朗〕志費尼：《世界征服者史》上冊，何高濟譯，翁獨健校訂，呼和浩特：內蒙古人民出版社，1980 年版，第 90 頁。

旨經商」的通行證。〔註54〕據《史集》記載，成吉思一次吩咐后妃、宗王們和每個異密〔各〕派兩、三名「斡脫」帶著金銀巴里失去花剌子模國去進行商業貿易，「〔當時〕集合起了四百五十個伊斯蘭教徒」。〔註55〕可見當時的「斡脫」貿易已經形成相當大的規模。

不惟如此，根據費志尼的記述，當時回回商人在蒙古汗國極受尊敬，並享受十分優厚的生活待遇，「在那些日子裏，蒙古人尊敬地看待穆斯林，爲照顧他們的尊嚴和安適，替他們設立乾淨的白氈帖」。〔註56〕回回商人的貴賓待遇，進一步表明了蒙古統治者對商業貿易的開放、鼓勵政策。

2、建立與維護商業貿易交通設施的法令

對於陸路貿易來說，安全順暢、四通八達的商業貿易交通網絡是十分重要的。成吉思汗很早就希望達成這一事業，「有一天成吉思汗坐在阿勒台山上，掃視了〔自己的〕帳殿（斡耳朵）、僕役和周圍的人們，說道：『我的箭筒土（豁兒赤）、衛隊多得像密林般地烏黑一片，我的妻妾、兒媳和女兒們像火一樣地閃耀著、發紅，……我要賜給他們多草的牧場放牧牲畜，下令從大路上和作爲公路的大道上清除枯枝、垃圾和一切有害的東西，不得長起荊棘和有枯樹。』」〔註57〕之後，他又在給花剌子模王——算端的外交國書中明確說道：「爲了在兩國溝通協作一致的道路，要求〔我們拿出〕高尚明達〔的態度來〕，擔負起患難相助的義務，將〔兩國之間的〕道路安全地維護好，避免發生險情，以使因頻繁的貿易往來而關係到世界福利的商人們得以安然通過。」〔註58〕

成吉思汗曾經命令：「爲盡快得知國內發生的事變，必須設立常設的驛站。」〔註59〕驛站的設置不僅是爲了保持政治通信的暢通，也爲商業貿易提

〔註54〕 翁獨健：「斡脫雜考」，《燕京學報》，1941年第29期，第48頁。

〔註55〕 〔波斯〕拉施特：《史集》第一卷第二分冊，余大鈞、周建奇譯，北京：商務印書館，1983年版，第259頁。

〔註56〕 〔伊朗〕志費尼：《世界征服者史》上冊，何高濟譯，翁獨健校訂，呼和浩特：內蒙古人民出版社，1980年版，第91頁。

〔註57〕 〔波斯〕拉施特：《史集》第一卷第二分冊，余大鈞、周建奇譯，北京：商務印書館，1983年版，第359頁。

〔註58〕 〔波斯〕拉施特：《史集》第一卷第二分冊，余大鈞、周建奇譯，北京：商務印書館，1983年版，第259頁。

〔註59〕 轉引自吳海航：《元代法文化研究》，北京：北京師範大學出版社，2000年版，第85頁。

供了交通上的便利。正如《世界征服者史》所描述的，「他們的領土日廣，重要事件時有發生，因此瞭解敵人的活動變得重要起來，而且把貨物從西方運到東方，或從遠東運到西方，也是必須的。為此，他們在國土上遍設驛站，給每所驛站的費用和供應作好安排，配給驛站一定數量的人和獸，以及食物、飲料等必需品。」〔註 60〕驛站的設立不僅保障了道路交通的暢通，而且為客商的生活必需品獲得提供了方便。

事實上，早在驛站設置之前，為了保障過往商人的商旅生活需要，成吉思汗的《大札撒》規定：「騎馬經過正在用餐的人旁邊，下馬後，不必得到允許便可以共同進餐，而且用餐主人也不得拒絕。」為了防止毒害過路商客，法律還規定：「禁止人們食用提供者不預先親自品嘗的食物，即便提供者是那顏、授受者是犯人也同樣處罰。」〔註 61〕

3、保護商人的生命財產安全

在大蒙古國時期的 13 世紀，如果說海上貿易最大的風險是自然災害，那麼陸路貿易最大的危險在於盜匪的偷盜與搶掠。馬克斯·韋伯在研究中世紀歐洲陸路貿易時曾經記述：「老伽圖和發祿因為道路上常有賤人出沒，且多歹徒，所以告誡大家不要使用，又因為對於旅客亂敲竹槓，所以勸告大家不要在道路附近的任何旅店投宿。」〔註 62〕商人的生命財產經常受到威脅以及陸路運輸費用的高昂一直是制約中世紀陸路貿易的重要因素，也是中世紀海上貿易一直優於陸路貿易的重要原因。

蒙古部落原本生活在蒙古草原，是典型的內陸經濟，商業貿易以陸路為主，而且他們視搶劫為豪勇與高尚之舉，搶掠成風，這種狀況極大地阻礙了商業貿易的發展。顯然，這種狀況引起了成吉思汗的注意，因為在他統一蒙古草原之後，情況發生了顯著的變化。史者評論：「當時成吉思汗已經將叛賊、歹徒從〔哈剌〕契丹和突厥斯坦的大部分地區上肅清了。他在路上設置了崗哨，使得商人能平安通過」；〔註 63〕「成吉思汗統治後期，……道路安

〔註60〕〔伊朗〕志費尼：《世界征服者史》上冊，何高濟譯，翁獨健校訂，呼和浩特：內蒙古人民出版社，1980 年版，第 34 頁。

〔註61〕轉引自吳海航：《元代法文化研究》，北京：北京師範大學出版社，2000 年版，第 76 頁。

〔註62〕〔德〕馬克斯·韋伯：《經濟通史》，姚曾廣譯，韋森校訂，上海三聯書店，2006 年版，第 108 頁。

〔註63〕〔波斯〕拉施特：《史集》第一卷第二分冊，余大鈞、周建奇譯，北京：商務

全，騷亂止息」。〔註64〕

事實上，為了制止搶劫與盜竊，成吉思汗制定了處罰極重的法律。據《黑韃事略》記載：「其犯寇者殺之，沒其妻子畜產，以入受寇之家；或甲之奴盜乙之物，或盜乙之奴物，皆沒甲與奴之妻子畜產，而殺其奴及甲，謂之『斷案主』。」〔註65〕犯搶劫、盜竊罪者，不僅處以極刑——死刑，沒收其家屬、財產，而且主奴「連坐」，足見其防範之嚴、處罰之重。

對於殺人者的處罰，成吉思汗也制定了專門的《大札撒》，而且值得注意的是，法律規定保護回回商人的生命甚於保護中原漢人。《大札撒》規定：「殺人者若支付贖罪金，即可免除（死刑），殺回教徒者支付四十金巴里失；殺中原人者支付一頭牡驢。」〔註66〕這樣的規定，在《史集》中也有記載：「成吉思汗的偉大札撒在實質上也與此相符：它規定一個木速蠻的血的價值為四十個金巴里失，而一個漢人僅值一頭驢。」〔註67〕

不惟如此，蒙古統治者的法律還規定：「凡有失盜去處，周歲不獲正賊，令本路民戶代償其物。」回回商人被搶奪盜竊，可以將損失轉嫁給當地百姓，以致「前後積累，動以萬計……往往破家散族，至以妻子為質，終不能償」。〔註68〕有的回回商人，甚至或因經營不善，詐稱被劫。《黑韃事略》徐霆疏：「回回或自轉貸與人，或自多方賈販，或詐稱被劫，而責償於州、縣民戶。」〔註69〕

上述保護商人的規定，甚至影響到元初賽典赤在雲南的治理。至元十二年，賽典赤為雲南行省左丞，當時「山路險遠，盜賊出沒，為行者病」，賽典赤命令：「相地置鎮，每鎮設土酋吏一人，百夫長一人，往來者或值劫掠，則

印書館，1983年版，第258頁。

〔註64〕〔伊朗〕志費尼：《世界征服者史》上冊，何高濟譯，翁獨健校訂，呼和浩特：內蒙古人民出版社，1980年版，第90頁。

〔註65〕〔南宋〕彭大雅、徐霆：《黑韃事略》，王國維箋證本，文殿閣書莊，民國25年版，第69頁。

〔註66〕轉引自吳海航：《元代法文化研究》，北京：北京師範大學出版社，2000年版，第87頁。

〔註67〕〔波斯〕剌失德丁：《史集》第二卷《成吉思汗的繼承者》，周良霄譯注，天津：天津古籍出版社，1992年版，第89頁。

〔註68〕蘇天爵：《國朝文類》卷五七《中書令耶律公神道碑》，四部叢刊本，北京：商務印書館，1919年。

〔註69〕〔南宋〕彭大雅、徐霆：《黑韃事略》，王國維箋證本，文殿閣書莊，民國25年版，第79頁。

罪及之」，〔註70〕從而為雲南的商旅往來掃清了障礙。

　　蒙古統治者儘管樂於從事戰爭搶掠，但對一般商旅的生命財產安全卻提供了周到的法律保護。事實上，殺害與搶掠他們的「斡脫「商人不僅會引起他們的憤怒，而且會帶來可怕的戰爭。正是因為花剌子模訛答剌城的「海兒汗」殺害並掠奪了成吉思組織的四百五十個「斡脫」商隊，成吉思汗「獨自登上一個山頭，脫去帽子，以臉朝地，祈禱了三天三夜」，〔註71〕並策劃組織了中世紀最大的商業復仇戰爭，將花剌子模從地球上抹去了。

4、以優惠價格採購商人貨物的政策

　　蒙古統治者為鼓勵商業貿易，經常以優惠的價格購買商人的貨物。成吉思汗曾經下令以每匹「咱兒巴甫場」（織金絲綢）給一個金巴里失，每匹「客兒巴思」（素棉布）或「曾答納赤」（彩色印花棉布）給一個銀巴里失的價格購買馬合木‧花剌子迷、阿里‧火者、不花里及玉速甫‧堅客‧訛答剌里三個回回商人的商品，並邀請他們作為自己的「斡脫」和使者出使花剌子模。〔註72〕

　　窩闊台汗的慷慨、寬仁之名更是遍及世界。他曾經命令：「彼等之貨物，無論好壞，全部收買，付予全部所值」；「不論數額如何，均可增百分之十付與」。窩闊台汗的大方優惠甚至引起了廷臣的不滿，一日，廷臣因貨物之價已超過其實有之值，請不須增付百分之十。窩闊台說：「商人與國庫交易，為圖利耳！彼等確曾以費付爾等必者赤。我所清償者，乃彼等對爾等之債欠，免使彼等蒙受損失而離我之前耳！」〔註73〕由此可見蒙古統治者對商人的厚愛。

　　正是因為上述政策法令、保障措施以及蒙古大汗的厚愛，各路商客在廣闊的蒙古草原上自由地從事商業貿易活動，並獲取了豐厚的商業利潤。志費尼描繪說：「商人、投機者、尋求一官半職的人，來自世界各地，都達到他們的目標和目的後歸去，他們的願望和要求得到了滿足，而且所得倍於所

〔註70〕　〔明〕宋濂等，《元史》卷一百二十五，《賽典赤贍思丁傳》，北京：中華書局
　　　　　校點本，1976 年版，第 3065 頁。
〔註71〕　〔伊朗〕志費尼：《世界征服者史》上冊，何高濟譯，翁獨健校訂，呼和浩特：
　　　　　內蒙古人民出版社，1980 年版，第 93 頁。
〔註72〕　〔波斯〕拉施特：《史集》第一卷第二分冊，余大鈞、周建奇譯，北京：商務
　　　　　印書館，1983 年版，第 258～259 頁。
〔註73〕　〔波斯〕剌失德丁：《史集》第二卷《成吉思汗的繼承者》，周良霄譯注，天
　　　　　津：天津古籍出版社，1992 年版，第 111 頁。

求。多少窮人富裕起來，多少貧民發財變富，每個微不足道的人都變成顯要
人物。」〔註74〕

第二節　元代官營工商業法律制度的建立

　　蒙古社會早期的自由工商業政策是建立在當時蒙古社會財產權普遍私有
制的基礎之上，但隨著成吉思汗及其繼承者不斷進行的統一戰爭和征服戰爭
的深入發展，尤其在征服中原漢地之後，蒙古社會及整個國家的財產權制度
發生了根本性的變化，汗權和汗有財產迅猛擴張，「黃金家族」共有財產權觀
念和制度逐漸形成，以「黃金家族」共有財產權為基礎的官營工商業經濟也
隨即迅速崛起。

一、「黃金家族」共有財產權的形成

　　「黃金家族」共有財產權是元代官營工商業的財產權基礎，然「黃金家
族」共有財產權不是蒙古社會早期就存在的財產權形態，它的形成經歷了三
個發展階段：第一個階段是由成吉思汗的個人私有財產權向汗有制財產權發
展的階段；第二個階段是由成吉思汗汗有制財產權向「黃金家族」共有財產
權發展的階段；第三個階段是「黃金家族」共有財產權的某些屬性官有化發
展階段，但這種官有化是不徹底的，並沒有改變「黃金家族」財產權共有的
性質。

（一）汗權擴張與汗有財產權的擴張

　　在早期蒙古社會，財產具有普遍的私有性，各部落首領或者合汗都擁有
屬於自己的財產。據馬可‧波羅遊記描述：「首領和其他人一樣，一般都有自
己的私有畜，如牡馬、牝馬、駱駝、公牛或母牛，牲畜身上都標有業主的記
號，畜群可以放牧在任何山地和平原，牧人不必專門看管，牲畜從不會走失。
如果有誰的畜群中混入了另一業主的牲畜，即會被查明記號，物歸原主。」
〔註75〕成吉思汗不僅擁有自己的財產，而且隨著他不斷的統一戰爭與征服
戰爭，他的汗權不斷擴張，汗有財產無論在數量規模方面，還是在權力領域

〔註74〕〔伊朗〕志費尼：《世界征服者史》上冊，何高濟譯，翁獨健校訂，呼和浩特：
　　　　內蒙古人民出版社，1980 年版，第 93 頁。
〔註75〕《馬可波羅行紀》，馮承均譯，上海：上海書店出版社，2000 年版。第 68 頁。

方面都有了急劇的增長和擴展。最終，汗有財產權不僅在大蒙古汗國的國民財富總規模中佔有了十分重要的份量和地位，而且它深刻地改變了蒙古社會的經濟生活狀況。

汗權從一開始就離不開它的財富意義。阿勒壇、忽察兒、撒察別乞等立帖木眞爲成吉思汗，曾經盟誓：「你若做皇帝呵，多敵行俺做前哨，但擄得美女婦人並好馬都將來與你；野獸行打圍呵，俺首先出去圍將野獸來與你；如廝殺時違了你號令，並無事時壞了你事呵，將我離了妻子家財，廢撇在無人煙地面裏者。」〔註76〕基於這一盟誓的約定，眾人要向成吉思納貢表示臣服。事實上，貢獻一直是蒙古大汗和投下貴族取得屬下財產的一種重要方式；甚至在建立完善的稅賦制度之後，貢獻仍然合法地存在。窩闊台時，耶律楚材條陳便宜十八事，其中有一款爲：「貢獻禮物，爲害非輕，深宜禁斷。」但「帝悉從之，唯貢獻一事不允，曰：『彼自願饋獻者，宜聽之。』楚材曰：『蠹害之端，必由於此。』帝曰：『凡卿所奏，無不從者，卿不能從朕一事耶？』」〔註77〕直到全面採用法漢的忽必烈時期，庚甲年（1260）四月，忽必烈正式發布「止貢獻」的詔令：「開國以來，庶事草創，既無俸祿以養廉，故縱賄賂而爲蠹。凡事撒花等物，無非取給於民，名爲己財，實皆官物，取百散一，長盜滋奸，若不盡更，爲害非細。始自朕躬，斷絕斯弊。」就是這份主張「盡更」「斷絕」蒙古貢獻習俗的詔令，仍然爲貢獻留有餘地，因爲此詔令規定：「除外用進奉軍前克敵之物，並斡脫等拜見撒花等物，並行禁絕。」〔註78〕也就是說，戰爭中搶掠的財物與斡脫經營的利潤上貢給大汗和投下貴族仍然是合法的。

汗權盟約不僅約定了貢獻這一大汗財產權取得方式，而且還賦予大汗發布號令，沒收財產，甚至廢除投下貴族頭銜，流放部民等多項權力。成吉思汗的《大札撒》甚至規定：「那顏中即便是最年長的人有過錯，君王派遣行使處罰權的使臣到來，哪怕是地位最低的使臣，因身受君王委託，若君王命令的刑罰是死刑，（那顏）也必須跪伏其前，接受刑罰的執行。」〔註79〕對於《大

〔註76〕　《元朝秘史》，鮑思陶點校，濟南：齊魯書社，2005年版，第63頁。

〔註77〕　〔明〕宋濂等，《元史》卷一百四十六，《耶律楚材傳》，北京：中華書局校點本，1976年版，第3457頁。

〔註78〕　《元典章》卷二，《聖政·止貢獻》，北京：中國廣播電視出版社，影印元刊本，1998年版，第62頁。

〔註79〕　轉引自吳海航：《元代法文化研究》，北京：北京師範大學出版社，2000年版，

札撒》的這條規定，志費尼也有類似的記述：「他們的服從和恭順達到如此地步：一個統帥十萬人馬的將軍，離汗的距離在日出和日沒之間，犯了些過錯，汗只需派一名騎兵，按規定的方式處罰他。如果要他的頭，就割下他的頭；如果要金子，就從他身上取走金子。」〔註80〕這些大汗權力的實施給蒙古社會早期財產權的普遍私有制打開了缺口，汗權普遍而又全面地開始干預和管理國民財產，汗有財產權開始普遍而又全面地在蒙古草原上擴張。其主要表現爲以下一些經濟法律制度的建立：

1、草地分封制

在早期蒙古社會，草地財產權雖然在法律上沒有被有效創設，但事實上草地使用的矛盾和衝突又不可避免，有時還可能引起殘酷的殺戮和戰爭。《史集》記載，札剌亦兒人有一次遭遇中原乞臺人（契丹人，指中國北方的人，後來演變成 chinese，指全部中國人。）的一次殲滅性攻擊，以致他們只幸免一小部分人，帶著妻子、兒女遷徒到了土敦・篾年的妻子莫拿倫的營地境內。「由於他們〔札剌亦兒人〕飢餓已極，他們掘了一些草根來吃，這種草名叫速都孫，在那裡被認爲是可食的東西。因此，他們就掘亂了莫拿倫的兒子們馴馬的那塊地方，在那裡掘出了許多坑。莫拿倫說：『你們爲什麼要亂掘一氣，掘壞了我的兒子們的馳馬的地方？』他們將莫拿倫抓了起來，殺死了她。」後來札剌亦兒人並殺死了莫拿倫九個兒子中的八個。〔註81〕有關這一場草地使用權的衝突在《元史》中也有記載：「咩然篤敦妻曰莫拿倫。莫拿倫性剛急。時押剌伊而部有群小兒掘田間草根以爲食，莫拿倫乘車出，適見之，怒曰：『此田乃我子馳馬之所，群兒輒敢壞之邪。』驅車徑出，輾傷諸兒，有至死者。押剌伊而忿怨，盡驅莫拿倫馬群以去。莫拿倫諸子聞之，不及披甲，往追之……押剌伊而乘勝殺莫拿倫，滅其家。」〔註82〕從上述史料中可以看出，草地財產權的創設還是有內在需要的，只是政治上、經濟上力不及之的原故。一旦強大的政治力量出現，他們霸佔草地的野心便會變爲事實，而相

第 85 頁。

〔註80〕〔伊朗〕志費尼：《世界征服者史》上冊，何高濟譯，翁獨健校訂，呼和浩特：內蒙古人民出版社，1980 年版，第 33 頁。

〔註81〕〔波斯〕拉施特：《史集》第一卷第二分冊，余大鈞、周建奇譯，北京：商務印書館，1983 年版，第 19 頁。

〔註82〕〔明〕宋濂等：《元史》卷一《太祖》，北京：中華書局校點本，1976 年版，第 1 頁。

應的財產權的創設就不可避免。例如，早在太祖統一蒙古草原之前，太祖與
汪罕生隙，並引起戰爭，按彈等人叛太祖而事汪罕，太祖在給按彈等人的信
中寫道：「……三河，祖宗肇基之地，毋爲他人所有。」〔註83〕「你那三河
源頭守得好著，休教別人作營盤。」〔註84〕在成吉思汗這樣的政治強人眼中，
有些土地是不能與別人共享的，而維護祖宗肇基之地的所有權則成了所有族
人的共同義務。

　　成吉思汗統一蒙古草原之後，爲了避免蒙古各部落之間草地使用權的矛
盾與衝突，依賴其強大的政治力量，對蒙古草原以及草原上的牧民進行了分
封。「成吉思汗時期，國土變得十分廣闊，他就賜給每人一份駐地，他們稱之
爲禹兒惕（yurt）。」〔註85〕蒙古游牧經濟的草地財產權創設，依靠的是成吉
思汗的政治權力，而不是游牧經濟個體的先占式自由創設，因而其最終結果
並沒有也不可能產生草地財產權的私有制，而是形成了「溥天之下，莫非王
土；率土之賓，莫非王臣」的「受民受疆土」式的封建領主制。在封建領主
制社會中，草地財產所有權是汗有制；更具體、更準確地說，是一種草地歸
大汗所有、諸王投下佔有、牧民使用的草地財產權制度。

　　據《蒙古秘史》記載，成吉思汗分封時，都指受給諸王大臣一定的百姓
與疆土。他指受孛斡兒出「這西邊直至金山，你做萬戶管者」；再指受木合
黎「東邊至合剌溫山，你就做左手萬戶，直至你子孫相傳管者」；又對豁兒
赤說：「順額兒的失河水林木內百姓地面，從你自在下營」。〔註86〕窩闊台
當政時，又與察合臺議定：「百姓行分與他地方做營盤住，其分派之人，可
於各千戶內選人教做」。〔註87〕這樣的草地分配命令只有土地所有主才能頒
佈，他有權根據一定的條件，把自己對該草地的所有權分配給另一個人佔有
和使用。蘇聯學者茲拉特金在研究這段歷史時指出「到了13世紀，封建化
的貴族漸漸成了土地的唯一的實際所有主。在成吉思汗和他的繼承人統治時
期，大汗是土地、牧場的最高所有主，他們把土地、牧場作爲『忽必』，連

〔註83〕〔明〕宋濂等，《元史》卷一《太祖》，北京：中華書局校點本，1976年版，
　　　　第11頁。
〔註84〕《元朝秘史》，鮑思陶點校，濟南：齊魯書社，2005年版，第110頁。
〔註85〕〔伊朗〕志費尼：《世界征服者史》上冊，何高濟譯，翁獨健校訂，呼和浩特：
　　　　內蒙古人民出版社，1980年版，第45頁。
〔註86〕《元朝秘史》，鮑思陶點校，濟南：齊魯書社，2005年版，第140～141頁。
〔註87〕《元朝秘史》，鮑思陶點校，濟南：齊魯書社，2005年版，第212頁。

同在這塊土地上放牧的人，分配給自己的心腹，稱爲『臨時采邑』或『領地』終生佔有」。〔註88〕

　　草地和牧民一旦分封之後，各諸王投下都有了一定的分地和部民。所有的蒙古牧民都分屬於各部之中，部民對所屬部主貴族有嚴格的人身依附關係，部民只能在固定的處所放牧，嚴禁擅自離開所部。這樣蒙古草原上草地使用權的衝突得以避免，但牧民們從此失去了自由。我國史學家韓儒林先生指出：「代代分封，分地就一再分割成越來越零碎的小塊采邑，這是可以斷言。分地逐漸變小，就意味著牧民能游牧的範圍也越來越狹窄了。……這些狹小的分地，元代稱之爲部，也稱爲投下，有時用它的蒙古音譯稱爲愛馬。如稱某王分地內的牧民，即稱某王部民。蒙古牧民『著籍』某王的部中，這個部就成了他們世襲的監獄，永遠不能離開他」〔註89〕

　　關於東方國家的土地所有制，早在 1853 年馬克思致恩格斯一封信中，引用貝爾尼埃的一句話：「不存在土地私有制……是瞭解東方天國的一把真正的鑰匙」。〔註90〕恩格斯在《反杜林論》中進一步肯定了這個思想：「在整個東方，公社或國家是土地的所有者，在那裡的語言中甚至都沒有土地這個名詞。」〔註91〕在成吉思汗統治時期，這種「公社或國家是土地的所有者」就具體體現爲大汗是整個草原及其他自然資源的所有者。

2、牲畜抽分制

　　根據《蒙古秘史》的記載，在成吉思汗統一蒙古各部時期，已經有「忽卜赤兒里（qubchir）」一詞。周良霄先生在爲《成吉思汗的繼承者》一書作注解時，「按：《蒙古秘史》第 177，279 節有中忽卜赤兒里（qubchir），旁譯科斂，當時習稱爲牛馬抽分。」〔註92〕但筆者認爲《蒙古秘史》第 177，279 節的「忽卜赤兒里」事實上並不是科斂，更不是牛馬抽分，而僅是提供食物「首思」一類的東西。事實上，《蒙古秘史》對同一事件的這兩處記載，鮑思陶先生校點本將其一譯爲「科斂」，一譯爲「供給」。第 279 節之處將其譯爲「因

〔註88〕〔蘇〕伊・亞・茲拉特金：《準噶爾汗國史》，馬曼麗譯，北京：商務印書館，1980 年版，第 91 頁。
〔註89〕韓儒林：《穹廬集》，石家莊：河北教育出版社，2000 年版，第 210～211 頁。
〔註90〕《馬克思恩格斯全集》（第 28 卷），北京：人民出版社，1976 年版，第 256 頁。
〔註91〕《馬克思恩格斯全集》（第 3 卷），北京：人民出版社，1972 年版，第 215 頁。
〔註92〕〔波斯〕剌失德丁：《史集》第二卷《成吉思汗的繼承者》，周良霄譯注，天津：天津古籍出版社，1992 年版。

你與我父契交的上頭，我差人迎接你來我營內，又科斂著養濟你。」〔註93〕
在另一處的第 177 節，則譯爲「迎見王罕至營，成吉思遂使百姓供給。」〔註94〕
從所載事實來看，「供給」更爲貼切。高樹林先生在研究元代賦役制度時，
也認爲當時並不存在稅賦制度，「已有『忽卜赤兒里』的記載……但實際上卻
是成吉思汗爲迎接客人——飢餓而又貧弱的克烈部首領王罕，令氏族成員進
奉的食物，並非稅賦。」〔註95〕儘管當時的忽卜赤兒里（qubchir）並不是「牛
馬抽分」，而更可能是進貢食物之類的「供給」，但已經反映出汗權對牧民私
有財產權的干涉，通過汗權命令供給財物。

太宗窩闊台登臺執政的當年（1229），他就將忽卜赤兒里（qubchir）這種
「供給」取得牧民牲畜的方式制度化了，從而形成了元代正式的牛馬抽分制
度。《元史》記載，太宗元年八月，「敕蒙古民有馬百者輸牝馬一，牛百者輸
牸牛一，羊百者輸羚羊一，爲永制。」〔註96〕《蒙古秘史》記載的忽卜赤兒
里（qubchir）也就成了「百姓羊群裏，可每年只出一個二歲羯羊做湯羊。每
一百羊內可只出一個羊接濟本部落之窮乏者。」〔註97〕牲畜抽分制度的確立，
表明除貢獻和掠奪外，賦稅已經成爲蒙古汗國大汗的穩定收入來源。

3、狩獵分撥制

史學家們描繪的蒙古社會大規模集體狩獵活動大多是由大汗親自組織和
指揮的。蒙古大汗組織的狩獵活動紀律嚴明，《黑韃事略》記載：「其俗射獵，
凡其主打圍，必大會眾，桃土以爲坑，插木以爲表。維以毳索，繫以氈羽，
猶漢兔置之智，綿亙一二百里間。風揚羽飛，則獸皆驚駭，而不敢奔逸。然
後蹙圍攫擊焉。」〔註98〕成吉思汗的《大札撒》規定：「圍獵時使野獸逃逸的
獵師，有時也科以死刑。」〔註99〕他們花一、兩個月或三個月的時間，形成
一個獵圈，緩慢地、逐步地驅趕著前面的野獸，小心翼翼，唯恐有一頭野獸

〔註93〕《元朝秘史》，鮑思陶點校，濟南：齊魯書社，2005 年版，第 108 頁。

〔註94〕《元朝秘史》，鮑思陶點校，濟南：齊魯書社，2005 年版，第 86 頁。

〔註95〕高樹林：《元代賦役制度研究》，保定：河北大學出版社，1997 年版，第 10 頁。

〔註96〕〔明〕宋濂等，《元史》卷二《太宗》，北京：中華書局校點本，1976 年版，
第 29 頁。

〔註97〕《元朝秘史》，鮑思陶點校，濟南：齊魯書社，2005 年版，第 212 頁。

〔註98〕〔南宋〕彭大雅、徐霆：《黑韃事略》，王國維箋證本，文殿閣書莊，民國 25
年版，第 38 頁。

〔註99〕轉引自吳海航：《元代法文化研究》，北京：北京師範大學出版社，2000 年版，
第 86 頁。

逃出圈子。「如果出乎意料有一頭破陣而出，那麼要對出事原因作仔細的調查，千夫長、百夫長和十夫長要因此受杖，有時甚至被處極刑。」〔註100〕

對於獵獲物的分配，早在成吉思汗的統一戰爭早期，大汗就在圍獵物的分配中享有主導權。據《元史》記載，太祖在與照烈部的一次圍獵中，「帝使左右驅獸向照烈，照烈得多獲以歸。」〔註101〕從史料記載來看，這種主導權在後來更爲明顯，「獵圈再收縮到野獸已不能跑動，汗便帶領幾騎首先馳入；當他獵厭後，他們在捏兒格中央的高地下馬，觀看諸王同樣進入獵圈，繼他們之後，按順序進入的是那顏、將官和士兵。……於是他們把獵獲的獸全集中一起，如果清點各種動物實際不可能，他們只點點猛獸和野驢便作罷。」〔註102〕到窩闊台時期，獵物分配顯然已經制度化，「首先由窩闊台合罕領其從人進入圈中，獵獸逐樂。當彼疲倦時，乃登上圈中心之高地，諸宗王等按等級依次入獵。次後，平民與軍士亦如之。……獵獲物將由寶克兀勒（原注：義爲嘗食者，負責食糧的官員）分撥予所有諸宗王與諸軍之異密，以使參與者無不得其所應得之份額。所有從行者皆舉行 tikishmishi（原注：義爲「奉獻禮品於首領」）之儀式。」〔註103〕

從窩闊台狩獵分配活動的史料記述來看，獵物的分配大體經過三個程序體現大汗的優先權和支配權。其一，合圍之後，大汗率先捕獵。只有在其「獵厭」「疲倦」之後，其他諸王和軍民才能依次入獵。其二，重要獵獲物，如猛獸、野驢必須集中起來進行分撥。分撥由負責食糧的官員「寶克兀勒」主持，參與者得到「其所應得之份額」。其三，在分撥之後，「從行者」還要從其「應得之份額」內拿出一部分有價值的獵物貢獻給大汗，舉行「奉獻禮品於首領」的儀式。在整個獵物分配過程中，汗權都得到了充分的體現，珍貴的有價值的獵物盡入其囊中。

4、搶掠貢獻制

在國家賦稅制度確立之前，搶掠所得一直是蒙古大汗財產取得的重要來

〔註100〕〔伊朗〕志費尼：《世界征服者史》上冊，何高濟譯，翁獨健校訂，呼和浩特：內蒙古人民出版社，1980年版，第30頁。

〔註101〕〔明〕宋濂等，《元史》卷一《太祖》，北京：中華書局校點本，1976年版，第4頁。

〔註102〕〔伊朗〕志費尼：《世界征服者史》上冊，何高濟譯，翁獨健校訂，呼和浩特：內蒙古人民出版社，1980年版，第31頁。

〔註103〕〔波斯〕剌失德丁：《史集》第二卷《成吉思汗的繼承者》，周良霄譯注，天津：天津古籍出版社，1992年版。

源，以致高樹林先生在研究元代賦稅制度時評論：「（大蒙古汗國初期）所需一切皆來自戰爭搶掠，尚無徵收賦稅的內容。」〔註104〕根據推選大汗時的盟約，戰爭擄得的美女婦人並好馬都要送給大汗。成吉思汗的《大札撒》甚至還規定：「軍隊每年年初將所有姑娘的名冊全部提交給大汗，讓大汗本人及其兒子從中選擇妻子。」〔註105〕《世界征服者史》對此有更爲詳細的記述：「軍中發現月兒般的少女，她們就被集中一處，從十戶送到百戶，每人均作一番不同的選擇，遞至土綿長，土綿長也親自挑選，把選中的少女獻給汗或諸王。汗和諸王再作一番挑選，那些堪充下陳和容色豔麗的，他們說：『依常規留住』，對其餘的，則說：『善意遣去之。』他們遣選中的少女去侍候嬪妃，直到他們想把少女賜人，或者想自己跟她們同寢爲止。」〔註106〕從依「常規」的記載來看，當時已經制度化並具有法律效力。據《元朝秘史》的記載，在虜蔑兒乞時，納牙將軍曾經將後來成爲成吉思汗守第二斡耳朵的皇后忽闌在其帳中留住三日，成吉思大怒，說：「仔細問了，號令他。」當場要將其法辦。〔註107〕

　　戰爭搶掠長期以來是無序的，掠奪物的所有權歸屬採取先占原則。直到壬戌年（1202），太祖發兵於兀魯回失連眞河，伐按赤塔塔兒、察罕塔塔兒二部時，才頒佈軍令：「我們一起去打仗時，不得將任何戰利品擭〔爲己有〕，奪得的東西以後再分，以免疏忽軍事。」〔註108〕這項軍令很可能是臨時性的，後來並沒有得到認眞的遵守，掠奪財產的處置仍然不是採取分撥的方式，而是以貢獻的方式上貢給大汗及諸王。例如太宗四年，「（直脫兒）收河南、關西諸路，得民戶四萬餘，以屬莊聖皇太后爲脂粉絲線顏色戶。」〔註109〕在此仍然是將人口如財產般任憑虜得者的意志上貢給皇太后。又如，太祖十年五月破金中都，「遣忽都忽等籍中都帑藏」。〔註110〕金臣合答將金帛等物來獻與

〔註104〕高樹林：《元代賦役制度研究》，保定：河北大學出版社，1997年版，第10頁。
〔註105〕轉引自吳海航：《元代法文化研究》，北京：北京師範大學出版社，2000年版，第83頁。
〔註106〕〔伊朗〕志費尼：《世界征服者史》上冊，何高濟譯，翁獨健校訂，呼和浩特：內蒙古人民出版社，1980年版，第34頁。
〔註107〕《元朝秘史》，鮑思陶點校，濟南：齊魯書社，2005年版，第131頁。
〔註108〕〔波斯〕拉施特：《史集》第一卷第二分冊，余大鈞、周建奇譯，北京：商務印書館，1983年版，第19頁。
〔註109〕〔明〕宋濂等，《元史》卷一百二十三《直脫兒傳》，北京：中華書局校點本，1976年版，第3035頁。
〔註110〕〔明〕宋濂等，《元史》卷一《太祖》，北京：中華書局校點本，1976年版，

忽都忽等，忽都忽說：「昔者中都金帛皆屬金主，如今中都金帛已屬成吉思，如何敢擅取？」遂卻其獻，獨汪古兒、阿兒孩、合撒兒受其獻。及事畢歸，成吉思問三人曾受獻否，忽都忽具陳前言。成吉思責讓汪古兒，賞賜忽都忽。〔註111〕從這些事件可以看出，搶掠物的歸屬一直沒有正式法制化，而是基於當事人的意願進行饋獻，但汗權對其強制干預的意圖日益明顯。

到世祖忽必烈平江南時，搶掠貢獻之風猶存，但對搶掠物的支配已經更趨於國有化。「伯顏之取宋而還也，……平章阿合馬，先百官半捨道謁，伯顏解所服玉鉤絛遺之，且曰：『宋寶玉固多，吾實無所取，勿以此為薄也。』阿合馬謂其輕己，思中傷之，乃誣以平宋時，取其玉桃盞，帝命按之，無驗，遂釋之，復其任。」〔註112〕伯顏作為平宋主帥，尚且因誣取一玉桃盞而免職查辦，可見擅取已為非法。而據《元史》記載，早在太祖二十二年六月，太祖就曾下詔禁止殺掠，「朕自去年五星聚時，已嘗許不殺掠，遂忘下詔耶。今可布告中外，令彼行人也知朕意」。〔註113〕只不過風俗日久，蒙古諸王貴族，甚至包括大汗本人因此受益，因而累禁不止而已。

（二）汗位繼承與「黃金家族」共有財產權的形成

隨著蒙古草原的統一和對外族的征服，成吉思汗的財產規模急著膨脹。在成吉思被推舉為乞顏部首領時，成吉思除了擁有自己的軍隊及士卒外，他還委付迭該管牧放羊隻，泰亦赤兀歹忽圖等三人管牧養馬群，多歹總管怯憐口（家內人口），汪古兒等三人管飲膳，古出沽兒管修造車輛。〔註114〕到1206年，成吉思建立大蒙古汗國，他的投下人口，除駙馬外，還委付了九十五個整治百姓的千戶與左中右及豁兒赤別乞四個萬戶。管飲食的汪古兒廚子、管修造車輛的古兒古出木匠以及管牧羊的迭該手下人員劇增，他們都做了千戶。〔註115〕另外，他還將大量的投下人口分與了母親及弟與諸子。

上述的這些人口都是成吉思的私屬人口，是汗權直屬人口，相當於西周

第 18 頁。

〔註111〕《元朝秘史》，鮑思陶點校，濟南：齊魯書社，2005 年版，第 176 頁。

〔註112〕〔明〕宋濂等，《元史》卷一百二十七《伯顏傳》，北京：中華書局校點本，1976 年版，第 3113 頁。

〔註113〕〔明〕宋濂等，《元史》卷一《太祖》，北京：中華書局校點本，1976 年版，第 24 頁。

〔註114〕《元朝秘史》，鮑思陶點校，濟南：齊魯書社，2005 年版，第 176 頁。

〔註115〕《元朝秘史》，鮑思陶點校，濟南：齊魯書社，2005 年版，第 138～150 頁。

時的「京畿」。除此之外，是各諸王、投下貴族擁有的私屬人口，他們不直屬汗權管轄，但投下貴族要向大汗出兵備戰、貢獻財物等以示臣服，否則大汗也有權廢了他們。例如蒙力克有七子，第四子名闊闊出，爲巫，喚做帖卜騰格理。據《元朝秘史》記載，「有九等言語的人，都聚在帖卜騰格理處，多如太祖處聚的人。」更爲甚者，太祖的母親並最小的弟弟斡惕赤斤的百姓也去投了。斡惕赤斤派人去取，被帖卜騰格理打了；斡惕赤斤親自去取，結果被帖卜騰格理下令跪地伏罪。後太祖令斡惕赤斤將帖卜騰格理治死，並責備蒙力克：「我若早知你這等德性，只好教你與札木合、阿勒壇、忽察兒每一例廢了來。」〔註116〕

成吉思汗擁有的財產及投下人口具有極強的私屬性，但到汗位繼承的時候，這些財產的權屬發生了巨大的變化。根據蒙古人幼子守家產的傳統習俗和《大札撒》的規定：「末子繼承父親的祖業」，〔註117〕成吉思汗的財產及投下人口甚至妻妾都應當由拖雷繼承。據《史集》記載，1225 年秋，當窩闊台系諸子向成吉思汗索要恩寵和贈賜之物時，成吉思汗告訴他們：「我什麼也沒有，所有的東西都是大禹兒惕和一家之主拖雷的，一切由他做主吧！」〔註118〕成吉思汗對諸子的分封完全遵循了這一傳統規定，具體說：「長子術赤封地在鹹海之北……，察合臺之封地東起畏兀兒之地……，窩闊台之封地在葉密立河一帶。拖雷則承襲其父所保有哈剌和林諸山與斡難河源之故地」。對此，《多桑蒙古史》的作者也認爲：「此種承襲方法，蓋適應突厥韃靼民族之舊俗也。依俗諸子之成年者，家長以什物畜群付之，俾其能離父居而自立，父居所餘之物一概留給嫡妻所生之幼子，即所謂斡赤斤者是也」。〔註119〕

大汗的產業由幼子繼承，因此，成吉思汗去世之後，拖雷自然處於監國的地位。但蒙古大汗的汗位繼承卻另有規定，蒙古沒有固定的嫡長子繼承制，汗位繼承權或由先朝大汗生前指定，或通過明爭暗鬥強取，但形式上總要召開忽里臺大會（又稱忽鄰勒塔 quriltai），由諸王、貴族推舉，才能即汗位。根

〔註116〕《元朝秘史》，鮑思陶點校，濟南：齊魯書社，2005 年版，第 166～169 頁。
〔註117〕轉引自吳海航：《元代法文化研究》，北京：北京師範大學出版社，2000 年版，第 90 頁。
〔註118〕〔波斯〕拉施特：《史集》第一卷第二分冊，余大鈞、周建奇譯，北京：商務印書館，1983 年版，第 317 頁。
〔註119〕多桑：《多桑蒙古史》，馮承鈞譯，上海：上海書店出版社，2001 年版。第 179 頁。

據《出使蒙古記》的記述，成吉思曾經立了這樣一條法令：「如果任何人由於驕傲，自行其事，想要當皇帝而不經過諸王的推選，他就要被處死，決不寬恕。」〔註120〕由此可見，成吉思汗的財產及歸其自己領有的領地「大禹兒惕」與大汗汗位的繼承發生了分離。

事實上，窩闊台即汗位時，成吉思汗的財產與「京畿」領地沒有也不可能全部進行分封，這是因為作為大汗，不僅應該擁有諸多干預臣屬財產的權力，而且汗權也應該是以一定的財產權作為基礎的。這部分沒有被分封的財產、領地及投下人口，並不歸新的大汗窩闊台所屬有，而是歸「大禹兒惕」所有，即整個「黃金家族」所共有。這樣，成吉思汗的部分汗有制財產以「黃金家族」共有財產的形式沿襲下來，並且財產權的屬性發生了巨大的變化：它不再是大汗的私屬財產，而是具有了某些公共性質；與此同時，成吉思汗時期的不曾分受諸王的投下人口也一舉成為「大數目裏」的「公民」。大汗財產權的這種變化，在《元史》中有簡明的記載：太宗元年（1229）秋八月，「始置倉廩，立驛傳。」〔註121〕此處的「倉廩」不是指在成吉思汗時期沒有倉庫，而是指此時乃置「國庫」之意。

財產權的「黃金家族」共有性質決定了「大禹兒惕」財產即國家財產的處分方式和最終歸屬。因此，為元代君主大量的分封、歲賜等制度奠定了財產權基礎。這一點《世界征服者史》有清楚的評述：「他們後來始終遵守這個原則：雖然形式上權力和帝國歸於一人，即歸於被推舉為汗的人，然而實際上所有兒子、孫子、叔伯，都分享權力和財富。」〔註122〕窩闊台一上臺就下詔：「把多年來為成吉思汗從東西各國徵集來的國庫貯藏打開，其總數連賬簿的肚子都容納不了。他封閉那些愛挑剔者之嘴，拒絕他們的勸諫，把他的份子賞給他的所有家屬和士卒、他的軍隊和族人、貴人和黎庶、侯王和家臣、主子和奴婢，按權利各分一份；國庫中為明天留下的財物，不多不少，不大也不小。」〔註123〕在第二次諸王聚會（即忽里臺大會）時，「一如既往，按照

〔註120〕〔英〕道森：《出使蒙古記》，呂浦譯，北京：中國社會科學出版社，1983年版，第25頁。
〔註121〕〔明〕宋濂等，《元史》卷二《太宗》，北京：中華書局校點本，1976年版，第29頁。
〔註122〕〔伊朗〕志費尼：《世界征服者史》上冊，何高濟譯，翁獨健校訂，呼和浩特：內蒙古人民出版社，1980年版，第45頁。
〔註123〕〔伊朗〕志費尼：《世界征服者史》上冊，何高濟譯，翁獨健校訂，呼和浩特：內蒙古人民出版社，1980年版，第219頁。

慣例，合罕把國庫大門打開，這大門從未有人見它關閉，把第一次忽鄰勒塔以來從各地徵集的珍寶，統統賞給所有與會者，有族人，也有百姓，像春雲用雨水滋潤草木，賜給大小人物。」〔註124〕到蒙哥汗時，仍然如此，「天下之王蒙哥可汗在第二次忽鄰勒塔（quriltai）上，把他的整個國土都分封給他的族人、子女、兄弟和姐妹了。」〔註125〕甚至到延祐五年，一件正式的監察御史的文書中仍然記載：「太祖皇帝初起北方時節，哥叔弟兄每商量定：取天下了呵，各分地土，共享富貴。」〔註126〕

（三）「黃金家族」共有財產權的官有化管理

蒙古統治者的財產權觀念與中原集權官僚文化及官有財產權觀念有巨大的差異，其本質的不同在於蒙古統治者的國庫財產具有私有化的傾向。國庫財產是「黃金家族」的共有財產，而共有財產權觀念是建立在私有財產權觀念的基礎之上，因為共有財產只不過是應當分賜而尚未分賜的財產，是應當私有化而尚未私有化的財產，只是暫且「公有」，準確地說只是暫且「共有」，它的最終歸屬是私有的。因而，窩闊台說：「賞賜的金帛器械、倉庫等掌守的人，可教各處起人來看守。」〔註127〕此處的「金帛器械、倉庫」就是指「國庫」，但是「國庫」前面加了一個定語「賞賜的」，清楚地表明「國庫」的財產之最終處分方式是賞賜給「黃金家族」成員，哥叔弟兄們「共享富貴」。

中原的集權文化及官有財產權觀念恰恰與之相反，國民的私有財產總是具有公有化或官有化的傾向，所謂「天子適諸侯，升自阼階，諸侯納管鍵，執策而聽命，示莫為主也。」〔註128〕天子還剛登上東階，諸侯就將自己倉庫的鎖鑰拿了出來，執策而聽命，表明自己的財產屬國家所有，「示莫為主」。這種財產「公有制」觀念深入中原漢人骨髓。以深得世祖忽必烈寵信的劉秉忠為例，他曾上書數千百言，與世祖討論治道。他認為：「天子以天下為家，兆民為子，國不足，取於民，民不足，取於國，相須如魚水。有國家者，置府庫，設倉廩，亦為助民；民有身者，營產業，闢田野，亦為資國用也。」

〔註124〕〔伊朗〕志費尼：《世界征服者史》上冊，何高濟譯，翁獨健校訂，呼和浩特：內蒙古人民出版社，1980年版，第233頁。

〔註125〕〔伊朗〕志費尼：《世界征服者史》上冊，何高濟譯，翁獨健校訂，呼和浩特：內蒙古人民出版社，1980年版，第45頁。

〔註126〕《元典章》卷九，《吏部三‧官制‧投下‧改正投下達魯花赤》，第302頁。

〔註127〕《元朝秘史》，鮑思陶點校，濟南：齊魯書社，2005年版，第212頁。

〔註128〕《鹽鐵論》，哈爾濱：黑龍江人民出版社，2004年版，第26頁。

〔註 129〕這種家國一體的財產權觀點實際上就是國家的財產不是任何個人的，而個人的財產總是國家的；「威福者君之權，奉命者臣之職」，個人財產的多寡完全由國家權力安排與賜予，在根源上沒有任何獨立性可言。關於這種「公有制」觀念，馬克思曾經這樣描述過：「在大多數亞細亞基本形式中，凌駕於所有這一切小的共同體之上的總和的統一體現爲最高所有者或唯一的所有者，實際上的公社卻不過表現爲世襲的佔有者。……每一個單個的人在事實上失去了財產；……因爲這種財產，是由作爲這許多共同體之父的專制君主所體現的統一總體，通過這些單個公社而賜予他的。」〔註130〕

在蒙古統治者平定中原的過程中，中原文化及官有財產權觀念對蒙古統治者逐漸產生了影響。正像馬克思所指出的，「野蠻的征服者總是被那些他們所征服的民族的較高文明所征服。」〔註131〕事實上，這種文化上的征服與被征服不是一蹴而就的，而是一個長期的衝突與協調的過程，但就其結果而言，往往不是一種文化對另一種文化的吞噬和消滅，而更多的是表現爲兩種文化的相互接納與融合。就元初的經濟制度與財產權制度的改變而言，中原文化的一個重大影響就是促使蒙古統治者不斷採用漢法，推動國家經濟集權化與「黃金家族」共有財產權的管理官有化。

窩闊台執政時期，在深受中原文化薰陶的中書令耶律楚材的輔佐下，窩闊台採取了一系列強化中央經濟集權和促進「黃金家族」共有財產權管理官有化的法制措施，主要包括：

1、建立國家稅賦制度。在中原地區，近臣別迭等言：「漢人無補於國，可悉空其人以爲牧地。」耶律楚材堅決反對，主張建立稅賦制度，「陛下將南伐，軍需宜有所資，誠均定中原地稅、商稅、鹽、酒、鐵冶、山澤之利，歲可得銀五十萬兩、帛八萬匹、粟四十萬餘石，足以供給，何謂無補哉！」……乃奏立燕京等十路徵收課稅使。〔註132〕在蒙古草原地區，則實行牛馬抽分制度。

2、禁止掠奪、擅取於民。早在拖雷監國時，耶律楚材就上奏：「請禁州

〔註129〕〔明〕宋濂等，《元史》卷一百五十七，《劉秉忠傳》北京：中華書局校點本，1976 年版，第 3689 頁。

〔註130〕《馬克思恩格斯全集》（第 46 卷上），北京：人民出版社，1979 年版，第 425 頁。

〔註131〕《馬克思恩格斯全集》第 2 卷，北京：人民出版社，1972 年版，第 70 頁。

〔註132〕〔明〕宋濂等，《元史》卷一百四十六，《耶律楚材傳》北京：中華書局校點本，1976 年版，第 3458 頁。

郡，非奉璽書，不得擅徵。」當時掠奪之風甚盛，史載：「燕多劇賊，未夕，輒拉牛車指富家，取其財物，不與則殺之」，拖雷遣耶律楚材治之，「詢察得其姓名，皆留後親屬及勢家子。……戮十六人於市，燕民始安。」〔註133〕在窩闊台即位後，耶律楚材又提出：「中原之地，財用所出，宜存恤其民，州縣非奉上命，敢擅行科差者罪之。」〔註134〕在蒙古地區，窩闊台也與察合臺商定：「諸王駙馬等聚會時，每每於百姓處科斂，不便當，可教千戶每每年出騍馬並牧擠的人，其人馬以時常川交替。」〔註135〕

3、限制裂土分民，建立「五戶絲」制度。窩闊台欲裂州縣賜親王功臣，楚材曰：「裂土分民，易生嫌隙。不如多以金帛與之」。帝曰：「已許奈何？」楚材曰：「若朝廷置吏，收其貢賦，歲終頒之，使無擅科徵，可也」。……每二戶出絲一斤，以給國用；每五戶出絲一斤，以給諸王功臣湯沐之資。〔註136〕

4、保護官物，防止流失。耶律楚材陳便宜十八事，其中主張：「貿易借貸官物者罪之。……臨主自盜官物者死。」〔註137〕窩闊台甚至「將天生的野獸，恐走入兄弟之國，築牆寨圍攔住，致有怨言。」〔註138〕

5、保障收入來源，禁止投下貴族收拾人口。「時將相大臣有所驅獲，往往寄留諸郡，楚材因括戶口，並令為民，匿占者死。」〔註139〕這是最早關於禁止投下貴族招收、影占人口的法律規定，後來發展成為元代的聖政之一：「諸王公主駙馬依在前聖旨體例裏，漏籍並不干礙他每的戶計，休收拾者，休隱藏者。」〔註140〕

6、軍民分治。為保障上述法制措施的貫徹執行，耶律楚材提出：「郡宜

〔註133〕〔明〕宋濂等，《元史》卷一百四十六，《耶律楚材傳》北京：中華書局校點本，1976年版，第3456～3457頁。

〔註134〕〔明〕宋濂等，《元史》卷一百四十六，《耶律楚材傳》北京：中華書局校點本，1976年版，第3457頁。

〔註135〕《元朝秘史》，鮑思陶點校，濟南：齊魯書社，2005年版，第212頁。

〔註136〕〔明〕宋濂等，《元史》卷一百四十六，《耶律楚材傳》北京：中華書局校點本，1976年版，第3460頁。

〔註137〕〔明〕宋濂等，《元史》卷一百四十六，《耶律楚材傳》北京：中華書局校點本，1976年版，第3457頁。

〔註138〕《元朝秘史》，鮑思陶點校，濟南：齊魯書社，2005年版，第212頁。

〔註139〕〔明〕宋濂等，《元史》卷一百四十六，《耶律楚材傳》北京：中華書局校點本，1976年版，第3460頁。

〔註140〕《元典章》卷二，《聖政‧重民籍》，北京：中國廣播電視出版社，影印元刊本，1998年版，第55頁。

置長吏牧民，設萬戶總軍，使勢均力敵，以遏驕橫」；〔註141〕「凡州郡宜令長吏專理民事，萬戶總軍政，凡所掌課稅，權貴不得侵入。」〔註142〕

國家建立稅賦制度、禁止投下貴族擅取於民、防止國有財產的流失、確保國家財用之收入來源、加強政府對國民經濟的管理、確保政府經濟集權、阻擊國家財產權的無序私有化等等，上述法制措施的實質是剝奪投下貴族對國家財產，也即黃金家族成員對家族共有財產的原始性無序取得權力，爲「黃金家族」共有財產權的官有化管理奠定了法制基礎。

上述法制的實施，取得了明顯的經濟效果，史載太宗窩闊台時期：「華夏富庶，羊馬成群，旅不賷糧，時稱治平」。〔註143〕但太宗去世之後，以六皇后乃馬真氏爲代表的保守勢力與代表中原文化的中書令耶律楚材之間產生了嚴重衝突：一方企圖破壞太宗之政，而耶律楚材誓死維護之。起初，「后以御寶空紙，付奧都剌合蠻，使自書塡行之。楚材曰：『天下者，先帝之天下。朝廷自有憲章，今欲紊之，臣不敢奉詔。』事遂止」。其後，衝突進一步升級，「（后）又有旨：『凡奧都剌合蠻所建白，令史不爲書者，斷其手。』楚材曰：『國之典故，先帝悉委老臣，令史何與焉。事若合理，自當奉行，如不可行，死且不避，況截手乎！』后不悅」。〔註144〕這場維護「朝廷憲章」、「國之典故」的鬥爭，終因耶律楚材憂鬱而疾，年五十五歲而薨，沒有成功。「黃金家族」共有財產權官有化管理的法制隨即遭到了毀滅性的破壞，史書述評：「諸王及各部遣使於燕京迤南諸郡，徵求貨財、弓矢、鞍轡之物，或於西域回鶻索取珠璣，或於海東樓取鷹鶻，馹騎絡繹，晝夜不絕，民力益困。然自壬寅以來，法度不一，內外離心，而太宗之政衰矣。」〔註145〕時光似乎倒轉，「黃金家族」共有財產非法無序流失的情景和實況躍然史冊之上。

「黃金家族」共有財產管理混亂的局面在憲宗蒙哥即位後得到了有效的

〔註141〕〔明〕宋濂等，《元史》卷一百四十六，《耶律楚材傳》北京：中華書局校點本，1976年版，第3457頁。

〔註142〕〔明〕宋濂等，《元史》卷一百四十六，《耶律楚材傳》北京：中華書局校點本，1976年版，第3458頁。

〔註143〕〔明〕宋濂等，《元史》卷二《太宗》，北京：中華書局校點本，1976年版，第37頁。

〔註144〕〔明〕宋濂等，《元史》卷一百四十六，《耶律楚材傳》北京：中華書局校點本，1976年版，第3464頁。

〔註145〕〔明〕宋濂等，《元史》卷二《太宗》，北京：中華書局校點本，1976年版，第40頁。

控制。儘管蒙哥自謂：「遵祖宗之法，不蹈襲他國所為」，〔註146〕但他即位之初就立即頒佈法令，恢復了窩闊台時期推行的「黃金家族」共有財產管理方面的漢法，「憲宗元年（1251），……頒便益事宜於國中：凡朝廷及諸王濫發牌印、詔旨、宣命，盡收之；諸王馳驛，許乘三馬，遠行亦不過四；諸王不得擅招民戶；諸官屬不得以朝覲為名賦斂民財……」。〔註147〕這些限制諸王貴族的法令可以分為兩個方面：一是嚴禁擅取「公民」財產，一是限制擅取或濫用「國家」財產。事實上，這兩個方面的法令都得到了嚴格執行。史載憲宗六年（1256）「諸王塔察兒、駙馬帖里垓軍過東平諸處，掠民羊豕。帝聞，遣使問罪。由是諸軍無犯者」；〔註148〕憲宗八年（1258）五月，「皇子阿速帶因獵獨騎傷民稼，帝見讓之，遂撻近侍數人。士卒有拔民蔥者，即斬以徇。由是秋毫莫敢犯」。〔註149〕從這些史料的記載中可以看出，憲宗對「黃金家族」共有的「公民」的財產呵護備至，甚至不惜罪及皇子與駙馬。在限制諸王貴族侵佔濫用「國家」財產方面，憲宗採取的一個重要的法律舉措是實施歲賜制度，也就是明確規定諸王歲賜之數。憲宗六年（1256），「帝會諸王、百官於欲兒陌哥都之地，設宴六十餘日，賜金帛有差，仍定擬諸王歲賜錢穀。」〔註150〕從「仍定擬」的記載來看，歲賜制度早在憲宗六年以前已經建立，此時又「定擬」修改。歲賜制度的建立改變了太宗窩闊台時期的濫賜現象，將「黃金家族」共有財產的私有化限定在一定的範圍內並且制度化，對諸王侵佔「國家」財產的貪婪起到了明顯的限制作用。例如，憲宗三年（1253），「諸王拔都遣脫必察詣行在，乞買珠銀萬錠，以千錠授之，仍詔諭之曰：『太祖、太宗之財，若此費用，何以給諸王之賜。王宜詳審之。此銀就充今後歲賜之數。』」〔註151〕諸王拔都是憲宗的政治盟友，曾有首議

〔註146〕〔明〕宋濂等，《元史》卷三《憲宗》，北京：中華書局校點本，1976年版，第54頁。

〔註147〕〔明〕宋濂等，《元史》卷三《憲宗》，北京：中華書局校點本，1976年版，第45頁。

〔註148〕〔明〕宋濂等，《元史》卷三《憲宗》，北京：中華書局校點本，1976年版，第49頁。

〔註149〕〔明〕宋濂等，《元史》卷三《憲宗》，北京：中華書局校點本，1976年版，第51頁。

〔註150〕〔明〕宋濂等，《元史》卷三《憲宗》，北京：中華書局校點本，1976年版，第49頁。

〔註151〕〔明〕宋濂等，《元史》卷三《憲宗》，北京：中華書局校點本，1976年版，第47頁。

推戴之功，但憲宗歲賜之外不加賜，可見其執行歲賜制度是比較徹底的。史書也評述：「（憲宗）不好侈靡，雖后妃不許之過制」。〔註152〕憲宗保護「國家」財產的另一項重要舉措是實施錢穀理算制度。世祖忽必烈在潛邸時，憲宗就曾命令阿藍答兒、劉太平會計京兆、河南財賦，大加鉤考。這次的鉤考是不定期的財賦審計，憲宗四年（1254）秋七月，太宗曾經下詔：「官吏之赴朝理算錢糧者，許自首不公，仍禁以後浮費。」從這條詔令看，當時應當已經有了定期的錢糧理算制度。

　　經過上面的史料分析，不難發現，憲宗時期的「黃金家族」共有財產的官有化管理比太宗時有了明顯的進步，主要體現在三個方面：其一，嚴禁諸王擅取於民，並且得到了嚴格執行。其二，建立了諸王后妃歲賜制度，歲賜之外不加賜，不過制。其三，就是建立了定期的和不定期的財賦審計理算制度。

　　「黃金家族」共有財產官有化管理的最後完成者是元世祖忽必烈。忽必烈為藩王時就希望「大有為於天下」，熱心於學習漢文化，先後召見劉秉忠、王鶚、元好問、張德輝、張文謙、竇默等中原文學之士，問以治道。1260 年忽必烈即汗位於開平，面對「武功迭興，文治多闕」的現狀，他在登寶位詔和稍後的建元詔中明確提出：「爰當臨御之始，宜新弘遠之規，祖述變通正在今日」，〔註153〕「稽列聖之洪規，講前代之定制」，〔註154〕迫切地尋求改革蒙古舊制，採用漢法，建立中央集權的政治經濟制度。在「黃金家族」共有財產的管理方面，忽必烈取法中原歷代王朝官有財產的管理制度，在太宗、憲宗奠定的基礎上，進一步進行改革、完善，使其日趨成熟和完備。其採取的法律措施主要有：

　　中統元年（1260）四月，發布「止貢獻」的詔令，並指出：「凡事撒花等物，無非取給於民，名為己財，實皆官物，取百散一，長盜滋奸，若不盡更，為害非細。」〔註155〕明確規定蒙古舊時風行的貢獻制為非法。

〔註152〕〔明〕宋濂等，《元史》卷三《憲宗》，北京：中華書局校點本，1976 年版，第 54 頁。

〔註153〕《元典章》卷一《詔令‧皇帝登寶位詔》，中國廣播電視出版社，影印元刊本，第 1 頁。

〔註154〕《元典章》卷一《詔令‧中統建元》，中國廣播電視出版社，影印元刊本，第 2 頁。

〔註155〕《元典章》卷二，《聖政‧止貢獻》，北京：中國廣播電視出版社，影印元刊本，1998 年版，第 62 頁。

中統元年（1260）十月，發行中統鈔，統一鈔法。此前鈔法並不統一，有諸多地方性貨幣，如何實在博州所印以絲爲本的會子，眞定軍閥史楫所發行的以銀爲本的銀鈔，1253 年世祖在京兆分地發行的交鈔。

中統元年（1260）十二月，「賜親王穆哥銀二千五百兩；諸王按只帶、忽剌忽兒、合丹、忽剌出、勝納合兒銀各五千兩、文綺帛各三百匹，金素半之；……自是歲以爲常。」歲賜制度自是成爲常制。

中統二年（1261）六月，「禁諸王擅遣使招民及徵私錢」。

中統二年（1261）八月，詔：「自今使臣有矯稱上命者，有司不得聽受。諸王、后妃、公主、附馬非聞奏，不許擅取官物」。

中統三年（1262）二月，「始定中外官俸，命大司農姚樞講定條格。」建立了官員俸祿制度，改變了「開國以來，庶事草創，既無俸祿以養廉，故縱賄賂而爲蠹」的局面。

中統三年（1262）三月，有旨：「非中書省文移及兵民官申省者，不許入遞。」〔註 156〕自始該條規定成爲「禁止隔越中書省聞奏」的元代朝綱，「諸王、公主、駙馬不以是何勢要人等，……近侍人員及內外諸衙門，毋得隔越輒便聞奏。」〔註 157〕這條朝綱在元代「黃金家族」共有財產的官有化管理上具有標誌性的意義，自此「黃金家族」共有財產的管理權完全官僚化，未經中書省的審核和批准，從制度層面上說，任何人（包括皇帝本人）對共有財產的任何處分都是非法和無效的。

至元五年七月，忽必烈又設立御史臺，以彈劾中書省、樞密院、制國用使司等內外百官姦邪非違，建立了「黃金家族」共有財產管理的監察制度。自此，元代的「黃金家族」財產管理制度已經十分完備。

元世祖忽必烈在這些制度的貫徹執行上，也是十分嚴格的。《元史》記載，世祖昭睿順聖皇后（察必皇后）「嘗於太府監支繒帛表裏各一，帝謂后曰：『此軍國所需，非私家物，后何可得支？』后自是率宮人親執女工。」〔註 158〕事實上，世祖本人也以身作側，並不以大汗之身濫用或濫賜「黃金

〔註 156〕〔明〕宋濂等，《元史》卷四《世祖一》，北京：中華書局校點本，1976 年版，第 68～83 頁。

〔註 157〕《元典章》卷二，《聖政‧振朝綱》，中國廣播電視出版社，影印元刊本，第 23 頁。

〔註 158〕〔明〕宋濂等，《元史》卷一百一十四《后妃一》，北京：中華書局校點本，1976 年版，第 2871 頁。

家族」共有財產。史書記載，武宗「嘗奉皇太后燕大安閣，閣中有故篋，問邦寧曰：『此何篋也？』對曰：『此世祖貯裘帶者。臣聞有聖訓曰：藏此以遺子孫，使見吾樸儉，可爲華侈之戒。』帝命發篋視之，歎曰：『非卿言，朕安知之。』時有宗王在側，遂曰：『世祖雖神聖，然嗇於財。』邦寧曰：『不然。世祖一言，無不爲後世法；一予奪，無不當功罪。且天下所入雖富，苟用不節，必致匱乏。自先朝以來，歲賦已不足用，又數會宗藩，資費無算，且幕不給，必將橫斂培怨，豈美事耶。』」〔註159〕世祖不濫用家族共有財產，遵守共有財產管理制度與武宗的濫賜及「宗王」的「不嗇於財」的觀念形成鮮明的對照。

需要指出的是，儘管「黃金家族」共有財產的管理逐漸官有化、漢法化，但並沒有改變「國家財產」歸「黃金家族」共有的性質。這種財產權制度是由當時的政治局面決定的。一方面，根據蒙古政治傳統，大汗即位必須在形式上通過貴族民主式的忽里臺大會，汗權的正當性、合法性完全建立在諸王宗親等蒙古貴族的共同意志之上。例如，世祖忽必烈在即位詔書中，就明確指出自己即位是因爲「不意宗盟輒先推戴，左右萬里名王臣僚不召而來有之，不謀而同者皆是，咸國家之大統不可久曠，神人之重寄不可暫虛。」〔註160〕以圖證明自己登臨汗位的正當性、合法性。另一方面蒙古少數民族統治人口眾多的漢族中原地區，蒙古統治者在政治上難免不過分依賴蒙古貴族，他們不可能相信自己最終的政治依靠力量是廣大漢民大眾或者是精通治道的漢族儒士精英。例如，太祖成吉思汗就告誡子孫：「大人物信用奴僕而疏遠周圍親信以外的人……這樣的民族，竊賊、撒謊者、敵人和〔各種〕騙子將遮住他們營地上的太陽。」〔註161〕再如，李謙、夾谷之奇曾任裕宗眞金太子諭德，向太子敬陳十事，其一曰正心，其二曰睦親。論睦親，以「宗親爲王室之藩屛，人主之所自衛者也。大分既定，尊卑懸殊，必恩意俯逮，然後得盡其歡心。宗親之歡心得，則遠近之歡心得矣。」〔註162〕這種「宗親之歡

〔註159〕〔明〕宋濂等，《元史》卷二百○四《宦者傳》，北京：中華書局校點本，1976年版，第4550頁。

〔註160〕《元典章》卷一《詔令·皇帝登寶位詔》，中國廣播電視出版社，影印元刊本，第1頁。

〔註161〕〔波斯〕拉施特：《史集》第一卷第二分冊，余大鈞、周建奇譯，北京：商務印書館，1983年版，第354頁。

〔註162〕〔明〕宋濂等，《元史》卷一百一十五《裕宗傳》，北京：中華書局校點本，

心得，則遠近之歡心得」的政治格局最終使汗權和政府權力無法擺脫蒙古貴族共同利益的束縛，而走上「無偏無黨，王道蕩蕩；無黨無偏，王道平平；無反無側，王道正直」〔註163〕的中原王道，而是踏上了「量中華之物力，結宗親之歡心」的岐路。因此，元代的經濟管理制度改革，作爲蒙古貴族共同意志的體現，它只能是在保障蒙古貴族既得利益基礎之上的改革，也只能是在不損害蒙古貴族集團共同利益基礎之上的改革，它不可能改變「國家財產」的最終歸屬權，也不會將「黃金家族」的共有財產全民所有化，它僅僅是在管理模式和管理體制上傚仿中原文化的官有財產管理模式和管理體制而已。

二、採用漢法：官營工商業制度的建立

官營工商業在中原漢地的歷史起源很早，《國語‧晉語》中就有「工商食官」的記載。「工商食官」是西周時期的官營工商業制度，即主要手工業和商業部門由官府直接經營管理的工商業制度。〔註164〕官營工商業制度經秦漢，歷唐宋，雖時有變遷，但官府直接經營管理大量工商業經濟，爲皇室貴族和各級政府提供各種消費品和奢侈品，爲國家財政節約開支並獲得大量利稅收入，一直是中原漢地歷代封建王朝經濟制度的一大特色。

伴隨著蒙古社會財產權的變遷，大蒙古汗國的國家職能和經濟制度也發生了顯著的變化。在大蒙古汗國建國之初，國家機構雖然已經產生，但更多的是一種軍事組織機構，而不是行政管理組織機構；當時的蒙古統治者將征服和掠奪視爲國家機器的基本職能，國家的行政管理職能還處在一種萌芽的狀態。但隨著汗權的擴張，國家的大量財富匯聚到汗權的控制之下，國家的經濟管理職能日益突顯。特別是征服中原漢地之後，漢族地區的中央封建集權文化和經濟管理制度，日益受到蒙古統治階級的重視，並逐步得到採納和傚仿。其中，中原的官營工商業制度就是伴隨著「黃金家族」共有財產權的形成及管理體制的官有化，而在這一時期被蒙古統治者逐步接受並付諸實施的。

　　　1976年版，第2892頁。

〔註163〕《尚書‧洪範》

〔註164〕曾代偉：《中國經濟法制史綱》，成都：成都科技大學出版社，1994年版，第8頁。

（一）成吉思汗時期官營工商業制度的萌芽

在大蒙古汗國建國之後，隨著掠奪財富的積累，蒙古社會對生活必需品及奢侈消費品的需求日益增加；同時，由於不斷的征服戰爭，對兵器、戰車等戰爭器具也需要不時地補給。因此，在成吉思汗統治的大蒙古汗國早期，蒙古社會的工商業經濟有了一定的發展。但是，基於當時普遍存在的私有財產制度，工商業的經營主體並不是國家，而是私營工商業奴隸主。

在早期的征服戰爭中，蒙古統治階級就十分重視保護手工業工匠，實行「唯匠屠免」的軍事政策。但對俘獲來的大量手工業勞動者，大汗經常將他們如同掠奪到的財產一樣，由各部落蒙古貴族像佔有無主財產一樣佔有和使用，或者像分配獵物一樣分配給他們屬有。正如《史集》所載，蒙古軍隊攻陷一座城後，「分出手工業者和工匠，連同他們的家屬一起分配與各蒙古親王貴族爲奴。」〔註165〕成吉思汗在攻陷撒麻耳干後，把三萬有手藝的人挑選出來，分給了他的諸子和族人。〔註166〕蒙古軍兵臨費納客忒城下，在允准該城乞降後，他們將「士卒和市民給分爲兩隊：前者悉數被殲，有的死於刀下，也有的死於亂箭，而後者則被分配給百戶、十戶。工匠、手藝人、看獵獸的人，分配（給百戶、十戶）。」〔註167〕在早期征服中原的戰爭中也是如此，「收天下童男童女及工匠，置局弘州。既而得西域織金綺紋工三百餘戶，及汴京織毛褐工三百戶，皆分隸弘州，命鎮海世掌焉」。〔註168〕「命鎮海世掌焉」，實際上就是將這些工匠賜予給鎮海作爲其投下私屬人口，並歸其世襲擁有。

在將俘虜的手工業工匠進行分配並組織生產經營的過程中，有兩個現象特別值得關注，一是成吉思汗本人擁有的大量工商業，一是中原漢地舊有的大量官營工商業落入地方政府的世官世侯之手。這兩種形態的工商業都爲後來蒙元統治者發展官營工商業提供了基礎；從制度發展的角度看，這兩種工商業也是元初官營工商業的萌芽形態。

成吉思汗除了把大批俘獲的工匠分賜給蒙古貴族親王外，自己還擁有最

〔註165〕〔波斯〕拉施特：《史集》第一卷第二分冊，余大鈞、周建奇譯，北京：商務印書館，1983年版，第74頁。

〔註166〕《世界征服者史》，第140頁；《史集》第一卷第二分冊，第286頁。《史集》記載的工匠數量是「千名」，與《世界征服者史》有出入。

〔註167〕〔伊朗〕志費尼：《世界征服者史》上冊，何高濟譯，翁獨健校訂，呼和浩特：內蒙古人民出版社，1980年版，第107頁。

〔註168〕〔明〕宋濂等，《元史》卷一百二十《鎮海傳》，北京：中華書局校點本，1976年版，第2964頁。

爲龐大的私屬人口工匠。這些工匠一部分從事各種民用手工業生產和建築，更大一部分則是編組爲匠軍，生產、修理武器或者在行軍、攻戰時開闢道路、架橋、造船。例如，在成吉思被擁立爲乞顏部首領時，就曾命令古出沽兒管修造車輛；到成吉思稱汗時，他又將古出沽兒管理的手工業部門擴充到一千戶。〔註169〕匠軍在太祖西征花刺子模時已經成爲一種專門的軍種，「高鬧兒，女眞人。事太祖，從征西域；復從闊出太子、察罕那演，連歲出征，累有功，授金符，總管，管領山前十路匠軍」。〔註170〕再如，「（張榮）領軍匠，從太祖征西域諸國。庚辰八月，至西域莫蘭河，不能涉。太祖召問濟河之策，榮請造舟。太祖復問：『舟卒難成，濟師當在何時？』榮請以一月爲期，乃督工匠，造船百艘，遂濟河。太祖嘉其能，而賞其功，賜名兀速赤。……鎮國上將軍、炮水手元帥。……子奴婢，襲佩虎符、炮水手元帥，領諸色軍匠。」〔註171〕從一月造船百艘的速度上看，張榮所領軍匠已經具有了相當大的規模。

　　在元初官營工商業制度形成過程中，更具積極意義的一種工商業形態是漢族世官世侯們所把持和擁有的中原漢地舊有的官營工商業。這類工商業原本就是從金朝政府的官營工商業沿襲過來的，只是元初蒙古統治者出於政治上的需要和力所不逮，實行世官世侯制度，暫時無力染指的結果。所謂世官世侯，時人當時評論說：「諸侯如史、如李、如嚴、如張、如劉、如汪等，大者五六萬，小者不下二三萬，唬將勁卒，茁習兵革，騎射馳突，視蒙古、回鶻尤爲猛鷙。」〔註172〕太祖初征中原時，目的只在掠奪，對經濟恢復與建設並不重視。因此，將征服後的各項行政和經濟管理事務悉數付諸當地諸侯「便宜行事」。例如，太祖曾經授劉敏「安撫使，便宜行事，兼燕京路徵收稅課、漕運、鹽場、僧道、司天等事，給以西域工匠千餘戶。」〔註173〕因此，燕京路的官營鹽鐵諸業的經營管理權甚至所有權均落入了劉敏之手。又如，「太祖，丙戌，趙柔……以功遷龍虎衛上將軍，眞定涿等路兵馬都元

〔註169〕《元朝秘史》，鮑思陶點校，濟南：齊魯書社，2005年版，第63、150頁。
〔註170〕〔明〕宋濂等，《元史》卷一百五十一《高鬧兒傳》，北京：中華書局校點本，1976年版，第3564頁。
〔註171〕〔明〕宋濂等，《元史》卷一百五十一《張榮傳》，北京：中華書局校點本，1976年版，第3581頁。
〔註172〕《郝文忠公陵川文集》卷三八《復與宋國承相論本朝兵亂書》，北京圖書館古籍珍本從刊（91冊），第831頁。
〔註173〕〔明〕宋濂等，《元史》卷一百五十三《劉敏傳》，北京：中華書局校點本，1976年版，第3609頁。

帥，佩金虎符，兼銀冶總管。」〔註174〕再如，「太祖十六年，（李）全叛宋，……太師國王孛魯承制拜全山東淮南楚州行省，……太宗三年，全攻宋揚州，敗死。亶遂襲爲益都行省，仍得專制其地。」〔註175〕直至世祖中統二年（1261）仍「命李亶領益都路鹽課」。〔註176〕由於缺乏系統的正式的稅賦制度，大小諸侯把持這些鹽場、銀冶，只是將很小一部分利潤貢獻給蒙古大汗，大部分則歸自己屬有。有些諸侯食髓知味，甚至表示：「願辭監軍之職，幸得元佩金符，督治工匠，歲獻織幣，優游以終其身，於臣足矣。」〔註177〕

（二）窩闊台時期官營工商業制度的草創

1229 年太宗窩闊台即汗位，「國家財產」的屬性發生了根本變化，原來的「國家財產」——成吉思汗的汗有財產隨之解體消散，取而代之的「國家財產」不再是窩闊台汗的汗有財產，而是「黃金家族」的共有財產。這種財產權的公有性或者說共有性，爲窩闊台汗時期官營工商業的蓬勃發展奠定了堅實的財產權制度基礎。

爲了經營和管理「黃金家族」共有財產，太宗在 1231 年設立「中書省，改侍從官名，以耶律楚材爲中書令」，建立了管理國家經濟和經營官有工商業的專門官僚機構。事實上，在此之前的 1230 年，太宗就命耶律楚材「舉近世轉運司例，經理十路課稅，易司爲所，黜使爲長」，〔註178〕「始置十路徵收課稅使（所）」，成立了經營、管理國家經濟的地方政府機構，負責管理地方政府財賦的徵收和官營鹽鐵等手工業的生產經營。耶律楚材本人身受漢文化影響，對中原舊制官營工商業制度十分推崇。耶律楚材曾在給高慶民的一首贈詩中寫道：「好陪劉晏勤王事，早使錢如地上流」。〔註179〕劉晏是唐中期著名的理財之臣，曾經主張並推行官營鹽鐵、行常平法，大力發展官營工商業經

〔註174〕〔明〕宋濂等，《元史》卷一百五十三《趙柔傳》，北京：中華書局校點本，1976 年版，第 3606 頁。

〔註175〕〔明〕宋濂等，《元史》卷二百六《叛臣李亶傳》，北京：中華書局校點本，1976 年版，第 4591 頁。

〔註176〕〔明〕宋濂等，《元史》卷四《世祖一》，北京：中華書局校點本，1976 年版，第 71 頁。

〔註177〕〔明〕宋濂等，《元史》卷一百五十《何實傳》，北京：中華書局校點本，1976 年版，第 3552 頁。

〔註178〕楊奐：《還山遺稿》卷上《耶律楚材改科稅制》，臺灣影印文淵閣四庫全書本，臺灣：商務印書館股份有限公司，1986 年版，第 556 頁。

〔註179〕耶律楚材：《湛然居士文集》卷四，《送燕京高慶民行》。

濟，並曾一度取得了巨大的成功。從這首詩中，可以看出耶律楚材發展官營工商業的雄心和決心。耶律楚材在課稅所所用之人，「凡長貳悉用士人，……參佐皆用省部舊人」，〔註180〕即爲中原儒士及金代中書省遺臣。因此，元代的官營工商業思想及官營工商業法律制度深受中原漢法特別是金代律令的影響是十分自然的事情。

　　爲了改變「官無儲待」的財政狀況和解決「歲賜」及「南伐」之需，耶律楚材主張恢復和重振金代中原的官營課程禁榷工商業——主要是鹽鐵業。窩闊台採納了耶律楚材「誠均定中原地稅、商稅、鹽、酒、鐵冶、山澤之利」〔註181〕的建議，於1230年春正月「定諸路課稅，酒課驗實息十取一，……鹽價，銀一兩四十斤」。〔註182〕據《元史·食貨志》記載，在1230年元政府就先後設立了河間課稅所，「置鹽場，撥灶戶二千三百七十六隸之」；益都課稅所，「撥灶戶二千一百七十隸之」；並「立平陽府徵收稅課所，從實辦課」，經營解州池鹽。〔註183〕官營鐵冶業在稍後也有大規模的發展，「太宗丙申年（1236），立爐於西京州縣，撥冶戶七百六十煽焉。丁酉年（1237），立爐於交城縣，撥冶戶一千煽焉。」另外，在檀、景等處，太宗也在1236年撥戶於北京煽煉。〔註184〕官營課程禁榷工商業的設置和營運，很快取得了實際的財經效果。1231年秋，窩闊台至雲中，十路課稅所「咸進廩籍及金帛」，窩闊台看後，大贊耶律楚材賢能，「汝不去朕左右，而能使國用充足」。自此，財經錢穀之事，事無鉅細，皆先決於楚材。〔註185〕

　　另一方面，官營造作手工業在此時期也有了長足的發展。太宗七年（1235），城和林，作萬安宮。因爲營造和林城和萬安宮等宮殿的需要，大量的漢地手工業工匠被遷往漠北和林，從事官營造作手工業勞作。據《史集》

〔註180〕〔明〕宋濂等，《元史》卷一百四十六，《耶律楚材傳》北京：中華書局校點本，1976年版，第3458頁。

〔註181〕〔明〕宋濂等，《元史》卷一百四十六，《耶律楚材傳》北京：中華書局校點本，1976年版，第3458頁。

〔註182〕〔明〕宋濂等，《元史》卷二《太宗》，北京：中華書局校點本，1976年版，第32頁。

〔註183〕〔明〕宋濂等，《元史》卷九四《食貨二》，北京：中華書局校點本，1976年版，第2387～2388頁。

〔註184〕〔明〕宋濂等，《元史》卷九四《食貨二》，北京：中華書局校點本，1976年版，第2380～2381頁。

〔註185〕〔明〕宋濂等，《元史》卷一百四十六，《耶律楚材傳》北京：中華書局校點本，1976年版，第3458頁。

記載，爲建造各種建築「彼（窩闊台）自契丹發來各色工匠，令於彼大部分時間居住之福地哈剌和林建一高聳之建築，承以高大之柱，使與如此崇高之國王之決心相一致。……此等建築皆採取盡可能優美之式樣，飾以各種彩畫」。在宮殿建成之後，窩闊台又命「傑出之工匠打造儲酒之金銀器皿，形如象、獅、馬等動物之形狀，皆置於大桶之下，滿貯酒及馬奶。其前又各置銀盆，酒及馬奶自此等動物之口中流出，而至盆中」。〔註186〕大量的宮殿建築業和金銀器皿製造業，需要大量的官營手工業勞動人口，以致在漠北和林形成了一個漢人工匠生活區，「城裏（和林城）有兩個地區：一個是薩拉森人區，市場就在這個區裏。許多商人聚集在這裡，這是由於宮廷總是在它附近，也是由於從各地來的使者很多。另一個是契丹人區，這些契丹人都是工匠。」〔註187〕

　　除了在和林城聚集有大量滿足蒙古統治者生活需要的官營手工業之外，地方政府也大量設置和經營手工業局院，造作織品、軍器等政府消費品。牙剌瓦赤治理西北河中地區時，「各城建立了爲官家工作的大作坊『科爾霍納』，最早見於記載的這種作坊，是十三世紀三十年代途思的科爾霍納。爲這樣的作坊建築了特別的大房屋。這些作坊生產衣服、武器、軍隊裝備和玻璃器皿等物。」〔註188〕中原地區更是如此，例如，太宗四年（1232），直脫兒「收河南、關西諸路，得民戶四萬餘，……八年，建織染七局於涿州。」〔註189〕軍器製造業一直受到元太宗的高度重視，精於製造兵器和鎧甲的手工業工匠往往被委以重任，授予管理官營手工業的官職。例如，渾源人孫威，「善爲甲，嘗以意製蹄筋翎根鎧以獻，太宗親射之，不能徹，大悅。賜名也可兀闌，佩以金符，授順天安平懷州河南平陽諸路工匠都總管」。〔註190〕蒙元軍器工業的發展，爲蒙古軍東征西討取得勝利奠定了物質基礎。金天興

〔註186〕〔波斯〕剌失德丁：《史集》第二卷《成吉思汗的繼承者》，周良霄譯注，天津：天津古籍出版社，1992年版，第85～86頁。

〔註187〕〔英〕道森：《出使蒙古記》，呂浦譯，北京：中國社會科學出版社，1983年版，第203頁。

〔註188〕〔前蘇聯〕B·R·加富羅夫著，肖之興譯《中亞塔吉克史：上古——十九世紀上半葉》，第270、285頁。

〔註189〕〔明〕宋濂等，《元史》卷一百二十三《直脫兒傳》，北京：中華書局校點本，1976年版，第3035頁。

〔註190〕〔明〕宋濂等，《元史》卷二百〇三《工藝傳》，北京：中華書局校點本，1976年版，第4542頁。

二年（1233），金哀宗總結蒙古軍取勝的原因時，感歎說：「北兵所以常取全勝者，恃北方之馬力，就中國之技巧耳，我實難與之敵。」〔註191〕

　　窩闊台時期，對官營造作手工業的管理立法也初具規模。「時工匠造作，靡費官物，十私七八，楚材請皆考核之，以爲定制。」〔註192〕同時，對於工匠的口糧，也開始有了一些原則性規定：「匠人每造作呵，驗工程與糧有來」。〔註193〕另外，在耶律楚材陳時務十策中，「選工匠」即是其中之一。因此，工匠戶籍制度，即把工匠從一般民戶、軍戶、站戶等戶籍中分立出來，單立匠籍，加以管理，有可能起始於此。太宗時，對重要手工業品的樣式已經作出了具體且嚴格的規定，例如太宗六年（1234），諭條令曰：「……諸婦人製質孫燕服不如法者，……論罪，即聚財爲更娶。」〔註194〕這種產品程序的規定，應該既適用於私造織品，也適用於官營工商業品。

　　官營工商業制度，在太宗窩闊台時期仍然還處於草創之初，當時這些制度既不完備又不穩定。例如，太宗初定天下課稅格，定額爲銀 1 萬錠，即五十萬兩，然而「富人劉忽篤馬、涉獵發丁、劉廷玉等以銀一百四十萬兩撲買天下課稅。……戊戌課銀增至一百一十萬兩，……奧都剌合蠻撲買課稅，又增至二百二十萬兩。」〔註195〕這種課稅「撲買」制度既不符合元代「定其歲入之課，多者不盡取，少者不強取」的課稅原則，同時，也表明窩闊台並沒有深刻認識到官營工商業的重大政治經濟意義，甚至根本就不想由政府經營官有工商業或由政府承擔管理國民經濟的職責，而只是簡單地將天下稅課「撲賣」給富人和商人，直接獲取超經濟的政權利益。「撲買」制度儘管遭到耶律楚材的堅決反對，極力辨諫，至「聲色俱厲，言與涕俱」，但太宗不爲所動，「姑令試行之」，楚材竟力不能止。

〔註191〕脫脫等：《金史》卷一一九《完顏婁室傳》，北京：中華書局校點本，1975 年版，第 2599 頁。

〔註192〕〔明〕宋濂等，《元史》卷一百四十六，《耶律楚材傳》北京：中華書局校點本，1976 年版，第 3461 頁。

〔註193〕《大元通制條格》卷第十三，《祿令‧工糧》，郭成偉點校，北京：法律出版社，2000 年版，第 152 頁。

〔註194〕〔明〕宋濂等，《元史》卷二《太宗》，北京：中華書局校點本，1976 年版，第 33 頁。

〔註195〕〔明〕宋濂等，《元史》卷一百四十六，《耶律楚材傳》北京：中華書局校點本，1976 年版，第 3462 頁。

（三）忽必烈時期官營工商業制度的建立

1260 年三月，忽必烈在開平府召集忽里臺大會，即大汗位，建元中統，在中央設中書省，以王文統任平章政事，在地方分設十路宣撫司，任漢人儒士為使。中原漢地已經成為忽必烈政權的重心，然而，在忽必烈即位之初，其在中原的統治地位並不穩固，可以說是外有未戢之兵，內有不貳之臣。在國家經濟基礎方面，由於連年征戰，文治多闕，人們流離失所，逃散在戰火及鞭笞之下，經濟生產破壞十分嚴重。

從當時的國家政治經濟形勢來看，一方面，忽必烈政權需要大量的財力、物力，用以平定阿里不哥漠北之亂和穩定漢地諸侯和蒙古諸王分裂勢力之心；另一方面，國家急需休養生息，以蘇民瘼。這種國家財經困窘在時任中書省平章政事王文統與離中書左丞之職赴大名等路宣撫之任的張文謙之間的一段對話中可見一斑：「（張文謙）語文統曰：『民困日久，況當大旱，不量減稅賦，何以慰來蘇之望？』文統曰：『上新即位，國家經費止仰稅賦，苟復減損，何以供給？』文謙曰：『百姓足，君孰與不足，俟時和歲豐，取之未晚也。』於是蠲常賦十之四，商酒稅十之二」。〔註196〕在這種「何以慰來蘇之望？」與「何以供給？」的矛盾中，國家急需一種「利用不竭而民不知，地盡西河而民不苦」「不賦百姓而師以贍」〔註197〕的經濟制度。無庸置疑，這種所謂的「差發辦而民不擾」〔註 198〕的經濟制度就是中原漢地自古有之，而又被時任中書省平章政事王文統所推行的官營鹽鐵等工商業制度。

當然，世祖忽必烈及王文統、阿合馬等理財大臣推行官營工商業制度並不是一帆風順。一方面，以蒙古守舊勢力、漢地世官世侯為代表的權豪勢要之家出於自己的工商業利益必然堅決反對官營工商業制度。另一方面，以許衡、姚樞、竇默等為代表的義理派儒臣政治集團，他們格守儒家的政治觀念，死抱「義理至上」的「仁政」宗旨，堅決反對理財派大臣「與民爭利」，對推行官營工商業制度的理財派大臣口誅筆伐，百般阻撓。

蒙古諸王貴族是私分國家財產的急先鋒，又是自由放任工商業政策的最大受益者。他們死守蒙古舊制，企圖將落後的蒙古奴隸制強加於中原漢地，

〔註196〕〔明〕宋濂等，《元史》卷一百五十七《張文謙傳》，北京：中華書局校點本，1976 年版，第 3696 頁。

〔註197〕《鹽鐵論》卷七《非鞅》，哈爾濱：黑龍江人民出版社，2004 年版，第 35 頁。

〔註198〕〔明〕宋濂等，《元史》卷二百六《叛臣王文統傳》，北京：中華書局校點本，1976 年版，第 4594 頁。

仍然對分疆裂土的分封制及掠奪、貢獻等經濟制度抱有幻想，甚至遣使入朝質問忽必烈：「本朝舊俗與漢法異，今留漢地，建都邑城郭，儀文制度，遵用漢法，其故何如？」〔註199〕漢地世官世侯，作為地方割據勢力，「自行威福，進退生殺惟意之從」，〔註200〕他們必然反對中央集權，而推行官營工商業制度則是忽必烈政權加強中央經濟集權的重要舉措之一。例如：史天倪之子史楫為真定兵馬都總管，「或請運鹽按籍計口，給民以食，楫爭其不可，曰：『鹽鐵從民貿易，何可若差稅例配之。』議遂寢。」〔註201〕而江淮大都督李璮在中統二年仍受命「領益都路鹽課」。地方的官營工商業仍然還落在頗具權勢的地方諸侯之手。忽必烈登基後，兩件重大的事件改變了上述政治局面，一是阿里不哥稱汗於和林，忽必烈一方面依託漢地豐富的財力、物力，一方面切斷漢地對漠北的物資供應，出兵擊敗阿里不哥，使草原諸王保守勢力受到挫敗；二是山東世侯李璮趁北邊戰事，發動叛亂，佔據益都，並企圖策動中原其他諸侯響應，但被忽必烈迅速鎮壓，並採取系列措施：罷世侯，置牧守，分兵民之治，廢州郡官世襲，行遷轉法，極大限制和削弱了數十年專制地方的大小諸侯勢力。這兩件政治事件的最終影響是鞏固了忽必烈新政權的政治基礎，為新政權發展官營工商業經濟掃清了政治障礙。歷史無數次證明：政權強，則官營工商業經濟強；政權衰，則官營工商業經濟衰；政權亡，則官營工商業經濟亡。

在世祖忽必烈統治時期，義理派儒臣政治集團與王文統、阿合馬、盧世榮、桑哥等為代表的功利派理財大臣的鬥爭始終沒有停止過。世祖時的官營工商業制度就是在這一鬥爭過程中逐漸發展、演變並日臻成熟和完備的。義理派儒臣政治集團曾經在協助忽必烈應付蒙哥大汗及阿里不哥的政治威脅及「論立體統、張布綱維」以恢復中原傳統文化和典章制度方面有過相當大的貢獻，但是，在國家經濟建設和發展官營工商業經濟方面，他們的政治經濟理念與忽必烈此時所需要的、同為中原文化之源的法家「專鹽鐵」「官山海」的經濟思想相去甚遠。他們堅守「君子喻於義，小人喻於利」，「百乘之家，

〔註199〕〔明〕宋濂等，《元史》卷卷一百二十五《高智耀傳》，北京：中華書局校點本，1976年版，第3073頁。

〔註200〕〔明〕宋濂等，《元史》卷卷一百五十七《劉秉忠傳》，北京：中華書局校點本，1976年版，第3689頁。

〔註201〕〔明〕宋濂等，《元史》卷一百四十七《史天倪傳》，北京：中華書局校點本，1976年版，第3482頁。

不畜聚斂之臣」的理論信條，主張「德者本也，財者末也」，認為代表國家與民爭利都是政治小人，「長國家而務財用者必自小人矣」。〔註202〕他們解決國家經費窘迫的指導方針是「君子先慎乎德，有德此有人，有人此有土，有土此有財，有財此有用，……國家諸般日用供給自然都夠用了。」〔註203〕他們的指導方針可能十分完美，但卻提不出具體的切實可行的辦法措施，來保障國家經費的收支平衡，以解世祖發動平內攘外戰爭的財力、物力所需。難怪「竇默與王鶚面論王文統不宜在相位，薦許衡代之，帝不懌而罷」。〔註204〕

在發展官營工商業經濟的道路上，世祖忽必烈既得不到勳貴世侯的支持，也無法獲取儒臣士大夫的理解，太宗時的耶律楚材早已駕鶴西去，「少時讀權謀書」的「布衣」〔註205〕王文統又因李璮事件迅速凋零，世祖只得依靠色目家奴阿合馬、「素無文藝，亦無武功」〔註206〕的商販盧世榮以及西蕃譯史桑哥。儘管如此「力小任大」，〔註207〕但建立官營工商業制度、發展官營工商業經濟的歷史成就，就其產能及產值來說，並不比歷史上任何王朝稍有遜色。以官辦手工業為例，有學者認為：元代的官營手工業「規模大，產品多，遠遠超過宋金時的官手工業」；〔註208〕「元代的官營手工業一度得到大規模發展。……元政府建立起了龐大的官營手工業，全國共設立大小工業局院三百一十餘所，其中規模較大者有七十多處」。〔註209〕元人蘇天爵更是認為：「國家初定中夏，製作有程，乃鳩天下之工，聚之京師。分類置局，以考其程度而給之食，復其戶，使得以專於其藝，故我朝諸工製作精巧，咸勝往昔矣！」〔註210〕至於官營禁榷工商業，《元史》也有評論：「世祖急於富國，試以行事，頗有成績」。〔註211〕以鹽課為例，高樹林先生認為：「元

〔註202〕許衡：《許文正公遺書》卷四《大學直解》。
〔註203〕許衡：《許文正公遺書》卷四《大學直解》。
〔註204〕〔明〕宋濂等，《元史》卷四《世祖一》，北京：中華書局校點本，1976年版，第70頁。
〔註205〕〔明〕宋濂等，《元史》卷二百六《叛臣王文統傳》，北京：中華書局校點本，1976年版，第4596頁。
〔註206〕〔明〕宋濂等，《元史》卷一百六十八《陳天祥傳》，北京：中華書局校點本，1976年版，第3944頁。
〔註207〕王惲：《秋澗集》附錄《王惲神道銘》。
〔註208〕韓儒林主編：《中國大百科全書‧中國歷史‧元史》，上海：中國大百科全書出版社，1985年版，第36頁。
〔註209〕劉佛丁主編：《中華文化通志：工商制度志》，第41頁。++
〔註210〕蘇天爵：《國朝文類》卷四二，《諸匠》
〔註211〕〔明〕宋濂等，《元史》卷二百〇五，《姦臣阿合馬傳》，，北京：中華書局校

朝鹽課，在官府財政收入中佔有極爲重要的地位，比唐、宋王朝又有了更多增長。」唐、宋時鹽課收入一般占財政收入不到一半，或者「實居其半」，但元代鹽課有「國家經費，鹽課居十之八」的記載，〔註212〕元人袁桷也評論說：「國朝定煮海之賦，倍於前代」。〔註213〕事實上，忽必烈對官營工商業的發展及產生的財經效果也是十分滿意的，至元初，帝（忽必烈）諭（廉）希憲曰：「吏廢法而貪，民失業而逃，工不給用，財不贍費，先朝患此久矣。自卿等爲相，朕無此憂。」〔註214〕這表明在世祖即位後不久，官營工商業制度的運行已經取得了良好的效果，基本上可以保證工可給用，財可贍費，而吏不廢法而貪。到桑哥爲相時，桑哥曾經集諸路總管三十人，導之入見，欲以趣辦財賦之多寡爲殿最。帝曰：「財賦辦集，非民力困竭必不能。然朕之府庫，豈少此哉！」〔註215〕這一方面表明國家府庫比較充裕，忽必烈對國家的財政狀況已經十分滿意，另一方面表明至元後期忽必烈對官營工商業制度有了更深入的瞭解和更深刻的認識。

自1206年太祖成吉思汗建立大蒙古汗國，經太宗窩闊台汗推行漢法，草創官營工商業體制，到世祖忽必烈全面採用漢法，系統地鞏固和發展官營工商業經濟，期間雖幾經周折，但最終在元初全面建立了一個以「黃金家族」共有財產權爲基礎的十分複雜、龐大的官營工商業體系。伴隨著元代官營工商業的興起，與之密切相關的元代官營工商業法律制度體系也逐步建立。

點本，1976年版，第4559頁。

〔註212〕參見高樹林：「元朝鹽茶酒醋課研究」，《河北大學學報》，1995年第3期，第5頁。

〔註213〕袁桷：《清容居士集》卷十九《兩浙轉運鹽使分司記》，四部叢刊。

〔註214〕〔明〕宋濂等，《元史》卷一百二十六，《廉希憲傳》，北京：中華書局校點本，1976年版，第3090頁。

〔註215〕〔明〕宋濂等，《元史》卷一百七十三《馬紹傳》，北京：中華書局校點本，1976年版，第4053頁。

第二章 元代官營造作手工業的法律規制

第一節 管理機構及其職權

　　元代官營造作手工業，主要是指元政府經營的消費品製造與加工工業，包括各類紡織業、金銀玉器加工製造業、食品加工業、軍器製造業、造船業等，建築業因為牽涉到大量手工業也屬於這一類型。這些官營手工業總體上具有政府消費性質，產品一般不進入流通領域，而是直接滿足皇室貴族和政府各部門必要的或奢侈性的消費需要。官營造作手工業不但不能為政府財政帶來收入，而且每年耗費政府可以支配的大量人力、物力、財力和其他資源，其經營目的是力求實現政府一般消費品的自給自足和保障政府特殊消費品的質量與安全，並從而儘量減少政府的貨幣性開支。在官營造作手工業的法律規制方面，除兵器製造等少數行業外，官營造作手工業一般不具有經營壟斷性，在政府經營大量的造作手工業的同時，國家法律一般允許民間經營各種日用品造作手工業，以滿足民間民眾生活的日常需要。因此，官營造作手工業法律規制的重點並不在於禁榷，而是側重於保障政府消費品的質量和數量，並降低成本減少開支。正如元人徐元瑞在《吏學指南》中所指出的：「造作，謂董督工程，確其物料也」。〔註1〕

　　為了滿足皇親國戚、權要人物和各級衙門的巨大消費需求，元政府組織

〔註1〕 徐元瑞著：《吏學指南》，楊訥點校，杭州：浙江古籍出版社，1988 年版，第36 頁。

並控制著極為龐大的，可以說是過渡膨脹的官營造作手工業。尤其是元朝的大都和上都，是政府消費集中之處，也是該類型手工業院局大量置設的地方。元代官營造作手工業的組織管理系統龐大而又複雜，在中央的主要有工部、將作院、大都留守司、武備寺、宣徽院等經營管理機構，除中央政府外，地方各級政府也管理控制著眾多的造作手工業局院。

一、中央管理機構及其管理職權

工部是元代中央政府專門管理官營造作手工業的最高政務機構。據《元史·百官志》記載：「工部，尚書三員，正三品；侍郎二員，正四品；郎中二員，從五品；員外郎二員，從六品，掌天下營造百工之政令。凡城池之修濬，土木之繕葺，材物之給受，工匠之程序，銓注局院司匠之官，悉以任之。」〔註2〕由此可見，工部的主要職責是負責國家造作手工業的宏觀管理，具體包括：制定政策、法令，編製興作營造計劃，管理造作預算、決算，調撥生產材料，制訂產品樣式和質量標準，任命匠職官員等。

工部的宏觀政務管理職能，自隋唐以來，一直沒有多大變化，但在元代中央官營造作管理體系中，元代工部的管理地位卻與前代大不一樣。根據《大唐六典》卷七《尚書工部》記載：「凡興建修築材木工匠，則下少府、將作，以供其事。」〔註3〕這表明在唐代的官營造作管理體系中，工部負責編製下達具體造作計劃，責令少府監、將作監等造作事務管理機構具體組織實施，工部在官營造作管理體系中居於首要的和主導的地位；在宋代，宋室南渡後，更是將少府、將作、軍器三監並歸工部。〔註4〕元代工部雖然號稱「掌天下營造百工之政令」，實際上中央各官營造作事務管理機構往往與工部成並列之勢，互不統屬。以武備寺為例，「其所轄屬官，則自為選擇其匠戶之能者任之。」〔註5〕「銓注局院司匠之官」與工部並無干涉；再以將作院為例，將作院秩正二品，其秩品比工部高，而且其院使經常位列三公，由大司

〔註2〕〔明〕宋濂等，《元史》卷八十五《百官一》，北京：中華書局校點本，1976年版，第2143頁。

〔註3〕李林甫：《大唐六典》卷七《尚書工部》，西安：三秦出版社，1991年影印日本廣池本，第164頁。

〔註4〕〔元〕脫脫等：《宋史》卷一百六十三《職官三》，北京：中華書局校點本，1977年版，第3863頁。

〔註5〕〔明〕宋濂等，《元史》卷九十《百官六》，北京：中華書局校點本，1976年版，第2285頁。

徙兼領，僅《元史》記載就不少於三次：世祖至元十五年「以阿你哥爲大司徒，兼領將作院」；武宗至大元年「加中書右丞、領將作院呂天麟大司徒」；仁宗延祐三年又「加授將作院使呂天麟大司徒」。〔註6〕有時，將作院使還兼領工部事，成宗元貞元年「以前工部尙書涅只爲將作院使，領工部事」，〔註7〕顯然，將作院使經常要比三品的工部尙書地位顯赫得多。難怪元人評論：「我國家因前代舊制，即設工部，又設將作院，凡土木營繕之役，悉隸工部；金玉、珍寶、玩服、器幣其治以供御者，專領之將作院，是寵遇爲至近，而其職任，視工部尤貴且重也。」〔註8〕

元代工部不僅是政務管理機構，而且還直接實施生產造作，是元代官營造作手工業事務管理機構之一，其下設有諸色人匠總管府、諸司局人匠總管府、提擧右八作司、提擧左八作司、諸路雜造總管府、隨路諸色民匠都總管府等大量手工業生產機構，其生產的產品包括氈毯、漆器、石器、柳器、金銀玉器、鑌鐵製品、佛像、皮毛織造品等，品類繁多、不可勝計。

將作院是元代中央政府最重要的官營造作手工業事務管理機構之一。據《元史・百官四》載，將作院「至元三十年始置。院使一員，經歷、都事各一員」，〔註9〕但《元史・世祖七》又記載至元十五年「以阿你哥爲大司徒，兼領將作院」；《世祖八》至元十八年還記載有：「賜將作院呂合剌工匠銀、鈔、幣帛。」〔註10〕《元史》前後記載存在明顯矛盾，考慮到將作院在造作管理中的重要地位，其機構設置不應出現在世祖統治晚期，元史本紀的記載更爲可信。

將作院設院使七員，正二品；同知二員，正三品；同僉二員，正四品；院判二員，正五品；經歷一員，從五品；都事一員，從七品；照磨管勾一員，正八品；令史六人，譯史、知印各二人，宣使四人。院使是行政長官，同知、同僉都是行政副長官；院判掌判院事，負責工役造作的具體組織；照磨管勾

〔註6〕〔明〕宋濂等，《元史》卷十《世祖七》、卷二十二《武宗一》、卷二十五《仁宗二》，北京：中華書局校點本，1976年版，第220頁、第482頁、第368頁。

〔註7〕〔明〕宋濂等，《元史》卷十八《成宗一》，北京：中華書局校點本，1976年版，第382頁。

〔註8〕胡行簡：《樗隱集》卷二，《將作院題名記》。

〔註9〕〔明〕宋濂等，《元史》卷八十八《百官四》，北京：中華書局校點本，1976年版，第2225頁。

〔註10〕〔明〕宋濂等，《元史》卷十《世祖七》、卷十一《世祖八》，北京：中華書局校點本，1976年版，第220頁、第224頁。

掌帳籍出納，負責財務管理和檢查；令史、譯史、知印、宣使均無品，是一般吏員。所設職官分工明確，各司其守。

將作院總的職責是「掌成造金玉珠翠犀象寶貝冠佩器皿，織造刺繡緞匹紗羅，異樣百色造作。」〔註11〕即以最高統治階級——皇室貴族為服務對象，為滿足統治階級的奢侈生活需要提供高檔奢華的消費品，「金玉、珍寶、玩服、器幣其治以供御者」。〔註12〕據此分析，元代的將作院其職能與前代將作大匠、將作監完全不同。將作院，秦代稱為「將作少府」，列十二卿之一；漢景帝中元六年（公元前 144 年）更名「將作大匠」；唐宋時期又稱之為「將作監」，職能與前代將作部門基本相同，但其中組織形式有所改變。其職掌主要是負責各項土木工程，包括營建與修繕宗廟、宮室、皇陵、官邸、城廓等政府建築工程，有時也受詔治造大臣宅第。大規模的工匠隊伍按軍事編制加以組織，所以將作部門的屬官常為武官名稱。元代的將作院雖因前代舊制而設，但職掌已大相徑庭。

武備寺是元代專門管理武器裝備生產、儲備、分配的中央政府機構，「掌繕治戎器，兼典受給」。武備寺的機構設置幾經演變，「至元五年，始立軍器監，秩四品。十九年，升正三品。二十年，立衛尉院。改軍器監為武備監，秩正四品，隸衛尉院。二十一年，改監為寺，與衛尉並立。大德十一年，升為院。至大四年，復為寺」。武備寺職官設置包括：「卿四員，正三品；同判六員，從三品；少卿四員，從四品；丞四員，從五品；經歷、知事各一員，照磨兼提控案牘一員，承發架閣庫管勾一員，辨驗弓官二員，辨驗筋角翎毛等官二員，令史十有三人」。值得注意的是，武備寺具有自轄官員任免權，且選任官員應當是技藝高超的係官工匠，「其所轄屬官，則自為選擇其匠戶之能者任之」。〔註13〕據此可見，元代軍器製造業十分注重官員的專業技能，試圖在制度上保障官營軍器工業由專家進行專業治理，以提高軍器生產的工藝水平，從而保障軍器產品的質量和性能。

武備寺擁有大量的軍器生產部門，但這些部門並不是都設立在京師大都，而大多是設置在腹裏各地。例如，大同路軍器人匠提舉司、平陽路軍器人匠提舉司、太原路軍器人匠局、保定軍器人匠提舉司、眞定路軍器人匠提

〔註11〕 宋濂等：《元史》卷八十八《百官四》，北京：中華書局，1976 年版，第 2225 頁。
〔註12〕 胡行簡：《樗隱集》卷二，《將作院題名記》。
〔註13〕 〔明〕宋濂等，《元史》卷九十《百官六》，北京：中華書局校點本，1976 年版，第 2285 頁。

舉司等都是武備寺的直屬生產單位。除武備寺外，地方政府也設有大量的軍器雜造局，「至元初，命統軍司選兵，壞則諸萬戶行營選匠修之；今則內有武備寺積貯（兵器），列郡設雜造局，歲以鎧仗上供」。〔註14〕儘管地方「列郡」設有軍器雜造局，但元代對軍器的管理甚爲嚴格。法律規定，地方政府所製造的兵器需要及時、如數「長押赴都」，〔註15〕交納有司；地方政府只是在很少的範圍內存放少量軍器，「一個路裏十副弓箭；散府裏、州里七副弓箭；縣裏五副弓箭教把呵」。〔註16〕即使如此，政府還制定了嚴密的收放支取制度，「其各路弓手置備器仗，責令簿尉巡檢，盡數拘收，置庫收貯，遇有盜賊，斟酌緩急關撥。事畢還庫，仍令達魯花赤提調」，〔註17〕以確保軍器的有效控制和管理。

　　除工部、將作院、武備寺外，宣徽院、大都留守司等也是元代官營造作手工業的重要管理機構。宣徽院「掌供玉食。凡稻粱牲牢酒醴蔬果庶品之物，燕享宗戚賓客之事，及諸王宿衛、怯憐口糧食，蒙古萬戶、千戶合納差發，係官抽分，牧養孳畜，歲支芻草粟菽，羊馬價直，收受闌遺等事，與尚食、尚藥、尚醞三局，皆隸焉。」〔註18〕由此可見，宣徽院掌管著皇帝的大量私產，並主供皇室貴族玉食，是官營食品加工業和皇室消費類釀酒業的主要管理機構。爲了保障皇室貴族食品和高檔消費酒類的質量，從原料的取得到製作的工藝都特別考究。例如，御用食品的食用油就由大司農司下興中州等處油戶提領所專門提供，「歲辦油十萬斤，以供內庖」；〔註19〕用於釀酒的原料由宣徽院大都醴源倉負責「掌受香莎、蘇門等酒材糯米，鄉貢麥藥，以供上醞及歲賜諸王百官者」；別外尚珍署也負責酒材提供「掌收濟寧等處田土籽粒，以供酒材」。〔註20〕在製作工藝方面，如尚食局加工御用麵粉，「其磨在樓上，於樓下設機軸以旋之。驢畜之踐踏，人役之往來，皆不能及，且所塵土臭移所侵，乃巧工瞿氏造者」。〔註21〕大都留守司，秩正二品，「掌守衛宮

〔註14〕蘇天爵：《國朝文類》卷四一，《軍器》。
〔註15〕《元典章》新集，《兵部・驛站・押運宣使人等不得打站官》，第2346頁。
〔註16〕《元典章》卷三五，《兵部二・軍器・弓箭庫裏頓放》，第1568頁。
〔註17〕王圻：《續文獻通考》卷一三四，《兵十四・軍器》
〔註18〕〔明〕宋濂等，《元史》卷八十七《百官三》，北京：中華書局校點本，1976年版，第2200頁。
〔註19〕宋濂等：《元史》卷八十七，《百官三》，北京：中華書局，1976年版，第2218頁。
〔註20〕宋濂等：《元史》卷八十七，《百官三》，北京：中華書局，1976年版，第2218頁。
〔註21〕陶宗儀：《輟耕錄》卷五，《尚食麵磨》。

關都城，調度本路供億諸務，兼理營繕內府諸邸、都宮原廟、尚方車服、殿廡供帳、內苑花木，及行幸湯沐宴遊之所，門禁關鑰啟閉之事。」主要也是為皇室貴族服務，但重在宮殿苑林營繕管理和內府御用供賬車服的造作。另外，中央的其他政府機構，也屬有一些官營造作手工業。例如藝文監其下廣成局，「掌傳刻經典及印造之事」，〔註22〕它是中央政府主要刻印業管理機構。在此刊印的大都是一些與統治密切相關的書籍，所謂「皇朝祖宗聖訓及番譯御史箋次元通制等書」。〔註23〕1984年北京智化寺文物保管所先後從如來殿佛髒中取出三種元代藏經，經專家考證，其中的《弘法藏》是元代開雕的元官本大藏經。〔註24〕與印刷業密切相關的是造紙業。元中央政府起草詔書用的紙張，大多是由禮部下屬白紙坊造作。「白紙坊，秩從八品，掌造詔旨宣敕紙箚」。〔註25〕為確保紙張質量，防止造作官員舞弊，法律規定：「諸白紙坊典守官，私受桑楮皮折價者，計贓以枉法論，除名不敘，仍追贓，收買本色還官」。〔註26〕

二、地方政府的管理職權

元代地方政府經營有門類眾多、數量龐大的官營造作手工業。早在世祖即位之初，這些地方手工業就發揮了極其重要的作用。據《元史》記載，世祖中統元年（1260）四月立中書省就立即「遣帖木兒、李舜欽等行部，考課各路諸色工匠」，〔註27〕並先後多次下令地方政府造作軍需物資。中統元年六月「詔十路宣撫司造戰襖、裘、帽，各以萬計，輸開平」，秋七月「敕燕京、西京、眞定、平陽、大名、東平、益都等路宣撫司，造羊裘、皮帽、褲、靴，皆以萬計，輸開平」，中統二年六月，「敕諸路造人馬甲及鐵裝具萬二千，輸開平」，秋九月又「敕燕京、順天等路續制人甲五千、馬甲及鐵裝各二千」，〔註28〕如此頻繁的地方造作任務的完成，為保障世祖戰勝阿里不哥穩定政

〔註22〕 宋濂等：《元史》卷八十八，《百官四》，北京：中華書局，1976年版，第2223頁。

〔註23〕 楊禹：《山居新話》。

〔註24〕 許惠利：「北京智化寺發現元代藏經」，《文物》，1987年第8期，第112頁。

〔註25〕 宋濂等：《元史》卷八五，《百官一》，北京：中華書局，1976年版，第2140頁。

〔註26〕 宋濂等：《元史》卷一○三，《刑法二》，北京：中華書局，1976年版，第2627頁。

〔註27〕 〔明〕宋濂等，《元史》卷四《世祖一》北京：中華書局校點本，1976年版，第64頁。

〔註28〕 〔明〕宋濂等，《元史》卷四《世祖一》北京：中華書局校點本，1976年版，第64～74頁。

局作出了重大貢獻。到世祖統一江南，地方政府經營的造作手工業規模進一步擴大，據元人王惲記載，至元十六年（1279），正議大夫、浙西道宣慰使兼行工部事孫公亮曾經一次就「籍人匠四十二萬，立局院七十餘所」，〔註29〕生產的產品也逐漸擴大到軍器、紡織、紙品、貢酒、造船、瓷器等眾多領域。

　　元代行中書省是中央都省的派出機構，也是地方最高一級行政管理機構，「秩從一品，掌國庶務，統郡縣，鎮邊鄙，與都省為表裏。……凡錢糧、兵甲、屯種、漕運、軍國重事，無不領之」。〔註30〕無庸置疑，行中書省是「地方官府手工業的最高一級管理機構，凡地方所屬手工業局院都在它的掌控之下」。〔註31〕有時地方官營造作手工業甚至由省臣直接管領和經營，例如：大德十年，立智理威為湖廣行省左丞，「湖廣歲織幣上供，以省臣領工作，遣使買絲他郡……」；〔註32〕元人虞集也記載「武昌歲造上供服御，織紋彩色備極精好，至以省臣領之」。〔註33〕

　　在行中書省之下，「其牧民者，則曰路，曰府，曰州，曰縣」。〔註34〕事實上，路府州縣不惟有牧民之職，而且有造作之務。根據《元史》記載，元代諸路總管府其屬有織染局和雜造局，各配有局使一員、副使一員，〔註35〕是專門經營管理路級官營造作手工業的機構。織染局以織造常課緞匹為任，雜造局以成造軍器為務，〔註36〕這與虞集《道園類稿》「郡有織官，極絲縷文采之良以充貢尚服」〔註37〕和蘇天爵《國朝文類》「列郡設雜造局，歲以鎧仗上供」的記載是一致的。元代地方志中也多有各地織染及軍器製造的具體記載，如世祖至元二十一年（1284），有司分撥給寧國路織染局生帛機五十張，簽撥人匠八百六十二戶，「自本年正月為始，立局織造生帛三色，凡一千六百一段。二十四年（1287），改造熟帛、絲袖，如生帛之數，凡六色，

〔註29〕　王惲：《秋澗先生大全文集》卷五八，《大元故正議大夫浙西道宣慰使行工部尚書孫公神道碑銘並序》。

〔註30〕　宋濂等：《元史》卷九十一，《百官七》，北京：中華書局，1976年版，第2305頁。

〔註31〕　劉莉亞：《元代手工業研究》，河北大學：博士學位論文未刊本，第18頁。

〔註32〕　宋濂等，《元史》卷一百二十，《察罕傳》，北京：中華書局校點本，1976年版，第3959頁。

〔註33〕　虞集《道園類稿》卷四二，《立只理威忠惠公神道碑》。

〔註34〕　宋濂等：《元史》卷八十五，《百官一》，北京：中華書局，1976年版，第2120頁。

〔註35〕　宋濂等：《元史》卷九十一，《百官七》，北京：中華書局，1976年版，第2316頁。

〔註36〕　《（弘治）徽州府志》卷五，《郡邑公署》。

〔註37〕　虞集：《道園類稿》卷三一，《李象賢傳》。

四季起納」；〔註38〕再如集寧路的溧陽、句容諸局則要求「歲造緞匹參千二百件」。〔註39〕徽州雜造局，「歲用毛鐵二千七百五十四斤，造手刀三百六十五口，槍頭一百七十五個，上下半年起解」；〔註40〕四明地區周歲額辦軍器二百七十五副。〔註41〕

除了這些常設固定局院外，元代地方政府還經常根據中央政府的需要或命令，臨時性組織造作生產。如天曆兵興，呂思誠爲景州蓚縣尹，「豫貸鈔於富民，令下造軍器，事皆先集，民用不擾。於後得官價，亟以還民。」〔註42〕再如元代江南的造船業，往往因事而立、廢，隨意性很大。至元二十二年（1285）二月「立江西、江淮、湖廣造船提舉司」，同年五月又「罷江南造船提舉司」。〔註43〕因此元代官營造船業並沒有固定的局院，而是臨時委派官員，臨時組織造作。正如元人程矩夫所指出的，「自至元十八年（1281）至今，打造海船、糧船、哨船，行省文字並不問某處有板木，某處無板木；某處近河採伐便利，又有船匠，某處在深山，採伐不便，又無船匠。但概驗各道戶計，敷派船數，遍行合屬宣慰使。宣慰使仍前遍行合屬總管府……」。〔註44〕

地方政府雖然經常設置局院、委派官員對官營造作進行專門經營和管理，但地方政府長官仍對造作事務負有直接經營管理職責。元廷反覆強調「諸局分造作……在外局分，本路正官依上提點」，「務要造作如法，工程不虧。」〔註45〕速哥之孫天德於思襲祖父職，爲山西達魯花赤，「自中山北來，適有邊憂，天德於思督造兵甲，撫循其民，無有寧息，形容盡瘁。」世祖聞而嘉之，「賜訓豹、名鷹，使得縱獵禁地，當時眷顧最號優渥。」〔註46〕如果管理不當，地方長官甚至省臣官員作爲提調官還要承擔直接法律責任，「取問

〔註38〕《（弘治）徽州府志》卷二，《食貨一・土貢》。

〔註39〕《（至正）金陵新志》卷七，《田賦志》。

〔註40〕《（弘治）徽州府志》卷三，《食貨二》。

〔註41〕《（延祐）四明志》卷一二，《賦役考》。

〔註42〕宋濂等，《元史》卷一百八十五，《呂思誠傳》，北京：中華書局校點本，1976年版，第4248頁。

〔註43〕宋濂等：《元史》卷一三，《世祖十》，北京：中華書局，1976年版，第275～277頁

〔註44〕程鉅夫：《雪樓集》卷一〇，《奏議存稿・民間利病》。

〔註45〕《元典章》卷五十八，《工部一・緞匹・至元新格》，第2115頁。

〔註46〕宋濂等，《元史》卷一百二十四，《速哥傳》，北京：中華書局校點本，1976年版，第3053頁。

提調官並局官及勒令回易，自備工價倍償」。〔註47〕至正七年（1347），韓鏞授饒州路總管，「先是，朝使至外郡者，官府奉之甚侈，一不厭其所欲，即銜之，往往騰謗於朝，其出使於饒者，鏞延見郡舍中，供以粗飯，退皆無有後言。其後有旨以織幣脆薄，遣使笞行省臣及諸郡長吏。獨鏞無預。」〔註48〕這表明，元廷甚至對造作管理不善的「省臣及諸郡長吏」直接行侮辱刑，對官員直接遣使進行笞打。

　　元代地方政府經營的造作手工業，雖然規模宏大，但地方政府在官營造作手工業中的管理權限卻十分有限。事實上，元代地方造作業的整個生產經營過程都受到中央政府的嚴格管理和控制，地方政府一般都缺乏經營的獨立自主性，是典型的中央政府計劃經濟的附庸部分。這種計劃性和附庸性主要體現在以下幾個主要方面：

　　1、產品完全上繳中央政府，地方沒有支配處分權。地方造作的基本職能是按時完成國家的常課造作任務及向中央政府提供地方土貢，而非繁榮市場，滿足市場需要。因此，地方造作產品都是「以充貢尚服」「歲以鎧仗上供」，必須上繳中央。例如世祖中統二年（1261）便有聖旨明確記載：「大名等路宣撫司所管州城諸色人匠，織造到係官緞匹，雜造到應用生活，並採捕到皮貨、翎毛、鷹鶻及年例應有進呈等物，起發來時，依例合應付腳力者，仰宣撫司照依舊例，斟酌對象輕重，即出給鋪頭口文面，不得遲住。」〔註49〕這表明造作產品只不過是「年例應有進呈等物」之一，並且運費「應付腳力」錢也是「照依舊例」支付，可見造作產品運輸方面的法律制度早在中統二年之前就已經確定，且十分完善。

　　2、局院設置和生產定額的命令由中央政府下達。由於造作產品須要無償全額上繳中央，地方政府經營造作手工業是一項財政支出性活動，這種不能給地方帶來財運收益的經營事業，地方一般來說是缺乏積極性的，只能是行政命令的結果。事實上，元朝政府也規定「重事並郒支錢糧必合諮稟」都省。〔註50〕郒造，謂始建工役也。〔註51〕設置手工業局院，不僅關涉工役規模，

〔註47〕《元典章》卷五十八，《工部一·緞匹·選買細絲事理》，第2123頁。
〔註48〕宋濂等，《元史》卷一百八十五，《韓鏞傳》，北京：中華書局校點本，1976年版，第4256頁。
〔註49〕《永樂大典》卷一九四一六，《站赤》，第7193頁。
〔註50〕《元典章》卷四，《朝綱·政紀·外省不許氾濫諮稟》，第112頁。
〔註51〕徐元瑞著：《吏學指南》，楊訥點校，杭州：浙江古籍出版社，1988年版，第

而且必支錢糧物料，因此是行省「不許氾濫諮稟」的例外。此外，元代的地方造作局院都由中央政府規定有工作任務定額。《元典章·省部減繁格例》中有一款：「各處行省應付各投下歲賜緞匹、軍器、物料等，每歲諮稟都省，送部照擬回諮，今後……照勘年額相同，別無增減，就便依例應付，年終通行照算。」〔註52〕從這條法律規定中可以看出，行省應付各投下的緞匹、軍器造作定額，一般是「年額相同，別無增減」，但行省還是要每年事前請示都省，等待工部回諮批示。難怪都省不厭其煩，命令省減，但「年終通行照算」的事後結算還是必須的。元代中央政府確定的常課定額，數額一旦確定，地方一般只能增加，不得輕易減免。例如，建昌，宋初本是撫州的一個屬縣，入元後升為路，但其所屬狹小。「今江西卻令建昌路安機一百張，每年造生熟緞匹二千二百五十段，而鄰近撫州路只安機二十五張。」事情的緣起，皆因「建昌曾有一路官，刻下民，媚上司，妄添數額，遂不可減。」〔註53〕由此可見，造作數額，地方官員可以媚上妄添，但卻不可據理減免。即使是可以減免的特殊情況，也必須經由朝廷同意。至正二年，別兒怯不花拜江浙行省左丞相。杭城大火，「又請……織坊減元額之半，軍器、漆器權停一年，泛稅皆停。事聞，朝廷從之。」〔註54〕別兒怯不花作為江浙行省的左丞相，並無減免造作數額的專斷之權，必須事聞朝廷，得到中央政府的認可。

　　3、產品種類及式樣受中央政府直接控制。元代官營各色造作手工業規模大，品種多，花色齊全。以氈毯業為例，僅隨路諸色人匠總管府所造地毯，就有剪絨花氈、脫羅氈、入藥白氈、半入白礬氈、雀白氈、半青紅芽氈、紅氈、染青氈、白襪氈、白氈胎、回回剪絨氈等 13 種。再以絲織業為例，鎮江府歲造緞 5901 匹，有暗花、絲縷、胸背花、斜紋等品種，有枯竹褐、稈草褐、明綠、鴉青、駝褐等顏色。〔註55〕然而，花色品種繁多，並不是地方自主經營的結果，相反，它恰恰是中央政府有意安排的。《至元新格》明確規定：「諸局分課定合造物色，不許輒自變移。」〔註56〕在木綿布匹等織紡

　　　　49 頁。

〔註52〕《元典章》卷四，《朝綱·政紀·省部減繁格例》，第 119 頁。

〔註53〕程鉅夫：《雪樓集》卷一〇，《奏議存稿·民間利病》。

〔註54〕宋濂等，《元史》卷一百四十，《別兒怯不花傳》，北京：中華書局校點本，1976年版，第 3366 頁。

〔註55〕韓儒林主編：《中國大百科全書·中國歷史·元史》，北京：中國大百科全書出版社，1985 年版，第 32 頁。

〔註56〕《元典章》卷五十八，《工部一·緞匹·至元新格》，第 2115 頁。

產品上繳戶部國庫時，法律甚至要求「各處行省起納木綿布匹，須要匹端兩頭使用條印關防，仍將元收樣制發下本庫。」〔註57〕從這些法律規定可以看出，對於具體的地方造作局院來說，造作產品必須按照上級的「樣制」進行造作，並且不得輒自改變。

4、產品質量及工程期限受中央政府監控。對地方造作產品的質量控制，元朝中央政府專門設立了「覆實司衙門」。「爲分揀應有造作生活好歹，體覆絲料盡實使用不使用……先立著覆實司衙門來，在後尚書省官人每罷了衙門，交工部官人每就提調著來。如今工部官人每說，……立覆實司衙門呵，工部戶部裏餘剩的人每裏頭減了，立覆實司衙門呵！怎生？奏呵！那般者，聖旨了也。欽此。」〔註58〕這份元貞元年（1295）二月的法律文件表明，元朝中央政府曾經設立過專門負責造作產品質量控制的覆實司，後罷了覆實司，將其職能交給工部；在元貞元年，經工部官員提議，皇帝聖旨批示，又重新設置「覆實司衙門」。另外，地方造作的工程期限也是在中央政府的監控範圍之內，《至元新格》明確規定：「在外局分，本路正官依上提點。每季各具工程，次第申宣慰司，移關工部照會，工部通行比較，季一呈省。」〔註59〕

5、匠職官員由中央政府任免。匠職官員的任免程序，元代法律規定得極爲細緻，「行省所諮考滿匠官」，必須經「都省判送吏部」「吏部比對勘合」，再「移關工部定擬」。也就是說，元代地方匠職官員任免，要行省提名，都省形式審查送吏部，吏部進行實質性審查，如果確定無誤，再送工部定擬。皇慶二年（1313），都省認爲如此文繁，要求減省，「今後行省別置匠官，勘合文簿，發付工部收掌，就行判送比對完備，定擬窠缺，移關吏部，依例施行。」〔註60〕儘管程序有所減省，但地方政府絕無專任之權。

總之，地方政府官營造作手工業，從造作局院的設置到生產任務的定額，從產品式樣的確定到產品質量的監控，從匠職官員的任免到產成品的支配處分都在中央政府的掌控之中，地方政府唯一的任務或者說管理職責是依法組織生產，從某種意義上說，根本談不上地方經營。

〔註57〕　《元典章》卷五十八，《工部一・緞匹・關防起納匹帛》，第2121頁。
〔註58〕　《元典章》卷五十八，《工部一・緞匹・講究織造緞匹》，第2120頁。
〔註59〕　《元典章》卷五十八，《工部一・緞匹・至元新格》，第2115頁。
〔註60〕　《元典章》卷四，《朝綱・政紀・省部減繁格例》，第115頁。

三、匠職官員品級、遷轉及蔭敘的法律規制

元代官營造作手工業中、下級匠職管理官員稱為「管匠官」，又稱之為「局院官」。元代行政法規對匠職官員的品級、遷轉及蔭敘事項的法律規制，除官吏職品及遷轉的一般性「選法體例」規定外，還作了一些特殊性規定。

元代匠職官員品級的確定原則是以所轄工役匠戶數的多少擬定管匠官員的職品。其具體規定如下表 1：〔註61〕

表 1：元代匠官職品與匠戶數

工役匠戶數	職　名	品　級
100 戶以上	大使	正九品
200 戶以上	副使	從八品
300 戶以上	大使	正七品
500 戶以上	副提舉	從八品
1000 戶以上	副提舉	正八品
500 戶以上	提舉	正六品
1000 戶以上	提舉	正五品
500 戶以上	同提舉	從七品
1000 戶以上	同提舉	正七品

資料來源：《元典章》卷八，《吏部二·選格·循行選法體例》，第 238 頁。

在上述一般法律規定之外，又補充規定：「如係自踏逐根腳淺短量降一等」。〔註62〕元代官員中的「大根腳」一般指蒙古貴族及色目官員，「根腳淺短」者大多都是漢人官員。據此可以看出，元代民族歧視政策在匠職官員職品的法律規制中的貫徹落實。

上述法律規定制定於至元十四年（1277）八月，到至元二十二年（1285）五月，經「省判吏部、工部議定」《工匠官陞轉例》又稍許作了修改：1000戶以上的提舉從正五品調低至從五品；1000 戶以上的正八品調高至從七品。〔註63〕此次修改的幅度並不是很大，範圍也十分有限。不過，上述法律規定主要是適用於中央直屬及都省直轄的腹裏地區官營造作局院，對江南地方政

〔註61〕《元典章》卷八，《吏部二·選格·循行選法體例》，第 238 頁。
〔註62〕《元典章》卷八，《吏部二·選格·循行選法體例》，第 239 頁。
〔註63〕《元典章》卷九，《吏部三·局院官·工匠官陞轉例》，第 345 頁。

府經營的局院官員法律又有特別規定。至元二十四年（1287），湖廣行省諮請定奪本省管轄一十三處工匠局院官員職名品級，都省「照依匠戶數目斟酌定到下項管匠衙門品級」，其原則還是「今定江南匠戶（匠官）品級以入局工役匠戶為數」。具體規定如下表2：〔註64〕

表2：元代江南匠官職品與匠戶數

工役匠戶數	職　名	品　級
3000戶以上	提舉	從五品
3000戶以上	同提舉	正七品
3000戶以上	副提舉	正八品
2000戶以上	提舉	正六品
2000戶以上	同提舉	從七品
2000戶以上	副提舉	從八品
1000戶以上	局使	正七品
1000戶以上	副使	從八品
500戶以上	局使	從七品
500戶以上	副使	正九品
500戶以下	院長	無品級

資料來源：《元典章》卷九，《吏部三·局院官·工匠局院品級》，第346頁。

　　從上表可以看出，江南匠職官員品級確定的依據雖然還是入局工役戶數，但要求卻與腹裏大不相同，同等品級入局工役戶數要比腹裏多得多。究其原因，還是蒙古統治者所推行的民族歧視政策所致。〔註65〕因此，元代匠職官員職品的確定依據實際上有二個：一是所轄工役戶數；一是所處民族等級。

　　元朝統治者為規制行政官員考課及升遷制定了一套完備的遷轉法，法律規定：「諸職官隨朝以三十個月日為任滿，在外以三周歲為滿，錢穀之官各以得代為滿，吏員須以九十個月方得出職。……若未及任滿，本管官司不得輒動公文越例保申。」〔註66〕具體到匠職官員，元廷至元十四年（1277）規定

〔註64〕　《元典章》卷九，《吏部三·局院官·工匠局院品級》，第345～346頁。
〔註65〕　不惟匠職官員，其他領域的官員也是如此，江淮與腹裏有諸多不同，詳情可以參看《元典章》卷八，《吏部二·選格·（江淮）官員遷轉例》，第239～240頁。
〔註66〕　郭成偉點校：《大元通制條格》卷六，《選舉·選格》，北京：法律出版社，1999

「管匠官止於管匠官內流轉」，也就是說匠職官員只在匠職內遷轉，不得升遷爲管民官。其具體遷轉規定見表 3：〔註67〕

表 3：元代匠職官員遷轉考期與品級

匠戶數	職　名	原品級	考　期	陞轉品級
100 戶以上	大使	正九品	兩考	從八品
200 戶以上	副使	從八品	三考	從七品
300 戶以上	大使	正七品	兩考	從六品
500 戶以上	副提舉	從八品	三考	從七品
1000 戶以上	副提舉	正八品	二考	從七品
500 戶以上	提舉	正六品	二考	從五品
1000 戶以上	提舉	正五品	三考	從四品
500 戶以上	同提舉	從七品	三考	正七品
1000 戶以上	同提舉	正七品	二考	從六品

資料來源：《元典章》卷八，《吏部二・選格・循行選法體例》，第 239 頁。說明：上表規定之考期，一考爲三週年。

至元二十二年（1285）吏部會同工部對匠職官員的遷轉法作了修改，修改後的《工匠官陞轉例》〔註68〕更爲簡明、完備。（見表 4）

表 4：元代匠職官員陞轉例（至元二十二年修訂後）

原品級	考　期	陞轉品級
院長（無品）	百二十個月	正九品
正九品	兩考	從八品
從八品	三考	從七品
從七品	三考	正七品
正七品	兩考	從六品
從六品	三考	從五品
正六品	二考	從五品
從五品	三考	正五品

資料來源：《元典章》卷九，《吏部三・局院官・工匠官陞轉例》，第 345 頁。

年版，第 85 頁。
〔註67〕《元典章》卷八，《吏部二・選格・循行選法體例》，第 239 頁。
〔註68〕《元典章》卷九，《吏部三・局院官・工匠官陞轉例》，第 345 頁。

　　根據至元二十七年（1290）尚書省的一份文件，江南地區匠職官員在先不得遷轉。不得遷轉的理由是，如果「管匠官教遷轉」，「造作或好或歹或短少呵，難尋覓的一般有」。爲了保障造作產品的質量，便於追究管匠官的管理責任，聖旨批示：「休教遷轉者」。這份奏過事內一件，是由哈赤哈剌上奏的。這份法律文件的效力應該不是全國性的，因爲此時元廷已經有相當完備的匠職官員遷轉法規定。從《元史·宰相年表》裏也找不到哈赤哈剌，這表明哈赤哈剌應當不是中書省宰執官員，很可能是地方行省官員。直到至元二十七年，「江淮省官人每沙不丁那的每與將文書來」，指出「管匠官常川教管匠人每，不教替換呵！匠人每、管匠官人每，偷盜了錢物呵，一個一個根底廝拿著罪過不告有。」由於匠職官員不得遷轉，匠官與匠人相互勾結，隱瞞包庇，偷盜國家財產，造成管理混亂。在這種情況，元廷不得不接受江淮行省官員沙不丁那的建議，「管匠官三年滿呵！不交管民，這局裏的官人每那局裏，那局裏的官人這局裏，只教管匠的勾當裏遷升。」至此，江南地方政府經營的造作手工業管匠官員才有機會「依體例遷轉」。〔註69〕

　　匠職官員的蔭敘也有特別的法律規制，至元十六年（1279）吏部約會到工部官一同議得：「既管匠官已擬議於管匠官內遷轉，其身故官員弟男，若以管民官品級取蔭，卻緣照得已擬匠官品級，至正九品以下，止有院長名分，同院務例不入流品，似難一體蔭用。今來比附承廕體例，量擬正從五品子於九品匠官內敘用，六品、七品子於院長內敘用。」並且強調：「本衙門保明通曉造作依上蔭，若在任公勤廉幹，依例漸次升遷；不務守愼及有過者斷罪，重者除名。」〔註70〕江淮管匠官員，當時不得遷轉。其蔭敘的法律規制如下：「江淮管匠官員，除已受宣敕禮（履）任勾當致仕身故子孫，比依前例一體於江淮匠官內蔭敘。其不曾之任，若前資有品級者，止例前資定奪，依例當暴使周歲，於江淮任用。外據六品、七品子合於各局院長內蔭用，同院務例，不入流品，應蔭之人並免暴使，發去行省就便委用。」〔註71〕匠職官員蔭敘法例主要是強調管匠官子孫只於管匠官內蔭用，江淮管匠官子孫只在江淮匠官內任用。

〔註69〕《元典章》卷九，《吏部三·局院官·局院匠官遷升》，第346頁。

〔註70〕郭成偉點校：《大元通制條格》卷六，《選舉·蔭例》，北京：法律出版社，1999年版，第91頁。

〔註71〕郭成偉點校：《大元通制條格》卷六，《選舉·蔭例》，北京：法律出版社，1999年版，第92頁。

值得注意的是這一蔭敘制度在元代中後期發生了根本性的變化，延祐七年（1320）七月聖旨規定：「醫人、陰陽人、匠人每的孩子休交承廕者。他每的本事好呵！斟酌著勾當裏委付也者。」〔註72〕匠職官員蔭敘制度實際上自此廢止，這可能是匠職官員蔭敘制度只見於《大元通制條格》，而《元典章》卻不見記載的原因。從時間上看，延祐七年七月，元仁宗已經駕崩，元英宗於是年三月繼位，因此，廢止匠職官員蔭敘應是元英宗新政的一個內容，其目的顯然是杜絕「本事不好」即工藝水平不高的匠職官員子弟混入管匠官員隊伍。

第二節　係官工匠的法律規制

元代官營造作手工業法律規制的一個重要內容是對造作工匠的法律規制，其最具特色的法律舉措是專門設立匠籍，對在官營造作局院中從事造作生產的人匠進行專門管理。這些身隸匠籍的匠戶，被稱為係官工匠，其所承擔的法定封建義務與軍戶、民戶、站戶有根本的差異，是元代官營造作手工業生產的主力軍。除係官工匠外，還有軍籍中的軍匠、民籍中簽差或和雇來的民匠、斷沒的官戶及服刑的罪犯等也是元代官營造作手工業勞動大軍的組成部分，對他們的管理及法律規制則不盡相同。

一、官營造作工匠的種類及取得途徑

元代官營造作工匠數量眾多，成份複雜；他們來源各異，所從事的造作事務也不盡相同。從不同途徑取得的造作工匠，其法律身份與管理制度有很大的差異，下面分述之：

（一）匠籍官匠

匠籍官匠，即係官工匠，是元代官營造作生產的主力軍。係官工匠著於匠籍，由官營造作管理機構及各造作局院直接管理，其主要封建義務是「常川入局」造作。他們不得隨意脫離匠籍，世代相襲，承當指定的造作工役。為保障他們完成國家的造作任務，匠戶免除科差，在成宗大德七年（1303）之前，他們還無需承擔雜泛差役及和雇和買義務，政府按照一定標準發放給他們及其家屬口糧、鹽、衣服等生活必需品。其取得途徑主要有：

〔註72〕《元典章新集》，《吏部·選格·陰陽醫匠人休承廕》，第346頁。

1、早期虜掠的造作工匠

蒙古統治者在入主中原之前，基於對造作工匠的迫切需要，在戰爭中實行「唯匠屠免」的政策，從西域和中原被征服地區虜掠了大量手工業工匠，遷徙到蒙古草原和林等地從事造作生產。根據當時蒙古人的慣例，軍前所獲，即為所有，這些工匠大多成了蒙古貴族及平民的私屬人口——怯憐口或驅口。對於這部分人口的私屬性，元代法律是予以認可的。早在乙未年（1235）籍戶的前一年即甲午年（1234），太宗窩闊台就在一份聖旨中明確規定「不論達達、回回、契丹、女真、漢兒人等，如是軍前擄到人口，在家住坐，做驅口。」〔註73〕這一法律規制的原則一直被貫徹，在至元二年（1265）中書省分揀五投下戶口時，又欽奉聖旨：「委係各人出軍時馬後稍將來的人口，達達數目裏有呵，分付本投下者，於當差額內除豁。」〔註74〕因此，在法律身份上，這部分工匠不是「皇帝民戶」，不是「大數目」裏的人口，而是附籍於投下或本使的賤民與奴隸。他們造作生產，「每年自備物料或本投下五戶絲內關支物料」，造作的產品「赴各投下送納」。〔註75〕對於蒙古貴族投下工匠來說，他們不承擔國家「差發」，而只是向本投下「送納錢物」；對一般本使驅丁來說，太宗時始行稅法時規定：「每丁歲科粟一石，驅丁五升。」驅丁稅糧減半徵收，到世祖至元十七年（1280）定制時，更是規定：「每丁粟三石，驅丁粟一石。」〔註76〕驅口稅糧只徵三分之一。

當然，隨著成吉思汗汗有財產的家族共有化，家族共有財產管理的國有化，以及官營造作手工業制度的建立，上述的私屬工匠也有一部分因不同原因轉變成了國家官營造作手工業工匠。他們有的隸屬於軍隊，是軍匠，附於軍籍；有的隸屬於官營造作局院，是繫官工匠，著於匠籍。

2、繼收金朝、南宋的繫官工匠

在太宗窩闊台滅金之時，國家已經建立了初步的官營造作手工業。金朝

〔註73〕《元典章》卷十七，《户部三‧户計‧籍冊‧户口條畫》，中國廣播電視出版社，影印元刊本，1998 年版，第 627 頁；郭成偉點校：《大元通制條格》卷二，《户令‧户例》，北京：法律出版社，1999 年版，第 7 頁。

〔註74〕《元典章》卷十七，《户部三‧户計‧籍冊‧户口條畫》，第 624 頁；《大元通制條格》卷二，《户令‧户例》，第 3 頁。

〔註75〕《元典章》卷十七，《户部三‧户計‧籍冊‧户口條畫》，第 627 頁；《大元通制條格》卷二，《户令‧户例》，第 6 頁。

〔註76〕宋濂等：《元史》卷九十三，《食貨一》，北京：中華書局，1976 年版，第 2357～2358 頁。

舊有的官營造作手工業工匠，就直接被繼收爲元廷的係官工匠。如解信爲金眞定綾錦院長官，「國初，徙所領織工將度漠，道卒野馬川。」〔註77〕再如蒙古兵在攻下汴京後，曾將金汴京軍器局人匠悉數擄掠北上。〔註78〕到世祖忽必烈滅南宋時，更是如此。如據《元典章》記載：「都省於至元三十年十一月十九日，奏過事內一件：江南地面裏，亡宋時分軍的名兒裏都作院管著來匠人每，收附江南之後，這的每根底併入軍去呵不宜麼道。伯顏丞相等官人另委付了管匠的頭目與物料，交造作來。」〔註79〕據此可知，南宋都作院人匠悉數爲元代官營造作所用。

3、拘括、招收的係官工匠

爲了滿足日益膨脹、日益頻繁的官營造作需要，元廷不斷從其他戶籍中「撥」、「抽」、「括」、『招』造作人匠作爲係官工匠。據學者統計，「窩闊台經略金地時，從益都、濟南、平陽、太原、眞定、大名與東平諸地括民匠達七十二萬餘戶，除三千六百戶賜諸將外，其餘均爲蒙古政權所有。」〔註80〕世祖平定南宋後，爲了悉數網羅原南宋工匠，類似「收集工匠之隱匿者」、「括江南諸路匠戶」〔註81〕的詔令紛紛出臺。世祖至元十三年（1276）「籍江南民爲工匠凡三十萬戶，（張）惠選有藝業者僅十餘萬戶，餘悉奏還爲民」。〔註82〕除此之外，元廷還經常招集析居、放良、還俗僧道等戶學習匠藝、立局造作。如「中統五年，命招集析居、放良、還俗僧道等戶，習諸色匠藝，立管領怯憐口總管府以司其造作」；至元十五年，「招收析居、放良等戶，教習人匠織造納失失，於弘州、尋麻林二處置局」。〔註83〕

（二）軍籍軍匠

軍匠，在法定的戶計種類上，他們屬於軍，而不屬於匠，只是他們從事的工作不是一般的軍事工作，而是從事造作生產，因此，將其稱爲軍匠。軍

〔註77〕姚燧《牧庵集》卷25《賜少中大夫輕車都尉渤海郡侯解公墳道碑》，文淵閣四庫全書本。

〔註78〕袁桷《清容居士集》卷28《永平路總管劉公墓誌銘》

〔註79〕《元典章》卷三十四，《兵部一·出征·造作軍人休教出征》，第1295頁。

〔註80〕高榮盛：「元代匠戶散論」，《南京大學學報》，1997年第1期，第124頁。

〔註81〕宋濂等：《元史》卷一三，《世祖十》，第263頁；《元史》卷一四，《世祖十一》，第285頁。

〔註82〕宋濂等：《元史》卷一六七，《張惠傳》，北京：中華書局，1976年版，第3924頁。

〔註83〕宋濂等：《元史》卷八十九，《百官五》，第2243、2246頁。

匠像其他軍戶一樣，由中央侍衛親軍及諸路萬戶府等軍事管理機構管理，所從事的造作工作一般也與軍事活動有緊密關係。根據元代的法律，軍匠像其他軍戶一樣，他們的口糧等生活必需品並不是由政府提供，而是由其他正軍戶及貼軍戶共同提供，因此，他們從事的造作生產，與其他軍戶從事軍事活動一樣是沒有報酬的。

從軍匠的取得途徑上看，與係官工匠的取得途徑基本一致，主要也是來源於早期的虜掠、後來對金朝、南宋工匠的繼收以及拘括、招收。從時間上看，軍匠出現比係官工匠要早。在蒙古征服戰爭初期，成吉思汗「總攬豪傑，貯儲戎具為急」，軍中就已經集結了大量軍匠，他們主要生產、修理武器或者在行軍、攻戰時開闢道路、架橋、造船。例如，《元史》載張榮「領軍匠，從太祖征西域諸國。」後來，這些軍匠，在一月之內造船百艘，幫助太祖渡過了西域莫蘭河。〔註84〕根據《元史·兵志》記載，隨著大量的「取匠為軍」，後來就產生了一種專門的軍種，「曰匠軍」。匠軍又分為「銻軍、弩軍、水手軍」，這些兵種中往往聚有大量軍匠，比如銻匠，「始太祖、太宗征討之際，於隨路取發，並攻破州縣，招收鐵木金火等人匠充銻手，管領出征」。〔註85〕太宗窩闊台乙未年和憲宗蒙哥壬子年兩次籍戶後，將全國人戶劃為軍、民、站、匠四大類，軍器製造的主要任務逐漸轉由係官匠戶負責，但軍籍中仍保留大量軍匠，從事兵器製造與修理。事實上，軍匠的軍籍一旦確定，就不能輕易改變。中統三年（1262）六月，「壬寅，陝西行省言西京、宣德、太原匠軍困乏，乞以民代之」，忽必烈下旨：「軍籍已定，不宜動搖！」「命匠戶為軍者仍為軍」。〔註86〕為了保障軍匠順利完成造作任務，法律甚至規定軍匠免予出征「……如今又依那體例裏，這的每裏須交出征者麼道。樞密院官人每行了文書有，這的每根腳裏是匠人有，阿里海牙使見識交軍數目裏入去來，交這的每去呵，他每每年額定造作落後去了也麼道。湖廣南京省官人每說將有來，他每的言語是的一般有，奏呵。軍官每根底說者，休教去者麼道，聖旨了也。欽此！」〔註87〕

〔註84〕〔明〕宋濂等，《元史》卷一百五十一《張榮傳》，北京：中華書局校點本，1976年版，第3581頁。

〔註85〕宋濂等：《元史》卷九十八，《兵志一》，第2509頁。

〔註86〕〔明〕宋濂等，《元史》卷五《世祖二》，北京：中華書局校點本，1976年版，第83頁。

〔註87〕《元典章》卷三十四《兵部一·出征·造作軍人休教出征》，第1295頁。

（三）民籍民匠

除了官匠和軍匠之外，元政府還大量從民戶中簽派和雇傭勞動人手，來應付日益頻繁的官營造作需要。徵調民間工匠，使其在官營手工業中輪番服役，一直是漢唐時期官工匠的主要部分；到了宋代，民間手工業者更多是以「差雇」及「和雇」的形式被「雇傭」成為官營造作手工業的勞動者。元代雖然建立了系統的係官工匠戶籍制度，官營造作的主要任務由係官工匠來完成，但倣仿舊制簽差和雇傭民間勞動人手，仍然是政府取得官營手工業勞動力的有效方式。

1、以雜泛差役的形式簽差民匠

元代的雜泛差役分為力役和職役，其中力役又稱夫役，即百姓無償出人出力為官府造作遞運。力役的範圍極廣，因此稱為「雜泛」，而簽差民戶中的民匠無償從事官營造作生產，是元代民匠承擔國家雜泛差役的一種重要形式。從造作官舍、治理河渠、修建城池，到橫造緞匹、軍器，政府都要徵發民匠的「雜泛」之役。

為了不影響民戶的正常農業生產，即勿奪「農時」和「農力」，保障民匠的有序簽差，元政府出臺了一系列法律規定：

首先，不得濫徵民匠，不得枉奪農時。政府三令五申「息徭役」，強調「國家用度、生民衣食皆取於農，自三月初至九月終，凡勞民不急之役，一切停罷」；「土木之工，病民為甚，……不急之役，截日停罷」。〔註88〕皇慶二年大司農司上奏：「世祖皇帝時分，每年農民種田剝桑時月，若有二役，合倩人夫、車牛，本管官司非奉省部明文，等候秋成農隙，方許均科，……不妨誤了農種的一般」，仁宗詔令依舊制遍行。〔註89〕

其次，各類造作先盡係官工匠、軍匠。由於元代有專門從事官營造作生產的係官工匠及軍匠，在通常情況下，只有在係官工匠及軍匠不能滿足需要時，才能簽差民匠。《元典章》延祐四年（1317）九月的一份法律文件規定：「軍器，除新附軍官為應付外，其餘各翼漢軍，合準樞密院所擬，各萬戶府選委軍官提調，差軍匠與官局人匠成造，鐫造翼分，置庫收貯。若無官局去處，依上應付物料，先盡軍匠；如或不敷，管民官司差倩民匠，置局成造。」〔註90〕可見軍器造作「若無官局」，「先盡軍匠」，如不敷用，最後才能「差

〔註88〕《元典章》卷三十四《聖政二・息徭役》，第79頁。
〔註89〕《大元通制條格》卷一六，《田令・農桑》，第200頁。
〔註90〕《元典章》卷三十五《兵部二・雜例・軍匠自造軍器》，第1340頁。

倩民匠」。再如,《大元倉庫記》規定,諸路修倉時,所需「工匠先盡係官、投下差撥」。〔註91〕

再次,先盡遊食工賈富實之家。武宗至大三年（1310）十月詔書內一款:「民間雜役,先盡遊食之人,次及工賈末技;其力田之家,勿奪農時。」〔註92〕英宗至治二年（1322）又詔:「凡差役造作,先科商賈末技富實之家,以優農力。」〔註93〕

最後,大役遍科,小役輪番簽差。至元二十五年（1288）三月,御史臺講究得:「各道隨路州縣,凡有差役,大役必合遍科,小役合一道辦集者,止責一道,合一路、一縣、一鄉科辦者,止責一路、一縣、一鄉辦集。再有差役,卻於未辦處輪流科辦。」〔註94〕元代著名地方官員胡祗遹也曾經建議:「今後省部立式,符下各土主者,置立簿集鼠尾人民及工匠花名,遇有遞運造作,輪次應當,周而復始,……如此則公務亦辦,不致稽留農工,妄奪民力,盜養奸吏。」〔註95〕「工本管諸色,當明置簿集,紀錄戶丁,標注應役不役。遇有造作,輪番斟酌勾喚,毋使吏人遍行騷擾,作奸受賄,虛奪功力。」〔註96〕

儘管元代簽差民匠的法律規制十分詳備,但簽差民匠造作「必不能無弊」,各種違反規定強簽民戶的現象在元人的記載裏屢見不鮮。王冕的《陌上桑》反映的情況就是典型的例子:「陌上桑,無人採,入夏綠陰深似海。行人來往得清涼,借問蠶姑無個在。蠶姑不在在何處?聞說官司要官布,大家小家都捉去,豈許蠶姑獨能往?」〔註97〕遍徵濫科現象十分嚴重,「奸吏因緣害眾,合著夫匠十名,乃科百名,以至數多則遍科」。〔註98〕有時甚至出現簽差老弱病殘的民戶應差,「朝廷營建宮室,徵木石之工於郡縣,縣吏胥並緣爲奸,不問老幼廢疾之不可任,悉上其名,索之弗得,輒捕比鄰以代」。〔註99〕應役的民匠待遇很差,政府只是向他們提供「沿途合用飲食腳力」,

---

〔註91〕轉引自胡小鵬:「元代的民匠」,《西北師大學報》,2002年第6期,第65頁。
〔註92〕《元典章》卷三十四《聖政二·息徭役》,第79頁。
〔註93〕〔明〕宋濂等,《元史》卷二十八《英宗二》,北京:中華書局校點本,1976年版,第619頁。
〔註94〕《大元通制條格》卷一七,《賦役·雜泛差役》,第220頁。
〔註95〕胡祗遹:《紫山大全集》卷23《民間疾苦狀》。
〔註96〕胡祗遹:《紫山大全集》卷23《吏治雜錄》
〔註97〕王冕:《王冕集》,竹齋集卷下,《陌上桑》第156～157頁。
〔註98〕胡祗遹:《紫山大全集》卷23《民間疾苦狀》。
〔註99〕宋濂:《宋學士文集》卷四三,《義烏王府君墓誌銘》。

「應付粥飯腳力」而已。〔註100〕有時甚至不顧民匠的死活「今聞創建中都，崇建南寺，外則有五臺增修之擾，內則有養老宮展造之勞，括匠調軍，旁午州郡，或渡遼伐木，或濟江取材，或陶甓攻石，督責百出，蒙犯毒瘴，崩淪壓溺而死者，無日無之。」〔註101〕

2、以和雇的形式雇傭民匠

和雇也是元代官府取得民匠的一種重要形式。由於簽差民匠，是一種無償取得，無疑會加重人民的負擔，並激起人民的逃亡反抗。至元二十年（1283）崔彧在論及時政時曾經指出：「江南盜賊，相延而起，凡二百餘所，皆由拘刷水手與造海船，民不聊生，激而成變」。〔註102〕魏初在論及大都修建民匠取得時也指出「至有逃避隱匿，煩勞有司勾捉，不惟失誤造作，恐積久民力不勝煩擾之弊」，因此，和雇成了一種不錯的選擇，「合無於各處取會諸色人匠現數，依和雇之例，以理給付工價，利之所在，人將趨赴。」〔註103〕程鉅夫就江南造船的困境也曾建議：「仍乞照故宋時打造官船體例，差官領錢與河海船匠議價打造，每人願造若干船隻，領若干錢，寫立文書，須管十分堅牢，如有違約，追罰價錢，依法治罪。……匠戶無差役之苦，官吏無催督之勞。」〔註104〕

「和雇」尊重市場經濟原則，給予民匠一定的對價，調動了民匠的積極性，也保證了造作產品的質量，是符合經濟學原理的一種歷史趨勢，因此，在元代中後期這一取得民匠的方式日益普遍。初，文宗在集慶潛邸，欲創天靈寺，令有司起民夫。江南行臺監察御史亦乞剌臺言曰：「太子為好事，宜出錢募夫，若欲役民，則朝廷聞之非便也。」〔註105〕文宗接受了亦乞剌臺的建議，雖然有政治上的因素，但這一事件表明「和雇」民匠的方式已經引起了元朝上層統治階級即蒙古貴族的重視。事實上，和雇民匠不僅在興建土木工程、造船及橫造手工業品時被不時採用，而且在常造政府定額造作任務時，也被一些地方官員接受。例如，元人陳旅在《韓總管墓碑》記載：「有旨，歲

〔註100〕《經世大典》卷19417《站赤二》。
〔註101〕張養浩：《歸田類稿》卷二，《時政書》。
〔註102〕宋濂等：《元史》卷一百七十三，《崔彧傳》，北京：中華書局，1976 年版，第 4041 頁。
〔註103〕魏初：《青崖集》卷四《奏議·論和雇大都修建人匠》。
〔註104〕程鉅夫：《雪樓集》卷一〇，《奏議存稿·民間利病》。
〔註105〕宋濂等：《元史》卷一百四十三，《自當傳》，北京：中華書局，1976 年版，第 3419 頁。

增織綾緞五萬……，（韓總管）計局工不足辦，籍民間杼軸成之，較官出工物、雜費，省緡錢數萬，民又利庸值，不逾月，五萬綾緞成」。〔註106〕又如，盧州錄事司判官王止善兼掌當地織染，「所轄官府久廢不治，乃日臨視之，爲修作坊，募工匠至，於攻金、治絲、設色具爲區處，迄今守爲成法」。〔註107〕

　　儘管在元代官營造作經營中，時常會採用雇傭民匠的取得勞動人手方式，但不可高估其意義。其一，政府不會輕易放棄無償取得勞動人手的專制思想，「國家畜養百姓正欲有用，必每事和雇，恐府藏所積不足以供無窮之應。」〔註108〕其二，元代的「和雇」只是名義上的和雇，帶有國家強制性，「國家應辦，支持浩大，……依體例應當和雇和買雜泛差役」是民匠的封建義務，〔註109〕而不是眞正意義上基於當事人自由意志的合同式和雇，最多只能算是一種宋代時的「差雇」，是國家徭役的一種緩和形式而已。其三，儘管大量法律文獻記載，元廷三令五申和雇和買「照依行例應當，官司隨即支價，毋得逗遛刁蹬。」〔註110〕但由於吏治腐敗，各級官吏上下其手，「一切和雇和買造作，並不得錢」。〔註111〕

（四）其他工匠

　　除上述三種常見類型的官營造作工匠外，在元代還有一些特殊戶籍的官營造作手工業工匠，他們分別是從屬國貢納的工匠、犯罪囚犯、官奴等，下面簡述之。

1、屬國貢獻工匠

　　對於一些從屬國，爲了體現宗主國的宗主權，蒙古統治者往往要求從屬國稱臣、納貢，而定期獻納工匠是從屬國義務的重要內容。例如，安南自中統三年（1262）九月稱臣，太祖降詔曰：「卿既委質爲臣，其自中統四年爲始，每三年一貢，可選儒士……諸色人匠，各三人，及金、銀……象牙、綿、白磁盞等物同至」。〔註112〕事實上，高麗、尼婆羅（尼泊爾）及回回各國都有貢

〔註106〕陳旅：《安雅堂集》卷一〇，《韓總管墓碑》。
〔註107〕黃晉：《金華黃先生文集》卷三四，《中憲大夫淮東道宣慰副使致仕王公墓誌銘》。
〔註108〕《經世大典》卷19417《站赤二》。
〔註109〕《元典章》卷三十四《聖政二·均賦役》，第65頁。
〔註110〕《大元通制條格》卷一八，《關市·和雇和買》，第235頁。《元史》卷一〇二《刑法一》，《元典章》卷二十六《物價·和買照依市價》皆有類似記載。
〔註111〕《經世大典序錄站赤》，見《永樂大典》卷一九四一八。
〔註112〕宋濂等：《元史》卷二〇九，《外夷·安南》，北京：中華書局，1976年版，

獻特殊才能工匠的義務：在元代將作院就設置有專門的高麗提舉司；尼婆羅巧匠阿尼哥一行八十人就是應召入元服役的；元滅南宋時，曾從伊利汗國急召回回炮匠阿老瓦丁等來造作回回炮。從屬國貢獻的工匠，具有特殊的才藝，也享有特殊的國際地位，與國內其他工匠不可等同。

2、服役囚犯

元政府還役使囚犯充當官營造作手工業的勞動人手。在《元典章》中有多處相關記載，大德六年（1302）制定的《強竊盜賊通則》規定：「諸犯徒者……皆先決（杖）訖，然後發遣合屬帶鐐居役。應配役人逐有金銀銅鐵侗冶、屯田、提岸、橋道一切工役去處，聽就工作，令人監視，日計工程，滿日束放充警跡人」；〔註113〕至元十二年（1275）十一月《賊人發付窯場配役》規定「今後但有捉獲竊盜，取了招伏，先令總管府發付窯場配役」；〔註114〕在至元十四年（1277）刑部處置盜賊張刺眞一案中，刑部擬准將其「發行工部居役」。〔註115〕元人王逢在《梧溪集》中也提及「以罪臣之子女入匠戶」。〔註116〕

3、官監戶工匠

元代官營造作工匠還有一種特殊類型，即由童男繡女、斷沒人、無主驅奴轉化而來的官監戶。徐元瑞在《吏學指南》中對官監戶有明確的定義，「官監戶，謂前代以來配隸相生，或今朝配役，隸屬諸司州縣無貫者，即今之斷按主戶是也。其斷沒者，良人曰監戶，奴婢曰官戶。」〔註117〕

《大元通制條格》卷三「良嫁官戶」條中，提到甲局童男張得安娶民女粉梅爲妻，曾以「係官財錢柒拾伍兩」爲聘禮。〔註118〕張得安作爲與良民對舉的官戶，其婚姻不僅由官作主，而且其聘禮錢都必須依賴官錢給付，由此可見，官戶沒有獨立的經濟，沒有任何自主財產，沒有婚姻的自由，身份地位比一般的工匠要低得多，實質上就是由政府直接控制的官奴。這種判斷在

第 4635 頁。

〔註113〕《元典章》卷四九，《刑部十一‧強竊盜‧強竊盜賊通則》，第 1776 頁。

〔註114〕《元典章》卷四九，《刑部十一‧流配‧賊人發付窯場配役》，第 1819 頁。

〔註115〕《元典章》卷四九，《刑部十一‧免刺‧知情不曾上盜免刺》，第 1809 頁。

〔註116〕轉引自劉莉亞：《元代手工業研究》，河北大學：博士學位論文未刊本，第 9 頁。

〔註117〕徐元瑞著：《吏學指南》，楊訥點校，杭州：浙江古籍出版社，1988 年版，第 126 頁。

〔註118〕《大元通制條格》卷三，《戶令‧良嫁官戶》，第 43 頁。

《元史》中也有諸多印證，例如：中統二年，世祖曾「出工局繡女，聽其婚嫁」，〔註119〕賦予繡女婚姻自由作爲世祖的特別恩典載入史冊。又如，范亨爲福建閩海道知事時，「閩俗素污，文繡局取良家子爲繡工，無別尤甚，亨作歌詩一篇述其弊，廉訪使取以上聞，皆罷遣之，其弊遂革。」〔註120〕此處將「良家子」與「繡工」對舉，且以「閩俗素污」來說明其緣由，一個「污」字大概可以窺見監官戶工匠的生活工作處境。

二、係官工匠戶籍的法律規制

在蒙古統治者入主中原之後，隨著其治國理念的轉變和官營造作手工業制度的建立，過去的手工業工匠取得和支配習慣漸次不能適應新的生產關係之需要，爲確保國家獲得穩定的造作工匠，對官有工匠取得、支配等管理制度進行改革勢在必行。在有關手工業工匠管理制度的各項改革中，係官工匠戶籍管理制度的確立具有極其重要的意義。

（一）係官工匠戶籍制度的建立

官營造作工匠戶籍制度的建立主要是通過三次較大的籍戶（即戶籍的清查、整頓和登記）來完成的。這三次籍戶分別是乙未年（1235）籍、壬子年（1252）籍和至元八年（1271）籍。在三次籍戶過程中，各種有關係官工匠戶籍管理的法令漸次頒佈，並得以實施。其結果是係官工匠作爲匠戶從一般民戶、軍戶、站戶等戶籍中分立出來，單立匠籍，進行專門管理，以確保官營造作手工業勞動人手的有效取得和穩定支配。

從相關文獻資料，特別是至元八年（1271）頒佈的《戶口條畫》的內容上看，係官工匠戶籍制度的建立主要是分兩個步驟來完成的。

1、官營造作工匠作爲「皇帝民戶」從「私屬人口」中分立出來

前文在分析係官工匠的取得途徑時已經述及大蒙古國早期虜掠的造作工匠之屬性，根據當時蒙古人的慣例，軍前所獲，即爲所有，這些在早期戰爭中虜掠來的工匠大多成了蒙古貴族及平民的私屬人口——怯憐口或驅口。顯然，這種造作工匠分配與支配方式不適應中央集權經濟及官營造作手工業的建立和發展，對其戶口屬性進行重新法律確認，改變過去的分配與支配習慣，

〔註119〕宋濂等，《元史》卷四《世祖一》，北京：中華書局校點本，1976年版，第70頁。
〔註120〕宋濂等：《元史》卷一百八十一，《虞集傳》，北京：中華書局，1976年版，第4183頁。

對國家取得穩定的官營造作手工業工匠十分重要。

官營造作工匠戶籍管理制度改革在太宗乙未年（1235）完成籍戶之前的甲午年（1234）就已經開展，根據《元史》記載，甲午年（1234）「時將相大臣有所驅獲，往往寄留諸郡，楚材因括戶口，並令為民，匿占者死。」〔註121〕至元八年制定《戶口條畫》時，照得甲午年（1234）欽奉合罕皇帝聖旨：「不論達達回回契丹女眞漢兒人等，如是軍前擄到人口，在家住坐，做驅口；因而在外住坐，於隨處附籍，便係是皇帝民戶，應當隨處差發，主人見更不得認識，如是主人認識者，斷按打奚罪戾。」〔註122〕這些記載表明，乙未年（1235）籍戶起始於甲午年（1234），其核心內容是限制乃至禁止私人取得被征服地的手工業工匠，將私屬人口及驅口與「皇帝民戶」進行分立。根據《戶口條畫》的相關記敘，太宗窩闊台採取的具體法律舉措可以分為四個方面：

（1）「乙未年元奉合罕皇帝聖旨，抄數到民戶，諸王公主附馬各投下官員分撥已定。」〔註123〕即將全國人口劃分為投下人口與「皇帝民戶」，投下私屬人口於投下附籍登記，「皇帝民戶」則著於民籍。

（2）哈罕皇帝聖旨節該：「民戶內續數出來底漏籍民戶有呵，只教都屬那兒見住的州城田地裏有者，其元招收來底人不得管領。」〔註124〕這條聖旨規定得十分明確，乙未年籍定之後，多出來的人口即未有登記的漏籍，屬於民戶，諸王貴族不得管領。

（3）在確保蒙古貴族在先已經取得和佔有的私屬工匠——怯憐口或驅口的合法性之基礎上，「累降聖旨」限制乃至禁止蒙古貴族私自虜掠被征服地的工匠作為其私屬人口或驅口。「諸王公主附馬並諸投下，不得擅行文字招收戶計」。〔註125〕太宗十一年（1239），又「籍諸王大臣所俘男女為民。」〔註126〕不得擅行文字招收戶計在元代歷朝被反覆重申，《元史·刑法志》也有記載：

〔註121〕宋濂等，《元史》卷一百四十六，《耶律楚材傳》，北京：中華書局校點本，1976年版，第3460頁。

〔註122〕《元典章》卷十七，《戶部三·戶計·籍冊·戶口條畫》，中國廣播電視出版社，影印元刊本，第627頁；《大元通制條格》卷二，《戶令·戶例》，第7頁。

〔註123〕郭成偉點校：《大元通制條格》卷二，《戶令·戶例》，北京：法律出版社，1999年版，第2頁。

〔註124〕郭成偉點校：《大元通制條格》卷二，《戶令·戶例》，北京：法律出版社，1999年版，第3頁。

〔註125〕郭成偉點校：《大元通制條格》卷二，《戶令·戶例》，北京：法律出版社，1999年版，第3頁。

〔註126〕宋濂等，《元史》卷二，《太宗》，北京：中華書局校點本，1976年版，第37頁。

「諸投下官員，招占已籍係官民匠戶計者，沒其家財，所佔戶歸本籍。」
〔註 127〕

（4）在規制蒙古貴族私自虜掠被征服地的工匠作爲其私屬人口的同時，元廷在保留原有驅口奴隸制的基礎上，限制乃至禁止一般民眾即各使主非法擅占驅口（其中包括匠人驅口）。從前述照得甲午年（1234）欽奉合罕皇帝聖旨的規定上看，主使擁有驅口的合法性主要基於兩個條件：一是其來源必須是「軍前擄到人口」；二是其生活狀態必須是「在家住坐」，即由主使供養，在主使家生活並從事生產活動。自此之後，這方面的法律規制越來越系統、越來越嚴格。至元八年《戶口條畫》對其規定得甚爲詳備。例如：在軍戶佔有驅戶方面規定：「乙未、壬子二年本使戶下附籍人口，各年軍籍內不曾攢報，並仰收繫當差。」〔註 128〕原本是軍驅戶，並在本使戶下附籍登記，僅因不曾滿足在軍籍內攢報的形式要件，即取消軍戶對該驅口的屬有權。再如：「諸色戶驅良」規定：「乙未年本使戶下附籍驅口，壬子年戶下不曾抄上，仰作漏籍戶，收繫當差，主人不得認識。」〔註 129〕

2、官營造作工匠作為「匠戶」從「民戶」中分離出來

設立匠籍，將官營造作工匠從「民戶」中分離出來，進行專門的匠籍管理，國家豁除其納稅義務及其他雜泛差役義務，使其能夠專門從事官營造作手工業勞作，這才是有元代特色的係官匠籍制度。元代的這種獨具特色的係官匠籍制度具體起於何時，由於史料相對缺乏，很難作出準確考證。太宗乙未年籍戶時，似不曾單例匠戶，當時的官營造作工匠被涵蓋在民戶之內，作爲「皇帝民戶」「大數目裏的人」的一部分。因爲至元八年制定《戶口條畫》時，「照會」到的「合罕皇帝」的聖旨，上面既無「匠戶」的表述，也無「諸色人戶」之說，而且從《戶口條畫》對「諸色人匠」的規定來看，其引用的「舊制」根據不是通常的「乙未、壬子年元籍」，而是只有「壬子年元籍」。因此從這些法律用語的表述上看，似乎可以推斷，乙未籍戶重點在於劃分界定投下私屬人口與「大數目」皇帝民戶；諸色戶計的明確劃分和界定當在憲宗壬子年（1252）籍戶之時。不過，乙未籍戶時，對民戶的籍戶應有所從事

〔註 127〕宋濂等：《元史》卷一〇三，《刑法二》，北京：中華書局，1976 年版，第 2639 頁。

〔註 128〕《元典章》卷十七，《戶部三・戶計・籍冊・戶口條畫》，中國廣播電視出版社，影印元刊本，第 628 頁。

〔註 129〕《元典章》卷十七，《戶部三・戶計・籍冊・戶口條畫》，中國廣播電視出版社，影印元刊本，第 629 頁。

職業的登記內容。另外，在乙未籍戶之後，耶律楚材曾經陳時務十策，「選工匠」〔註130〕即是其中之一。「選工匠」應有規制工匠戶籍之意，太宗「悉施行之」，也可能匠籍制度初始於此。

在壬子年（1252）界定諸色戶籍之時，被籍為匠戶的稱諸色正匠，繫於官府局院，入局造作；此後，歷年來因各種需要從其他人戶補充改撥到匠籍中的，稱為改色人匠。至元八年（1271）《戶口條畫》規定「係官諸色元籍正匠並改色人匠，見入局造作者，依舊充匠除豁。」〔註131〕據此可以看出，係官工匠，著於匠籍，除豁差發，專事造作，此時的係官匠籍制度已經十分成熟。

（二）匠籍法律規制的主要內容

元代係官工匠戶籍制度法律規制的重要原則是「以籍為定」，即未經政府許可，係官工匠不得隨意脫離匠籍；同時，其他諸色戶計也不得隨意冒入匠籍。事實上，不惟匠戶如此，至元八年的《戶口條畫》中規定所有「諸色人等」均「各有定籍」。〔註132〕這一原則被反覆重申，如大德十一年五月整治詔書內一款規定：「諸色戶計已有定籍，仰各安生理，毋得妄投別管名色，影蔽差役、冒請錢糧，違者許鄰祐諸人首告並行治罪。」〔註133〕元人胡祗遹對這一戶籍管理法律規制的具體做法有更為詳細的記載：「軍、民、匠、站諸色戶計，各鄉保村莊丁口、產業鼠尾簿一扇，各戶留空紙一頁於後，凡丁口死亡或成丁，或產業、孳畜增添、消乏，社長隨即報官，於各戶下，令掌簿吏人即便標注，凡遇差發、絲銀、稅糧、夫役、車牛、造作、起發、當軍，檢點簿籍，照各家即目增損氣力分數科攤」；「據即目實在丁口、事產、物力符同，給戶貼，造籍冊，仍細注元簽起時屬何屬，再撥屬何屬，目今現屬何屬當役，因而將民籍、匠籍、站籍，諸一切戶籍細細目睹，手抄造籍各三本，以為定例」。〔註134〕

「以籍為定」的戶籍管理制度並不是元代的新生事物。事實上，在中國

〔註130〕宋濂等，《元史》卷一百四十六，《耶律楚材傳》，北京：中華書局校點本，1976年版，第3462頁。

〔註131〕《元典章》卷十七，《戶部三·戶計·籍冊·戶口條畫》，中國廣播電視出版社，影印元刊本，第626頁。

〔註132〕《元典章》卷一七，《戶部三·戶計·籍冊·戶口條畫》，第622頁。

〔註133〕《元典章》卷二，《聖政·重民籍》，中國廣播電視出版社，影印元刊本，第55～56頁。

〔註134〕胡祗遹：《紫山在全集》卷二三，《雜著·縣政要式》。

歷史上戶籍制度「以籍爲定」是古以有之，也可以說是中國傳統文化的一部分。世祖至元二十八年在江淮迤南抄數戶口，引起民眾驚恐、疑懼，世祖下旨安慰：「自來戶籍乃有司當知之事，其勿疑懼！」〔註135〕還在蒙古貴族初定中原時，漢族名儒許衡就上書世祖極言戶籍之重，「天下所以定者，民志定，則士安於士，農安於農，工商安於工商，則在上之人有可之理矣。」〔註136〕元代與歷代不同之處在於元代諸色戶計界定得更爲細密，種類更爲繁多，管理也更爲嚴格，而且單獨設立匠籍管理係官工匠。匠籍的設立一方面表明官營造作工匠的自由受到更多的限制，同時也表明元代的官營造作手工業的發展達到了一個前所未有的高度。

匠籍制度的設立，就其目的而言主要有三：其一，保證元朝政府直接控制穩定數量的官營造作手工業工匠，爲官營造作手工業的生產經營提供充足的專業的勞動人手。其二，官營造作手工業，對政府來說，是一種消費性生產活動，其規模及數量都應該控制在一定的範圍，而且係官工匠的增多就意味著承擔「差發」民戶的減少，這不僅關係到係官工匠需要更多的口糧等財政支出，也關係到國家稅賦來源的枯萎，因此，對係官工匠人數的限制也在情理之中。其三，確定係官工匠的身份，免除其「差發」，其目的在於其「志定」，使其能專心於造作，提高其專業技能，促進了勞動生產效率的提高。

在「以籍爲定」的原則之下，匠籍的著入、改出以及匠戶的析居，元廷均有諸多具體而詳細的法律規定，因此有必要作進一步的探討。

1、匠籍著入的法律規制

在戶籍制度確定後，元廷爲滿足官營造作手工業發展的需要，經常從其他諸色戶計中招收、改撥人戶充匠，他們被稱爲改色人匠，但這種「定籍」或「漏籍」人口的著入匠籍並不是隨意的，而是有極其嚴格的規定。大規模的招收、改撥人戶充匠往往需要皇帝的詔書或聖旨，一般的改撥也要求有「上司改撥充匠明文」，〔註137〕就是匠戶的戶下人口析居，法律也規定：「如局分見役人匠不敷，從尚書省定奪。」〔註138〕《元史》中有一個非法拘括匠

〔註135〕《元典章》卷二，《聖政‧重民籍》，中國廣播電視出版社，影印元刊本，第55頁。

〔註136〕宋濂等，《元史》卷一百五十七，《許衡傳》，北京：中華書局校點本，1976年版，第3725頁。

〔註137〕《大元通制條格》卷二，《戶令‧戶例》，郭成偉點校，北京：法律出版社，2000年版，第7頁。

〔註138〕《大元通制條格》卷二，《戶令‧戶例》，郭成偉點校，北京：法律出版社，

戶的案例就能充分說明這一點，至元二十年（1283），申屠致遠拜江南行臺監察御史，「江西行省平章馬合謀於商稅外橫加徵收，忽辛籍鄉民爲匠戶，轉運使盧世榮榷茶牟利，致遠並劾之。」〔註139〕忽辛是權相阿合馬之子，時任江西行省平章，「籍鄉民爲匠戶」並非爲私，即不屬拘刷民戶爲其私屬人口，其行爲仍屬重大犯罪，與橫征、牟利並舉。

　　無論是早期的「唯匠屠免」政策，還是後來的「充匠除豁」法律優待，都足以引誘元朝百姓冒入匠籍，因而對冒入匠籍行爲進行法律規制是匠籍著入法律規制的重心。正因爲如此，世祖至元八年（1271）的「戶口條畫」規定，「諸漏籍戶投充人匠，改正爲民」；「諸壬子年附籍軍民、諸色人等，別無上司改撥充匠明文，雖稱即目入局造作，或於各投下送納生活者，仰憑籍收繫應當差役。」〔註140〕前者是對「漏籍」戶的法律規制，後者則是對「定籍」戶冒入匠籍的法律規制。隨後世祖又於至元十七年（1280）重申「敕民避役竄名匠戶者復爲民」。〔註141〕儘管如此，由於缺乏懲罰性規定，冒入匠籍者仍然不能杜絕，一些富強之民紛紛借機冒充人匠以避賦役。「各處富強之民，往往投充人匠，影占差役，以致靠損貧難戶計」，以至王惲建議：「將匠戶富強者還民當差，其現當身役止除一丁差稅」。〔註142〕而大德十一年五月整治詔書的規定：「毋得妄投別管名色，影蔽差役、冒請錢糧，違者許鄰祐諸人首告並行治罪」，則明顯具有「治罪」之懲罰性質。

2、匠籍脫出的法律規制

　　根據實際需要或者工匠貧困無法應役等原因，元朝政府有時也放罷一些著籍匠戶。例如，世祖至元二十七年（1290）六月「放保定工匠楚通等三百四十一戶爲民」。〔註143〕再如，武宗時，阿禮海牙之兄野訥兼將作院使。「閩有繡工，工官大集民間子女居肆督責，吏因爲奸利，野訥奏罷之，閩人感悅。」〔註144〕然而，元政府對在籍工匠管理、監督十分嚴格，一旦著入匠籍，身

　　　2000 年版，第 12 頁。

〔註139〕宋濂等，《元史》卷一百七十，《申屠致遠傳》，北京：中華書局校點本，1976年版，第 3990 頁。

〔註140〕《大元通制條格》卷二，《戶令・戶例》，郭成偉點校，北京：法律出版社，2000 年版，第 7～8 頁。《元典章》卷一七，《戶部・籍冊・戶口條畫》。

〔註141〕宋濂等：《元史》卷一一，《世祖八》，北京：中華書局，1976 年版，第 221 頁。

〔註142〕王惲：《秋潤先生大全文集》卷九〇，《論匠戶》。

〔註143〕宋濂等：《元史》卷一六，《世祖十三》，北京：中華書局，1976 年版，第 333 頁。

〔註144〕宋濂等，《元史》卷一百三十七，《阿禮海牙傳》，北京：中華書局校點本，1976

當匠役，就必須入局造作，完成指定的造作定額，脫籍逃逸不僅要捉拿回官，還要痛行斷罪。法律明確規定：「無故輒離者，隨即究治」，〔註145〕也「不得妄稱飾詞，恐嚇官吏，扇惑人匠推故不肯入局，耽悟工程」，否則「痛行斷罪」。〔註146〕例如，撫州「郡有織錦工，嘗籍於官，竟遁入武昌，出入平章溫公門」。〔註147〕儘管該工匠依附於權貴，有持無恐，但撫州判官羅文節最終還是將其緝捕回官，依法斷罪。

　　儘管如此，匠戶脫籍的現象還是時有發生，有時甚至相當嚴重。究其原因，主要是因為兩個方面的因素。其一，投下貴族私自招收人匠累禁不止，有時匠戶也主動投奔投下貴族，或者投充怯薛臺、鷹房子，甚至不惜為僧為道，想盡辦法依靠特權階級，規避工役。元朝政府針對這些情況，免不了累下詔書，試圖堵住漏洞。例如，大德八年二月針對匠戶「近年以來，往往為僧為道，影蔽門戶，苟避差役」的情況，就規定「除色目人外，自願出家，若本戶丁力數多，差役不闕，及有昆仲侍養父母者，赴元籍官司陳告，勘當是實，申覆各路給據，方許箭剃，違者斷罪，勒令歸俗」。〔註148〕其二，由於吏治腐敗，對匠戶無窮剋扣、壓榨、剝奪等原因，導致許多匠戶衣食不給，貧窮不能自存，「計無所出，必至逃亡，今已十亡二三，延之數年，逃亡殆盡矣！」〔註149〕

3、匠戶析居的法律規制

　　對於匠戶析居者的戶籍屬性問題，目前學界的普遍觀點認為「在籍工匠供役以戶為單位，子孫世襲其業，不得更籍」。〔註150〕其依據主要有：

　　（1）《元史・刑法志》規定：「諸匠戶子女，使男習工事，女習黹繡，其輒敢拘刷者，禁之」。〔註151〕

年版，第 3314 頁。
〔註145〕《大元通制條格》卷第三十，《營繕・造作》，郭成偉點校，北京：法律出版社，2000 年版，第 356 頁。
〔註146〕《大元通制條格》卷第三十，《營繕・造作》，郭成偉點校，北京：法律出版社，2000 年版，第 356 頁。
〔註147〕宋濂：《宋學士文集》卷一○，《元故文林郎同知重慶路瀘州事羅君墓誌銘》。
〔註148〕《元典章》卷二，《聖政・重民籍》，中國廣播電視出版社，影印元刊本，第 55 頁。
〔註149〕《歷代名臣奏議》卷六十七，鄭介夫《治道・戶計》
〔註150〕劉莉亞：《元代手工業研究》，河北大學：博士學位論文未刊本，第 26 頁。高榮盛：「元代匠戶散論」，《南京大學學報》，1997 年第 1 期，第 124 頁。
〔註151〕宋濂等：《元史》卷一○三，《刑法二》，北京：中華書局，1976 年版，第 2679 頁。

（2）有學者認為：「因為匠戶的地位是世襲的，所以元人名之為『承廕』，《元史》中稱之為『任子』。」〔註152〕

（3）「大德八年（1304）十月，中書省禮部呈：大都路申，蔡阿吳係金玉局人匠蔡六妻室，夫亡拋下男添兒應當身役，有本局官關提舉服內強將阿吳分付一般人匠王慶和為妻。本部議得：蔡阿吳夫亡已有男添兒應役，其本局官服內擅將本婦配與王慶和為妻，於理未應，合令本婦離異，與伊男蔡添兒依舊應當匠役。都省準擬。」〔註153〕有學者認為：由此「可見，元政府為了保證官府手工業的人手，強制執行父死子繼、夫死妻繼的戶內應役制度。」〔註154〕

筆者對上述觀點不敢完全認同，其質疑的依據也主要有三點：

（1）至元八年（1271）《戶口條畫》明確規定：「民、匠、打捕鷹房諸色附籍、漏籍人等，戶下人口析居者，依例收繫當差；如局分見役人匠不敷，從尚書省定奪。」〔註155〕該條款表明，其一，匠戶析居者按常規應當「收繫當差」，著籍為民戶。其二，既是「依例」，表明在此之前早有成法，而不是當時的暫時性規定。因此，匠戶析居者並不一定「各籍相同」，只有在局院現役人匠不足的情況下，經主管財經的最高行政機關尚書省認可後，方得著入匠籍。事實上，元代戶計一般具有世襲性，析居戶著籍的一般原則是「各籍相同」，而匠籍及打捕鷹房恰恰是例外，這一點在該條的其他款項的規定中表達得十分明確，「軍、站、急遞鋪、駕舡、漏籍、鐵治戶，戶下人口析居者，揭照各籍相同，止令依舊同戶當役。如無者，收繫當差。」「運司煎鹽灶戶，戶下人口析居者，仰充灶戶，收繫當絲料。」〔註156〕

（2）誠如高榮盛先生所言，「戶籍世代相承的工匠，其子女『使男習工事，女習黹繡』，又是官手工局院的主要後備力量或重要的輔助性、機動性

〔註152〕胡小鵬：「元代的係官工匠」，《西北師大學報》，2003年第2期，第79頁。
〔註153〕《大元通制條格》卷第四，《戶令・擅配匠妻》，郭成偉點校，北京：法律出版社，2000年版，第62頁。
〔註154〕劉莉亞：「元代係官工匠的身份地位」，《內蒙古社會科學》，2003年第3期，第12頁。
〔註155〕《元典章》卷十七，《戶部三・戶計・籍冊・戶口條畫》，中國廣播電視出版社，影印元刊本，第633頁。郭成偉點校：《大元通制條格》卷二，《戶令・戶例》，北京：法律出版社，1999年版，第12頁。
〔註156〕《元典章》卷十七，《戶部三・戶計・籍冊・戶口條畫》，中國廣播電視出版社，影印元刊本，第633頁。

勞動人手，因此，籍帳中均有準確登錄，按戶均五口低標準計，元代官營局院及投下私屬工匠及其後備力量的數目可達千萬之眾。」〔註157〕如此龐大的工匠數量，如此雄厚的後備力量，元代的政府及官營造作手工業機構會讓匠戶的子子孫孫全部「接班上崗」嗎？而從元代《戶口條畫》的指導思想來看，政府更多的是限制工匠的數量，以減輕國家的財政負擔，並確保國家「差發」的徵收。因此，匠戶子孫全部世襲匠籍不合情理。

（3）元代在籍工匠供役並不是「以戶為單位」，很多時候一戶之中只有「正身」一人供役。這一點在至元二十四年（1287）尚書省上奏的文書中可以明顯看出，「相哥平章為頭尚書省官人每奏將來：『請糧的匠人，當著壹分差發，貳拾口家糧請的也有。又則當著一分差發，兩三口請糧的也有。這的每都一般與糧呵，多了的一般有。』」〔註158〕這麼多的「半邊戶」，其子女兩、三個，析居後均著為匠籍，應當身役，其原有產業由誰來承襲。

據筆者分析，匠籍子女並不是全都諸子承襲父業，很可能是在諸多子女中應該也只能有一人來承擔父母的身役。其理由是，其一，一人承襲一人的身役可以保障造作工匠的穩定數量，使係官工匠的數量不會因析居而減少，也不會因析居而增加，這與係官工匠戶籍制度的立法目的相吻合。其二，這與現有的史料依據相印證，而不會相衝突。下面略析之：

（1）《刑法志》的規定重在「其輒敢拘刷者，禁之，」而要求「使男習工事，女習黹繡」只不過是為將來揀選最具技藝的子女「接班」創造條件，而且有習造作工藝的子女沒有著入匠籍，作為民匠，諸投下人等也不得拘刷私有。

（2）所為「承廕」「任子」是指匠職官員的蔭敘，而不是指一般工匠的承襲，並且在元代早期的法律規定中，其「承廕」人數恰恰只能是一子「承廕」，而不是諸子「承廕」，而且在英宗繼位後，這一「承廕」規定被廢止，「敕罷醫、卜、工匠任子，其藝精絕者擇用之」。〔註159〕

（3）蔡阿吳再婚無效一案的理由可能有以下三點：第一，男蔡添兒應當身役，所以其母不得更嫁一般人匠（可能是指民匠）為妻；第二，本局官關提舉強配婚姻，不遵循蔡阿吳本人意願；第三，服內是指服喪期間，非禮無

〔註157〕高榮盛：「元代匠戶散論」，《南京大學學報》，1997年第1期，第124頁。
〔註158〕《大元通制條格》卷十三，《祿令‧工糧則例》，北京：法律出版社，1999年版，第153頁。
〔註159〕《元典章新集》，《吏部‧選格‧陰陽醫匠人休承廕》，第346頁。

效。筆者認爲，第三點理由才是蔡阿吳再婚無效的眞正原因，因此本案才是由「中書省禮部呈」，但是發人深思的是爲什麼禮部又要將案件轉由戶部裁決呢？或許戶部的裁決理由可以讓我們解開謎團，戶部議得：「蔡阿吳夫亡已有男添兒應役，……」如果蔡阿吳夫亡沒有男添兒應役，是不是本案的結果就會不同呢？在此，答案很可能是肯定的，如果蔡六身死，而無子應役，則無人承襲蔡六的造作定額，管蔡六的局官很可能藉口「蔡六身亡，無人承接其造作定額」，而強配其妻與一民匠，並要求該民匠王慶和應役。現在，再細閱本案，一切都一覽無餘了。

三、係官工匠造作生產的法律規制

元代著入匠籍的係官工匠承擔的專職封建義務是爲官營造作手工業從事造作生產。爲規範係官工匠的造作生產行爲，元朝政府制定了一系列法律規範，對工匠的入局造作、生產定額、工程期限、產品質量責任等都作了具體詳細的法律規制。下面分而述之。

（一）工匠入局造作的法律規制

至元八年（1271）《戶口條畫》規定，「係官諸色元籍正匠並改色人匠，見入局造作者，依舊充匠除豁。」也就是說，元代係官工匠只有「入局造作」，才能除豁「差發」充匠。這表明元代的係官工匠一般都隸屬於固定的官營造作單位——各級造作局院進行造作生產。根據至元二十八年（1291）中書省上奏的一份文件，元廷甚至要求工匠「常川入局」造作。事情是這樣的，在此之前，江南係官工匠在「入局造作」完成官府額定「生活」之後，常常爲管匠官或自己私自「造作生活」，於是有人建議：「如今取見匠人每數目，各局院裏合造的數目造了呵，放還教作他每的勾當，養喉嗉吃呵，怎生？」但是這一提議遭到了世祖的否決「您的不是有」，「開與做賊的門戶一般，自由的不拿著使那甚麼？」通過再議，中書省規定：「江南人匠擬合常川入局」。〔註160〕

元政府對工匠「入局造作」管理十分嚴格，法律明文規定：「無故輒離者，隨即究治」，〔註161〕這裡的「故」，即可以請假或休息的理由，法律也有明確

〔註160〕《大元通制條格》卷第二，《戶令·搔擾工匠》，郭成偉點校，北京：法律出版社，2000年版，第22頁。

〔註161〕《大元通制條格》卷第三十，《營繕·造作》，郭成偉點校，北京：法律出版

規定，「惟夫匠病疾，雨雪防工者除之。」〔註162〕對於那些「妄稱飾詞，恐嚇官吏，扇惑人匠推故不肯入局，耽誤工程」的係官工匠，法律更是予以「禁約」，要求「痛行斷罪」。〔註163〕

（二）工匠造作定額的法律規制

如果說「入局造作」是對工匠的工作時間的法律規制，那麼「造作定額」則是對工匠的工作量的法律規制。係官工匠的造作生活分為「常造」與「橫造」。「常造」又稱「額造」，因為通常以一年為時限，所以又稱之為「年例」。官局工匠的常造生活，一般按工匠戶數分配，即「視能否，均課程」，而工匠定額量的時限依據則是「常川入局，驗周歲定到額造工程造作」。〔註164〕以兵器製造為例，「集慶路有造箭匠人 20 名，每天造箭 800 枝，該用翎 1600根，周歲（360 天）造箭 288000 根，用翎 576000 根」，〔註165〕則每一個造箭匠人的定額為 14400 根。緞匹造作也是如此，法律甚至規定：「緞匹造作生活，若局官人員依額應限了畢，……定奪遷賞。」〔註166〕

工匠的定額任務是必須要按時完成的，元廷多次強調：「只教當年納足，休教拖欠。若有拖欠，生活歹呵，要罪過者。」〔註167〕即使本人病老身死，其匠役定額也要由其妻子繼承應當。大德八年（1304）十月，蔡阿吳再婚無效一案的案情表明，〔註168〕其夫蔡六身亡，其造作任務由其子蔡添兒應當，如果無子應當的話，本局官就有權將工匠蔡六之妻強配他人王慶和，以便王慶和來完成蔡六的造作定額。有時管匠官吏也會因工匠的任務定額而作弊，將某一工匠放免，而使其餘工匠攤造該工匠應擔負的定額數。以甲局人匠為

〔註162〕　社，2000 年版，第 356 頁。

〔註162〕　《大元通制條格》卷第三十，《營繕・造作》，第 350 頁。

〔註163〕　《大元通制條格》卷第三十，《營繕・造作》，第 356 頁。

〔註164〕　《大元通制條格》卷第二，《戶令・搔擾工匠》，郭成偉點校，北京：法律出版社，2000 年版，第 22 頁。

〔註165〕　胡小鵬，程利英：「元代的軍器生產」，《西北師大學報》，2004 年第 3 期，第 48 頁。

〔註166〕　《大元通制條格》卷第三十，《營繕・造作》，第 353 頁。

〔註167〕　《大元通制條格》卷第三十，《營繕・造作》，第 353 頁。

〔註168〕　《大元通制條格》卷第四，《戶令・擅配匠妻》，郭成偉點校，北京：法律出版社，2000 年版，第 62 頁。「蔡阿吳係金玉局人匠蔡六妻室，夫亡拋下男添兒應當身役，有本局官關提舉服內強將阿吳分付一般人匠王慶和為妻。本部議得：蔡阿吳夫亡已有男添兒應役，其本局官服內擅將本婦配與王慶和為妻，於理未應，合令本婦離異，與伊男蔡添兒依舊應當匠役。都省準擬。」

例:「今體察得中都甲局首領官張外郎至元四年、五年影占合造甲人匠劉仲禮,私下取要工價鈔四十四兩五錢,卻將本人合造甲數,逐作抑令其餘人匠分造了當。」〔註169〕

係官工匠除了有「常造」任務之外,往往還會有「橫造」任務。所謂「橫造」,即「謂額辦數外增役也」。〔註170〕在元代,工匠「橫造」任務並不是意外或應急,而是時常發生的事情,因而法律也經常將「橫造」與「常造」相提並論,並同樣予以一般性法律規制。如元廷規定:「今後各路管下局院額造常課、橫造段匹等工程,仰判署官吏,常切用心提調催辦,每月計點。」〔註171〕還規定:「諸隨路如遇橫造軍器諸物,其一切所須,必要明立案驗,選差好人,置簿掌管。……」〔註172〕「橫造」任務的氾濫,無疑加重了係官工匠的工作量,工匠為了完成造作任務,不得不「晝夜並作」,如杭州局院的工匠「類多單細人戶,或內府需器用,急工集局,晝夜並作,而有寒餓色」〔註173〕

(三)工匠產品質量責任的法律規制

為了保證造作產品的質量,元廷一再強調:「務要造作如法」,〔註174〕即按照法定的質量標準進行造作。如果「造作堪好」則「定奪遷賞」;如果「生活歹呵,要罪過者」。〔註175〕大德五年「浙江行省局院造到大德四年夏季緞匹,數內辨驗出粗繰低歹不堪三千八百匹」,「發回本省取問」,勒令工匠重新造作,「自備工價賠償」。〔註176〕元廷還規定,如果造作產品的使用壽命不如預期,「若歲月不多,未應損壞而有損壞者,並將監造人員、當該工匠檢舉究治。」〔註177〕

為了便於追究匠官及工匠的產品質量責任,元廷曾一度規定匠官不得遷

〔註169〕 王惲:《秋澗集》卷八十四《彈甲局首領官張經影占工役事狀》。
〔註170〕 徐元瑞著:《吏學指南》,楊訥點校,杭州:浙江古籍出版社,1988年版,第86頁。
〔註171〕 《大元通制條格》卷第三十,《營繕·判署提調》,第359頁。
〔註172〕 《大元通制條格》卷第三十,《營繕·造作》,第352頁。
〔註173〕 徐一夔:《始豐稿》卷九《元故將侍郎金玉府軍器提舉司同提舉夏君墓誌銘》,臺灣影印文淵閣四庫全書,臺灣:商務印書館股份有限公司,1986版。
〔註174〕 《大元通制條格》卷第三十,《營繕·造作》,第351頁。
〔註175〕 《大元通制條格》卷第三十,《營繕·造作》,第353頁。
〔註176〕 《元典章》卷五十八《工部一·造作·緞匹·選買細絲事理》,第2123頁。
〔註177〕 《大元通制條格》卷第三十,《營繕·造作》,第351頁。

轉。〔註178〕而另一項源遠流長且有廣泛影響的制度則是物勒工名製度，即在造作產品上標注工匠姓名，以便考核並追究工匠的產品質量責任。物勒工名製度在隋唐時就已經盛行，唐朝政府曾規定，「教作者傳家技，四季以令丞試之，歲終以監試之，皆物勒工名。」〔註179〕到了宋代，物勒工名製度的實施範圍更加廣泛，軍器製造、鑄錢、紡織、造船等都要實行物勒工名；物勒工名的內容也不僅限於工匠姓名，還包括手工業官員、作（匠、爐）頭的姓名和產品製造年月、規格等。〔註180〕元初，王惲曾建議實施物勒工名製度，「合無隨路置局，以常課造作物勒工名以考其利鈍」；「今後合無將隨路常課再行整點、督勒，使成造如法，於上書寫官匠姓名，以考其程」。〔註181〕據《元史》載，汪澤民授平江路總管府推官，「有僧淨廣，與他僧有憾，……廣弟子急欲得師財，且苦其笞楚，潛往它僧所殺之，……澤民取行兇刀視之，刀上有鐵工姓名，召工問之，乃其弟子刀也，一訊吐實，即械之而出他僧，人驚以為神。」〔註182〕「刀上有鐵工姓名」，或許表明王惲的物勒工名建議很可能被元政府推行。

（四）影占工匠與帶造生活的法律規制

「影占」工匠，是指元代的投下貴族、管匠官吏及其他「有勢力每的根底」，將著入匠籍的係官工匠私自佔有，為其私用；「帶造生活」，是指管匠官吏等利用係官的工匠、工具、場所，甚至原料私造自己的造作產品。在元代官營造作手工業的管理中，影占工匠、帶造生活的現象十分嚴重，相關方面的法令也是一再重申。

對於「影占」戶計，至元十九年（1282）聖旨規定：「應管軍民人匠諸色戶計官吏人等，今後毋得將所管戶計私自役使、影占。」〔註183〕至元二十八年（1291）中書省奏：「江南官人每影占著匠人每，梯己的勾當裏使用有」，並且認為：「有體例一般有，前者夏裏，『不揀是誰局院裏，休教造梯己的勾

〔註178〕《元典章》卷九，《吏部三·局院官·局院匠官遷升》，第346頁。

〔註179〕《新唐書》卷四十八，《百官三》。

〔註180〕徐東升：「宋代官營手工業定額管理制度述論」，《廈門大學學報》2002年第2期，第104頁。

〔註181〕王惲《秋澗集》卷八十六《烏臺筆補·論器械有常課事狀》；卷九十一《事狀·預備事狀》。

〔註182〕宋濂等，《元史》卷卷一百八十五《汪澤民傳》，北京：中華書局校點本，1976年版，第4252頁。

〔註183〕《元典章》卷三，《聖政二·均賦役》，第64頁。

當者，官人每、有氣力的富戶每根底休影占著行者。』麼道，聖旨行了來。」同時，在這一次又重申：「若有匠官人等影占人匠，科要錢物，擬合欽依已降聖旨事意禁治。如有違犯，從肅政廉訪司體察。」〔註184〕

針對「帶造生活」，元廷也是屢次嚴令：「禁諸監官不得令人匠私造器物」。〔註185〕世祖至元十九年（1282）御史諮奉中書省箚付：「八月二十五日，本省官奏管諸監的官人每，匠人每根底，他每的生活休帶造者，在前這般聖旨有來，如今又帶造有，今後休帶造者，聖旨了也，欽此。」〔註186〕元貞元年（1295）又一次重申：「提調官、匠官人等卻不得因而帶造生活，侵欺物料」。〔註187〕元朝禁斷民間軍器，元廷擔心內外雜造局官員私自帶造軍器，因而規定：「除年例額造並省部明文橫造軍器外，並不得私下與諸人帶造一切軍器，如違嚴行治罪。」〔註188〕

（五）工匠造作過程中的附隨義務

係官工匠為了完成自己的造作任務，往往需要履行自己造作過程中的諸多附隨義務。例如，元廷一度勒令匠戶「梯己出備」本由官府負擔的「修補機張什物，風雨廉箔，人匠夜坐燈油、柴灰，行移文字紙箚」等各項費用。〔註189〕又如，元廷規定，係官工匠在造作工畢之日，原領物料如有結餘，那怕是「關領」時經過「覆實」，其仍然有將結餘原料還官義務，「須限拾日呈解還官，限外不納者，從隱盜官錢法科」。〔註190〕

四、係官工匠待遇保障的法律規制

為了保障係官工匠專職於官營造作並完成勞動力的再生產，元朝政府免除係官工匠的「差發」，發放係官工匠的「口糧」或者「工價」，並對其人身、財產等各方面權利提供必要的法律保護，現就係官工匠待遇保障的法律規制逐一進行探討。

〔註184〕《大元通制條格》卷第二，《戶令‧搔擾工匠》，郭成偉點校，北京：法律出版社，2000年版，第22頁。

〔註185〕宋濂等：《元史》卷一二，《世祖九》，第239頁

〔註186〕《元典章》卷五十八《工部一‧雜造‧不得帶造生活》，第2134頁。

〔註187〕《大元通制條格》卷第三十，《營繕‧造作》，第355頁。

〔註188〕《大元通制條格》卷第三十，《營繕‧私下帶造》，第359頁。

〔註189〕《元典章》卷五十八，《工部一‧緞匹‧類吐絲價》，第2122頁。

〔註190〕《大元通制條格》卷第三十，《營繕‧造作》，第350頁。

（一）免除「差發」的法律規制

早在中統五年八月，世祖忽必烈就下旨：「……除軍戶人匠各另攢造，其餘站戶、醫卜、打捕鷹房、種田、金銀、鐵冶、樂人等一切諸色戶計，與民戶一體推定鼠尾，類攢將來，科徵差發。」〔註191〕可見當時唯匠戶及軍戶無科差之輸。至元八年籍戶時，元廷進一步明確：「係官諸色元籍正匠並改色人匠，見入局造作者，仰依舊充匠除豁」。〔註192〕在這方面時人也有記載，「國家初定中夏，製作有程，乃鳩天下之工，聚之京師。分類置局，以考其程度而給之食，復其戶，使得以專於其藝，故我朝諸工製作精巧，咸勝往昔矣！」〔註193〕當然，「復其戶」，是為了使其「專於其藝」。

就其免除「差發」的範圍，根據不同時期和不同情況是有所差異的。早期匠戶以戶為單位供役，政府實行全免的政策；後來，匠戶擁有土地的情況日益增多，元廷又規定：工匠、僧、道，「驗地」納地稅。〔註194〕針對富戶冒入匠籍免除「差發」的情況，王惲也曾建議：「將匠戶富強者還民當差，其現當身役止除一丁差稅」。〔註195〕試圖在富強匠戶中實行「丁稅」，只免除入局造作的工匠「一丁差稅」，但從元代稅糧徵收的法律規定上看，王惲的建議並沒有被採納。至於「雜泛差役」及「和雇和買」，元朝前期匠戶也是全免，但成宗大德七年（1303）三月政府改革役法後規定：「今後除邊遠出征軍人，並大都、上都其間站戶，依著在先已了的言語休管者，其餘軍、站、人匠、打捕鷹房……和雇和買、雜泛差役有呵，都交一體均當者。」〔註196〕原來免役的匠戶，自此法定均當和雇和買、雜泛差役。但也有一些例外，例如同年十一月，「河南府年例成造各色衣甲五百八十七副，調撥皮匠人等二百四十戶，免其差稅專一成造。」〔註197〕這裡的「免其差稅專一成造」肯定包括免除「和雇和買」、「雜泛差役」。

〔註191〕《大元通制條格》卷第十七，《賦役・科差》，郭成偉點校，北京：法律出版社，2000年版，第217～218頁。

〔註192〕《大元通制條格》卷二，《戶令・戶例》，第6頁。

〔註193〕蘇天爵：《國朝文類》卷四二，《諸匠》。

〔註194〕《元史》卷九十三《食貨一》，第2357頁。

〔註195〕王惲：《秋澗先生大全文集》卷九〇，《論匠戶》。

〔註196〕《元典章》卷二十六，《戶部十二・賦稅・戶役・編排里正主首例》，第1122頁。

〔註197〕《元典章》卷五十八，《工部一・雜造・雜造物料各局自行收買》，第2134頁。

（二）領取「口糧」、「工價」的法律規制

元代係官工匠的主要封建義務是在官營造作局院進行造作生產，而其主要待遇對價是政府發放「口糧」、「工價」，其中主要是「口糧」。「匠戶當工，則官資口糧以贍養之」，〔註198〕即係官工匠為國家造作生產，由國家供給工糧。

「口糧」制度是伴隨元代官營造作手工業制度的產生而產生的。在太宗窩闊台之前，擄獲的工匠大多歸投下貴族屬有，國家並沒有制訂維持工匠基本生活的口糧制度，因此當時的工匠處境十分艱辛。例如，「丁丑（1217）冬，太祖巡守於圖拉河，匠官史大使帥群工懇訴於公（王德真）曰：『吾儕小人，以絕食而殍者十七八，存者亦將垂死，微公其誰救之』，公即言於上，凡所獲獵獸，盡以給餓者。」〔註199〕到窩闊台時期，隨著官營造作手工業的興起，口糧制度也隨之建立，但元代的口糧制度比較複雜，前後有很大的變化：

在窩闊台時期，匠戶口糧遵循著「驗工支糧」的原則，即「匠人每造作呵，驗工程與糧」。〔註200〕由於匠戶人口結構不一致，這一原則對勞動力多的匠戶有利，但對口多丁單的家庭極為不利，因而無疑會加劇匠戶的貧富分化。正因如此，至元二十年（1283），火兒赤針對匠人日益貧乏的狀況，提出：「匠人每生受有，驗家口給糧呵，怎生？」即改「驗工支糧」為「按口支糧」。世祖當時同意火兒赤的改革，「奏呵，奉聖旨：那般者。」但中書省認為「如今若依家口與糧呵，無體例。」於是，世祖又否決了火兒赤的建議，「是也。火兒赤每理會得甚麼？那般者。」〔註201〕

然而，根據至元二十四年（1287）七月尚書省上奏的一份法律文件，元朝政府在當時已經實行了「按口支糧」。但是「按口支糧」的弊端在於一人當差，全家吃糧，於是出現了「請糧的匠人當著一分差發，貳拾口家糧請的也有。又則當著一分差發，兩三口請糧的也有。這的每都一般與糧呵，多了的一般有」。為解決這一弊端，元廷規定：「口數多的，與四口糧。四口以下的，驗口數與（糧）」。〔註202〕

〔註198〕鄭介夫：《上奏一綱二十目·戶計》，《元代奏議錄集》下冊。
〔註199〕胡祗遹：《紫山大全集》卷一六，《德興燕京太原人匠達魯噶齊王公神道碑》
〔註200〕《大元通制條格》卷第十三，《祿令·工糧》，郭成偉點校，北京：法律出版社，2000年版，第152頁。
〔註201〕《大元通制條格》卷第十三，《祿令·工糧》，第152頁。
〔註202〕《大元通制條格》卷第十三，《祿令·工糧則例》，第153頁。

　　儘管如此，但是「按口支糧」造成冒名支糧的現象還是十分嚴重，這一制度在仁宗延祐元年（1314）九月又有向「驗工支糧」回歸的變化。「延祐元年九月，中書省奏：『興和路有的局院人匠，教你咱馬丁尙書等官分揀了，勾當都完備了來呵，久遠怎生，與糧的其間，定擬了奏者。』聖旨有來。『如今這分揀定的二十六局人匠每，每歲總支著口糧二萬四千三百餘石計，他每造作的工程呵，該支著四千八十餘石糧有。當間爲是支請口糧的上頭，僥倖的人每教不應的軍站民匠人的奴婢詭名入來的，多支糧的緣故是這般有，驗工支與糧呵，每年省減官糧二萬餘石，匠人也不虧損有，又除了奸弊。』麼道，他每與了俺文書有，俺商量來，他每說的是有，依著他每定擬來的教行呵，怎生？奏呵，那般者。麼道聖旨了也。欽此。」〔註203〕從該案例可以看出，元代中後期的工匠支糧制度可能並不是搞「一刀切」，而是根據具體情況靈活處置。

　　至於支糧數量，中統初始見具體記載，但數額有些差別每名工匠有的月支米四斗、鹽半斤，有的僅得糧二斗五升。〔註204〕元二十五年（1288）《支糧則例》規定，「正身月支米三斗、鹽半斤，家屬大口月支米二斗五升，家屬小口並驅大口月支米一斗五升，驅口小口月支米七升五合，並印鈔抄紙人匠、壩河倒壩人夫，每年具有住閒月日，擬合實役月日，每名月支米三斗、鹽半斤。」〔註205〕

　　關於大小口的衡定標準，至元二十五年（1288）三月《大小口例》規定：「男子、婦人拾歲以上爲大口，十四歲以下至伍歲爲小口，伍歲以下不須放支。」〔註206〕

　　關於口糧的支付方式，有兩種情況：一是先驗收工匠所造作的產品，再給與口糧；一是先分上下半年預支口糧，年終再驗收造作產品。根據大德七年（1303）的一份法律文件，「匠人每納了生活後頭，驗收附才支與糧有，這般呵，匠人每生受。上下半年糧預先支與呵，不做生活更推甚麼？工部官人每這般說有。依著他們的言語與呵，怎生？奏呵，與者。聖旨了也，欽此。」可以看出，大德七年之前，存在先納生活，後才支糧的規定，而此時成宗下

〔註203〕《大元通制條格》卷第十三，《祿令・工糧》，郭成偉點校，北京：法律出版社，2000年版，第152頁。

〔註204〕王惲：《秋澗先生大全文集》卷八九，《論蕭山住等局人匠偏負事狀》。

〔註205〕《大元通制條格》卷第十三，《祿令・工糧則例》，第153～154頁。

〔註206〕《大元通制條格》卷第十三，《祿令・大小口例》，第154～155頁。

旨分上下半年預支口糧。後來又補充規定：「上下半年預先支給，本年合造生活，比及年終須要齊足，但有拖兌工程，提調官追糧斷罪。」〔註207〕

由於元代貨幣經濟比較發達，以貨幣形式支付係官匠人「工價」也應引起注意。至元二十五年在規定《工糧則例》時，元廷規定：「分揀到各衙門應支鹽糧人口，除請錢住支外，不曾請錢人戶擬四口……」，〔註208〕由此可見，係官工匠可以選擇「請錢住支（口糧）」。《元典章》就有「合給散軍匠等口糧、衣物料、衣裝等錢，吏人等侵欺」的記載。〔註209〕至於具體「工價」數量，應與所請「口糧」可以等價交換，從中都甲局首領官張外郎影占合造甲人匠劉仲禮，就曾「私下取要工價錢四十四兩五錢，卻將本人合造甲數逐作，抑令其餘人匠分造了當」一案的記載來看，當時劉仲禮的「工價」錢是「四十四兩五錢」。〔註210〕

（三）工匠生命、財產等權利的法律保護

元代係官工匠入局造作，其人身自由雖受到極大限制，但係官工匠仍然是國家的編戶齊民，並不是私人的驅口也不是官方的奴隸，其生命、財產權利都一定程度上受到元代法律的保護。

元代法律規定：「諸局院官輒以微故毆死匠人者，處死」。〔註211〕這表明元代係官工匠雖然在管匠官吏的嚴格控制下從事造作生產，但管匠官吏並不得隨意處死造作工匠，其生命權受到法律的保護。

世祖至元十九年（1282）下旨規定：「管軍民人匠諸色戶計官吏人等，……非奉上司明文，不得率斂錢物入己使用；雖有明文，不得因而答帶私取。擅科及答帶者與取受同罪，照依已降條畫科斷。」〔註212〕這裡軍、民、人匠並提，其財產權都同等受到國家法律的保護。此後，元廷一再重申不得「搔擾工匠」，「私下百姓每根底不揀甚麼休科要者」，「影占人匠、科要錢物，擬合欽依已降聖旨事意禁治」。〔註213〕「提調官、匠官人等……亦不得科擾匠戶。

〔註207〕《元典章》卷五十八，《工部一·造作·緞匹·預支人匠口糧》，第2117頁。
〔註208〕《大元通制條格》卷第十三，《祿令·工糧則例》，第153頁。
〔註209〕《元典章》卷二一《戶部七·追徵·格前追徵錢糧稟例》，第997頁。
〔註210〕王惲：《秋澗先生大全文集》卷八四，《彈甲局首領官張涇影占工役事狀》。
〔註211〕宋濂等：《元史》卷一〇五，《刑法四》，北京：中華書局，1976年版，第2675頁。
〔註212〕《元典章》卷三，《聖政二·均賦役》，第64頁。
〔註213〕《大元通制條格》卷第二，《戶令·搔擾工匠》，郭成偉點校，北京：法律出版社，2000年版，第22頁。

如違依條斷罪罷職」。〔註214〕

同時，係官工匠的「口糧」也受到國家法律的保護。大德七年（1303）御史臺呈：「……巡歷至平灤路，照刷出文卷內放支訖軍器局人匠大德四年、大德五年工糧中間，恐有克落，不行盡實到民」要求「各路委廉幹正官與本局官一同唱名給散，仍令本道廉訪司嚴加體察。」〔註215〕

元廷不僅在法律上保護係官工匠的財產，有時還賜予係官工匠一些耕具或者購買耕作工具的錢鈔，鼓勵他們從事農業生產。例如，世祖至元七年（1270）「徙謙州甲匠於松山，給牛具」。〔註216〕又如，成宗大德元年（1297）「賜稱海匠戶市農具鈔二萬二千九百餘錠」。〔註217〕如果遇有災荒，元朝政府還蠲免匠戶納稅，以保障他們能夠養家活口。如成宗大德年間，因上都、大都、隆興三路比年供給繁重，元廷下令：「軍、站、工匠、鹽場、鐵冶諸色等戶合納丁地稅糧亦免三分」。〔註218〕再如，鎮江一帶某地「仍歲甾役，農民死亡過半，田積荒八百七十頃，賦入無所……織染工匠多流亡，公撫以寬政，何五等數十戶咸復役歸來」。〔註219〕

事實上，元朝政府為了更好地管理並保護係官工匠的人身或財產方面的權利，還專門設立了「諸色匠戶理斷婚田詞訟等事」的司法機構。事實上，元廷不僅要求工匠入局造作，而且還要求工匠的婚田詞訟都由官營造作管理機構處理，以加強係官工匠對造作局院的人身隸屬性。《元史・百官志》記載工部、將作院、詹事院系統均設有管匠提領所之類的機構，掌所管工匠詞訟。〔註220〕再有，「隨路諸色人匠總管府」下的「大都奧魯提領所」與「上都奧魯提領所」也是「掌理人匠詞訟」的專門機構。〔註221〕如至元二十一年八月，「福建行中書省據汀州路來申：謝阿丘告姐夫張叔堅兄張十習學染匠師弟陳生，來家將阿丘近腹肚下摸訖一下，告到人匠提領所，將阿丘、陳生收監……」〔註222〕即是「人匠提領」專門受理人匠詞訟的事例。

〔註214〕《大元通制條格》卷第三十，《營繕・造作》，第355頁。

〔註215〕《元典章》卷五十八，《工部一・造作・緞匹・預支人匠口糧》，第2117頁。

〔註216〕宋濂等：《元史》卷七，《世祖四》，第127頁。

〔註217〕宋濂等：《元史》卷一九，《成宗二》，第401頁。

〔註218〕《元典章》卷三，《聖政二・復租稅》，第70頁。

〔註219〕《（至順）鎮江志》卷一五，《刺守・段廷王圭》。

〔註220〕宋濂等：《元史》卷八十五，《百官一》，第2143頁。

〔註221〕宋濂等：《元史》卷八十九，《百官五》，第2243頁。

〔註222〕《元典章》五十三《刑部十五・訴訟・諸色戶計詞訟約會》，第1939頁。

　　除此之外，元代的係官工匠還有一些「上進」的機會。在中原傳統文化中，工匠及其子弟經常受到歧視，他們不得讀書「上進」，但元代法律規定：「諸色人戶子弟讀書深通文學者，止免本身差役。」〔註223〕這裡的「諸色人戶」顯然包括匠戶，因此，元代係官匠人的子弟可以通過讀書轉入儒人戶計，並免除本身差役。另外，工匠憑藉技藝「上進」的更是廣有記載。早在太祖定西夏時，「小丑以業弓進，賜名怯延兀蘭，命為怯憐口行營工匠百戶」。〔註224〕同一時期，渾源人孫威因其所製鎧甲堅固，得太祖賞識，被擢升為順天安平懷州河南平陽諸路都總管。〔註225〕又如，吳德融在憲宗蒙哥時期，曾因「善鍛，有巧思」，被任命為諸路銀匠提舉。世祖繼位後，該人又被「召治器尚方」，而復其家。〔註226〕再如，世祖中統初，保定路曲陽縣石工楊瓊以藝獻於朝廷，隨後，「丞相段公葉孫不花傳旨命公（楊瓊）管領燕南諸路石匠」。因其在兩宮等城廓建造有功，「於是三遷，領大都等處山場石局總管」。〔註227〕

第三節　造作生產的法律規制

　　元代政府對官營造作手工業的生產管理十分重視，針對造作生產過程的各個環節都制訂有十分完備、嚴格的法律規制措施。這些法律規制措施構成了元代官營造作手工業法律規制的主要內容。就其造作生產法律規制的目的來說，主要是為了保障造作產品的數量與質量，並設法降低生產成本。

一、產品數量的法律規制

　　元代官營造作手工業是典型的計劃性經濟，各級生產局院的設置及生產定額均由中央政府統一布置和安排，被包含在計劃內的造作生產定額一般被稱作「常課」或者「年例」。

　　由於史料缺失，元代官營造作的全面計劃已經無法詳細瞭解，但從「常

〔註223〕《大元通制條格》卷二，《戶令‧戶口條畫》，第355頁。
〔註224〕宋濂等：《元史》卷一百三十四，《朵羅臺傳》，第3265頁。
〔註225〕宋濂等：《元史》卷二〇三，《方技工藝志》，北京：中華書局，1976年版，第4542頁。
〔註226〕程鉅夫：《雪樓集》卷二一，《故河東山西道宣慰副使吳君墓碑》。
〔註227〕趙孟頫：《曲陽北嶽廟》《大元朝列大夫騎都尉弘農伯楊公神道碑銘》第130頁。

課」制度或「年例」制度的基本內容來看，元代造作生產計劃顯然具有長期性、穩定性和嚴肅性。生產計劃並不是每年擬定，而是一經確立，便長期多年作為「常課」予以貫徹執行。這是因為元代造作生產的計劃性不僅體現在產品數量的定額上，而且生產原料主要來自於每年固定的賦稅實物，每年專門從事生產的係官工匠隊伍也具有很強的穩定性，產品的分配消費如歲賜制度也是一經確立便保持多年不變。正因為如此，元代法律規定：「各處行省應付各投下歲賜緞匹、軍器、物料等，每歲諮稟都省，送部照擬回諮，今後……照勘年額相同，別無增減，就便依例應付，年終通行照算。」〔註228〕根據元代地方志記載，元代地方造作局院都有長期的穩定的生產任務定額。如《徽州府志》載徽州雜造局，「歲用毛鐵二千七百五十四斤，造軍器手刀三百六十五把，槍頭一百七十五個，上下半年起解。」〔註229〕《延祐四明志》卷 12 記載寧波府雜造軍器：「總計軍器二百七十五副，人甲一百五副紫眞皮盔甲袋全，黑漆羅圈鐵甲八十八副，四色水牛皮甲一十七副，黑漆甲五副，朱紅甲四副，綠油甲四副，雄黃甲四副，手刀一百一十五口黑漆木鞘靶全，弓袋箭葫蘆雜帶，皀眞皮弓袋五十五副，水牛皮箭葫蘆五十五個，皀眞皮雜帶五十五條」。〔註230〕再如集寧路的溧陽、句容諸局則要求「歲造緞匹參千二百件」。〔註231〕

　　儘管如此，造作生產「常課」並不是恆定不變。以江南緞匹的造作定額為例。據《元典章》記載，江南在先的定額是六托的常課緞子七萬匹，後來又下旨「一萬匹交依舊織造，六萬匹交做五托半。和買紵絲呵，增餘二萬匹緞子，麼道？交那般行來！」；到成宗元貞元年，工部、將作院「講究織造緞匹」，「如今俺商量得：用著和買緞子呵，和買也者。則依在先體例裏交織六托常課緞子呵！怎生？奏呵！那般者！聖旨了也。」〔註232〕從江南緞匹定額的修改程序上看，計劃定額的修改往往需要工部、將作院提出議案，呈報都省擬定，然後再由皇帝親自御批，方可生效。

　　由於產品數量計劃定額的制定是長期的、穩定的，計劃定額的修改也有極嚴格的程序，所以元代造作生產數量的法律規制，重點並不在計劃的制定，

〔註228〕《元典章》卷四，《朝綱・政紀・省部減繁格例》，第 119 頁。
〔註229〕《(弘治) 徽州府志》卷二，《食貨一・土貢》。
〔註230〕《(延祐) 四明志》卷一二，《賦役考》。
〔註231〕《(至正) 金陵新志》卷七，《田賦志》。
〔註232〕《元典章》卷五十八，《工部一・造作・緞匹・講究織造緞匹》，第 2118 頁。

而是在於計劃的執行，即生產定額任務的按時完成。因此，元代造作生產產品數量的法律規制，最終是落實在「工程期限」的法律規制上。至元二十八年六月奏准頒行的《至元新格》開篇第一款即規定：「諸營造皆須視其時月，計其工程，日驗月考，毋使有廢。惟夫匠病疾、雨雪妨工者除之。其監造官仍須置簿常切拘檢，當該上司時至點校，不致虛延日月，久占夫工。」〔註233〕事實上，關於「工程期限」的規定反覆被聖旨強調，世祖至元十四年三月和成宗元貞元年正月的聖旨都諭令：「諸局分生活，今年為頭關了物料的，只教當年納足生活，休教拖欠。」為了保障各類造作產量的完工時間不違反「工程期限」的法律規制，元政府還制訂了一系列更具體更詳細的法律規制措施。現簡述如下：

（一）確保原材料的及時供應。至元十四年經工部提議，都省準擬：各路局院額造軍器、緞匹、雜造、鞍轡生活，合用物料，「自承受符文月日為始，須管限七日交付數足造作。」即在七日內保證造作原材料的供應，如果「有違限怠慢去處，」則「本路總管府官、首領官，不分長次，一例擬罰俸半月，當行司吏的決一十七下；如果「過期懸遠，耽誤造作」，則「驗事輕重，別議處決」。〔註234〕

在元貞元年正月，都省和工部又對緞匹造作的物料供應作出了更為具體的規定：「應造御用諸王異樣常例金繡絨素緞匹，合用絲金物料，在都委自提調部官主事，外路依已行委達魯花赤、總管、經歷、首領官，不妨本職，多方用心催督局官、庫官人等，比及新年，責限應付關支了畢，接續下機，來年正月已裹收工造作。如違斷罪。」〔註235〕如果「致有耽誤造作」，則「三日罰俸半月，五日已上決七下」。〔註236〕其處罰措施明顯更加嚴格。

（二）詳細規定各工序的具體完工時間。為了保證主體工程的完工時間，法律對一些造作的各具體工序規定了具體的完工時間。以緞匹造作為例，元貞元年工部規定：「絡絲、打線、纘胚、拍金、織染工程，俱有定例，仰各處局院置立工程文簿，標附人匠關物日期，驗工責限收支，並要依限了畢。」如果「違限不納」，則要「量情斷罪」。〔註237〕

〔註233〕《元典章》卷五十八，《工部一·造作·緞匹·至元新格》，第2115頁。
〔註234〕《大元通制條格》卷第三十，《營繕·造作》，第352頁。
〔註235〕《大元通制條格》卷第三十，《營繕·造作》，第353頁。
〔註236〕《大元通制條格》卷第三十，《營繕·造作》，第352頁。
〔註237〕《大元通制條格》卷第三十，《營繕·造作》，第352頁。

　　（三）加強工程進度的監督和檢查。至元二十八年頒佈的《至元新格》對工程進度的監督和檢查作了詳細的法律規制要求。在京都各局院，「造作局官」必須「每日躬親遍歷巡視」，工部也應當「每月委官點檢」，務要「工程不虧」，違者隨時當即追究法律責任。在腹裏各路局院，「本路正官依上提點，每季各具工程，次第申宣慰司，移關工部照會。工部通行比較，季一呈省。比及年終，俱要了畢。毋致虧欠。」江南等各行省的造作局院，「準此」，即也要以上述規定對工程進度進行監督、檢查、申報。〔註238〕

　　關於工程進度監督、檢查、申報制度的一般性規定，在元貞元年都省擬定緞匹造作的法律條款中得以重申，「局院造作，局官每日巡視，提調官按月點檢，務要造作如法，工程不虧。違者隨事究治。外路每季各具工程次第申部，工部通行比較，季一呈省。年終須要齊足。」並特別強調：如「工程不虧」，則「臨時定奪遷賞」；反之，則「驗事責罰」，還要「置簿標附過名，任滿於解由內開寫，」即記入官員檔案，「驗事輕重黜降」。〔註239〕

　　（四）明確管理官員、造作工匠法律責任。對於違反工程期限的造作生產管理者，元政府規定了明確的處罰措施和程序。至元十四年三月，為「以誡違慢」，工部規定：「如有過限局分，扣算拖工分數，並異樣改織常例金作者，將當該局官勾喚赴部，照依呈准中書省答付。以十分為率，拖工四分以上決二十七下；四分以下二分以上，決一十七下；二分以下，罰俸一月，欽依聖旨事意斷決。提調官取招別議外，據以次官頭目司吏人等，從本路提調官約量斷遣。」〔註240〕上至提調官，下至次官、頭目、司吏人等各層級造作生產管理者都對違限工程承擔法律連帶責任。

　　當然，造作工程進度和工作定額任務的完成最終取決於造作工匠。因此，元廷對造作工匠「常川入局」造作及工匠造作定額等方面都有極嚴格的法律規制。前文已有述及，在此不贅。

　　必須指出的是，元代造作局院除有「常造」任務之外，往往還會有「橫造」任務。所謂「橫造」，「謂額辦數外增役也」，〔註241〕即計劃外的生產任務。對計劃外增加的生產任務，元政府對其及時按量完成也十分重視，如元

〔註238〕《元典章》卷五十八，《工部一・造作・緞匹・至元新格》，第2115～2116頁。
〔註239〕《大元通制條格》卷第三十，《營繕・造作》，第354頁。
〔註240〕《大元通制條格》卷第三十，《營繕・造作》，第353頁。
〔註241〕徐元瑞著：《吏學指南》，楊訥點校，杭州：浙江古籍出版社，1988年版，第86頁。

廷規定：「今後各路管下局院額造常課、橫造段匹等工程，仰判署官吏，常切用心提調催辦，每月計點。」〔註 242〕完全將其納入到了常規管理的範圍之內。

為保障元政府的大量造作手工業品的消費，元政府不僅出臺了大量確保生產計劃順利執行的法律規制措施，而且在法律的執行上也甚為嚴格。例如，至元年間，桑哥執政時，唐仁祖與其不和。唐仁祖遷工部尚書，桑哥「以曹務煩劇特重困之」。不久，唐仁祖出使雲中，桑哥考工部織課稍緩，怒曰：「誤國家歲用。」亟遣驛騎追還，就見桑哥相府中，遂命直吏拘往督工，且促其期，曰：「違期必致汝於法。」唐仁祖無奈之下，只得與下屬加倍督促，「晝夜倍其功，期未及而辦，乃罷」。〔註 243〕再如，延祐七年（1320）十月（時英宗已繼位），將作院使也速因「董製珠衣怠工」，而被「杖之，籍其家」。〔註 244〕工部尚書、將作院使尚且如此，從中可見一斑。

二、產品質量的法律規制

元代官營造作手工業產品主要是為了滿足皇室及諸王貴族的奢侈生活需要。因而元政府不僅要確保造作產品的供應量，而且要求各級造作生產局院確保造作產品的生產質量。在造作生產管理的各個環節，元政府都十分重視產品的質量控制，並為此制定了十分詳備的法律規制要求。下面簡而述之。

（一）制定產品規格、標準

根據《元史·百官志》記載，工部的一項重要職責是制定「工匠之程序」，〔註 245〕即制訂產品樣式和質量標準。如成宗元貞元年二月，工部、將作院「講究織造緞匹」時規定江南七萬匹常課緞子「依在先體例裏交做六托（長）」。〔註 246〕可見當時造作織品都有一定的規格、標準，並形成了行政法律「體例」。大德十一年正月工部「照得」中書省「答付」的元貞元年十

〔註 242〕《大元通制條格》卷第三十，《營繕·判署提調》，第 359 頁。

〔註 243〕宋濂等，《元史》卷一百三十二，《唐仁祖傳》，北京：中華書局校點本，1976 年版，第 3253 頁。

〔註 244〕宋濂等：《元史》卷二七，《英宗一》，北京：中華書局校點本，1976 年版，第 607 頁。

〔註 245〕〔明〕宋濂等，《元史》卷八十五《百官一》，北京：中華書局校點本，1976 年版，第 2143 頁。

〔註 246〕《元典章》卷五十八，《工部一·造作·緞匹·講究織造緞匹》，第 2118 頁。

二月二十七日的一份法律文書中有更詳盡的規定：「諸路局院造納緞匹內，諸王百官長八托、六托緞匹，各幅闊一尺四寸；常課長六托緞匹，幅尺闊一尺四寸；……上位用八托、六托緞匹，各幅闊一尺四寸五分。」〔註247〕由此可見，造作局院「造納緞匹」，根據不同的消費者，分御用、諸王百官用和一般常課，其產品規格有所區別，以顯示不同消費者的身份地位。軍器製造也有一定的「程序」必須遵循。如中統年間，孫威任諸路甲匠都總管，奏准所轄工匠「歲支衣糧，贍濟不給，諸局廩給自此始。又考制度，定程序，作諸路恆法。」〔註248〕

根據造作產品的不同屬性，元廷規定的造作產品質量標準所依據的考核指標體系也各具特色，有的依據尺寸，有的依據斤重，有的則依據使用壽命。例如，至元二十八年頒行的《至元新格》規定，「諸營建官舍」，「若歲月不多，未應損壞而有損壞者，並將監造人員、當該工匠檢舉究治。」〔註249〕這表明元代的建築造作質量標準是以建築物的使用壽命作為質量考核指標的。

產品「程序」一經確立，各級局院必須依「程序」組織生產，「務要造作如法」。《至元新格》明確規定：「諸局分課定合造物色，不許輒自變移。」〔註250〕在木綿布匹等織紡產品上繳戶部國庫時，法律甚至要求「各處行省起納木綿布匹，須要匹端兩頭使用條印關防，仍將元收樣制發下本庫。」〔註251〕這表明造作產品必須按照上級的「樣制」組織造作。

（二）確保用料質量、數量

為確保官營造作產品的質量，元廷對造作產品所用的原材料質量甚為講究。如大德五年十月工部「照得」法律規定：「織造緞匹，全籍正絲為本，其次上等顏色，責手高人匠打絡變染織造，必無低歹。」但是在具體原材料組織供應上，卻未得到切實執行，存在諸多問題。「各處局院凡關絲貨，雖令選擇上等細絲，其收差庫官止是挨陳放支，不令揀選及有折耗斤重。」雖然規定只選揀上等細絲供應，不合極的絲貨可以作為折耗斤重處理，但收差

〔註247〕《元典章》卷五十八，《工部一‧造作‧緞匹‧禁軍民緞匹服色等第》，第2129頁。

〔註248〕宋濂等，《元史》卷二百〇三，《工藝傳》，北京：中華書局校點本，1976年版，第4542頁。

〔註249〕《大元通制條格》卷第三十，《營繕‧造作》，第351頁。

〔註250〕《元典章》卷五十八，《工部一‧緞匹‧至元新格》，第2115頁。

〔註251〕《元典章》卷五十八，《工部一‧緞匹‧關防起納匹帛》，第2121頁。

庫官卻不管絲貨好壞,「止(只)是挨陳放支」。另外,各處行省和買絲貨,「官府上下權豪勢要之家,私下賤買不堪絲料,逼勒交收,高抬時估,取要厚利,和中入官,以致所造緞匹低歹。」針對這些情況,元朝中央政府規定:「今後局院合關正絲,須要各路官司預為遍曉人戶,令依鄉原例趁時抽繰冷盆,上等細絲納官,庫官另行收頓以備選揀關發;行省和買絲料,省官一員提調,監勒深知造作人員辨驗上好細絲,兩平收買,毋致氾濫。」否則,「痛行追斷」。〔註 252〕

在產品用料數量上,法律也有嚴格的「料例」規制。例如,元廷規定:「一匹紗,十兩絲;一匹羅,一斤絲。」〔註 253〕「織造緞匹內紵絲六托每用正絲四十兩,得生淨絲三十六兩;八托用正絲五十三兩,得生淨絲四十七兩七錢。」〔註 254〕軍器造作也有類似的規定,如中都甲局甲匠造皮甲一副,必須用「舉弔並裁線古狸皮一十張四分」,斤重也有統一規定(40 斤左右),管匠官「該依年例,計料釐勒人匠如法成造,無致用別色低歹皮貨抵搪成造。」〔註 255〕

為防止管理官員、造作工匠「偷工減料」、「以次充好」,法律規定了嚴格的處罰措施。例如,在織造緞匹時,「所關絲料,先行選揀打絡,須要經緯配答均勻,如法變染。造到緞匹,亦要幅闊相應,斤重迭就,不致顏色淺淡,緞匹粗操。並要照依已定額數,從實催辦。非奉上位處分,不得擅自損減料例,添插粉強。如送納時辨驗卻不如法,定將局官斷罪罷役,提調官吏責罰。」再如,在打造金箔時,「須要照依元關成色、額定箔數,從實打造用度,無致人匠添插銀銅氣子,顏色淺淡。提調官、局官常切用心關防,亦不致剋落金貨。如違追斷。」〔註 256〕為確保造作紙張質量,防止造作官員舞弊,元代刑法規定:「諸白紙坊典守官,私受桑楮皮折價者,計贓以枉法論,除名不敘,仍追贓,收買本色還官」。〔註 257〕

(三)重視造作工匠的工藝水平

要保障造作產品的生產質量,就需要有大量具有相應工藝水平的造作工

〔註 252〕《元典章》卷五十八,《工部一·緞匹·選買細絲事理》,第 2123 頁。
〔註 253〕《元典章》卷五十八,《工部一·造作·緞匹·講究織造緞匹》,第 2119 頁。
〔註 254〕《元典章》卷五十八,《工部一·造作·緞匹·緞匹折耗準除》,第 2118 頁。
〔註 255〕《山居新話》卷 4,《秋澗集》卷 89。
〔註 256〕《大元通制條格》卷第三十,《營繕·造作》,第 354 頁。
〔註 257〕宋濂等:《元史》卷一○三,《刑法二》,北京:中華書局,1976 年版,第 2627 頁。

匠。元政府對造作工匠的工藝水平十分重視，爲此也制定了諸多法律規制措施。

爲防止工藝水平欠佳的民戶冒入匠籍，法律規定「以籍爲定」，「諸漏籍戶投充人匠，改正爲民」；「諸壬子年附籍軍民、諸色人等，別無上司改撥充匠明文，雖稱即目入局造作，或於各投下送納生活者，仰憑籍收繫應當差役。」〔註258〕與此同時，元代刑法還規定：「諸匠戶子女，使男習工事，女習黹繡。」〔註259〕從而確保了造作工匠工藝水平的穩定性和延續性。

除了加強造作工匠的戶籍管理外，元廷還十分重視對造作工匠的職業培訓。相關記載隨處可見。世祖中統二年（1261）元廷「遣弓工往教鄖闈人爲弓」。〔註260〕世祖至元初，「中書工部差委造甲官馳驛，引鄰作頭等人，前去隨路指使造甲」。〔註261〕再以儲政院爲例，（雖是投下機構，但其組織管理與官府無異）下屬織造機構——綾錦局於至元八年（1271）設立，隔年，便「招收析居放良還俗僧道爲工匠，二百八十有二戶，教習織造之事」。〔註262〕

另外，爲激勵工匠提高自己的工藝水平，元廷還大量從「能工巧匠」中提拔「幹部」。例如，《元史・百官志》記載，武備寺「其所轄屬官，則自爲選擇其匠戶之能者任之」。〔註263〕再如，元廷規定匠職官員「任子」，必須要保明「通曉造作」者，「本事好」者承廕。

（四）加強產品質量監督、檢查

爲加強官營造作產品的質量控制，元代法律規定了諸多針對產品質量監控的事中監督與事後檢查法律措施。

在事中監督方面，元廷要求管匠官吏、頭目、堂長人等，「每日絕早入局，監臨人匠造作，抵暮方散」。〔註264〕工匠的造作工程完全在監督人員的監管之下完成。《至元新格》還規定，在京局院官員需「躬親遍歷巡視……

〔註258〕《大元通制條格》卷二，《戶令・戶例》，郭成偉點校，北京：法律出版社，2000年版，第7～8頁。《元典章》卷一七，《戶部・籍冊・戶口條畫》。

〔註259〕宋濂等：《元史》卷一〇三，《刑法二》，北京：中華書局，1976年版，第2679頁。

〔註260〕宋濂等：《元史》卷四，《世祖一》，北京：中華書局，1976年版，第58頁。

〔註261〕《永樂大典》卷一九四一七，《站赤二》。

〔註262〕宋濂等：《元史》卷八九，《百官五》，北京：中華書局，1976年版，第2284頁。

〔註263〕〔明〕宋濂等，《元史》卷九十《百官六》，北京：中華書局校點本，1976年版，第2285頁。

〔註264〕《大元通制條格》卷第三十，《營繕・造作》，郭成偉點校，北京：法律出版社，2000年版，第350頁。

務要造作如法，工程不虧」，工部每月還要「委官點檢」；在外局院，則要求當地路級正官依在京體例督察。〔註265〕對於重要的造作工程，元廷還要求重臣親領，元制：「宣徽之治玉食，將作之治營繕，如此之類，皆以重臣領之」。〔註266〕

在事後檢查方面，元朝中央政府專門設立了「覆實司衙門」。「爲分揀應有造作生活好歹，體覆絲料盡實使用不使用……先立著覆實司衙門來，在後尚書省官人每罷了衙門，交工部官人每就提調著來。如今工部官人每說，……立覆實司衙門呵，工部戶部裏餘剩的人每裏頭減了，立覆實司衙門呵！怎生？奏呵！那般者，聖旨了也。欽此。」〔註267〕除「覆實司衙門」外，戶部在接收各級造作局院送納的造作產品時，也有「關防」檢查的職責。例如，大德三年二月，戶部萬億賦源庫在收到江浙行省木棉布匹時，「兩頭俱無條印，亦無元收樣制」，以致無法防範各路「以長爲短，以疏爲密，因而作弊」。工部於是規定：「今後起納匹帛，兩頭用印關防解納相應，具呈照樣」。〔註268〕爲「關防」各處局院織造緞匹短斤少兩，用料不足。中書省命令工部加強檢查，「今後應收緞匹，依例稱盤比料，開具實收斤重，呈省作收。」並要求各地提調官「督責局官人等，親臨監視人匠如法織造，無粉糊勻密迭就堪好緞匹，開具各各斤重料例，解納施行。」〔註269〕

爲確保上述產品質量法律規制措施的貫徹落實，元政府一方面累下聖旨明確各級造作管理官員及造作工匠的產品質量責任，一再重申「務要造作如法」，強調「造作堪好」「定奪遷賞」；「生活歹呵」，「要罪過者」，並要求對管理官員「置簿標附過名」，「任回日於解由內開寫，驗事輕重黜降」。〔註270〕另一方面，元政府加強了產品質量責任的法律追究。例如大德五年，工部「辨驗出」浙江行省局院造到「粗繰低歹不堪三千八百匹」，中書省下令「發回本省取問數提調官並局官及勒令回易自備工價賠償」。〔註271〕再如英宗至治三年（1323）六月，「將作院使哈散兒不花坐岡上營利，杖流

〔註265〕《元典章》卷五八，《工部一・緞匹・至元新格》，第2115頁。

〔註266〕蘇天爵：《國朝文類》卷四○，《治典總序・官制》。

〔註267〕《元典章》卷五十八，《工部一・緞匹・講究織造緞匹》，第2120頁。

〔註268〕《元典章》卷五八，《工部一・造作・關防起納匹帛》，第2115頁。

〔註269〕《元典章》卷五八，《工部一・造作・緞匹斤重》，第2124頁。

〔註270〕《大元通制條格》卷第三十，《營繕・造作》，第353頁。

〔註271〕《元典章》卷五十八《工部一・造作・緞匹・選買細絲事理》，第2123頁。

東裔，籍其家。」〔註 272〕而順帝至正四年（1344）月魯貼木兒同知將作院事，因其「董治工事甚嚴，所進羅觳皆勝於舊」，則得到朝廷褒獎。〔註 273〕

三、產品成本的法律規制

元代官營造作生產作為一項重要的消費性經濟活動，追求經濟效益、節約政府開支既是經濟規律的必然要求，也是元代官營造作手工業制度存在的價值基礎。因此，如何提高生產效率，降低生產成本，是元代官營造作手工業法律規制不可或缺的一項重要任務。官營造作產品的生產成本主要取決於兩個方面：一是人的成本，即勞動力成本；一是物的成本，主要是原材料成本。關於勞動力管理的法律規制，前文已有述及，此處不再重複。下面主要就元代官營造作產品的原材料支付、消耗、回收的法律規制進行闡述。

（一）原材料支付管理的法律規制

《至元新格》規定，「諸造作物料，須選信實、通曉造作人員，審較相應，方許申索。當該官司體覆者，亦如之。有冒破不實，計其多少為罪。已入己者，驗數追償。」〔註 274〕根據該條法律規定，局院造作所需原材料，必須選用誠實且通曉造作的人員進行事前精細預算，「方許申索」，並由相關官司也選用誠實且通曉造作的人員進行覆核、審校，以防止浪費和貪污。

對於從上級部門申領到庫的原材料，局院官員必須嚴格、謹慎管理，明立財物管理臺帳，防止失收濫支。以織造緞匹為例，工部規定，「額造金素緞匹紗羅等物合該絲金顏料，本處正官親行關支，置庫收貯，明立文簿。如有支訖物色，開寫備細名項斤兩，半月一次結轉收支現在數目，須要正官印押，其庫門鎖鑰亦仰正官封收。若有橫收錢物，另行置簿結附，以備照勘。若應收支而不收支，應標附而不標附，致有耽誤造作，參日罰俸半月，伍日已上決染下。若有失收濫支者，另行追斷」。〔註 275〕

除從上級部門申領到原材料外，為滿足造作生產需要，官府造作局院有

〔註 272〕宋濂等：《元史》卷二七，《英宗一》，北京：中華書局，1976 年版，第 637 頁。
〔註 273〕危素：《危太樸文續集》卷五七，《故榮祿大夫江浙等處行中書省平章政事月魯貼木兒公行狀》。
〔註 274〕《大元通制條格》卷第三十，《營繕·造作》，郭成偉點校，北京：法律出版社，2000 年版，第 350 頁。
〔註 275〕《大元通制條格》卷第三十，《營繕·造作》，郭成偉點校，北京：法律出版社，2000 年版，第 355 頁。

時還直接購買原材料組織生產。但是元廷規定,「諸營造合用諸物,先盡官有現在,其不足之數,有可代支而價不虧官者,申稟折支。」〔註276〕

直接由各局自行購買原材料,不但可以減少中間環節,還可以降低生產成本,剔除一些弊政。例如,成宗大德七年(1303)河南道宣撫使指出,當地局院造甲所需原料椿配民戶,其中「馬皮一斤、二斤,物料或三兩、四兩,雖是估體價錢,又經貪饕官吏、弓手,不能盡實到民。如得價一分,其納之物已費相倍……局官、庫子人等恣意刁蹬、多餘取受……」故而建議實行兩都、宣德等地的做法,即「每年諸路常課,會計合用物料,有司估體實值價錢,預爲全數放支,責付各色局院作頭人等自行收買行度,實爲官民兩便。」該建議被都省採納。〔註277〕從相關記載來看,元代不僅在軍器製造領域有「雜造物料各局自行收買」的法律規定,而且在常課織造領域,還曾一度推行造作工匠自行購買原材料。大德十年,立智理威爲湖廣行省左丞。「湖廣歲織幣上供,以省臣領工作,遣使買絲他郡,多爲奸利,工官又爲刻剝,故匠戶日貧,造幣益惡。立智理威不遣使,令工視賈人有藏絲者擇買之,工不告病,歲省費數萬貫。他郡推用之,皆便。」〔註278〕爲防止織造局院官員在購買原材料的過程中徇私舞弊,工部規定:「各局院每歲所支色絲,仰管局官吏明立案驗,照依市價回易收買,上等堪好顏料依數變染,不致淺淡。及局官人等不得將所關色絲,減價詭名暗地分買。仰提調官常切計點,如有違犯,隨即追理究治施行。」〔註279〕

造作生產一般按「年例」、「常課」計劃進行,但如果「經上位處分改造」,法律則要求,「以見造生活比算元關物料,少則從實關撥,多則依數還官」。〔註280〕

(二)原材料消耗管理的法律規制

在造作生產過程中,元政府對原材料的消耗也有細密的法律規制。下面以官營織造業爲例,予以說明。

〔註276〕《大元通制條格》卷第三十,《營繕・造作》,郭成偉點校,北京:法律出版社,2000年版,第351頁。

〔註277〕《元典章》卷五八,《工部一・雜造・雜造物料各局自行收買》。

〔註278〕宋濂等,《元史》卷一百二十,《察罕傳》,北京:中華書局校點本,1976年版,第3959頁。

〔註279〕《大元通制條格》卷第三十,《營繕・造作》,郭成偉點校,北京:法律出版社,2000年版,第355頁。

〔註280〕《元典章》卷五八,《工部一・緞匹・至元新格》,第2115頁。

　　首先，法律規定了原料產出率。「一匹紗，十兩絲；一匹羅，一斤絲。」
這是官府正常生產情況下的原料產出率，已經扣除了織作中絲料的折耗。當
然，原料產出率的規定不僅關涉到產品成本，同時也對產品質量產生了直接
的影響。過高的產出率必然導致產品的質量下降。因此，當「省官人每」要
求局院「一匹紗交做八兩，一匹羅交做十三兩」時，工部官員及管匠頭目等
認為：「比及打絡過，折耗不勾有」，建議「以在先的體例裏行呵！」成宗批
覆，「少與呵，不宜！與到者！」〔註281〕從這個案例中可以看出降低成本與產
品質量之間的矛盾。

　　其次，法律規定了原料折耗率。根據「自前立起的體例」，織造緞匹的絲
線折耗率是十分中一分折耗，即「織造緞匹的絲，分付與匠人打絡時分，腳
亂絲等十分中一分折耗。」〔註282〕具體到當時六托、八托的常造緞匹則是「織
造緞匹內，貯絲六托（一托的長度是四尺），每用正絲四十兩，得生淨絲三十
六兩；八托，用正絲五十三兩，得生淨絲四十七兩七錢，別無餘豁、續頭、
剪接、折耗、胚線體例」。〔註283〕即四十兩正絲，折耗十分之一就是折耗四兩，
得生淨絲三十六兩；五十三兩正絲，折耗十分之一就是折耗五兩三錢，得生
淨絲四十七兩七錢。除此之外，再不計算任何續頭、剪接等折耗。

　　再次，法律甚至明文規定了官府局院每張織機所用絲料數量，稱為「綜
線機張料例」。世祖至元十年袁州路奉江西行省箚付：「坐到機張綜線，合用
絲線料例，仰更為照勘，如無重冒，依例收支，造作施行：熟機每張用泛子
一十二片，每片用熟線一兩七錢五分；花機每張用熟線一十五兩二錢二分二
釐二毫五絲；過線每副用熟線二兩九錢五分；墜線每副用熟線四兩五分四
釐；雲肩褘袖機一張用熟線七斤三兩二錢；花渠一付用熟線一斤一十二兩六
錢；大花渠八板用熟線一十三兩六錢；小花渠六板用熟線一十五兩；直線用
熟線四斤一十兩；大花直線八板，每板用熟線六兩五錢；小花直線六板，每
板用熟線三兩；過線，大花過線八板，每板用熟線一兩二錢；小花過線六板，
每板用熟線六錢。」〔註284〕法律規制之細密、詳盡，可謂細緻入微，歎為
觀止。

〔註281〕《元典章》卷五八，《工部一・緞匹・講究織造緞匹》，第 2119 頁。
〔註282〕《元典章》卷五八，《工部一・緞匹・講究織造緞匹》，第 2119 頁。
〔註283〕《元典章》卷五八，《工部一・緞匹・緞匹折耗準除》，第 2118 頁。
〔註284〕《元典章》卷五八，《工部一・緞匹・綜線機張料例》，第 2121 頁。

（三）原材料結算與餘料回收管理的法律規制

在造作工程完工之後，元政府還要求各級官員組織錢物結算。《至元新格》規定，「諸造作支破錢物，工畢之日，其親臨總司即須拘集當該官吏，一一照算完備，本司檢勘無差，合破除者依例開申破除，合還官者從實解納還官，毋使隔越歲時，致難理算。」〔註285〕即使是「橫造軍器諸物」，元廷也規定，諸路「其一切所須，必要明立案驗，選差好人置簿掌管。工畢之日，隨即照算元收、已支、見在數目，本路正官體校是實，開申合幹部分照會」。〔註286〕

對於餘料回收，《至元新格》規定，「諸造作官物，工畢之日，其元給物料雖經覆實而但有所餘者，須限拾日呈解還官。限外不納者，從隱盜官錢法科。」〔註287〕即造作生產過程中的餘料，法律規定必須在十天內還官，否則以盜竊官錢法論處。《元史·刑法志》也有類似規定：「諸工匠已關出庫物料，成造及額餘外，不曾還官，因盜出局者，斷罪，免刺。」〔註288〕

就算是殘料，原本是算在折耗之內，但只要有剩餘價值，元政府都不放過對其法律規制，以圖節約開支。如緞匹織造過程中的腳亂絲，中書省原本規定，「額造緞匹合有吐絮絲，變買作鈔，以十分價錢內，際留八分修理局院機張，餘者二分準備年終打算人吏紙箚、燈油支用，若有銷用不盡數目納官」。然而，至元二十五年尚書省「不准支破，盡行追徵」，勒令人匠自己出備修補機張什物、風雨簾箔、人匠夜坐燈油柴灰、行移文字紙箚等費用。至元三十一年又「照依舊例，從實用度」，成宗親自下旨：「修理機張等什物用度」，同時元貞元年工部議得，「腳亂絲貨，……仰各處提調官吏用心關防，局官如遇必合修理機張什物等用度，明置文簿，依公銷用，年終考校。若有用不盡絲數，回納還官，卻不得因而冒濫破使。如違斷罪。」大德五年，為防止「各路所申即目絲價高昂，若不定擬歸一變賣，慮恐其間虧官作弊」，都省規定「絮絲每斤中統鈔四兩八錢，吐絲每斤中統鈔八錢」，以便各路變賣。〔註289〕

〔註285〕《大元通制條格》卷第三十，《營繕·造作》，郭成偉點校，北京：法律出版社，2000年版，第351頁。

〔註286〕《元典章》卷五八，《工部一·緞匹·至元新格》，第2116頁。

〔註287〕《大元通制條格》卷第三十，《營繕·造作》，郭成偉點校，北京：法律出版社，2000年版，第350頁。

〔註288〕宋濂等：《元史》卷一○三，《刑法二》，北京：中華書局，1976年版，第2680頁。

〔註289〕《大元通制條格》卷第三十，《營繕·造作》，郭成偉點校，北京：法律出版社，2000年版，第356頁。《元典章》卷五八，《工部一·緞匹·絮吐絲價》，

　　除上述加強原材料管理的法律規制措施外，爲控制生產成本，元廷還多次下旨限制貴重金屬等原材料在生產造作中的使用。在世祖初繼大統時，謀臣劉秉忠就曾上書，「珍貝金銀之所出，淘沙煉石，實不易爲。一旦以纏絲縷，飾皮革，塗木石，莊器仗，取一時之華麗，廢爲塵而無濟，甚可惜也，宜從禁治。除帝胄功臣大官以下章服有制外，無職之人不得僭越。」〔註290〕爲此，「毛緞上休織金」，「磁器上不用金」，「鞍轡靴箭休用金」，「靴韉上休使金」，「禁治諸色銷金」，「禁做金翅鵰」，「禁斷金箔等物」〔註291〕等禁令紛紛出臺。

　　當然，對產品成本中物的成本的法律規制，除原材料管理的法律規制外，還有其他的內容。例如，對造作設施、設備管理的法律規制。《至元新格》規定，「諸官司器物損壞不堪修理者，差官相驗是實，方許易換。若已給新物，其故物拾日以裏即須還官，發下合屬隨宜備用。不堪作數者，赴官呈驗，不須開寫名色，虛掛文籍。銅鐵之器作銅鐵收，竹木之器作柴薪用。」〔註292〕這事實上就是對造作設備報廢的法律規制。

　　　　第 2122 頁。

〔註290〕宋濂等，《元史》卷一百五十七，《劉秉忠傳》，北京：中華書局校點本，1976
　　　　年版，第 3690 頁。

〔註291〕《元典章》卷五八，《工部一・造作一》，第 2117、2131 頁。

〔註292〕《大元通制條格》卷第三十，《營繕・造作》，郭成偉點校，北京：法律出版
　　　　社，2000 年版，第 351 頁。

第三章　元代官營課程手工業的法律規制

第一節　管理機構及其職權

　　課程,「徵稅之物曰課,額定其限曰程」。〔註1〕元代「徵稅之物」,除商稅、市舶稅及酒醋課外,主要是指鹽、茶、金、銀、珠、玉、銅、鐵、水銀、硃砂、碧甸子、鉛、錫、礬、硝、堿、竹、木等山林川澤之產。元代官營課程手工業,除酒醋課等少數課程手工業外,主要是指元政府經營的「徵稅之物」開採業,也即山林川澤之自然資源開採業,主要包括製鹽業、製茶業和金、銀、銅、鐵等礦冶業。這些官營課程手工業是元代官營手工業的重要部分,但無論是管理機構、管理制度,還是目的職能都與官營造作手工業大相徑庭。因此,筆者認為兩者完全不可一概而論。官營課程手工業以盈利為目的,以保障並增加政府財政收入為其基本職能。在管理制度上,官營課程手工業往往具有經營壟斷性,以國家對自然資源的獨佔性為基礎,法律上不准許民間私自開採和經營。因此官營課程手工業法律規制的重點在於禁榷和保障國家財政收入。

　　元代官營課程手工業分佈於全國各地,對國計民生影響十分巨大,政府的貨幣收入絕大部分來源於此。元人鄭介夫稱:「富國惠民,無出於鑄山煮鹽

〔註1〕 徐元瑞著:《吏學指南》,楊訥點校,杭州:浙江古籍出版社,1988年版,第77頁。

二事而已」。〔註2〕因此元政府對課程手工業的經營和管理十分重視，一般由中書省戶部（或置制國用使或置尚書省）總領其事，再指派專門機構或委託地方政府進行經營和管理，形成一個複雜的多層級的管理機構組織體系。

一、中央管理機構及其管理職權

元代官營課程手工業中央管理機構，主要是中書省及其所領的戶部，但有時也置制國用使或尚書省專理財政課程。現分而述之。

（一）中書省

元制，「總政務者曰中書省」。〔註3〕中書省作為元代中央政務總樞，管理國家經濟與財政稅課是其基本職能。事實上，元代中書省的創立，就其目的來說，是與官營課程手工業的管理分不開的。太宗三年（1231），「始立中書省，改侍從官名。以耶律楚材為中書令。」〔註4〕耶律楚材主張「誠均定中原地稅、商稅、鹽、酒、鐵冶、山澤之利」〔註5〕，即大力發展官營課程手工業經濟，並取得了實效，1231年秋，窩闊台至雲中，十路課稅所「咸進帑籍及金帛」，窩闊台看後，大贊耶律楚材賢能，「汝不去朕左右，而能使國用充足」。自此，財經錢穀之事，事無鉅細，皆先決於楚材。〔註6〕由此可見，太宗窩闊台設立中書省併以耶律楚材為中書令的初衷。中統元年（1260）四月，世祖忽必烈再立中書省，以王文統為平章政事。王文統推行官營鹽鐵，稱發展官營課程手工業經濟為「差發辦而民不擾」，使國家財政收入大增，因此深得太祖的信任。太祖曾贊其善於理財，「錢穀大計，慮無遺策」。〔註7〕由此再次表明，元代蒙古統治者傚仿中原制度設立中書省的初衷及根本目的在於「理財」、「斂財」，而「理財」、「斂財」之計主要是發展官營課程手工

〔註2〕鄭介夫：《上奏一綱二十目·鹽法》，陳得之、邱樹森、何兆吉輯點《元代奏議集錄》，浙江古籍出版社，1998年版，第70頁。

〔註3〕宋濂等，《元史》卷八十五，《百官一》，北京：中華書局校點本，1976年版，第2119頁。

〔註4〕宋濂等，《元史》卷二，《太宗》，北京：中華書局校點本，1976年版，第31頁。

〔註5〕〔明〕宋濂等，《元史》卷一百四十六，《耶律楚材傳》北京：中華書局校點本，1976年版，第3458頁。

〔註6〕〔明〕宋濂等，《元史》卷一百四十六，《耶律楚材傳》北京：中華書局校點本，1976年版，第3458頁。

〔註7〕〔明〕宋濂等，《元史》卷二百六《叛臣王文統傳》，北京：中華書局校點本，1976年版，第4594頁。

業，「鑄山煮鹽二事而已」。

中書省對官營課程手工業的管理，皇帝詔令有明確記載。大德十一年（1307）八月「欽奉命相詔書節文：庶務有所未便者，中書省從新拯治，次第舉行。內外大小諸衙門官吏，除奉行本管職事外，一應干係軍、民、站、金場、銀冶、茶、鹽、鐵戶、課程、寶鈔、刑名、選法、糧儲、造作、差役等事，毋得隔越中書省輒便聞奏，從而攪擾。事有必須奏聞者，亦須計稟中書省，然後奏聞，違者國有常憲」。〔註8〕實際上，早在世祖中統三年（1262）三月，世祖就頒佈了類似詔旨：「非中書省文移及兵民官申省者，不許入遞。」〔註9〕此後，這一「朝綱」被一再重申。至大元年（1308）的聖旨表述得更爲明確：「刑名、糧儲、造作、軍、民、站赤、差發、金、銀、茶、鹽、鐵冶諸項課程並聽中書省節制施行」。〔註10〕

中書省長官有：中書令，其職責是典領百官，會決庶務。右、左丞相，統六官，率百司，居令之次。令缺，則總省事，佐天子，理萬機。平章政事，掌機務，貳丞相，凡軍國重事，無不由之。右、左丞，副宰相裁成庶務，號左右轄。參政，副宰相以參大政，而其職亞於右、左丞。參議中書省事，典左右司文牘，爲六曹之管轄，軍國重事咸預決焉。中書省各級長官除了職級高低，在政務管理中職權不同之外，他們還有一定的分工負責。仁宗延祐二年（1315），鐵木迭兒奏：「天下庶務，雖統於中書，而舊制，省臣亦分領之。請以錢帛、鈔法、刑名，委平章李孟、左丞阿卜海牙、參政趙世延等領之。其糧儲、選法、造作、驛傳，委平章張驢、右丞蕭拜住、參政曹從革等領之。得旨如所請。」〔註11〕既是「舊制」，表明省臣分領庶務已經形成長期制度；同時也表明不是所有宰執都有權管理財政及課程。事實上，早在中統三年，世祖就任命阿合馬爲平章政事，「領中書左右部，兼諸路都轉運使，專以財賦之任委之」。〔註12〕可見，財賦之事往往由一相專領。專領財賦之相又稱爲「財

〔註8〕 《元典章》卷二，《聖政‧振朝綱》，中國廣播電視出版社，影印元刊本，第23頁。

〔註9〕 〔明〕宋濂等，《元史》卷四《世祖一》，北京：中華書局校點本，1976年版，第83頁。

〔註10〕 《元典章》卷二，《聖政‧振朝綱》，中國廣播電視出版社，影印元刊本，第25頁。

〔註11〕 〔明〕宋濂等，《元史》卷二百〇五《姦臣鐵木迭兒傳》，北京：中華書局校點本，1976年版，第4578頁。

〔註12〕 〔明〕宋濂等，《元史》卷二百〇五《姦臣阿合馬傳》，北京：中華書局校點本，

相」或「計相」，在官營課程手工業管理中居於統領全域的地位。

中書省作爲全國最高政務機構，其官營課程手工業管理權集中體現在宏觀性全域性管理方面，具體包括：任命課程官員、擬定課程政令、監督政令執行以及處理重大政務。

人事任命，是中書省一項重要基本職能。元代名臣許衡認爲：「中書之務不勝其煩，然其大要在用人、立法二者而已矣。」〔註13〕至元二十三年夏，安童任中書右丞相，總省事。中書奏擬漕司諸官姓名，帝曰：「如平章、右丞等，朕當親擇，餘皆卿等職也。」〔註14〕由此可見，元代中下級官員任免，中書省享有較大的決定權。人事任命一般通過中書省廷議作出決定。例如，文宗天曆三年，許有壬擢兩淮都轉運鹽司使。「先是，鹽法壞，廷議非有壬不能集事，故有是命。」〔註15〕有時，財相具有相當大的決定權。例如，阿合馬當政爲財相時，胡祗遹出爲太原路治中，「兼提舉本路鐵冶，將以歲賦不辦責之。及其蒞職，乃以最聞。」〔註16〕有時，甚至參議中書省事也可決定運使的任命。至元二十八年，劉正參議中書省事。「濟南張同知子求爲兩淮運使，正知其不稱，弗與。」〔註17〕

擬定課程政令，也就是前述元代名臣許衡所指的「立法」，也是元代中書省一項重要基本職能之一。《元典章》戶部卷八《課程》記載的元代官營課程手工業法令大都是通過「中書省準行省諮」、「中書戶部承奉中書省劄付」、「使司承奉中書省劄付」、「御史臺諮中書省劄付」、「中書省奏過」等「立法」程序擬定的，〔註18〕中書省在這些程序中都發揮著核心且關鍵的作用。中書省的「立法」職能在《元史》中也多有記載。例如，中統元年，中書省

1976年版，第4558頁。

〔註13〕〔明〕宋濂等，《元史》卷一百五十八《許衡傳》，北京：中華書局校點本，1976年版，第3719頁。

〔註14〕〔明〕宋濂等，《元史》卷一百二十六《安童傳》，北京：中華書局校點本，1976年版，第3083頁。

〔註15〕〔明〕宋濂等，《元史》卷一百八十一《許有壬傳》，北京：中華書局校點本，1976年版，第4201頁。

〔註16〕〔明〕宋濂等，《元史》卷一百七十《胡祗遹傳》，北京：中華書局校點本，1976年版，第3992頁。

〔註17〕〔明〕宋濂等，《元史》卷一百七十六《劉正傳》，北京：中華書局校點本，1976年版，第4107頁。

〔註18〕《元典章》卷二十二，《戶部八·課程》，中國廣播電視出版社，影印元刊本，第851頁。

初立，國用不足，楊是「論鈔法宜以權貨制國用，朝廷從之，因俾掌其條制。」〔註19〕再如，世祖中統三年，始命阿合馬領中書左右部，兼諸路都轉運使，專以財賦之任委之。「阿合馬奏降條畫，宣諭各路運司。」〔註20〕

　　監督檢查政令執行情況是中書省實施官營課程手工業管理的一種重要形式。至元二十年（1283）六月中書省規定「隨路見辦諸色課程，比附增虧，開坐各各備細數目，自今年正月為始，……每季不過次季仲月十五日以裏，諮報都省，若是違期不到，定將首領官、令史究治。」〔註21〕除了定期匯總督查各地辦課情況外，中書省還經常不定期地「理算」、「鉤考」審計各地課程手工業經營情況。例如，至元八年，「罷諸路轉運司，立局考核逋欠，正（劉正）掌其事。大都運司負課銀五百四十七錠，……正廉得其實，始白尚書捕鞠之，悉得課銀。」〔註22〕至元十六年，阿合馬為中書平章政事，曾欲理算江淮行省平章阿里伯、右丞燕帖木兒立行省以來一切錢穀，「中書遣官理算，徵鈔萬二千錠有奇。二人竟以是就戮。」〔註23〕

　　此外，中書省還得親決政務，特別是處理那些對財政收入有重大影響的官營課程手工業政務。例如，運司、提舉司的設置，課額的減免等事項都必須經由中書省批准，有時甚至需要中書上奏聖上，由皇帝親臨裁決。例如，世祖中統三年，阿合馬奏「以禮部尚書馬月合乃兼領已括戶三千，興煽鐵冶，歲輸鐵一百三萬七千斤，就鑄農器二十萬事，易粟輸官者凡四萬石」；至元十二年，阿合馬奏：「……臣以為莫若驗戶數多寡，遠以就近，立都轉運司，量增舊額，選廉幹官分理其事。應公私鐵鼓鑄，官為局賣，仍禁諸人毋私造銅器。如此，則民力不屈，而國用充矣。乃奏立諸路轉運司，以亦必烈金……等這使。」〔註24〕由於封建集權體制，各級官員為了逃避政治責任，「六部

〔註19〕　〔明〕宋濂等，《元史》卷一百七十《楊是傳》，北京：中華書局校點本，1976年版，第4003頁。

〔註20〕　〔明〕宋濂等，《元史》卷二百〇五，《姦臣阿合馬傳》，北京：中華書局校點本，1976年版，第4558頁。

〔註21〕　《元典章》卷二十二，《戶部八‧課程‧辦課合行事理》，中國廣播電視出版社，影印元刊本，第863頁。

〔註22〕　〔明〕宋濂等，《元史》卷一百七十六《劉正傳》，北京：中華書局校點本，1976年版，第4106頁。

〔註23〕　〔明〕宋濂等，《元史》卷二百〇五，《姦臣阿合馬傳》，北京：中華書局校點本，1976年版，第4562頁。

〔註24〕　〔明〕宋濂等，《元史》卷二百〇五，《姦臣阿合馬傳》，北京：中華書局校點本，1976年版，第4558、4560頁。

裏合了的事呈與省家，省裏合了的事上位根底聞奏。或有差錯呵，部官推道呈省來，省官說道皇帝聖旨了也！」致使中書忙於處理細務，「文繁事弊，甚非所宜」。元廷累下聖旨，「不許氾濫諮稟」、「省部減繁」。但因官營課程手工業事關國家經費，元廷十分重視，不僅非見「減繁」，還被重申「創支錢糧必合諮稟」。〔註25〕

（二）制國用使司、尚書省

元代曾於世祖至元三年（1266）正月，立制國用使司，至元七年（1270年）正月，立尚書省，罷制國用使司，八年十二月，罷尚書省，至元二十四年閏二月，復立尚書省，二十八年五月，尚書省再罷，武宗至大二年（1309年）八月，復置尚書省，四年正月，尚書省仍歸中書。元廷一立制國用使司，三設尚書省，其初衷都是為了專理財賦。因此，在制國用使司、尚書省設立期間，制國用使司、尚書省取代中書省，成為元代官營課程手工業中央最高政務管理機構。

制國用使司、尚書省的官營課程手工業管理職權總體上與原中書省管理職權保持一致。例如，原本「諸項課程並聽中書省節制施行」，在至元四年（1267）世祖設置諸路洞冶總管府時，世祖則下旨：「設置諸路洞冶總管府，專以掌管隨處金、銀、銅、鐵、丹粉、錫、碌，從長規畫，恢辦課程，聽受制國用使司節制勾當⋯⋯若有該載不盡合行事理，仰諸路洞冶都總管府申複製國用使司照詳施行。」〔註26〕顯然，制國用使司已經取代中書，成為諸路洞冶總管府的主管機關，並取得了諸項課程「勾當」並聽「節制」「施行」的職權。

儘管如此，但制國用使司、尚書省與中書省併立期間，制國用使司、尚書省專理財賦，中書省則仍然總領全國之政務。因此，在名義上，制國用使司、尚書省還須受中書省之節制。特別是根據元朝聖政朝綱，「奏事經由中書」乃國之「常憲」。然而，職權爭議——權力鬥爭也因之而起。早在中統三年，阿合馬領左右部總司財用之時，就「欲專奏請，不關白中書，」世祖詔廷臣議之，文謙（張文謙）主張：「分制財用，古有是理，中書不預，無是理也。

〔註25〕《元典章》卷四，《朝綱一・政紀》之《外省不許氾濫諮稟》《省部紀綱》《省部減繁格例》，中國廣播電視出版社，影印元刊本，第112～113頁。

〔註26〕《元典章》卷二十二，《戶部八・課程・洞冶・立洞冶總管府》，中國廣播電視出版社，影印元刊本，第968頁。

若中書弗問，天子將親蒞之乎？」帝曰：「仲謙言是也。」〔註27〕但爭議並非因此次廷議而塵埃落定，至元七年四月，中書省右丞相安童奏曰：「臣近言：『尙書省、樞密院各令奏事，並如常制，其大政令，從臣等議定，然後上聞。』既得旨矣，今尙書一切逕奏，似違前旨。」帝曰：「豈阿合馬以朕頗信用之，故爾專權也。不與卿議，非是。」敕如前旨。〔註28〕當然，這次決議也沒能解決問題，因爲「大政令」、「小政令」本來就沒有一個可以操作的評判標準。事實上，制國用使司、尙書省還是不經中書，一切政務，不論大小，逕自聞奏，因爲「尙書省、樞密院各令奏事」，它與總軍務的樞密院一樣享有奏事之權。

此外，課程官員的人事任免權也是頗具爭議。至元七年，立尙書省之際，馬亨爲尙書，領左部，馬亨上言：「尙書省專領金谷百工之事，其銓選宜歸中書，以示無濫。」〔註29〕因之，初立尙書省時，有旨：「凡銓選各官，吏部擬定資品，呈尙書省，由尙書省諮中書聞奏。」然而，尙書省既立，阿合馬則專權「擢用私人，不由部擬，不諮中書。」丞相安童以爲言，世祖令問阿合馬。阿合馬言：「事無大小，皆委之臣，所用之人，臣宜自擇。」丞相安童也是無可奈何，因之請示：「自今唯重刑及遷上路總管，始屬之臣，餘事並付阿合馬，庶事體明白。」〔註30〕桑哥領尙書省時，情形有過之而無不及。史載：「桑哥既專政，凡銓調內外官，皆由於己，而其宣敕，尙由中書，桑哥以爲言，世祖乃命自今宣敕並付尙書省。由是以刑爵爲貨而販之，咸走其門，入貴價以買所欲。」〔註31〕

制國用使司、尙書省之設，初衷乃爲理財，但結果是「天下大權盡歸尙書」、「中書之署僅同閒局」。〔註32〕不僅如此，桑哥主政尙書省時，還「嘗奉

〔註27〕　〔明〕宋濂等，《元史》卷一百五十七，《張文謙傳》，北京：中華書局校點本，1976年版，第3696頁。

〔註28〕　〔明〕宋濂等，《元史》卷一百二十六，《安童傳》，北京：中華書局校點本，1976年版，第3082頁。

〔註29〕　〔明〕宋濂等，《元史》卷一百六十三，《馬亨傳》，北京：中華書局校點本，1976年版，第3828頁。

〔註30〕　〔明〕宋濂等，《元史》卷二百〇五，《姦臣阿合馬傳》，北京：中華書局校點本，1976年版，第4559頁。

〔註31〕　〔明〕宋濂等，《元史》卷二百〇五，《姦臣桑哥傳》，北京：中華書局校點本，1976年版，第4575頁。

〔註32〕　〔明〕宋濂等，《元史》卷一百二十六，《安童傳》，北京：中華書局校點本，1976年版，第3082頁。虞集：《道園學古錄》卷三十四，《翰林學士曾君小軒

旨檢校中書省事」，竟然取得了審計中書省的權力，「凡校出虧欠鈔四千七百七十錠，昏鈔一千三百四十五錠。……（郭）祐與（楊）居寬（二人均爲中書省宰執）後皆棄市，人咸冤焉。」以致臺吏王良弼，嘗與人議尚書省政事，「尚書鉤校中書，不遺餘力」。〔註33〕

　　既然尚書省設官幾同中書，中書省何不可理財而別設一省？武宗即位之初，有賦斂之臣以綜理財用爲名要求另設尚書省，御史臺官員即表示不解：「綜理財用，在人爲之，若止命中書整傷，未見不可。」〔註34〕陳邦瞻的分析是深刻的，「元世任用勳舊，諸人（阿合馬、桑哥等人）皆新進，若與之同官，勢必出其下，不可得志。惟別立尚書省，而中書之權遂奪。權奪而諸勳舊束手擁虛位矣，此阿合馬諸人之謀也。」〔註35〕因之，有學者認爲，「別立尚書省實際上是這些斂財大臣另設了一個自己得以在其中逞志的中書省」，「元代尚書省是另一個中書省」。〔註36〕劉莉亞在研究元代國家各級機構的礦冶業管理權時強調：「置尚書省期間，雖然中央仍保留中書省的建置，但國家政柄則總歸尚書省所有，故對它的份量不可輕估。」〔註37〕

（三）戶　部

　　元代戶部是中央官營課程手工業管理機構的重要組成部分。《元史》記載：「戶部，尚書三員，正三品；侍郎二員，正四品；郎中二員，從五品；員外郎三員，從六品，掌天下戶口、錢糧、田土之政令。凡貢賦出納之經，金幣轉通之法，府藏委積之實，物貨貴賤之直，斂散准駁之宜，悉以任之。」〔註38〕《至元新格》也規定：「諸錢穀之計，其各處行省每歲須一檢較。凡理財之法或有未盡，蠹財之弊或有未去，生財之道或有未行，逐一議擬諸省

　　　　集序》。
〔註33〕　〔明〕宋濂等，《元史》卷二百〇五，《姦臣桑哥傳》，北京：中華書局校點本，1976年版，第4572頁。
〔註34〕　〔明〕宋濂等，《元史》卷二十二，《武宗一》，北京：中華書局校點本，1976年版，第477頁。
〔註35〕　陳邦瞻：《元史紀事本末》卷十五，《尚書省之復》。
〔註36〕　屈文軍：「論元代中書省的本質」，《西北民族研究》，2003年第3期（總第38期），第30頁。
〔註37〕　劉莉亞：「元代國家各級機構的礦冶業管理權」，《中國經濟史研究》，2003年第3期，第137頁。
〔註38〕　〔明〕宋濂等，《元史》卷八十五《百官一》，北京：中華書局校點本，1976年版，第2142頁。

戶部該管去處，準此。」〔註39〕由此可見，戶部主管天下戶口、錢糧、田土的政令，貢賦出納的章程、制度，是國家賦稅管理的中樞。自然，官營課程手工業作為國家經費的主要來源，國家財賦收入的重要部分，是戶部賦稅管理的重點。

至於戶部官營課程手工業的管理權限，《元典章》明確規定：「中書省管的勾當，出納上命，進退百官，總摯綱維。六部諸衙門分掌庶務。……作疑諮呈都省……依例施行。」〔註40〕元代名臣魏初指出：「天下之事具在於省，省之事責之六部」；鄭介夫說：「都堂總朝廷之樞柄，六部乃朝廷之手足」；胡祇遹云：「大臣當決大政，不可煩勞，困以細事」；「事有定例者，當各歸之六部與各屬有司」。〔註41〕因此，總體上說，中書是總領，戶部是分管；中書是決大事，戶部是管理具體庶務；中書是決策，戶部是執行。

此外，戶部還綜領腹裏地區的課程手工業專門機構。其下管轄有大都酒課提舉司，大都宣課提舉司，印造鹽茶引等引局，檀景等處採金、鐵冶都提舉司，大都河間等路都轉運鹽使司，山東東路、河東陝西等處轉運鹽使司等官營課程手工業地方專門管理機構。

二、地方管理機構的管理職權

（一）行中書省

元代行中書省「秩從一品，掌國庶務，統郡縣，鎮邊鄙，與都省為表裏。……凡錢糧、兵甲、屯種、漕運、軍國重事，無不領之。」〔註42〕行中書省作為地方最高一級行政管理機構，在國家財賦徵集管理中發揮著至關重要的作用。元人黃潛評論說：「昔之有國家者，藏富之所，散於列州。而今也，藏富之所，聚於諸省。」〔註43〕元代官營課程手工業散之於全國各地，

〔註39〕《元典章》卷二十二，《戶部八·課程·至元新格》，中國廣播電視出版社，影印元刊本，第864頁。

〔註40〕《元典章》卷四，《朝綱一·政紀·省部減繁格例》，中國廣播電視出版社，影印元刊本，第113頁。

〔註41〕魏初：《青崖集》卷四《奏議》；鄭介夫：《上奏一綱二十目》，陳得之、邱樹森、何兆吉輯點《元代奏議集錄》，浙江古籍出版社，1998年版，第72頁。胡祇遹：《紫山大全集》卷二十二《即今弊政》。

〔註42〕宋濂等：《元史》卷九十一，《百官七》，北京：中華書局，1976年版，第2305頁。

〔註43〕黃晉：《金華黃先生文集》卷九，《重修廣濟庫記》。

又是國家財賦管理的重點，因而，行省對官營課程手工業的管理不可或缺。《元典章》的記載也體現了行省的該項職能。例如，世祖至元十三年（1276）的一道聖旨「行中書省會驗欽奉聖旨《條畫》節該：茶、鹽、酒、醋、商稅、金、銀、鐵冶、竹貨、河泊大小課程，從實恢辦等事，欽此。」〔註44〕

行中書省對官營課程手工業的管理，主要在於對轄區內的都轉運鹽使司、提舉司、淘金總管府等課程專門經營管理機構的綜領和督辦。就其具體管理職權來說，主要體現在節制施行、革弊鼎新、監督檢查等方面。

首先，行省有權建言課程手工業經營管理機構的存廢設置和生產定額。例如，世祖至元二十九年正月，江西行省左丞高興奏言：「福建鹽課，既設運司，又設四鹽使司，今若設提舉司專領鹽課，其酒稅課悉歸有司為便。」世祖聽從其建議，精簡了福建製鹽業經營管理機構。同時，高興還建言：「福建銀鐵又各立提舉司、亦為冗濫，請罷去。」〔註45〕再如至元十四年（1277）豐城縣淘金場就是在行省的授權下建立的。同一時期撫州樂安縣小曹溪銀場的建置亦是如此。〔註46〕在生產定額方面，如兩浙、閩鹽額累增而課愈虧，江浙行省請減額，鐵木兒塔識奏歲減十三萬引。〔註47〕再如，至元三十一年（1294）江西行省官員上言：「銀場歲辦萬一千兩，而未嘗及數，民不能堪」。朝廷經商議後，遂下令「命自今從實辦之，不為額。」〔註48〕

其次，行省有權革除課程弊端，提議實行新法。革弊鼎新，講究理財之法，革除蠹財之弊，諮呈生財之道也是行省一項重要課程手工業管理職責。大德元年，劉正為雲南行中書省左丞。「雲南民歲輸金銀，近中慶城邑戶口，則詭稱逃亡，甸寨遠者，季秋則遣官領兵往征，人馬草糧，往返之費，歲以萬計；所差官必重賂省臣，乃得遣，徵收金銀之數，必十加二，而拆閱之數又如之；其送迎餽贈，亦如納官之數，所遣者又以銅雜銀中納官。正首疏其弊，給官稱，俾土官身詣官輸納，其弊始革。」〔註49〕再如，陝西之鹽，戶

〔註44〕《元典章》卷二十二，《戶部八・課程・江南諸色課程》，中國廣播電視出版社，影印元刊本，第 855 頁。

〔註45〕〔明〕宋濂等，《元史》卷十七《世祖十四》，北京：中華書局校點本，1976年版，第 357 頁。

〔註46〕危素：《危學士全集》卷八《富州蹋金紀事》。

〔註47〕〔明〕宋濂等，《元史》卷一百四十，《鐵木兒塔識傳》，北京：中華書局校點本，1976 年版，第 3373 頁。

〔註48〕〔明〕宋濂等，《元史》卷十八《成宗一》，北京：中華書局校點本，1976 年版，第 381 頁。

〔註49〕〔明〕宋濂等，《元史》卷一百七十六《劉正傳》，北京：中華書局校點本，

部議云：「陝西行臺所言鹽事，宜從都省選官，前赴陝西，與行省、行臺及河東運司官一同講究，是否便益，明白諮呈。」順帝至元三年，「都省移諮陝西行省，仍摘委河東運司正官一員赴省，一同再行講究。……戶部參照至順二年中書省嘗遣兵部郎中井朝散，與陝西行省官一同講究，以涇州白家河永爲定界，聽民食用。仍督所在軍民官嚴行禁約，毋致韋紅二鹽犯境侵課。中書如所擬行之。」〔註50〕

　　再次，對本境內課程手工業的經營、收支狀況做監督與檢查，也是行省的重要職權所在。它要求辦課官員每月把所辦課程向本省申報，「金、銀、鐵冶、竹貨、湖泊大小課程，除兩淮湖泊權且倚免外，其餘課程仰已委提點官欽奉聖旨事意，用心恢辦，仍每月具辦到數目申省」。〔註51〕行省還接受課程手工業經營機構的「上計」，上計稽考完畢，又需要「總其概，諮都省、臺憲官閱實之。」有時，也派人會計鈎考課程手工業經營機構。如至大元年，敬儼爲兩淮鹽轉運使，鹽課增羨二十五萬引。「河南行省參政來會鹽筴，將以羨數爲歲入常額」。〔註52〕此外，元廷還要求行省差官「不時暗行體察」、「不測體驗」辦課經營實情。「諸茶鹽課程已有成法，其行省戶部檢會元降條例，凡近年官吏違犯禁條……嚴行禁治。仍須選差廉幹人員，不時暗行體察」；「行省戶部差官不測體驗，但有答帶餘鹽……隨即追問。」〔註53〕

　　再有，鹽司等課程手工業經營管理機構上奏朝廷，一般需要先申行省，由行省「明白定擬」，然後諮呈中書省參詳。中書省作出指示後，也須回諮本省，再轉鹽司等課程手工業經營管理機構執行。例如，後至元五年，兩浙運司申中書省言鹽法五弊，請求變改鹽法。戶部認爲「未經行省明白定擬，」於是「呈省移諮（行省），從長講究。」〔註54〕再如至正年間，福建鹽運司欲「罷餘鹽三萬引，革去散賣食鹽之弊」，行省「遂以左丞所講究，諮呈中書省。」〔註55〕

　　　　1976年版，第4107～4108頁。

〔註50〕《元史》卷九十七，《食貨五》，北京：中華書局，1976年版，第2493頁。

〔註51〕《元典章》卷二十二，《戶部八・課程・江南諸色課程》，中國廣播電視出版社，影印元刊本，第858頁。

〔註52〕〔明〕宋濂等，《元史》卷一百七十五，《敬儼傳》，北京：中華書局校點本，1976年版，第3373頁。

〔註53〕《元典章》卷二十二，《戶部八・課程・至元新格》，中國廣播電視出版社，影印元刊本，第864頁。

〔註54〕宋濂等：《元史》卷九十七，《食貨五》，北京：中華書局，1976年版，第2498頁。

〔註55〕宋濂等：《元史》卷九十七，《食貨五》，北京：中華書局，1976年版，第2500頁。

　　另外，行省有時也參與具體經營事務決策。如順帝至元六年、中書省批准撥鈔一萬錠，供兩淮運司「起蓋倉房」，即由都省「移諮河南行省」，命其「委官與運司偕往，相視空地，果無違礙，而後行之」。〔註56〕

（二）轉運司、提舉司等課程專營機構

　　元代官營課程手工業散佈於全國各地，由戶部或行省綜領其政務，其事務性經營管理則由元廷指派專門經營機構或委託於地方政府。官營課程手工業事關國家經費，對國民經濟影響不同一般，因而在大多數情況下，元廷都是設立專門機構對其進行經營管理，而委託於地方政府則是例外。

　　以製鹽業為例，元廷先後設置大都河間、兩淮、山東、兩浙、福建、廣東、廣海、河東、四川九處鹽務管理機構，分別稱為鹽運司、提舉司或茶鹽轉運司。每鹽司下轄若干鹽場，每座鹽場有鹽戶數百不等，分成若干團灶。鹽場是鹽務管理的基層機構，團是鹽戶的集中居住點、生產點，生產通常以灶為單位進行。再以大都河間等路都轉運鹽使司為例，《元史》載：「大都河間等路都轉運鹽使司，秩正三品，掌場灶榷辦鹽貨，以資國用。使二員，正三品；同知一員，正四品；副使一員，正五品；運判二員，正六品。首領官：經歷一員，從七品；知事一員，從八品；照磨一員，從九品。國初，立河間稅課達魯花赤清滄鹽使所，後創立運司，立提舉鹽榷所，又改為河間路課程所，提舉滄清課鹽使所。中統三年，改都提領拘榷滄清課鹽所。至元二年，以刑部侍郎、右三部郎中兼滄清課鹽使司，尋改立河間都轉運鹽使司，立清、滄課三鹽司。十二年，改為都轉運使司。十九年，以戶部尚書行河間等路都轉運使司事，尋罷，改立清、滄二鹽使司。二十三年，改立河間等路都轉運司。二十七年，改令戶部尚書行河間等路都轉運使司事。二十八年，改河間等路都轉運司。延祐六年，頒分司印，巡行郡邑，以防私鹽之弊。」大都河間等路都轉運鹽使司下轄有「鹽場二十二所，每場設司令一員，從七品；司丞一員，從八品。辦鹽各有差。」〔註57〕

　　淘金鐵冶等礦冶業也是如此。至元四年，世祖下旨設置諸路洞冶總管府時說得十分明白。「諸路鹽場酒稅醋課額元委轉運司管領外，洞冶出產諸物別無親臨拘榷規劃官司，以致課程不得盡實到官。又隨處爐冶見今耗垛官鐵數

〔註56〕宋濂等：《元史》卷九十七，《食貨五》，北京：中華書局，1976年版，第2495頁。
〔註57〕宋濂等，《元史》卷八十五，《百官一》，北京：中華書局校點本，1976年版，第2134頁。

多，未曾變易。此上設置諸路洞冶總管府，專以掌管隨處金、銀、銅、鐵、丹粉、錫、碌，從長規畫，恢辦課程。」〔註58〕再以檀景等處採金鐵冶都提舉司為例，「檀景等處採金鐵冶都提舉司，秩正四品。提舉一員，正四品；同提舉一員，正五品；副提舉一員，從六品，掌各冶採金煉鐵，榷貨以資國用。國初，中統始置景州提舉司，管領景州、灤陽、新匠三冶。至元十四年，又置檀州提舉司，管領雙峰、暗峪、大峪五峰等冶。大德五年，檀州、景州三提舉司，並置檀州等處採金鐵冶都提舉司，而灤陽、雙峰等冶悉隸焉。他如河東、山西、濟南、萊蕪等處鐵冶提舉司，及益都、般陽等處淘金總管府，其沿革蓋不一也。」〔註59〕

　　元代轉運司、提舉司等課程專營機構直隸中書省，受中書戶部或中書省派出機構行省綜領。至元四年，立洞冶總管府的詔令中明確規定：「設置諸路洞冶總管府……聽受制國用使司節制勾當」；至元十三年，中書省劄付也規定：「都轉運使司合無（合符）直隸中書省事，前件議得如有不係本司所管（不係管轄本司）衙門，沮壞攪擾辦課，令本司申部直呈省外，其餘辦課等事理並聽申（戶）部。」〔註60〕至於轉運司、提舉司等課程專營機構的經營管理權限，主要限於組織生產經營，執行政令，完成辦課任務。

（三）路府州縣地方政府

　　路府州縣地方政府以「牧民」為職，其官員被稱之為「民官」或「管民官」，一般情況下，不直接經營管理課程手工業。世祖皇帝聖旨對此也有分工，「至元二十八年九月十八日奏奉聖旨節該：茶運司只管茶，鹽運司只管鹽，其餘酒醋稅課的勾當，新年為始，依在先體例裏交路官人每管者，欽此！」〔註61〕因此，有學者指出：「路府總領，逐級科斂的方式，主要適用於稅糧、科差及課程中的酒醋課、商稅等。課程中的鹽課、茶課兩項大宗榷賣，除世祖至元二年後的短暫時間外，絕大多數情況下朝廷是委付直屬於中書省或行

〔註58〕　《元典章》卷二十二，《戶部八・課程・洞冶・立洞冶總管府》，中國廣播電視出版社，影印元刊本，第968頁。

〔註59〕　宋濂等，《元史》卷八十五，《百官一》，北京：中華書局校點本，1976年版，第2134頁。

〔註60〕　《元典章》卷二十二，《戶部八・課程・運司合行事理》，中國廣播電視出版社，影印元刊本，第859頁。

〔註61〕　《元典章》卷二十二，《戶部八・常課・民官管課程事》，中國廣播電視出版社，影印元刊本，第956頁。

中書省的……都轉運鹽使司等，代表中央直接負責徵收或権賣。」〔註62〕

儘管如此，由於元廷官營課程手工業管理體制時有變化，特別是礦冶業的經營管理，經常根據需要和具體情況而富靈活性，元廷將官營課程手工業委託於地方政府的事例時有發生。至元八年（1271）、至元十四年（1277）元廷兩次廢諸路轉運司入總管府，元代名臣王惲對此有較詳細的記述：「照的隨路總管府自至元元年（1264）止是管領民訴、差稅而已……今者已將運司所管酒稅、醋稅、倉庫、院務、工匠造作、鷹房打捕、金、銀、銅、鐵、丹粉、錫、碌、茶場、窯冶、鹽、竹等課並奧魯諸軍，盡行併入各路總管府，通行節制管領」。〔註63〕《元史》也記載有諸多地方政府兼營課程手工業的具體事例。如世祖中統二年（1261）「命李璮領益都路鹽課」；〔註64〕至元十九年（1282）「罷湖廣行省鐵冶提舉司，以其事隸各路總管府。以建康淘金總管府隸建康路」；〔註65〕泰定二年（1325）十二月「罷蒙山銀冶提舉司，命瑞州路領之」，〔註66〕其具體管理方式則爲「惟行省相臣一人，瑞州守一人兼領其事」。〔註67〕州縣級地方政府也是如此。例如饒州產金，當地百姓往往願虛輸金以免百役，但「歲久而弊，貧逃死絕者數百家，而里役代之輸」。在州尹王慶來的細緻調理下，當地百姓「皆悅立均金之碑，以著尹德」。〔註68〕《元史》也有記載，「郡歲貢金，而金戶貧富不常，（王）都中考得其實，乃更定之。」〔註69〕類似事件還有「富州地不產金，官府惑於奸民之言，爲募淘金戶三百，而以其人總之，散往他郡，採金以獻，歲課自四兩累增至四十九兩。其人既死，而三百戶所存無什一，又貧不聊生，有司遂責民之受役於官者代輸，民多以是破產。中書因奚斯言，遂蠲其徵，民賴以更生，富州人至今德之。」〔註70〕

〔註62〕 李治安：「元代中央與地方財政關係述略」，《南開學報》，1994年第2期，第22頁。

〔註63〕 王惲：《秋澗先生大全文集》卷八五，《爲運司併入總管府選添官吏事狀》。

〔註64〕 〔明〕宋濂等，《元史》卷四《世祖一》，北京：中華書局校點本，1976年版，第71頁。

〔註65〕 宋濂等：《元史》卷一二，《世祖九》，北京：中華書局，1976年版，第239頁。

〔註66〕 宋濂等：《元史》卷二九，《泰定一》，北京：中華書局，1976年版，第637頁。

〔註67〕 虞集：《道園類稿》卷四三，《順德路總管張公神道牌》。

〔註68〕 李存：《俟庵集》卷二十五《三老材甫桂君墓誌銘》。

〔註69〕 〔明〕宋濂等，《元史》卷一百八十四，《王都中傳》，北京：中華書局校點本，1976年版，第4232頁。

〔註70〕 〔明〕宋濂等，《元史》卷一百八十一，《揭奚斯傳》，北京：中華書局校點本，

需要指出的是，路府州縣雖然一般不直接經營管理官營課程手工業，但作為地方政府和國家財賦的徵集機構，則必須無條件配合官營課程手工業的經營。元廷一方面規定都轉運使司等辦課機構直屬都省戶部或行省，地方衙門不得「沮壞攬擾辦課」；另一方面卻規定隨路管民官任滿須於都轉運使司「取給解由，申部有無增虧私鹽等生發文解」。〔註71〕甚至「茶鹽鐵課，責備長吏，動受刑譴。」〔註72〕正如有的學者所指出的，「由於都轉運鹽使司等所辦鹽課、茶課是國家財政收入的大宗，直接歸中央及行省掌握，由於元代財政高度中央集權，路府州縣完全服從於中央而幾無獨立性，在鹽課等辦集過程中，路府州縣唯都轉運鹽使司等馬首是瞻。」〔註73〕於此，史料中有大量記載。歸暘是文宗至順元年進士，授同知潁州事，「山東鹽遣奏差至潁，恃勢為不法，暘執以下獄。時州縣奉鹽甚謹，頤指氣使，輒奔走之，暘獨不為屈。」〔註74〕如後至元二年，山東運司輒將章丘等縣改為食鹽，「權派八千引，責付本處（章丘縣）有司自備席索腳力，赴已擬固堤等場，於元統三年依例支出，均散於民。」「不遵省部所行，寢匿符文，依前差人馳驛，督責州縣，臨逼百姓，追徵食鹽課鈔，不無擾害。」〔註75〕有時與課程辦集無關的事，路府州縣官員也「唯都轉運鹽使司等馬首是瞻。」如「元貞間，兩浙鹽運司同知范某陰賊為奸，州縣吏以賂咸聽驅役，由是數侵細民。」〔註76〕由於專司的專橫跋扈，地方官員甚至不惜向朝廷建議罷之。「時轉運司官聽用鄉里猾狡，動以犯法誣民，而轉運司得專制有司，凡五品官以下皆杖決，州縣莫敢如何。（鄧）文原請罷其專司，俾郡縣領之，不報。」〔註77〕

1976 年版，第 4185 頁。

〔註71〕《元典章》卷二十二，《戶部八・課程・運司合行事理》，中國廣播電視出版社，影印元刊本，第 860 頁。

〔註72〕〔明〕宋濂等，《元史》卷一百八十五，《李稷傳》，北京：中華書局校點本，1976 年版，第 4258 頁。

〔註73〕李治安：「元代中央與地方財政關係述略」，《南開學報》，1994 年第 2 期，第 24 頁。

〔註74〕宋濂等，《元史》卷一百八十六，《歸暘傳》，北京：中華書局校點本，1976 年版，第 4269 頁。

〔註75〕宋濂等，《元史》卷九十七，《食貨五》，北京：中華書局校點本，1976 年版，第 2491 頁。

〔註76〕宋濂等，《元史》卷一百三十一，《拜降傳》，北京：中華書局校點本，1976 年版，第 3201 頁。

〔註77〕宋濂等，《元史》卷一百七十二，《鄧文原傳》，北京：中華書局校點本，1976 年版，第 4024 頁。

第二節　生產經營的宏觀法律規制

元代官營課程手工業的生產經營，從廣義上說，包括課程產品的生產和課程產品的銷售兩個不可分割的部分，並共同構築成元代官營工商業的主體。但出於行文的需要，本章所指的元代官營課程手工業的生產經營僅限於課程產品的生產部分，而課程產品的銷售流通部分將在下一章元代官營商業的法律規制中闡述。元代官營課程手工業生產經營的法律規制，事實上又分爲兩個層次：第一層次是官營課程手工業的宏觀調控和管制的法律規制，本文將其稱爲官營課程手工業的宏觀法律規制；第二層次是官營課程手工業的微觀層面即具體生產經營方式及產品分配方式的法律規制，即所謂的官營課程手工業的微觀法律規制。

官營課程手工業生產經營的宏觀法律規制是以官營課程手工業作爲全部和整體進行法律上的調整和管制，而區別於以課程手工業的局部或者具體個體爲對象的法律規制。元代官營課程手工業的宏觀法律規制主要包括經營壟斷、經營定額、經營獨立及經營監督等方面的法律規制，下面將分而述之。

一、經營壟斷的法律規制

壟斷經營制度即禁榷制度，是我國封建政府禁止某些工商業部門私人介入，由政府獨佔排他性經營管理，從而獲得高額壟斷利潤的一種經濟制度。元人徐元瑞引韋詔曰：「以木渡水曰榷。」且注曰：「如水上設木渡人，示路歸一，官專其利，不容利源散漫也。」〔註78〕在中國古代社會，禁榷制度起源甚早，「齊管仲的『官山海』法令，乃是貫穿整個中國古代的鹽鐵專賣立法的肇端。」〔註79〕

元代政府壟斷經營的課程手工業規模之大、範圍之廣可謂是世罕其匹。從《元典章》、《元史》等文獻中可見其大概。《元典章》明確規定了的壟斷專賣課程商品有：茶課、鹽課、酒課、契本、洞冶、竹課、河泊等，其中洞冶又包括「隨處金、銀、銅、鐵、丹粉、錫、碌」以及「磁窯課程」等，河泊又包括「魚並鵝鴨之類及蓮藕茭頭菱角蒲草等」。《元史·刑法志》中所記載

〔註78〕 徐元瑞著：《吏學指南》，楊訥點校，杭州：浙江古籍出版社，1988 年版，第 87 頁。

〔註79〕 曾代偉：《中國經濟法制史綱》，成都：成都科技大學出版社，1994 年版，第 19 頁。

的課程罪名有：私鹽、私茶、私銅、私鐵、私酒、私竹等。《元史‧食貨志》對官營課程商品種類記載更為詳盡，不僅包括傳統的鹽課、茶課、酒醋課以及「歲課」中的「金、銀、珠、玉、銅、鐵、水銀、硃砂、碧甸子、鉛、錫、礬、硝、鹻、竹、木之類」，還包括「額外課」。「謂之額外者，歲課皆有額，而此課不在其額中也。然國之經用，亦有賴焉。課之名凡三十有二：其一曰曆日，二曰契本，三曰河泊，四曰山場，五曰窯冶，六曰房地租，七曰門攤，八曰池塘，九曰蒲葦，十曰食羊，十一曰荻葦，十二曰煤炭，十三曰撞岸，十四曰山查，十五曰麴，十六曰魚，十七曰漆，十八曰醡，十九曰山澤，二十曰蕩，二十一曰柳，二十二曰牙例，二十三曰乳牛，二十四曰抽分，二十五曰蒲，二十六曰魚苗，二十七曰柴，二十八曰羊皮，二十九曰磁，三十曰竹葦，三十一曰薑，三十二曰白藥。」〔註80〕在中國歷史上，如此之繁多的官營課程手工業種類，如此之繁多的禁榷壟斷專賣商品，真可謂「前無古人，後無來者」，充分反映了元政府的殖民剝削本質。

　　元代如此龐大的官營課程手工業壟斷經營的法律基礎是國家對生產資料的壟斷獨佔。自然資源，山林川澤之產，是課程手工業的主要生產資料。儘管元朝的土地有官私之分，官有土地往往被稱為「係官田土」，而且國家還累禁詐冒投獻土地，即將民田冒獻給國家。成宗大德八年，詔書內一款：「國家財賦自有常制，比者諸人妄獻田土、戶計、山場、窯冶，增添課程，……今後悉皆禁絕，違者治罪」。武宗至大四年，劉亦馬罕、小雲失不花等冒獻河南地土，武宗下詔：「令各還原主，劉亦馬罕長流海南。今後諸陳獻地土並山場窯冶之人，並行治罪。」〔註81〕但是，作為課程手工業生產資料的山林川澤之產，是不費工本，自然天成，其所有權則歸國家壟斷獨佔，史稱「山林川澤之產，若金、銀、珠、玉、銅、鐵、水銀、硃砂、碧甸子、鉛、錫、礬、硝、鹻、竹、木之類，皆天地自然之利，有國者之所必資也。」〔註82〕

　　課程手工業生產資料國家壟斷獨佔的法律規制，首先體現在當課程生產資料國家所有權與私人土地所有權發生衝突時，國家法令毫無例外地保護山

〔註80〕　宋濂等，《元史》卷九十四，《食貨二》，北京：中華書局校點本，1976年版，第2403頁。
〔註81〕　郭成偉點校：《大元通制條格》卷十六，《田令‧妄獻田土》，北京：法律出版社，1999年版，第205頁。
〔註82〕　宋濂等，《元史》卷九十四，《食貨二》，北京：中華書局校點本，1976年版，第2377頁。

林川澤之產的國家所有權。至元四年立洞冶總管府的「條畫」中明確規定：
「諸路山川多有舊來曾立洞冶，往往勢要之家不曾興工，虛行影占，阻擋諸
人不得煽煉辦課入官。今擬……將上項洞冶所出之物取勘見數……立額興
煽。若有依前占悕人員申覆制國用使司定奪。」〔註83〕「勢要之家」擁有山
川土地的所有權，而在他們的土地上發現了礦藏，且曾立洞冶，他們試圖「阻
擋諸人不得煽煉辦課入官」，因而在上述法令中被元廷禁止。至元二十年六
月中書省又規定：「銅鐵是國家必用之物，……外據出銅坑冶未曾經理，擬
合根訪出產銅礦去處，召人興煉，禁約諸人毋得沮壞。」〔註84〕這裡的「諸
人」，肯定包括而且主要是指銅坑的土地所有者。

正是因為對國家資源所有權的法律上優先保護，造成了民眾土地所有權
的弱化，從而出現了許多匪夷所思的侵害民眾土地所有權及其他財產權的現
象。例如，《元史》載，至正二年，蓋苗出為山東廉訪副使。「益都、淄、萊
地舊稱產金，朝廷建一府六所綜其事，民歲買金以輸官，至是六十年矣，民
有忤其官長意，輒謂所居地有金礦，掘地及泉而後止，猾吏為奸利，莫敢誰
何。苗建言罷之。」〔註85〕元人文集對此類現象也多有記載，危素記述：「至
元十四年，分寧縣人商瓊者，謀獻利覓官，……久之，懼其妄覺，又誣富民
地有金，掘其廬舍、冢墓，劫取貨賄，輒增廣歲賦入，以錮其事。於是盡力
掊克，請增輸金至廿五兩九錢重，以為己功。鄉民甚惡之。」〔註86〕于欽評
論：「指以金苗鑿地，人家居宅墳壟皆所不免，而民不勝擾矣，其害視醴灶有
加。」〔註87〕

課程手工業生產資料國家壟斷獨佔的法律規制，另一個明顯的法制體現
是，野生與家養之物的法律權屬性質有異，人們在將其佔有並經營時，其法
律性質及後果也是完全不一樣的。野生之物，「國家恆產」，是國家辦課的對
象，而家養之物，「百姓恆產」，只是國家徵稅（即商稅）對象。以竹木採伐
業為例，元廷規定：「隨處竹園，拘屬於官，不費工本，自然滋長，採斫辦

〔註83〕《元典章》卷二十二，《戶部八・洞冶・立洞冶總管府》，中國廣播電視出版
　　　社，影印元刊本，第968頁。
〔註84〕《元典章》卷二十二，《戶部八・洞冶・根訪銅礦》，中國廣播電視出版社，
　　　影印元刊本，第969頁。
〔註85〕宋濂等，《元史》卷一百八十五，《蓋苗傳》，北京：中華書局校點本，1976
　　　年版，第4261頁。
〔註86〕危素：《危太樸文續集》卷十，《富州蠲金紀事》
〔註87〕于欽：《齊乘》卷一。

課……懷洛關西等處平川，見有竹園約五百餘頃，即係國家恆產，久而荒廢，合無選通曉竹法人員依舊管領辦課。」不唯如是，就是民間住宅內的野生竹子，法律上也是國家所有，也是國家的辦課之對象。「百姓園座驗各各頃畝，斟酌包認課程。」〔註88〕《刑法志》在規定「私竹」罪時，表述得更加明白，「若民間住宅內外並闌檻竹不成畝，……依例抽分」。〔註89〕當然，如果是百姓自己栽植，屬家產，至元二十一年十二月聖旨規定：「懷孟及其餘路分竹貨係百姓栽植恆產，因之……應當民戶差發，……止依例收稅。」〔註90〕再以捕魚業為例，至元二十二年正月中書省規定：「江南打魚人戶，在先各處官司出榜召募，諸人自備工本辦課勾當行來，認了一百定課程。……今後交各處官司兼管湖泊招收魚船戶，官為應副綱索、攔閘、神福等，外據打算魚數，十分為率，魚戶收三分官收七分。」這裡規定了官營漁業的兩種辦課形式：其一是魚戶自備工本，承包定額經營。其二是官為應副工本，承包比例抽分，官七民三。至於家養池魚，法律又明確規定：「近水之家，許鑿池養魚……所出物色，如遇貨賣，合稅者依例赴務投稅，難同自來辦課河泊課程，以致人民不敢增修。」〔註91〕可見，自然之物與家養之物在法律上的明顯不同：自然之物是國家財產，經營則為辦課；家養之物是百姓財產，買賣只需納稅（三十取一）。

　　儘管禁榷制度幾乎伴隨著中國封建制度的始末，但對大多數禁榷商品而言，在大多數時期內，政府只是控制流通環節，由政府直接壟斷生產過程的情況相對較少，生產一般仍由私人進行。〔註92〕但是，在元代這一情況卻有所不同，政府不僅控制了大多數禁榷商品的流通環節，而且還直接或間接壟斷了大多數禁榷商品的生產過程。事實上，相較於歷代中原王朝的禁榷制度，元代的禁榷制度更為嚴格，其強制性、壟斷性、排他性、官營性更強。在國家壟斷課程手工業生產資料的基礎上，元朝政府採取勞役制經營與承包制經

〔註88〕　《元典章》卷二十二，《戶部八·竹課·腹裏竹課依舊江南亦通行》，中國廣播電視出版社，影印元刊本，第971頁。

〔註89〕　郭成偉點校：《大元通制條格》附錄，《刑法三·食貨》，北京：法律出版社，1999年版，第408頁。

〔註90〕　《元典章》卷二十二，《戶部八·竹課·竹貨依例收稅》，中國廣播電視出版社，影印元刊本，第971頁。

〔註91〕　《元典章》卷二十二，《戶部八·河泊》之《湖泊招人打魚》《池魚難同河泊辦課》，中國廣播電視出版社，影印元刊本，第973～974頁。

〔註92〕　劉佛丁主編：《中華文化通志：工商制度志》，第61頁。

營相結合，以國家直接壟斷為主，以國家間接壟斷為輔，組織課程手工業的官營生產。

　　一方面，元廷明確規定：「諸局院人匠鷹房打捕並軍人奧魯諸色人等如是不有朝廷法度，專擅地利，以國家權貨看為私家永業，貪圖厚利……依條歸斷。」〔註93〕且不斷頒佈法令嚴禁「私鹽」、「私鐵」、「私銅」、「私酒」。其中許多法令，都是直接禁止私人介入課程手工業的生產，為國家壟斷經營提供法律保障。在課程手工業中，製鹽業最為重要。「天下每年辦納的錢，鹽貨辦著多一半有。」「每年收的錢，鹽辦課著多一半。」〔註94〕因此，元朝政府對食鹽生產的壟斷最為堅決，對私鹽煎販的打擊也最為積極。元廷規定：「蒙古漢軍探馬赤打捕鷹房站赤諸色人等，一體買食官鹽，不得私煎販賣及不得私造酒醯。」〔註95〕這條禁令不是一般的針對百姓的「私鹽」禁令，而是將打擊「私鹽」的對象直指「蒙古、漢軍、探馬赤」等特權階層甚至統治階級權貴。仁宗延祐六年，兩浙運司申諮都省「色目人煎販私鹽別無所坐罪名」，都省照詳刑部議得：「色目人煎販私鹽者，依例科斷」；「蒙古色目人（如斷配，筆者注）發付兩廣海南」。〔註96〕此處的「色目人煎販私鹽別無所坐罪名」，並不是「色目人煎販私鹽」沒有罪名及法律沒有規定其行為觸犯刑法，而是指「色目人」作為元代的享有不平等特權的民族，在煎販私鹽的法律處罰上沒有特別例外的減免規定，沒有體現出元代的四等人制度。都省的決議答付也十分明確「依例科斷」，即根據一般法定罪，不另擬針對「色目人」的特別法。由此可見，在私鹽問題上，蒙古色目人甚至統治權貴也在禁治範圍，沒有任何人有任何特權可以煎販私鹽，在處罰上也與漢人、南人一致，這在元代諸禁中是十分罕見的。對於普通中原、江南漢地百姓，別說是「煎販私鹽」，就是「切取鹹土淋滷食用」也是有明確禁例。根據「至元八年……日照縣人戶馬青等偷掃鹹土舊例」，中書省規定，「掃刮鹹土食用者

〔註93〕《元典章》卷二十二，《戶部八‧茶課‧榷茶運司條畫》，中國廣播電視出版社，影印元刊本，第870頁。

〔註94〕《元典章》卷二十二，《戶部八‧鹽課‧鹽司人員休要買鹽引》，中國廣播電視出版社，影印元刊本，第956頁。

〔註95〕《元典章》卷二十二，《戶部八‧鹽課‧立都提舉司辦鹽課》，中國廣播電視出版社，影印元刊本，第882頁。

〔註96〕《元典章》卷二十二，《戶部八‧鹽課‧鹽法通則》，中國廣播電視出版社，影印元刊本，第903頁。

與採賣穗草燒灰淋滷」，雖然「難同私鹽」，但仍然「量笞卅七下」。〔註97〕

　　除製鹽業外，銅、鐵等礦冶業有時也在禁止私人經營的範疇之內。元史記載：「諸出銅之地，民間敢私煉者禁之。」〔註98〕再以冶鐵爲例，「大德元年（1297）十一月，中書省近爲各路係官鐵冶累年煽到鐵貨積垛數多，百姓工本煽爐雖是二八抽分，納官中間多不盡實。爲此，於元貞二年（1296）九月初八日奏准，革罷百姓自備工本爐冶，官爲興煽發賣……」〔註99〕將冶鐵業由部分抽分承包經營制度改爲國家完全直接壟斷管理經營。另外，課程手工業中的釀酒業，元廷也經常禁止私人醞釀。例如，中統二年聖旨指出：「先朝累降聖旨條畫禁斷私鹽酒醋麴貨」。〔註100〕至元十五年，又重申：「做私酒來的爲頭的人殺者，家宴抄上了呵！……造酒底人七十七下，飲酒底人一十七下，抄到錢財衣物沒官。」〔註101〕至元二十二年，盧世榮認爲：「京師富豪戶釀酒酤賣，價高味薄，且課不時輸，宜一切禁罷，官自酤賣。」世祖從之。〔註102〕

　　另一方面，元朝政府在禁止私人經營的基礎上，大量調撥或召募鹽戶、淘金戶、鐵冶戶等諸色課程戶計，設置轉運司、提舉司、洞冶總管府等組織管理機構，在全國上下大規模興辦官營課程手工業經濟實體。元代官營課程手工業政府壟斷經營主要體現在其大面積採取勞役制的國家直接壟斷經營的方式上。有學者在比較元代與前代的鹽業禁榷制度時指出：「從表面上看，元朝與唐宋搜刮鹽課的辦法基本一致，都是通過剝削食鹽的生產者和消費者，即壟斷鹽業的生產和實行專賣制度這兩條途徑來實現的，並沒有什麼更新穎的搜刮花樣。……但元朝卻是全部鹽場皆由官府經營，由官府設置各級官員進行管理，撥世襲的鹽戶入鹽場生產。……所以，元朝的鹽法是既控制銷售，

〔註97〕《元典章》卷二十二，《戶部八・鹽課・鹽法通則》，中國廣播電視出版社，影印元刊本，第906頁。

〔註98〕郭成偉點校：《大元通制條格》附錄，《刑法三・食貨》，北京：法律出版社，1999年版，第408頁。

〔註99〕《元典章》卷二十二，《戶部八・洞冶・鐵貨從長講究》，中國廣播電視出版社，影印元刊本，第970頁。

〔註100〕《元典章》卷二十二，《戶部八・課程・恢辦課程條畫》，中國廣播電視出版社，影印元刊本，第853頁。

〔註101〕《元典章》卷二十二，《戶部八・酒課・禁治私造酒》，中國廣播電視出版社，影印元刊本，第935頁。

〔註102〕〔明〕宋濂等，《元史》卷二百○五，《姦臣盧世榮傳》，北京：中華書局校點本，1976年版，第4565頁。

出賣鹽引，又控制生產及其生產者鹽戶。」〔註103〕官營礦冶業雖然不是全部皆由政府直接壟斷經營，但勞役制仍然是其主要的經營方式。「元代全國各地大多數礦區都採用了勞役制的生產方式。與宋代相似的生產方式相比，其超經濟強制更爲強化」；「元代礦冶業中勞役制生產占主導地位，且元代實行的勞役制比前代更爲全面和深化，勞動者的人身依附性再次加深」。〔註104〕

根據時勢的需要，爲節約生產經營成本、提高勞動生產效率，元朝政府也在一定範圍內鼓勵民間力量參與官營課程手工業的生產經營。例如，至元四年立諸路洞冶總管府聖旨規定：「若有虛閒諸色洞冶，並堪以立冶地面，更仰召募諸人自備工本起立採打興煽，從長辦課，毋得曠闕辦課月日。」〔註105〕事實上，元代政府鼓勵民間私人參與官營課程手工業生產，通常採用定額承包經營或者抽分承包經營的方式，但無論採取何種經營方式，也無論引入了多少民營因素，都無法改變其國家壟斷經營的性質，只不過是由國家直接壟斷經營轉變爲國家間接壟斷經營而已。

二、經營定額的法律規制

元代官營課程手工業經濟是典型的計劃經濟，生產任務的定額管理是其重要特徵之一。史稱：「古之善治其國者，不能無取於民，亦未嘗過取於民，其大要在乎量入爲出而已。」官營課程手工業作爲國家經費的主要來源，「量」化管理實屬必然。「元興，因土人呈獻，而定其歲入之課，多者不盡收，少者不強取，非知理財之道者，能若是乎。」〔註106〕顯然，元代課程手工業的定額管理制度，即「定其歲入之課」制度，《元史》對之評價甚高。

元代官營課程手工業定額管理制度始於太宗窩闊台。太宗即位之初，耶律楚材提議「誠均定中原地稅、商稅、鹽、酒、鐵冶、山澤之利，歲可得銀五十萬兩、帛八萬匹、粟四十萬餘石。」太宗八年丙申（1236）秋七月，「遂定天下賦稅，……鹽價，銀一兩四十斤。」〔註107〕對此，《食貨志》也有記

〔註103〕高樹林：《元代賦役制度研究》，保定：河北大學出版社，1997年版，第62頁。

〔註104〕劉莉亞：《元代礦冶業研究》，河北大學：碩士學位論文，未刊本，第11、19頁。

〔註105〕《元典章》卷二十二，《户部八‧洞冶‧立洞冶總管府》，中國廣播電視出版社，影印元刊本，第968頁。

〔註106〕宋濂等，《元史》卷九十四，《食貨二》，北京：中華書局校點本，1976年版，第2377頁。

〔註107〕宋濂等，《元史》卷一百四十六，《耶律楚材傳》北京：中華書局校點本，1976

載：「元初，以酒醋、鹽稅、河泊、金、銀、鐵冶六色，取課於民，歲定白銀萬錠。」〔註108〕白銀「萬錠」即白銀「五十萬兩」，由此可見，元代官營課程手工業定額管理制度立法甚早，而且是由深受漢文化影響的耶律楚材一手草創。

　　元代官營課程手工業的定額管理制度深受前代法制的影響，有時直接以前代尤其是宋代舊制作為立法依據。例如，盧世榮於至元十七年創立門攤食茶課程一千三百六十餘定。至元二十一年，中書省以「止宋自來舊例別無食茶課額」為由，「將各路食茶課程罷去」。〔註109〕再如，宋代規定：「凡金、銀、銅、鐵、鉛、錫、鹽、礬，皆計其所入登耗以詔賞罰。」〔註110〕「登」者，即所入超出定額，對官員行賞；「耗」者，即所入不及定額，要對官員進行處罰。賞罰輕重根據「登耗」數量而定。但是元代前期雖然「累奉聖旨增羨者遷賞，虧兌者陪償黜降」，卻「自來終不曾定立升降賞罰格例」。因此，中書省命令戶部、吏部「添取前代……之遺制，準以今日所宜，定立考較增虧法度與夫升降賞罰格例。」〔註111〕這裡中書省明確提出了元代官營課程手工業的定額管理法律制度的立法原則是「添取前代之遺制，準以今日所宜」。

　　元代官營課程手工業，除「額外課」從實辦課之外，鹽課、茶課、酒醋課以及金、銀、珠、玉、銅、鐵、水銀、硃砂、碧甸子、鉛、錫、礬、硝、城、竹、木之類，「歲課皆有額」。《元史》對天曆元年（1328）金課、銀課、銅課、鐵課、鉛錫課、礬課、硝城課、竹木課在腹裏及各行省的課額均有比較詳細系統的記載。下面以金課為例，列表如下：〔註112〕

　　　　　　年版，第3458頁。
〔註108〕宋濂等，《元史》卷九十四，《食貨二》，北京：中華書局校點本，1976年版，第2386頁。
〔註109〕《元典章》卷二十二，《戶部八・茶課・恢辦茶課》，中國廣播電視出版社，影印元刊本，第867頁。
〔註110〕《宋史》卷一百六十三，北京中華書局校點本，1985年版，第3382頁。
〔註111〕《元典章》卷二十二，《戶部八・課程・辦課合行事理》，中國廣播電視出版社，影印元刊本，第864頁。
〔註112〕宋濂等，《元史》卷九十四，《食貨二》，北京：中華書局校點本，1976年版，第2383頁。

表5：天曆元年金課定額表

區　　　域	定　　　額
腹裏	四十錠四十七兩三錢
江浙省	一百八十錠一十五兩一錢
江西省	二錠四十兩五錢
湖廣省	八十錠二十兩一錢
河南省	三十八兩六錢
四川省	麩金七兩二錢
雲南省	一百八十四錠一兩九錢

資料來源：《元史‧食貨二》，第 2383 頁。

　　製鹽業在諸課中最爲重要，史載：「凡天下一歲總辦之數，唯天曆爲可考，……鹽，總二百五十六萬四千餘引。鹽課鈔，總七百六十六萬一千餘錠。」事實上，鹽課定額在《元典章》裏也有詳細記載，唯不知是何年歲，其「周歲內外額辦計一百七十一萬六千六百七十引」。因《元典章》記載的是「中統建元（1260）至延祐四年（1317）所降條畫」，考慮到鹽課額一直在不斷變化，應以最近鹽課定額記載意義最大，所以很可能是延祐年間的鹽課定額。

表6：《元典章》記載《鹽場額辦引數》 [註113]

辦課機構	定額數（引）	鹽戶數（戶）
大都都轉運鹽使司	20000	無
江南都轉運鹽使司	250000	3565
山東都轉運鹽使司	240000	2780
兩淮都轉運鹽使司	652475	10432
兩浙都轉運鹽使司	350000	15809
陝西都轉運鹽使司	74000	2000
四川都轉運鹽使司	14695	6351
福建都轉運鹽使司	70000	11782
廣東鹽提舉	21500	無
廣海鹽提舉	24000	無

資料來源：《元典章‧鹽場額辦引數》，第 353 頁。

[註113]《元典章》卷九，《吏部三‧官制三‧場務官‧鹽場額辦引數》，中國廣播電視出版社，影印元刊本，第 353 頁。

　　至於元代官營課程手工業經營定額法律規制的具體內容，應該包括定額的擬立、定額的增減、定額的執行等方面。

（一）定額擬立的法律規制

　　生產任務的定額具有計劃性和預決性，其法律規制的目的一是保證定額的科學合理，有執行實施的可能性；二是促進生產，保障課程收入的「盡實到官」。元廷沒有專門的定額擬立的立法規定，但在至元四年《立洞冶總管府》，至元十三年平定江南從實恢辦《江南諸色課程》，至元二十年整治《辦課合行事理》的詔書中均有零散的規定。現將元廷課程定額擬立的主要依據歸納如下：

　　1、「照勘」前代舊額。初平江南，元代接手殘宋舊有的官營課程手工業，往往承前代舊制，參照前代舊額，從實辦課。至元十三年《江南諸色課程》聖旨條畫節該：「茶鹽酒醋商稅金銀鐵冶行貨湖泊大小課程從實恢辦……根據本處殘宋辦課次第……照勘舊額數目比之今日見辦課程到官數目，須要逐月增羨，依期比附。」〔註114〕《元史》的記載也可印證，「兩淮之鹽：至元十三年命提舉馬裏范張依宋舊例辦課，每引重三百斤，其價為中統鈔八兩」；「廣東之鹽：至元十三年，克廣州，因宋之舊，立提舉司，從實辦課」；「兩浙之鹽：……本司自至元十三年創立，當時未有定額。至十五年始立額，辦鹽十五萬九千引。」〔註115〕

　　2、「酌量」戶計多寡。戶計多寡及其貧富是百姓購買力的決定性因素，也是元代政府許多課程手工業定額擬立的主要依據。元廷規定：「酒醋課程須酌量居民多寡」。還規定各路「攛辦到課程每月一次就便驗本處戶計多寡比較」；省府「亦驗各處戶計再行比較」。〔註116〕製鹽業定額擬立更是與戶計多寡有莫大的關係，食鹽地面更是「每年督勒有司（地方政府），驗戶口請買」。兩浙運司認為自己的額辦鹽課太重，明確地指出：「兩淮（鹽司）跨涉四省，課額雖大，地廣民多，食之者眾，可以辦集。……本司歲辦額鹽四十八萬引，行鹽之地，兩浙、江東凡一千九百六萬餘口。每日食鹽四錢一分

〔註114〕《元典章》卷二十二，《戶部八‧課程‧江南諸色課程》，中國廣播電視出版社，影印元刊本，第855頁。

〔註115〕宋濂等，《元史》卷九十四、九十七，《食貨二》、《食貨五》，北京：中華書局校點本，1976年版，第2390、2392、2495頁。

〔註116〕《元典章》卷二十二，《戶部八‧課程‧江南諸色課程》，中國廣播電視出版社，影印元刊本，第856～857頁。

八釐，總而計之，爲四十四萬九千餘引。雖賣盡其數，猶剩鹽三萬一千餘引。」〔註117〕正因爲戶計多寡對辦課十分重要，至元十三年東平等路轉運使蔡德潤等連名提議，「呈要各路增添戶計事」，中書省答付：「前件議得省會於戶部照勘者」。〔註118〕

3、「斟酌」當時物價。課程定額如果以貨幣形式計量，當時的物價狀況對辦課會有重要影響，因而在擬立課程定額時，物價因素也是必然需要考慮的。皇慶元年中書省認爲：「初立課程額數斟酌當時價值立了來，如今比在前物價增了數倍，務官只依舊額辦課程的上頭……不盡實到官的一般有。」因而請旨選委見任職官監辦課程。〔註119〕由此可見，元廷在擬立課程額度時，是斟酌了「當時價值」。

4、「取勘」辦課現數。根據現實情況或往年實辦課額，擬立生產任務定額，是元廷課程定額擬立的常用方法。至元四年《立洞冶總管府》詔令規定：「諸路洞冶總官府管領催督趁時煽煉，無得失誤，更爲相驗合辦課程額」；「……上項洞冶所出之物，取勘見數，召募諸人赴制國用使司入狀立額興煽。」〔註120〕這表明元廷官營礦冶業定額擬立一般要求「所出之物，取勘見數，」「相驗合辦課程額」。至元十九年阿合馬身死名裂，中書省對阿合馬及其「總領孩兒每底根底」進行清算：大都課程因「交蒙古人監辦」，「額外六七千定增餘齣來」；中興、眞定、太原等處「諸人入狀陳獻至元二十年課程比之上年正額增餘之外有及數倍者」。中書省準備「行踏課程錢定額」，即「行踏」實際辦課情況重新擬立至元二十年的課程定額，因而奏請規定：「今歲各路合辦課額，今差官同各路提點官一同，照依至元十九年諸色課程辦到正額增餘數目，並在前年分除正額外，一切侵欺靡費額、多收少納、隱沒錢數，參議明白從新定立。」〔註121〕其重新擬立定額的核心原則是「並增爲額」。

〔註117〕宋濂等，《元史》九十七，《食貨五》，北京：中華書局校點本，1976 年版，第 2496～2497 頁。

〔註118〕《元典章》卷二十二，《戶部八·課程·運司合行事理》，中國廣播電視出版社，影印元刊本，第 859 頁。

〔註119〕《元典章》卷二十二，《戶部八·常課·監辦課程》，中國廣播電視出版社，影印元刊本，第 859 頁。

〔註120〕《元典章》卷二十二，《戶部八·洞冶·立洞冶總管府》，中國廣播電視出版社，影印元刊本，第 968 頁。

〔註121〕《元典章》卷二十二，《戶部八·課程·辦課合行事理》，中國廣播電視出版社，影印元刊本，第 861～862 頁。

（二）定額增減的法律規制

元初，耶律楚材以酒醋、鹽稅、河泊、金、銀、鐵冶六色，取課於民，歲定白銀萬錠。既定常賦，朝議以爲太輕，楚材曰：「做法於涼，其弊猶貪，後將有以利進者，則今已重矣。」不幸果然被耶律楚材言中，後「以利進者」不絕於史，「自庚寅（1230）定課稅格，至甲午（1234）平河南，歲有增羨，戊戌（1238）課銀增至一百一十萬兩，……奧都剌合蠻撲買課稅，又增至二百二十萬兩。」〔註122〕到成宗大德年間，「歲入之數，金一萬九千兩，銀六萬兩，鈔三百六十萬錠，然猶不足於用。……自時厥後，國用浸廣。除稅糧、科差二者之外，凡課之入，日增月益。至於天曆之際，視至元、大德之數，蓋增二十倍矣，而朝廷未嘗有一日之蓄。」〔註123〕眞是取之不竭，用之無度，課程定額原則「多者不盡收，少者不強取」幾無痕跡可尋。

上面是從課程手工業收入總量上分析，再從個案上看，各處辦課定額的增長幅度更是驚人。至元五年，兩浙運司申中書省云：「本司自至元十三年創立，當時未有定額。至十五年始立額，辦鹽十五萬九千引。自後累增至四十五萬引，元統元年又增餘鹽三萬引，每歲總計四十有八萬。每引初定官價中統鈔五貫，自後增爲九貫、十貫，以至三十、五十、六十、一百，今則爲三錠矣。每年辦正課中統鈔一百四十四萬錠，較之初年，引增十倍，價增三十倍。」不唯絕對數量成倍增加，如果與秋糧、夏稅比較，鹽課收入占比日重。「福建鹽課始自至元十三年，見在鹽六千五十五引，每引鈔九貫。……（至大）四年，復立運司，遂定額爲十三萬引，增價鈔爲二錠。延祐元年，又增爲三錠。……本道山多田少，土瘠民貧，民不加多，鹽額增重。八路秋糧，每歲止二十七萬八千九百餘石，夏稅不過一萬一千五百餘錠，而鹽課十三萬引，該鈔三十九萬錠。民力日弊，每遇催徵，貧者質妻鬻子以輸課，至無可規措，往往逃移他方。」〔註124〕鹽課收入已經大幅超過秋糧、夏稅。作爲古代農業社會，財政收入一般以農業稅收爲主，然而福建八路秋糧、夏稅只及鹽課三分之二。可見鹽課定額之重，已經全無科學合理性可言，鹽課

〔註122〕宋濂等，《元史》卷一百四十六，《耶律楚材傳》北京：中華書局校點本，1976年版，第3461、3463頁。

〔註123〕宋濂等，《元史》九十三，《食貨一》，北京：中華書局校點本，1976年版，第2352頁。

〔註124〕宋濂等，《元史》九十七，《食貨五》，北京：中華書局校點本，1976年版，第2495、2500頁。

剝削已然達到了全無理性的瘋狂程度。不唯鹽課，其他課額也是如此，「徽、寧國、廣德三郡，歲入茶課鈔三千錠，後增至十八萬錠，竭山谷所產，不能充其半，餘皆鑿空取之民間，歲以爲常。」〔註 125〕

　　課額增長無度的根本原因無疑是蒙古統治階級賜與、經用無度，完全背離「量入爲出」的先王理財之道所致。但從法律制度層面看，「盡實到官」的定額法律理念和「並增爲額」的定額法律原則，顯然也將生產「大躍進」的熱情拓展到了極限。在完成定額任務的法律強制面前，在超額完成任務的陞官賞賜面前，如洪水般的利益驅動，借用制度力量將課程定額推升到了一個百姓不得不「質妻鬻子」「逃移他方」的高度。管理辦課機構的政府官員很少能夠冷靜、理性面對這種利益驅動，名臣如胡祗遹、高源、徐世隆等都是辦課增羨的高手。史載「時阿合馬當國，……（胡祗遹）出爲太原路治中，兼提舉本路鐵冶，將以歲賦不辦責之。及其蒞職，乃以最聞」；〔註 126〕「中統初……（高源）尋除河間等路都轉運副使，撫治有條，灶戶逃者皆復業，常賦外，羨餘幾十萬緡。」〔註 127〕「中統元年，（徐世隆）擢燕京等路宣撫使，……清滄鹽課，前政虧不及額，世隆綜校之，得增羨若干，賜銀三十錠。」〔註 128〕

　　當然，也有一些官員對「以增爲額」的制度缺陷保持著十分清醒的警惕。例如，太宗年間，楊奐授河南路徵收課稅所長官，兼廉訪使。「按行境內，親問鹽務月課幾何，難易若何。有以增額言者，奐責之曰：『剝下欺上，汝欲我爲之耶。』即減元額四之一，公私便之。」〔註 129〕再如，至大元年，適兩淮鹽法久滯，乃左遷（敬）儼爲轉運使，欲以陷之。「比至，首劾場官之貪污者，法既大行，課復增羨二十五萬引。河南行省參政來會鹽莢，將以羨數爲歲入常額。儼以亭戶凋弊已甚，以羨爲額，民力將殫，病人以爲已，

〔註 125〕宋濂等，《元史》卷一百七十二，《鄧文原傳》，北京：中華書局校點本，1976
　　　　年版，第 4024 頁。

〔註 126〕宋濂等，《元史》卷一百七十，《胡祗遹傳》，北京：中華書局校點本，1976
　　　　年版，第 3992 頁。

〔註 127〕宋濂等，《元史》卷一百七十，《高源傳》，北京：中華書局校點本，1976 年
　　　　版，第 4002 頁。

〔註 128〕宋濂等，《元史》卷一百六十，《徐世隆傳》，北京：中華書局校點本，1976
　　　　年版，第 3769 頁。

〔註 129〕宋濂等，《元史》卷一百五十三，《楊奐傳》，北京：中華書局校點本，1976
　　　　年版，第 3622 頁。

非宰臣事，事遂止。」〔註130〕更有甚者，有的辦課官員寧願冒「不盡實到官」之罪，乾脆隱匿增羨。如仁宗皇慶元年，張思明再授兩浙鹽運使，「歲課羨贏，僚屬請上增數，思明曰：『贏縮不常，萬一以增爲額，是我希一己之榮，遺百世之害。』」接著，文宗天曆元年，張思明起爲江浙行中書省左丞。「會陝西大饑，中書撥江浙鹽運司歲課十萬錠賑之。吏白：周歲所入，已輸京師，當回諮中書。思明曰：『陝西饑民，猶鮒在涸轍，往復逾月，是索之枯魚之肆也。其以下年未輸者，如數與之，。』朝廷韙之。」〔註131〕可見此時的江浙行省左丞張思明，隱匿鹽課至少在「十萬錠」之上，並且寧願冒「有罪，吾當坐」的風險，以隱匿之課救陝西饑民之急。元廷明知而「韙之」，不治其罪，這表明元廷在一定程度上理解並寬容張思明隱匿課程的做法。

對於「並增爲額」的制度隱患，最直接最徹底的辦法是立法限制甚至否定「並增爲額」。至元三十一年四月詔書內一款：「諸處酒稅等課已有定額，商稅三十分取一，毋得多取。若於額上辦出增餘，額自作額，增自作增，仍禁諸人撲買。」「額自作額，增自作增」否定了「並增爲額」的定額擬立原則，具有一定的積極意義，但元廷顯然沒有認眞實施，而且時有反覆。至大四年三月詔書裏仍然記載有：「尙書並增爲額，又立增酬殿年之令」。顯然主管財經的尙書省又回到了「並增爲額」的老路。延祐七年十一月，元廷又下詔重申：「諸色課程已有定額……仰將延祐七年實辦到官數目爲定額，以後辦出增餘，增自作增，額自用額。」〔註132〕這樣的法令，本身的執行力就值得懷疑，本年暫且「並增爲額」，以後「下不爲例」。就算「額自作額，增自作增」的法令得以實施，也並不能根治課額的變相增長，因爲元廷在「正額」之外將增羨之數記錄在冊，謂之「餘額」。久而久之，「餘額」也像「正額」一樣，具有了法律強制性，是辦課機構必須完成的生產任務。例如，後至元五年三月，湖廣行省諮中書省云：「廣海鹽課提舉司額鹽三萬五千一百六十五引，餘鹽一萬五千引。近因黎賊爲害，民不聊生，正額積虧四萬餘引，

〔註130〕宋濂等，《元史》卷一百七十五，《敬儼傳》，北京：中華書局校點本，1976
　　　　年版，第4094頁。

〔註131〕宋濂等，《元史》卷一百七十七，《張思明傳》，北京：中華書局校點本，1976
　　　　年版，第4122、4123頁。

〔註132〕《元典章》卷三，《聖政二·薄稅斂》，中國廣播電視出版社，影印元刊本，
　　　　第77頁。

臥收在庫。若復添辦餘鹽，困苦未蘇，恐致不安。事關利害，如蒙憐憫，聞奏除免，庶期元額可辦，不致遺患邊民。」〔註 133〕此時的餘鹽並不是可辦可不辦，除非「如蒙憐憫，聞奏除免」，否則是必須添辦。

　　元代課程手工業生產定額的減免是十分困難的，不僅要有充足的減免理由，而且還要經過嚴格的減免程序。上述提到的廣海之餘鹽的減免，由行省諮中書省，中書省令戶部擬議，戶部「擬於一萬五千引內，量減五千引，以舒民力。」然後再由「中書以所擬奏聞，得旨從之。」從減免理由上說：一是餘鹽，非正額。二是因黎賊為害，甚至正額積虧四萬餘引，臥收在庫。三是上升到政治高度，以邊亂相迫，不致遺患邊民。說白了就是不減免，可能邊民會造反。理由不可謂不充足，絲絲入扣，直言不諱。但戶部仍不敢全減一萬五千引，只限量減五千引。從減免程序上看，由行省提出減免申請，戶部議擬，中書奏聞，皇帝親裁。從至正二年兩浙額鹽量減一十萬引，福建鹽課權減餘鹽三萬引的過程中可以看出，減免程序皆是如此，無旨不得減免。〔註 134〕

　　正因為課額減免十分困難，「不失元額」、「大課無虧」往往是元代課程手工業經營變革的前提條件。如至元二十二年設立常平鹽局，其改革的目的一是「百姓每都得鹽吃」，另一目的則是「國家更有利錢」。再如至元二十一年罷門攤食茶課程，就是將食茶課額八千六百定「於正辦茶引上均補，務要不失元額」。草茶由原來的每引二兩二錢四分添加為三兩三錢三分，末茶由二兩四錢九分添為三兩五錢。這樣「庶免百姓食茶攪擾之害」，「課亦不虧」，是為「良法」。〔註 135〕有時元廷迫於形勢，則是拆東補西，總體課額終不得減。如至元二十九年阿老瓦丁提議減杭州省酒課二分，即減免四萬一千四百餘定，元廷卻「交湖廣龍興南京這幾省裏分表與辦呵！」〔註 136〕再如，元廷為解兩浙運司辦鹽之困，卻於至順四年令四川運司「帶辦兩浙運司五千引」。〔註 137〕

〔註 133〕宋濂等，《元史》九十七，《食貨五》，北京：中華書局校點本，1976 年版，第 2502 頁。

〔註 134〕宋濂等，《元史》九十七，《食貨五》，北京：中華書局校點本，1976 年版，第 2499、2501 頁。

〔註 135〕《元典章》卷二十二，《戶部八・茶課・恢辦茶課》，中國廣播電視出版社，影印元刊本，第 867 頁。

〔註 136〕《元典章》卷二十二，《戶部八・酒課・添辦酒課》，中國廣播電視出版社，影印元刊本，第 937 頁。

〔註 137〕宋濂等，《元史》九十七，《食貨五》，北京：中華書局校點本，1976 年版，

（三）定額執行的法律規制

　　課程定額一經朝廷確立，就具有法律強制性，各級辦課機構務必貫徹執行。以製鹽業為例，元朝中後期，一方面由於灶戶破產逃亡，生產能力不足。另一方面由於荒欠連年，民不聊生，流亡者眾，鹽無所售。即使如此，鹽業生產任務定額卻仍然必須完成。史載河間運司「元簽灶戶五千七百七十四戶，除逃亡外，止存四千三百有一戶。每年額鹽，勒令見在疲乏之戶勉強包煎。」元廷卻在該司歲辦額鹽三十五萬引之外，「近年又添餘鹽三萬引」。至正三年，又兼「行鹽地方旱蝗相仍，百姓焉有買鹽之資」。運司不得不申請「自至正二年為始，權免餘鹽三萬引，俟豐稔之歲，煎辦如舊。」戶部「以錢糧支用不敷」為由，「權擬住煎一萬引」。更有甚者，兩浙運司額辦鹽四十八萬引，各倉停積累歲未賣之鹽卻有「九十餘萬引，無從支散。」積累之鹽是歲辦鹽額的近兩倍，而且「各場元簽灶戶一萬七千有餘，後因水旱疫癘，流移死亡，止存七千有餘。」就是在這種情況下，課程定額生產任務還得執行，「唯勒見戶包煎而已！」〔註138〕

　　為確保課程定額任務的完成，元廷主要採取了三個方面的法律措施：

　　1、依式完簽甘結認狀。元政府在確定生產任務定額之後，往往將任務定額層層分解，直至具體辦課機構或者個人。如上文提及的鹽戶「包煎」。元廷一般還要求辦課機構或個人簽訂「辦課責任狀」，並上呈都省。如至元四年《立洞冶總管府》的聖旨條畫中就規定了「相驗合辦額數」及「召募諸人赴制國用使司入狀立額興煽」的制度。〔註139〕至元二十年整治課程元廷又規定「將已定諸色課程額數就取本路依式完簽甘結認狀呈省。」中興、眞定、太原等處「諸人入狀陳獻至元二十年課程比之上年正額增餘之外有及數倍者」。

　　辦課機構在認辦的定額之外，超額完成了任務，辦出多餘的課程，也必須上交官府。「但有增餘須要盡實到官。」如元廷在得知「隨處多有勢要之家設立酒庫，持勢少認辦到課額，恣意多造酤酒發賣，辦到息錢除認納定官錢外，餘上盡行入己。」認為這是「侵佔官課」的行為，規定「截日盡行罷去，

　　　　第 2502 頁。

〔註138〕宋濂等，《元史》九十七，《食貨五》，北京：中華書局校點本，1976 年版，
　　　　第 2489、2497 頁。

〔註139〕《元典章》卷二十二，《戶部八‧洞冶‧立洞冶總管府》，中國廣播電視出版
　　　　社，影印元刊本，第 968 頁。

止委總管府選差人員造酒，依例從實辦課。」〔註140〕再如，元廷在《榷茶運司條畫》中也明確規定：「所辦課程照依元認課額須管比額增羨，盡實到官，無致欺隱。」〔註141〕

2、嚴格控制辦課環節。元廷課額執行環節立法十分嚴格，甚至於十分苛刻。「諸處鹽課，兩淮爲重」，以兩淮鹽課爲例。大德四年朝廷改鹽商鹽場支鹽爲立倉查運撥袋支鹽，聖旨內一款規定：「兩淮運司歲辦鹽課六十五萬七十五引，雖是周歲立額例，於九個月攢辦。自二月爲頭煎燒，十月終足備，月該煎鹽七萬二千二百三十引。……仍多方預積柴滷，雖連陰數月，並不許申報陰雨妨工，以爲久遠常例。」〔註142〕爲確保鹽課生產任務的完成，元廷立法之細密嚴格由此可見一斑。一是周歲立額例，根據實際情況務須於九個月內足備。二是規定每月該煎鹽的數量，以便掌控辦課進度。三是連陰數月，不許申報陰雨妨工，且爲「久遠常例」。控制辦課環節點多面廣，立法尚多，無法在此一一述及。

3、制定升降賞罰格例。制定並實施增羨者遷賞、虧兌者賠償黜降的升降賞罰格例是元政府建立辦課激勵機制，確保課額順利執行的最重要法律舉施。

元代前期，世祖雖然在各類辦課條畫中累下聖旨，「攛辦到課程……若有增羨，遷官給賞；若有恢辦不前或不爲用心勾當，以致課程虧少……就便取招，約量決罰」。「恢辦向前，課程額羨，年終考較，定有功者聞奏，有過者黜降。」〔註143〕「諸院務課程當該上司……若課額輕省而所增分數不及者，隨即究問。」〔註144〕「如有虧兌，勒令依數陪償，更行治罪。」〔註145〕但是，世祖並沒有制定詳細系統的升降賞罰格例。這其中有幾次立法事件值得注

〔註140〕《元典章》卷二十二，《戶部八‧課程‧江南諸色課程》，中國廣播電視出版社，影印元刊本，第857頁。

〔註141〕《元典章》卷二十二，《戶部八‧茶課‧榷茶運司條畫》，中國廣播電視出版社，影印元刊本，第870頁。

〔註142〕《元典章》卷二十二，《戶部八‧鹽課‧新降鹽法事理》，中國廣播電視出版社，影印元刊本，第886頁。

〔註143〕《元典章》卷二十二，《戶部八‧課程‧江南諸色課程》，中國廣播電視出版社，影印元刊本，第857頁。

〔註144〕《元典章》卷二十二，《戶部八‧課程‧至元新格》，中國廣播電視出版社，影印元刊本，第864頁。

〔註145〕《元典章》卷二十二，《戶部八‧茶課‧榷茶運司條畫》，中國廣播電視出版社，影印元刊本，第870頁。

意：一是至元十三年正月東平等路轉運使蔡德潤等連名提議，「各運司官依驗課額，以十分為率，若增一分，遷官一等，三分者，遷官二等，五分以上別加遷賞」，但中書省答付：「前件議得候年終考較見數至日依條定擬」。〔註146〕顯然，中書婉拒了運使們的這一建議。二是至元二十年，阿合馬身死，中書省對阿合馬及其黨羽進行清算，整治課程時，專例一款明確提出：「累奉聖旨增羨者遷賞、虧兌者陪償黜降，除欽依外，自來終不曾定立升降賞罰格例。能否無以懲勸，貪廉無以分別，又兼近年管課者惟以貨賂求升，無復以實獲進者，以致課程隱沒不得盡實到官甚，所以失理財用之道。已經答付戶部吏部一同照勘各路見辦諸色課程正額，增餘數目分為等級，添取前代院務監當驗籌數官之遺制，準以今日所宜，定立考較增虧法度與夫升降賞罰格例，隨議頒降。」〔註147〕這一次理由說得冠冕堂皇，但可以看出其中政治火藥味甚濃，其實質是把矛頭對準阿合馬黨羽的政治鬥爭語言。其最終結果還是議而未決，並沒有頒降任何升降賞罰格例。第三次是至元二十四年，桑哥為相，集諸路總管三十人，導之入見，欲以趣辦財賦之多寡為殿最。帝曰：「財賦辦集，非民力困竭必不能。然朕之府庫，豈少此哉！」〔註148〕世祖此語似乎說明了其專政時期，只打雷不下雨，並未出臺升降賞罰格例的深層原因。

元貞元年（1294），成宗上臺執政。閏四月，中書奏：「漢兒蠻子田地裏合辦的差發、稅糧、鹽等諸色錢糧……比合辦額外增餘的也有，辦上額的也有，辦不上額虧了的也有，南京省管著的兩淮鹽的勾當裏行的人每，年時的勾當裏怠慢虧了五千定鈔十萬引鹽。……各處錢穀勾當裏委付著的人每，向前辦出增餘來的根底，斟量著事體添名分或與賞的斟酌與呵！怎生？勾當裏怠慢辦不上額有虧的呵，斟酌著輕重，合要罪過的要了罪過，合罷的罷了，誡眾行文書呵！怎生？」成宗從之，「您的是也！向前在意來的每根底添名分更與賞者，聖旨了也！欽此！」〔註149〕這是現存文獻資料中可以考證到的元朝第一份專門規定《恢辦錢糧增虧賞罰》的法令，但其規定還是十分原

〔註146〕《元典章》卷二十二，《戶部八・課程・運司合行事理》，中國廣播電視出版社，影印元刊本，第860頁。

〔註147〕《元典章》卷二十二，《戶部八・課程・辦課合行事理》，中國廣播電視出版社，影印元刊本，第864頁。

〔註148〕〔明〕宋濂等，《元史》卷一百七十三《馬紹傳》，北京：中華書局校點本，1976年版，第4053頁。

〔註149〕《元典章》卷九，《吏部三・官制三・場務官・恢辦錢糧增虧賞罰》，中國廣播電視出版社，影印元刊本，第359頁。

則。元貞二年，成宗又頒佈了《增餘課鈔遷賞》的聖旨，但規定仍然十分原則。終成宗之世，不見制定具體賞罰格例。

成宗之後，武宗海山即位。至大二年（1309）八月，復置尚書省專事財賦。在此期間，尚書曾立「增酬殿年之令」，應該是制定了具體的升降賞罰格例。至大四年（1311）元仁宗愛育黎拔力八達執政，罷尚書省。三月十八日下詔：「商稅課程已有定制，尚書並增為額，又立增酬殿年之令，苟非峻剝吾民，彼將焉取？今後恢辦並遵舊制，法外多取及欺盜入己者，監察御史肅政廉訪司依例究治，增酬之令即仰革撥。」〔註150〕武宗時尚書制定的「增酬殿年之令」就此廢除，由於時間短暫，該令是否具體施行都未尚可知。

仁宗之子碩德八剌於延祐七年（1320）即帝位，是為英宗。至治元年（1321）江州路德化縣河泊提領朱信「前界皇慶二年（1313）辦到中統鈔五百八十四定七錢八分，本官任內延祐元年（1314）、延祐二年、延祐三年辦到中統鈔三千五百八十八定一兩四錢，內除三周歲並閏月該辦課程鈔一千八百定四十九兩六錢五分，增餘一千七百八十七定一兩七錢五分，以十分為率，比附前界所辦課程增及九分之上。」戶部約會吏部一同議得：「各處所辦稅課比較增虧已有升降通則，其河泊課程亦合一體升降相應。」此處所謂的「所辦稅課比較增虧已有升降通則」是否是具體的升降賞罰格例呢？為何延祐元年（1314）、延祐二年、延祐三年辦課增羨要拖到至治元年來處置呢？此處所謂的「升降通則」，事實上是戶部、吏部照得的至元二十九年中書省議得：「增及六分，牛馬市擬二等注授；增及三分，稅課提舉司官擬升一等。」別不見河泊所增九分應升二等通例。由此可見，此此處所謂的「升降通則」並非完整而詳細的升降賞罰格例，只不過是為處置眼前案例，而從舊法例中「照得」的一些所謂法律依據而已。由於舊法例沒有經常引用，可能是無效之法，所以在此反覆研究討論。但此案的判定「依例擬升二等，合於從七江南遷用」，代表了一個革新的時代來臨。〔註151〕歷史上，英宗正是以強悍改革、勵精圖治的面貌出現的。

果然，元廷至治元年（1321）正月了結辦課官朱信增課升等一案，四月

〔註150〕《元典章》卷三，《聖政二‧薄稅斂》，中國廣播電視出版社，影印元刊本，第 77 頁。

〔註151〕《元典章》新集，《吏部‧官制‧院務官‧辦課官增課升等》，中國廣播電視出版社，影印元刊本，第 2239 頁。

就迫不及待地頒佈了《鹽場官升等》格例。〔註152〕這是《元典章》記載的元廷頒佈的最為詳細具體的辦課官員升降賞罰格例，現將其內容總概列表如下：

表 7：鹽場官增課升等

官員及其職責	增虧課（十分為率）	法　律　後　果
各處運司親臨場分得替人員煎辦鹽課	增一分	從優定奪
	增二分	減一資
	增三分	升一等
	增四分以上	升二等
	虧一分	添一資並追賠斷罪
	虧二分	降一等並追賠斷罪
	虧三分以上	降二等並追賠斷罪
運司守司運官首領官總行措辦發賣鹽袋驗課鈔到官鹽袋出場方許結課	增賣一分	給賞
	增賣二分	優加陞用
	增賣三分	減一資
	增賣四分以上	升一等
	虧一分	添一資並聲勒賠償斷罪
	虧二分	降一等並聲勒賠償斷罪
	虧三分以上	降二等並聲勒賠償斷罪
分催煎辦官驗各場分除增虧相補外	增一分	從優定奪
	增二分	減一資
	增三分	升一等
	增四分以上	升二等
	虧一分	添一資亦行追賠斷罪
	虧二分	降一等亦行追賠斷罪
	虧三分以上	降二等亦行追賠斷罪

資料來源：《元典章新集·鹽場官升等》，第 2240 頁。

　　元代官營課程手工業的定額管理法律制度，對於加強官營課程手工業管理，促進課程手工業生產，保障國家課程收入具有十分積極的意義。但是，物及必反，它的強制性及利益驅動激勵機制也給課程手工業工人和百姓帶來了深重災難，最終也給元代官營課程手工業生產經營造成了不可救治的混亂。

〔註152〕《元典章》新集，《吏部·官制·院務官·鹽場官升等》，中國廣播電視出版社，影印元刊本，第 2240 頁。

　　元代名臣危素記載的江西豐城金場歲額之害就是其中典型案例。「至元十四年，分寧縣人商瓊者，謀獻利覓官，乃誘湖南淘金工易彬等三十餘人至豐城縣之長寧縣留臺居焉。及募其鄉人傅壽等穴山谿，畚沙石，習淘金爲業，歲責輸浮辦金四兩重，請行省署淘金場，縣中領之，而瓊洎阮祥者實司其職。然豐城金堇堇，取之不足以庚費。於是，雖竭力淘探，地道空虛，不克共一歲之入。瓊稍患苦之，乃使人走他州購金以實其數。久之，懼其妄覺，又誣富民地有金，掘其廬舍、冢墓，劫取貨賄，斬增廣歲賦入，以錮其事。於是盡力掊克，請增輸金至廿五兩九錢重，以爲己功。鄉民甚惡之。而亡賴者景從日眾，至三百三人焉。瓊又爲之請於有司，歲復其役。豐城既無金，群轉走饒、信、徽、衢、婺、江、南康、蘄、黃，歲掠以進瓊。瓊輸官而攘其贏，繇是致富。會張國紀守撫，好言利。廿四年，行省用其言，置金銀場於樂安縣之小曹谿，課富民淘金輸官，程所入多寡而免其賦。於是盡檄取豐城淘金工遄教習焉。瓊益以聚斂爲功，復請增金三兩一錢九分六釐重，總之爲廿九兩九分六釐重矣。瓊因求遷小曹場官，兼賦豐城金，而豐城淘金場遂革。是時，豐城升爲富州，官復煩淘金家以他役，始不勝其苦，而汪壽、李仲、何文明等百餘人走光州不返，餘徙業者相繼，瓊亦去爲鹽場官，而富州金遂無所從出矣。小曹官屬懼其久而累己也，募其邑人□德韶言於行省，謂龍興路貢賦，歲屬興聖宮，則富州金不宜附隸州，盍從富州輸之龍興路便。行省用其言，下其數於富州徵之。……死徙亡後者有之，有後而乞亡者又有焉。根連其宗族，蔓延其姻黨，亦窘乏至殺子女，以拒脅迫之隳突者。仍抑令五鄉廿七都之役於官者代輸之，鄉曰里正，里正富民，莫肯代輸者。都曰主首，力微弱，又多貧竇，故代輸者皆主首爾。凡金一兩重，費至元鈔多至百廿貫，總之爲鈔三千六百貫矣。因之破家者又比比有焉，於是民之荼毒有不可勝言者矣。」〔註153〕

　　這起案例甚至引起了明太祖朱元璋的注意，曾謂侍臣曰：「朕嘗聞故元時江西豐城之民告官採金，其初歲額猶足取辦，經久民力消耗，一州之人卒受其害。蓋土地所產，有時而窮；民歲課成額，徵取無已。有司貪爲己功而不以直，朝廷縱有恤民之心而不能知。此可以爲戒，豈能傚之。」〔註154〕帝者之言誠是也！元代官營課程手工業歲課成額之弊可爲影響深遠。

〔註153〕危素：《危太樸文續集》卷十《富州翳金紀事》。
〔註154〕《明太祖實錄》卷一百八十。

三、經營獨立的法律規制

經營獨立是指元代官營課程手工業辦課機構享有一定的相對的獨立經營權。其核心內容是諸王公主駙馬、諸衙門官吏並軍民人匠打捕諸色人等不得攬擾沮壞辦課。其在法律上的具體體現如下：

（一）組織獨立

元代官營課程手工業遍佈全國各地，是設置直屬辦課機構，還是委託地方政府經營？元廷在多數時期選擇了前一組織管理制度。就是在中央政府，元廷還經常設立制國用使司或尚書省專事管理財賦。這樣就從組織上保障了官營課程手工業的經營管理權的相對獨立。也可以說，辦課機構組織上獨立於地方政府，是中國古代歷史上「政企分開」的最初形式。

課程手工業經營管理機構直屬中央，由中書戶部或行省代領，有時直接受制國用使司、尚書省節制。例如，至元四年（1267），「諸路鹽場酒稅醋課額元委轉運司管領，」世祖又下旨：「設置諸路洞冶總管府，專以掌管隨處金、銀、銅、鐵、丹粉、錫、碌，從長規畫，恢辦課程，聽受制國用使司節制勾當。」〔註155〕至元十三年，為擺脫各級政府衙門的干擾，東平等路轉運司連名上書中書省：「都轉運使司合無（合符）直隸中書省」，中書省答付也規定得十分明白，「前件議得如有不係本司所管（不係管轄本司）衙門，沮壞攬擾辦課，令本司申部直呈省外，其餘辦課等事理並聽申（戶）部。」〔註156〕明確規定「不係本司所管衙門」不得沮壞課程，都轉運司辦課事理由戶部直接負責處置。至元二十八年九月十八日，世祖皇帝聖旨對此分工規定得更為直白和明確，「茶運司只管茶，鹽運司只管鹽，其餘酒醋稅課的勾當，新年為始，依在先體例裏交路官人每管者，欽此！」〔註157〕由此可見，除酒醋稅課交由地方政府經營管理外，課程手工業中的大宗製鹽、製茶均由茶運司、鹽運司分工負責。

（二）人事自擇

在中央政府，課程官員的人事任免權曾頗具爭議。阿合馬「擢用私人，

〔註155〕《元典章》卷二十二，《戶部八·課程·洞冶·立洞冶總管府》，中國廣播電視出版社，影印元刊本，第968頁。

〔註156〕《元典章》卷二十二，《戶部八·課程·運司合行事理》，中國廣播電視出版社，影印元刊本，第859頁。

〔註157〕《元典章》卷二十二，《戶部八·常課·民官管課程事》，中國廣播電視出版社，影印元刊本，第956頁。

不由部擬，不諮中書。」丞相安童以爲言，世祖令問阿合馬。阿合馬言：「事無大小，皆委之臣，所用之人，臣宜自擇。」丞相安童無奈，自請：「自今唯重刑及遷上路總管，始屬之臣，餘事並付阿合馬，庶事體明白。」〔註158〕辦課官員的人事權自此獨立。史載：桑哥領尚書省時，「凡銓調內外官，皆由於己，而其宣敕，尚由中書，桑哥以爲言，世祖乃命自今宣敕並付尚書省。」〔註159〕由此可見，世祖是支持課程官員人事權獨立的。

在地方，一方面，元廷反覆下旨：「都轉運使司令史、奏差、譯史、典吏、收銀庫官、知印、祇候人、曳剌等從本司踏逐。」〔註160〕「諸路洞冶都總管府合設官吏合干人等依轉運司例，於不以是何投下戶計內踏逐勾當。」〔註161〕「辦課官吏除職官外，運司合差員數如是闕員，照依累降條理於不以是何投下，許令踏逐慎行止有家業不作過犯能幹人員勾當。」〔註162〕另一方面，元廷明確禁止：「辦課其間，諸衙門無得攪擾沮壞，亦不得將辦課官吏擅自差占勾攝。」〔註163〕不得擅自差占辦課官吏，即不得將辦課官吏調作他用。

人事獨立是經營獨立的前提，其意義正如阿合馬所言：「事無大小，皆委之臣，所用之人，臣宜自擇。」

（三）嚴禁沮壞

經營獨立就是辦課機構經營管理課程手工業不受其他組織和個人干擾阻撓，即「管辦課程其間，照依在先聖旨體例裏，不揀誰休沮壞者，沮壞的人每要罪過者。」〔註164〕

爲確保辦課機構的經營獨立權，減少課程手工業的不良干擾和影響，保

〔註158〕 〔明〕宋濂等，《元史》卷二百〇五，《姦臣阿合馬傳》，北京：中華書局校點本，1976年版，第4559頁。

〔註159〕 〔明〕宋濂等，《元史》卷二百〇五，《姦臣桑哥傳》，北京：中華書局校點本，1976年版，第4575頁。

〔註160〕 《元典章》卷二十二，《戶部八·課程·運司合行事理》，中國廣播電視出版社，影印元刊本，第859頁。

〔註161〕 《元典章》卷二十二，《戶部八·課程·洞冶·立洞冶總管府》，中國廣播電視出版社，影印元刊本，第969頁。

〔註162〕 《元典章》卷二十二，《茶課·榷茶運司條畫》，中國廣播電視出版社，影印元刊本，第871頁。

〔註163〕 《元典章》卷二十二，《戶部八·鹽課·立都提舉司辦鹽課》，中國廣播電視出版社，影印元刊本，第884頁。

〔註164〕 《元典章》卷二十二，《戶部八·茶課·不得沮壞茶課》，中國廣播電視出版社，影印元刊本，第871頁。

障「浩大」的課程收入，元朝政府在頒佈《立都提舉司辦鹽課》《榷茶運司條畫》等法令時反覆強調：「諸路應管公事官吏軍民人匠打捕諸色頭目人等常切禁約無得縱令歹人虛椿飾詞，妄行煽惑，攪擾沮壞見辦課程。如有違犯之人並行斷罪。」〔註165〕「諸路係官並自備工本洞冶俱係恢辦官課去處，仰經過宣使軍馬人等並不得搔擾，如違治罪。」〔註166〕並制定了諸多具體規定。

首先，任何人不得影占、損毀國家辦課資源。「諸局院人匠鷹房打捕並軍人奧魯諸色人等如是不有朝廷法度，專擅地利，以國家權貨看為私家永業，貪圖厚利……依條歸斷。」「舊來茶園諸人不得斫伐恣縱頭匹咽咬損壞，違者重行斷罪。」〔註167〕「諸路山川多有舊來曾立洞冶，往往勢要之家不曾興工，虛行影占，阻擋諸人不得煽煉辦課入官。……若有依前占悕人員申覆制國用使司定奪。」〔註168〕「煎鹽燒鹽草……管民正官專一關防禁治。」〔註169〕

其次，任何人不得強佔、奪用辦課財物。「茶園周圍蒙古軍萬戶千戶頭目人等無得非理於茶司取飲食杯酒撒花等物。」「經過使臣人等不得將運司催辦課程人等騎坐馬匹販茶車輛舡隻頭匹奪要走遞。」「運茶綱舡隨處官司不得拘攝搬運官物。」〔註170〕「各位下並權豪勢要之家，納課買引……不得攙越資次……逼勒場官多要斤重。」〔註171〕「不以是何投下，雖有拘攝舡隻文字，如無許令拘攝客旅運鹽綱舡，諸人不得應副。」「諸色人等不得將鹽司巡鹽弓手騎坐馬匹販鹽車舡頭匹奪要走遞。」〔註172〕

〔註165〕《元典章》卷二十二，《戶部八·茶課·榷茶運司條畫》，中國廣播電視出版社，影印元刊本，第870頁。《鹽課·立都提舉司辦鹽課》，第882頁。

〔註166〕《元典章》卷二十二，《戶部八·課程·洞冶·立洞冶總管府》，中國廣播電視出版社，影印元刊本，第969頁。

〔註167〕《元典章》卷二十二，《戶部八·茶課·榷茶運司條畫》，中國廣播電視出版社，影印元刊本，第871～872頁。

〔註168〕《元典章》卷二十二，《戶部八·洞冶·立洞冶總管府》，中國廣播電視出版社，影印元刊本，第968頁。

〔註169〕《元典章》卷二十二，《戶部八·課程·恢辦課程條畫》，中國廣播電視出版社，影印元刊本，第853頁。

〔註170〕《元典章》卷二十二，《戶部八·茶課·榷茶運司條畫》，中國廣播電視出版社，影印元刊本，第871～872頁。

〔註171〕《元典章》卷二十二，《戶部八·鹽課·立都提舉司辦鹽課》，中國廣播電視出版社，影印元刊本，第884頁。

〔註172〕《元典章》卷二十二，《戶部八·課程·恢辦課程條畫》，中國廣播電視出版社，影印元刊本，第853頁。

再次，任何人不得佔用、阻礙辦課河道。「官司綱運舡車經由河道，其關津渡口橋樑妄稱事故邀阻者，陳告得實，杖一百，因而乞要財物者，徒二年。……隨處官民無得將舊來運鹽河道開決河水澆溉稻田，以致水淺止滯鹽舡，有誤恢辦課程。」「諸處河道若有舊來釘立椿橛，仰當該公河官司委官……盡行拔出。若以後不行拔出椿橛，因而損壞舡隻，據鹽本一切損失之物，當處官司賠償，將管民正官約量的決。」〔註173〕《榷茶運司條畫》也有類似規定：「隨處河道若有舊來釘立椿橛阻礙運茶舡只……盡行拔去。若不出拔，因而損壞販茶舡隻，據茶本一切損失之物，當處官司賠償仍行斷罪。」

（四）司法特治

元代官營課程手工業司法特治主要表現在兩個方面：其一是辦課機構享有一定的司法管轄權。其二是辦課官員享有一定的司法特權。

至元四年，世祖立洞冶總管府時曾規定：「隨處洞冶勾當官吏、諸色工役人等，所在官司不得一面勾攝。如有相關公事，仰行移洞冶都總管府一同歸問。如本府官不在，約會管爐冶官一同取問歸斷。」〔註174〕辦課機構與地方政府約會處置「相關公事」，可見此時辦課機構是與「所在官司」共享司法管轄權。至元十三年，「都堂議得各路人匠……仰都轉運使司催辦管領詞訟。」〔註175〕顯然，此時都省批准都轉運使司享有了獨立的司法管轄權。延祐五年（1318），運司的司法管轄權進一步擴大，「鹽商、灶戶、綱舡工腳、鑄盤織席之家，運司常加照管，無令有司拖拿搔擾，違者究問。」〔註176〕司法管轄對象不僅是「勾當官吏、諸色工役人等」，甚至包括了「鹽商、鑄盤織席之家」。辦課機構享有一定的司法管轄權，在《元史》記載中也有所反映，「時轉運司官聽用鄉里猾狡，動以犯法誣民，而轉運司得專制有司，凡五品官以下皆杖決，州縣莫敢如何。」〔註177〕黃晉延祐二年進士，授台州寧海丞。「縣地瀕鹽

〔註173〕《元典章》卷二十二，《戶部八·課程·恢辦課程條畫》，中國廣播電視出版社，影印元刊本，第853頁。

〔註174〕《元典章》卷二十二，《戶部八·課程·洞冶·立洞冶總管府》，中國廣播電視出版社，影印元刊本，第969頁。

〔註175〕《元典章》卷二十二，《戶部八·課程·運司合行事理》，中國廣播電視出版社，影印元刊本，第859頁。

〔註176〕《元典章》卷二十二，《戶部八·鹽課·申明鹽課條畫》，中國廣播電視出版社，影印元刊本，第899頁。

〔註177〕宋濂等，《元史》卷一百七十二，《鄧文原傳》，北京：中華書局校點本，1976年版，第4024頁。

場，亭戶恃其不統於有司，肆毒害民；編戶隸漕司及財賦府者，亦謂各有所憑，橫暴尤甚。晉皆痛繩以法，吏以利害白，弗顧也。」〔註178〕

　　諸色工役、鹽戶不統於有司，辦課官員更是自治。而且，元廷還累下詔令保護辦課官員免於「事端」，使其具有各種司法特權。如元廷立都提舉司辦鹽課就明確規定：「辦課其間，諸衙門毋得妄生事端，攪擾擅勾辦課官吏人員，如有違犯或提點官禁治不嚴，並欽依累降聖旨斷遣施行。」「若有放意挾仇，妄生飾詞，因而胡亂陳言，沮壞課程者，諸衙門無得受理。如是委有侵欺官錢，憑準堪信，文憑明注月日，等候年終考較，前來陳言，一同對證歸斷施行。如違嚴行治罪。」〔註179〕這樣的規定為辦課官員為非作歹、欺壓百姓打開了方便之門，而管民官吏又基於「諸衙門無得受理」，苦無良策。例如，史載干文是仁宗延祐二年進士，同知昌國州事，「鹽場官方倚轉運司勢，虐使州民，家業破蕩。」文傳語同列曰：「吾屬受天子命，以牧此民，可坐視而弗之救乎。」乃亟為陳理，上官莫能奪，民賴以免。〔註180〕

　　對於辦課官員侵欺官錢年終歸斷的法律規定，大德七年曾有臺官提出異議：「鹽課勾當裏行的官吏人等做賊說謊呵，到年終問者來。若候年終問呵，影蔽了做賊說謊的。若拿住他每做賊說謊的呵，不候年終便拿著問呵！怎生？」中書省也指出：「在前官人每多曾遞互聞奏，終不曾定體來。」說明爭議的確很大。但最終中書還是認為：「為辦大課程其間好生有窒礙的上頭……這期間整治軍人氣力並其餘支持用錢處多有，每年收的錢鹽辦課著多一半。大課程虧兌了呵，在誰身上有。……俺眾人商議定，只依著在先聖旨體例行呵！」〔註181〕辦課官員侵欺官錢年終歸斷的司法特權得以維持。

　　至於胡亂陳言，沮壞課程者，「諸衙門無得受理」。但如果辦課官員確是干犯法律，應該由哪個衙門來受理呢？延祐五年（1318）在《申明鹽課條畫》中對此有了明確的規定，「各處運司辦課其間，諸衙門官吏人等無得縱令歹人虛樁飾詞，妄行煽惑，攪擾沮壞。若果有言告鹽司場官人等不公等事，從運

〔註178〕宋濂等，《元史》卷一百八十一，《黃晉傳》，北京：中華書局校點本，1976年版，第4187頁。

〔註179〕《元典章》卷二十二，《戶部八・鹽課・立都提舉司辦鹽課》，中國廣播電視出版社，影印元刊本，第882、884頁。

〔註180〕宋濂等，《元史》卷一百八十五，《干文傳》，北京：中華書局校點本，1976年版，第4254頁。

〔註181〕《元典章》卷二十二，《戶部八・鹽課・鹽司人休買要鹽引》，中國廣播電視出版社，影印元刊本，第925頁。

司依例科斷。如理斷不應，許監察御史、廉訪司糾彈，運司官若有非違，呈省。」〔註182〕其管轄程序是這樣：鹽司場官人等違法，由運司管轄，並許監察御史、廉訪司檢察；運司官違法則直接呈省，由都省管轄。

四、經營監督的法律規制

元代官營課程手工業經濟是典型的計劃經濟，計劃經濟的一個重要特徵是中央集權控制。爲加強對散佈於全國各地的辦課機構的管理控制，確保課程收入的盡實到官，防止辦課官員貪贓非違，元廷採取了一系列經營監督法律規制措施：

（一）課程管理機構內部監督

元代課程管理機構大略可以分爲中書省（尚書省或制國用使司）、戶部或行省、運司（提舉司或總管府）、場官（管爐官或院務官）四個層級，上下級之間既是管理與被管理的關係，也是監督與被監督的關係。上下級管理機構的監督，雖然是一種內部監督，但在整個課程監督體系中地位十分重要，元廷還爲此制定了諸多監督法律規範。

首先，元代法律規定上級管理機構須要經常差人對下級辦課機構進行明查暗訪或現場監督。爲確保辦課定額任務的完成，元廷規定「諸院務課程當該上司須設法關防，每月體度，若課額輕省而所增分數不及者，隨即究問，仍委廉幹正官監辦」；爲防範官吏「違犯禁條，營謀私利，侵損官課，阻礙商人」，元廷規定行省、戶部「暗行體察，務要茶鹽通行，公私便利」；爲防止「答帶餘鹽或剋除斤重及支給失次、刁蹬鹽商」，元廷規定行省、戶部差官「不測體驗……隨即追問」；爲保障「鹽場積垛未椿鹽數須於高阜水潦不能侵犯去處如法安置」，元廷規定「委運官時到點檢」；爲防範鹽司官吏剋減灶戶工本或以他物移易準折灶戶工本，元廷規定「其合給工本，運官一員監臨給付」；爲防範鹽場裝袋斤重不均，元廷規定「諸場鹽袋皆判官監裝，須要斤重均平，無有餘欠，運使以下分轉檢較」，並且規定「於袋上書寫監裝檢較職位姓名」。〔註183〕

〔註182〕《元典章》卷二十二，《戶部八·鹽課·申明鹽課條畫》，中國廣播電視出版社，影印元刊本，第898頁。

〔註183〕《元典章》卷二十二，《戶部八·課程·至元新格》，中國廣播電視出版社，影印元刊本，第864頁。

　　為方便運司差人催辦課程巡察監督，元廷還為其提供了「鋪馬劄子」、「差使牌面」，以保障巡察監督人員的工作需要。元廷認為：「各處運司所轄去處寬闊，若不給付（鋪馬劄子、差使牌面），難以責備。」於是規定：「都轉運司各給差使銀牌二面、馬五匹、劄子內二匹一道一匹三道。」〔註184〕而且還規定「經過使臣人等不得將運司催辦課程人等騎坐馬匹販茶車輛舡隻頭匹奪要走遞。」為防止運司官員徇私舞弊，又明確規定：「運司辦課去處及行茶地面闊遠，如遇差官巡綽，出給差劄，勾當不得因而夾帶不干礙人等，如違治罪。」〔註185〕

　　上級管理機構的依法監辦可以收到很好的效果。如《元典章》記載：「去年馬兒年（至元十九年）課程，大都夏裏到來時分交蒙古人監辦委付來，那額外六七千定增餘麵來。」〔註186〕再如，趙師魯出為河間路轉運鹽使，「除害興利，法度修飭，絕巡察之奸，省州縣廚傳贈遺之費，灶戶商人，無不便之，歲課遂大增。」〔註187〕但是，氾濫差人監察也可能是下級機構的負擔。「運司氾濫差人下場必要祗待賫發，在先客旅就場查鹽，多帶斤重取要分例，場官有以支持。既已在倉革除前弊，若又氾濫差人必是侵漁灶戶。」因此，元廷明確規定：「今後運司凡有下場文字須要入遞發行，其有照勘追會公事，運官散本之時，就便理會諸場月報實煎鹽袋，隨月比較，虧兌者依例決罰。若有問出灶戶場官通同發賣私鹽，必須差人勾追，須明給差劄，立限幹辦，違期不至者問罪。」〔註188〕

　　其次，元代法律規定下級機構必須按時向上級管理機構彙報課程生產經營情況，尤其是財務收支狀況。「金銀鐵冶竹貨湖泊大小課程……仰已委提點官欽奉聖旨事意用心恢辦，仍每月具辦到數目申省。」對彙報的內容和程序，元廷要求十分詳細。以酒醋課為例，元政府規定：「酒醋課程須酌量居民多寡，

〔註184〕《元典章》卷二十二，《戶部八·課程·運司合行事理》，中國廣播電視出版社，影印元刊本，第860頁。

〔註185〕《元典章》卷二十二，《戶部八·茶課·榷茶運司條畫》，中國廣播電視出版社，影印元刊本，第870頁。

〔註186〕《元典章》卷二十二，《戶部八·課程·辦課合行事理》，中國廣播電視出版社，影印元刊本，第861頁。

〔註187〕宋濂等，《元史》卷一百七十五，《趙師魯傳》，北京：中華書局校點本，1976年版，第4114頁。

〔註188〕《元典章》卷二十二，《戶部八·鹽課·新降鹽法事理》，中國廣播電視出版社，影印元刊本，第889頁。

然後鞫勒各官置赤歷，開寫每月炊湯漿米石斗、可用麴貨斤重、造到清酒味醇薄、發賣價值，除工本外每月實辦息錢鈔，每石可留息若干，當日晚具單狀於已委定提調官處呈照，十日一次呈押赤歷。每月一次打勘辦到課程，不過次月初五呈省。」〔註189〕如果要科收辦課工本，元廷也要求下級管理機構造冊申報備案，「隨處爐冶戶每年合著供爐礦炭等差役，仰管爐官品答貧富，依理均課，其礦炭出給花名由貼驗數數，又將科定數目攢造文冊申報洞冶總管府。」〔註190〕有時，上級機構也差人到下級機構會計辦課數目。如運司差人下場，「就便理會諸場月報實煎鹽袋，隨月比較，虧兌者依例決罰。」再如，至大元年，敬儼爲兩淮鹽轉運使，「河南行省參政來會鹽莢，將以羨數爲歲入常額。」〔註191〕

再次，爲杜絕奸弊，元代法律規定下級辦課機構的課程收入不得動支，且必須及時解赴上司。「各處應辦到諸色課程……非奉省府明文不得動支，亦不得移易借貸借俸鈔等。如有動支去處，定勒判署官吏陪償治罪」；「據辦到課程數目，每月解赴宣慰司，每季差官起運赴省交納。」〔註192〕辦課官員不得隱瞞課額，更不得剋落官課入己。「管課官若有侵欺瞞落官課者，監收取招追徵正贓，照依聖旨條書施行。」〔註193〕甚至規定：「諸轉運司並提點官吏凡於管下院務取借錢物，以盜論。與者其罪同。」〔註194〕

（二）監察機構的專門監察

元代監察機構由御史臺、行御史臺、肅政廉訪司（提刑按察司）三級組成。「（至元）五年，始建御史臺，繼設各道提刑按察司。時阿合馬專總財利，乃曰：『庶務責成諸路，錢穀付之轉運，今繩治之如此，事何由辦？』希憲曰：

〔註189〕《元典章》卷二十二，《戶部八‧課程‧江南諸色課程》，中國廣播電視出版社，影印元刊本，第855頁。

〔註190〕《元典章》卷二十二，《戶部八‧課程‧洞冶‧立洞冶總管府》，中國廣播電視出版社，影印元刊本，第969頁。

〔註191〕宋濂等，《元史》卷一百七十五，《敬儼傳》，北京：中華書局校點本，1976年版，第4094頁。

〔註192〕《元典章》卷二十二，《戶部八‧課程‧江南諸色課程》，中國廣播電視出版社，影印元刊本，第855頁。

〔註193〕《元典章》卷二十二，《戶部八‧課程‧辦課合行事理》，中國廣播電視出版社，影印元刊本，第861頁。

〔註194〕《元典章》卷二十二，《戶部八‧課程‧至元新格》，中國廣播電視出版社，影印元刊本，第864頁。

『立臺察，古制也，內則彈劾姦邪，外則察視非常，訪求民瘼，裨益國政，無大於此。若去之，使上下專恣貪暴，事豈可集耶！』〔註195〕由此可見，元代監察機構的一項重要職能是監察官營課程手工業的經營管理。就其監察官營課程的具體內容而言，可粗略地分為三個方面。

其一，彈劾辦課官員姦邪非違。元廷《設立憲臺格例》首條即規定監察機構有權「彈劾」「制國用使司等內外百官姦邪非違。」其監察糾彈的範圍十分廣泛，下面略舉數條以窺斑見豹。

「諸院務監當官辦到課程，除正額外，若有辦到增餘不盡實到官者，委監察糾察。」〔註196〕

「諸場鹽袋皆判官監裝，須要斤重均平，無有餘欠。運使以下分轉檢較，仍於袋上書寫監裝檢較職位姓名，以千字文為號，如法編垛。凡遇商客支請驗其先後，從上給付。行省戶部差官不測體驗，但有答帶餘鹽或剋除斤重及支給失次刁蹬鹽商者，隨即追問是實，各依所犯輕重理罪，仍聽察官糾彈。」

「諸灶戶中鹽到場皆須隨時兩平收納，不得留難。其合給工本，運官一員監臨給付。若鹽司官吏因而有所剋減或以他物移易準折者，計其多少論罪，仍勒賠償。每給工本時，肅政廉訪司差人暗行體察。」〔註197〕

「轉運司」「應起鋪馬，每季具起數行移提刑按察司，內有不應者，即便究治施行。」〔註198〕

其二，照刷文卷審計課程財務。《設立憲臺格例》首條也規定監察機構有權「刷磨諸司案牘」，即照刷、磨勘各級行政管理機關的文卷。「明察曰照，尋究曰刷，覆核曰磨，檢點曰勘。」即檢查官府文卷有無稽遲、失錯、遺漏、違枉等事，從而對行政管理活動中的各種弊端進行監督和處罰。

照刷各類文卷當然包括會計帳簿，也即財務審計。元政府明確規定「轉運司」「諸色文賬委監察每季照刷。」〔註199〕至元六年又改「每季照刷」為「上

〔註195〕宋濂等，《元史》卷一百二十六，《廉希憲傳》，北京：中華書局校點本，1976年版，第3092頁。

〔註196〕《元典章》卷五，《臺綱一·內臺·設立憲臺格例》，中國廣播電視出版社，影印元刊本，第125頁。

〔註197〕《元典章》卷二十二，《戶部八·課程·至元新格》，中國廣播電視出版社，影印元刊本，第864頁。

〔註198〕《元典章》卷五，《臺綱二·體察·察司體察等例》，中國廣播電視出版社，影印元刊本，第142頁。

〔註199〕《元典章》卷五，《臺綱一·內臺·設立憲臺格例》，中國廣播電視出版社，

下半年照刷」〔註200〕至元二十五年在強調財務審計的同時，「凡干礙動支錢糧，並除戶免差事理，雖文卷完備，數目不差，仍須加意體察。」又改「轉運司文卷」爲「年終照刷」。〔註201〕

至元十九年元廷對照刷運司文卷追到的贓錢在課程定額內核算作了規定：「運司是錢帛底衙門，以前御史臺索刷卷，使狡猾不肯交刷。爲這上頭，添得賊多了。如今與老的每商量來，今後交按察司刷出來的錢，是偷下的課程，雖同贓罰，交按察司解與御史臺呈解赴省，合在課程錢裏頭一處收著。」〔註202〕

其三，檢察課程司法詞訟。元代法律規定「諸訴訟人等先從本管官司陳告，如有冤抑，民戶經左右部，軍戶經樞密院，錢穀經制國用使司。如理斷不當，赴中書省陳告，究問歸著。若中書省看循或理斷不當，許御史臺糾彈」；「諸訴訟人先從本管官司自下而上依理陳告，如有冤抑，經行中書省理斷不當者，仰行御史臺糾察。」〔註203〕「各處運司辦課其間，諸衙門官吏人等無得縱令歹人虛椿飾詞，妄行煽惑，攪擾沮壞。若果有言告鹽司場官人等不公等事，從運司依例科斷。如理斷不應，許監察御史、廉訪司糾彈。」〔註204〕由此可見，課程管理官司、制國用使司有課程司法詞訟管轄權，若理斷不當，監察機構有權「糾彈」。但法律規定不得越訟及誣告，「訴訟人等先從本管官司自下而上以次陳告，若理斷不當，許赴提刑按察司陳訴。若越訴及誣告者，欽依聖旨事意施行。」〔註205〕

當然，監察機構不僅監察訴訟結果，而且也監察訴訟過程。如元廷規定：「諸訴訟人若於應管公事官員私第謁託者，委監察糾察。」「枉被囚禁及不合

影印元刊本，第125頁。
〔註200〕《元典章》卷五，《臺綱二‧體察‧察司體察等例》，中國廣播電視出版社，影印元刊本，第140頁。
〔註201〕《元典章》卷五，《臺綱二‧體察‧察司合察事理》，中國廣播電視出版社，影印元刊本，第146頁。
〔註202〕《元典章》卷二十二，《戶部八‧常課‧刷卷追到錢於課程內收》，中國廣播電視出版社，影印元刊本，第955頁。
〔註203〕《元典章》卷五，《臺綱一‧內臺‧設立憲臺格例》《臺綱一‧行臺‧行臺體察等例》，中國廣播電視出版社，影印元刊本，第125、135頁。
〔註204〕《元典章》卷二十二，《戶部八‧鹽課‧申明鹽課條畫》，中國廣播電視出版社，影印元刊本，第898頁。
〔註205〕《元典章》卷五，《臺綱二‧體察‧察司體察等例》，中國廣播電視出版社，影印元刊本，第140頁。

拷訊之人，並從初不應受理之事糾察。」「刑名詞訟若審聽不明……或官吏受財故有出入，一切違枉者糾察。」〔註206〕

（三）皇帝親差大臣的臨時檢核

元代皇帝經常臨時派遣官員到各地鉤考檢核錢糧課程。世祖忽必烈在潛邸時，憲宗就曾命令阿藍答兒、劉太平會計京兆、河南財賦，大加鉤考。史載：「丁巳，憲宗遣阿藍答兒等校藩府錢穀，（馬）亨時肇歲辦課銀五百錠，輸之藩府，道出平陽，適與之遇。亨策曰：『見之，則銀必拘留，不見，則必以罪加我，與其銀弗達王府，寧獲罪焉。』避而過之。……即至，拘繫之，窮治百端，竟無所得，惟以支竹課分例錢充公用，及儳公廨輦運腳價為不應，勒償其直而已。」〔註207〕可見鉤檢之細密與嚴峻，「竹課分例錢充公用」都要求辦課官員賠償。

這種鉤考一般是伴隨重大案件有目的有重點的臨時性檢核。如至元十六年，運使郭琮、郎中郭叔雲竊弄威柄，恣為不法。世祖就曾「敕尙書禿速忽、侍御史郭共檢校之。」〔註208〕為了查明案件眞相，世祖曾接連派遣官員鉤考荊湖錢穀事：至元二十三年四月，「遣要束木勾考荊湖行省錢穀」，五月「荊湖行省阿里海牙上言『要束木在鄂省鉤考，豈無貪賄？臣亦請勾考之。』詔遣參政政事禿魯罕、樞密院判李道、治書侍御史陳天祥偕行。」十二月「遣中書省斷事官禿不申復鉤考湖廣行省錢穀。」〔註209〕

除個案鉤考，世祖還曾令丞相桑哥鉤考天下錢穀，以致「天下騷動」，「民不堪命」。「時桑哥以理算為事，毫分縷析，入倉庫者，無不破產，及當更代，人皆棄家而避之。」甚至連中書省也不放過，「鉤校中書，不遺餘力」。「桑哥嘗奉旨檢核中書省事，凡校出虧欠鈔四千七百七十錠、昏鈔一千三百四十五錠」中書宰執郭祐與楊居寬後皆因此棄市，人咸冤焉。〔註210〕

除皇帝親差大臣進行鉤考檢核外，有時皇帝還下旨設立專門機構組織考核。如至元八年，「罷諸路轉運司，世祖下旨立局考核逋欠，（劉）正掌其事。」

〔註206〕《元典章》卷五，《臺綱一・內臺・設立憲臺格例》《臺綱一・行臺・行臺體察等例》，中國廣播電視出版社，影印元刊本，第127、134頁。
〔註207〕宋濂等，《元史》卷一百六十三，《馬亨傳》，第3827頁。
〔註208〕〔明〕宋濂等，《元史》卷十《世祖七》，第197頁。《元史》卷一百六十三，《趙炳傳》，第3837頁。
〔註209〕〔明〕宋濂等，《元史》卷十四《世祖十一》，第285頁。
〔註210〕宋濂等，《元史》卷二百〇五，《姦臣桑哥傳》，第4572～4573頁。

〔註211〕再如，桑哥立尚書省，「凡倉庫諸司，無不鉤考，先摘委六部官，復以爲不專，乃置徵理司，以治財穀之當追者。」〔註212〕

皇帝親差大臣檢核課程，不僅僅局限於鉤考審計財務，也檢察辦課官員的其他姦邪非違。如大德三年，張圭爲江南行御史臺侍御史，「圭得鹽司奸利事，將發之，事干行省，有內不自安者，欲以危法中圭，賂遣近臣，妄言圭有厭勝事，且沮鹽法。帝遣官雜治之，得行省大小吏及鹽官欺罔狀，皆伏罪。」〔註213〕有時，皇帝甚至親差大臣革弊鼎新，參議立法，如延祐五年，曹伯啓遷司農丞，「奉旨至江浙議鹽法，罷檢校官，置六倉於浙東、西，設運鹽官，輸運有期，出納有次，船戶、倉吏盜賣漏失者有罰。歸報，著爲令。」〔註214〕

第三節　生產經營的微觀法律規制

官營課程手工業的微觀法律規制是指官營課程手工業的微觀層面即具體生產經營方式及產品分配方式的法律規制。元政府不僅在宏觀層面調節和控制官營課程手工業的生產經營，而且還在微觀層面具體負責官營課程手工業生產經營的組織和實施，並因而形成了一套課程手工業工人戶籍管理法律制度、生產組織管理法律制度和產品分配法律制度。這些法律制度構成了元代官營課程手工業法律規制的重要組成部分。

元代官營課程手工業的具體生產經營方式極具靈活性和多樣性：不同行業，不同地域，甚至同一經營實體的不同時期，其生產經營方式都會存在明顯的差異。而且，有關元代官營課程手工業具體生產經營方式的法律規範，直接的法律文獻資料極其缺乏。這給研究元代官營課程手工業微觀法律規制帶來了不少困難。但總體上看，元代官營課程手工業的具體生產經營方式大致可分爲兩種類型：勞役制經營和承包制經營。下面就其法律規制分而述之。

一、勞役制經營的法律規制

勞役制經營是元代課程手工業的主要生產經營方式，其法律規制的首要

〔註211〕宋濂等，《元史》卷一百七十六，《劉正傳》，第4106頁。
〔註212〕宋濂等，《元史》卷二百○五，《姦臣桑哥傳》，第4573頁。
〔註213〕宋濂等，《元史》卷一百七十五，《張圭傳》，第4072頁。
〔註214〕宋濂等，《元史》卷一百七十六，《曹伯啓傳》，第4100頁。

特徵是官營強制性，其具體內容包括：置點、設官，官府成立官營辦課機構；強制簽撥手工業工人計入辦課諸色戶計；辦課諸色戶計都在官府辦課機構強制服勞役，受辦課官員的指揮、監督和管理；辦課工本由官府官備或由官府強制課程諸色戶計自備；官府向辦課諸色戶計發放口糧或工本，以維持勞動力的再生產；以辦課諸色戶計物力高下強制設定生產任務定額，官府強制諸色戶計必須完成生產任務定額；勞動產品全部直接歸官府所有。這些都是元代官營課程手工業勞役制經營法律規制的主要強制性措施。

（一）強制簽撥入戶

為保障獲得足夠的辦課勞動人手，元廷建立了諸色辦課戶計管理制度。鹽戶、茶戶、酒戶、鐵冶戶、淘金戶、採珠戶等諸色辦課戶計「各有定籍」，「驗事產多寡，以參等玖甲為差，品答高下，類攢鼠尾文簿」。諸色辦課戶計所承擔的首要封建義務是為官營課程手工業提供低成本甚至無償勞役，「金銀、鐵冶，合辦本色」。〔註215〕

諸色辦課戶計由政府統一強制簽撥，按照編制固定在各個辦課勞動場所。簽撥一般有兩種情況：一是由漏籍（無籍）人戶原始籍定為辦課戶計。如中統四年（1263）四月，「以漏籍戶一萬一千八百戶、附籍戶四千三百於各處起冶，歲課鐵四百八十萬七千斤」；至元五年，「命於從剛、高興宗以漏籍民戶四千，於登州棲霞縣淘（金）焉」。〔註216〕二是由民戶等其他戶計改簽為辦課戶計，如至元十八年（1281）淘金總管府「於花林市下置司，管轄提領所八處，簽撥溧水、句容民戶五千充淘金戶計」；〔註217〕至元二十八年，「福建行省參政魏天祐，為獻眉朝廷，發民一萬鑿山冶銀。」〔註218〕

辦課戶計的簽撥與罷改，完全以政府辦課意志為移轉。某地一經政府知悉可以辦課，就會即刻下令徵調民丁入戶。如成宗大德九年（1305）「或言其地（諸暨州）產水晶、沙金，使者旁午，調民丁採取之，闔境皆為騷動」。〔註219〕再如信州風傳當地產銀，有司下令調民採冶，「期會苛急，環數十里

〔註215〕郭成偉點校：《大元通制條格》卷十七，《賦役‧科差》，北京：法律出版社，1999年版，第228頁。
〔註216〕宋濂等：《元史》卷五、九十四，《世祖二》、《食貨二》，第98、2379頁。
〔註217〕《（至正）金陵新志》卷三下，《金陵世年表下》。
〔註218〕〔明〕宋濂等，《元史》卷十七，《世祖十四》，第357頁。
〔註219〕黃晉：《金華黃先生文集》卷二三，《元故中奉大夫湖南道宣慰使於公行狀》。

間，稚耄轉徙，田裏亡聊，而官無銖贏」。〔註220〕而罷改也如之。如至元二十四年，「立提舉司，以建康等處淘金夫凡七千三百六十五戶隸之，所轄金場凡七十餘所。未幾以建康無金，革提舉司，罷淘金戶。」〔註221〕

辦課戶計是專業世襲戶計，辦課戶計析居著籍的原則是「各籍相同」。元代法律明確規定，「軍、站……鐵冶戶，戶下人口析居者，揭照各籍相同，止令依舊同戶當役」；「運司煎鹽灶戶，戶下人口析居者，仰充灶戶，收繫當絲料。」〔註222〕辦課戶計的世襲性，爲辦課勞動人手的專業性、穩定性提供了法律保障。

此外，元朝政府爲了懲罰犯罪及保證辦課勞動人手，還將某些囚徒發遣辦課場冶，帶鐐居役。《元典章》規定：「諸犯私鹽者，……決訖發下鹽司帶鐐居役」；如果犯搶劫、盜竊罪，「決訖然後發遣合屬帶鐐居役」，「應配役人，逐有金銀銅鐵洞冶屯田堤岸橋道一切工役去處，聽就工作，令人監視，日計工程」。〔註223〕爲此，檀州採金鐵冶提舉司，還專「設司獄，掌囚之徒配者，釱趾以舂金礦」，而給以衣食。〔註224〕有時甚至將死刑犯免死，發配金場，以役贖刑。如至元二十四年，札魯忽赤合剌合孫等言：「去歲審囚官所錄囚數，南京、濟南兩路應死者已一百九十人，若總校諸路，爲數必多，宜留札魯忽赤數人分道行刑。」帝曰：「囚非群羊，豈可遽殺耶，宜悉配隸淘金。」〔註225〕

（二）強制自備工本

勞役制課程手工業經營，雖在有些場冶，是官爲置備工本，辦課戶計只需要提供勞役勞動力，但這只是少數。在一般情況下，元代政府則是強迫辦課諸色戶計自備工本，進行課程手工業生產。元廷規定諸色戶計不納「差發」，「合辦本色」，即以免徵稅賦爲「補償」，責令諸色辦課戶計自備工本。至於自備工本的方式，根據具體是個體生產方式還是集體生產方式，又有所差異。

〔註220〕鄧文原：《巴西集》卷上，《故徵事郎徽杭等處榷茶提舉司吳君墓誌銘》。
〔註221〕宋濂等：《元史》卷九十四，《食貨二》，第2379頁。
〔註222〕《元典章》卷十七，《戶部三・戶計・籍冊・戶口條畫》，中國廣播電視出版社，影印元刊本，第633頁。
〔註223〕《元典章》卷二十二，《戶部八・課程・恢辦課程條畫》，第853頁。《元典章》卷四十九，《刑部十一・諸盜・強竊盜・強竊盜賊通例》，第1776頁。
〔註224〕宋濂等：《元史》卷一百八十三，《王思誠傳》，第4211頁。
〔註225〕〔明〕宋濂等：《元史》卷十四《世祖十一》，第297頁。

個體生產方式，以戶為最基本的生產單元，主要存在於製鹽業和淘金業。製鹽業由鹽戶自備工具，自置物料來進行生產。例如，柴薪是煎鹽的應用之物。「上則月分鹵鹹，每鹽一引用柴百束，下則時月鹵淡，用柴倍其數。」由於鹽額的增加而蕩地如故，因而在四月「柴方長尺許已折之」，無柴則買大小麥稈柴接濟煎燒。砍斫柴薪後，用草又翻曬，待其干（濕）後束縛柴薪陸續搬運入團。「有力之家則造輻車，無力之家用塌車」，輻車每輛可運柴五十束，而塌車止載十五束，差別很大。再如，搬鹵入團煎燒，或用擔挑，或用鹵船搬載；開河通海者，富戶亦有雇募人夫開河者。〔註 226〕由此可見，製鹽業雖於官府固定場所組織生產，但並非官府統一置備工本，各鹽戶自備工具物料，生產條件貧富差別很大。

淘金業亦如此，生產以個體淘金戶為基礎單位，由各戶自備工本。據何夢桂《潛齋文集》所載，官府要求淘金戶計自備器具，「官授之方，督具器物，使之披沙抉石而汰焉。」淘金人戶「棄家輟業，裹糧以從畚鍤，未至而力已困矣。……故上下二三年間，大戶病，中戶貧，下戶賣妻鬻子不足於償，而逮及鄰比親姻，至於流離轉徙者比比也。」〔註 227〕

另外一種自備工本的形式是官府統一科收辦課工本，適應於集體生產方式，例如鐵冶業、銀冶業等。元廷在至元四年立洞冶總管府時規定，「隨處爐冶戶每年合著供爐礦炭等差役，仰管爐官品答貧富，依理均課，其礦炭出給花名由貼驗數數，又將科定數目攢造文冊申報洞冶總管府。」〔註 228〕對此，《永樂大典》也有提及「年例七月科撥礦炭」。〔註 229〕由政府統一科收辦課工本，進行統一管理，官吏貪污侵佔就在所難免。「蒙山銀場提舉陳以忠，始言蒙山銀場，煉銀工本納糧，不使每歲認撥，戶糧四萬石，每石減鈔一十兩，只收輕齎三十兩，做煉銀、修坑、取壙，買炭工本，辦銀七百錠。如有虧兌，願將家產折挫還官。自禮任之後，連年巧立名目，每糧一石科要五十六兩五錢，至於六十兩，計之自延祐四年（1317）至延祐六年（1319）

〔註 226〕陳椿：《熬波圖》卷上。（日）吉田寅：《〈熬波圖〉的一考察》，劉淼譯，《鹽業史研究》，1995 年第 4 期。

〔註 227〕何夢桂：《潛齋文集》卷九，《建德路罷金課記》。

〔註 228〕《元典章》卷二十二，《戶部八・課程・洞冶・立洞冶總管府》，中國廣播電視出版社，影印元刊本，第 969 頁。

〔註 229〕《永樂大典》卷 2608，《憲臺通紀・照刷鐵冶提舉司文卷》。

三月之間，多取訖糧戶工本錢鈔三萬餘定」。〔註230〕此即爲典型案例。除辦課應支工本外，山東萊蕪鐵冶場，「於若供給使客、祭祀神祠、支持工匠、差遣馬驛，靡不取辦於爐戶，侵剋百端，不可悉舉」。〔註231〕由此可見，辦課戶計負擔辦課費用極爲廣泛，幾乎無所不包。且在科收工本過程中，爐戶「稍有不從，則以輸納遲慢，監鎖箠楚，山野之民畏之如虎，斬木伐屋，典賣妻子者比比皆是。」〔註232〕

如果所辦課程即刻發賣，辦課工本也有從課程收入中直接扣除的。如至元三年十一月阿合馬奏：「桓州峪所採銀礦，已十六萬斤，百斤可得銀三兩，錫二十五斤，採礦所需，鬻錫以給之。」〔註233〕此處即爲賣錫以給採銀工本，而銀是不得買賣的，直接上繳國庫。再如官營釀酒業，元政府規定：「釐勒各官置赤歷，開寫每月炊湯漿米石斗、可用麴貨斤重、造到清酒味醇薄、發賣價值，除工本外每月實辦息錢鈔，每石可留息若干。」〔註234〕辦課工本從發賣價值中扣除，實辦息錢必須按時上繳。

（三）強制服役勞動

課程手工業勞動者直接受政府奴役，在政府官吏的直接指揮、監督、管理甚至鞭笞下從事課程生產，這是勞役制官營課程手工業的核心內容。如鹽戶在諸處鹽場煎辦官鹽，鹽場「各設令、丞、管勾、典吏，管領灶戶火丁。」〔註235〕鹽場內部皆建團立灶，即每場由數團組成，每團由三灶或二灶構成，鹽戶在各灶進行生產。各團四周建有圍牆，「彷彿城池，以絕姦僞」。圍牆之外，又挖有濠塹。並置關立鎖，復撥官軍把守、巡警。正如陳椿的一首詩所說：「立團定界址，分團圍短牆，壘土爲之限，開溝爲之防。版築已完固，厥土燥且剛，團門愼出入，北軍守其旁」。戒備可謂森嚴！所以，在其《各團灶座》條又有詩云：「東海有大利，斯民不敢爭，並海立官舍，兵衛森軍營。私鬻官有禁，私鹽官有刑，團廳嚴且肅，立法無弊生。」而鹽戶則全家

〔註230〕《元典章》新集，《戶部·課程·蒙山銀場多課工本》，第2293頁。

〔註231〕《（嘉靖）萊蕪縣志》卷七，《碑刻·崔公提舉德政碑》。

〔註232〕許有壬：《至正集》卷七十五，《蒙山銀》，元人文集珍本從刊7冊第451頁下。

〔註233〕宋濂等：《元史》卷二百○五，《姦臣阿合馬傳》，第4558頁。

〔註234〕《元典章》卷二十二，《戶部八·課程·江南諸色課程》，中國廣播電視出版社，影印元刊本，第855頁。

〔註235〕宋濂等：《元史》卷九十七，《食貨五》，第2496頁。

老幼出動，「男子婦人，若老若幼，夏日苦熱赤日行天，則汗血淋漓。嚴冬朔風，則履霜躡冰，手足皴裂，悉登場灶，無敢閒惰。」〔註236〕如此嚴格的管制，如此惡劣的生產條件，有如人間地獄一般，難怪張養浩記山東鹽戶時感歎：「父子兄弟妻女盡室以出，鵠形菜色，傴僂執薪煙焰中，仁人君子見為酸鼻。」〔註237〕

礦冶戶接受奴役的情況也是如此，元政府對勞役制冶場勞動者生產過程的管理也十分嚴格。以淘金戶計為例，官府將冶戶集中於指定的冶場，「所簽戶計，散在諸路，而淘金之地聚在數場」，冶戶按官府制定的程限入場勞動，官吏還要「計戶點名」。〔註238〕勞動條件極其惡劣，「鑿井取沙，箕運山積，局以金斗，漾以金床，赤體沾濡，手足皲龜，罷其日力，幸而有得，不過星粟之微。或並溪連鑿數井，且不見金。或閉氣從潭底求之，腰石而入，畚沙以出，往往腦鼻流血，得不償勞。蓋其難且險如此。」〔註239〕然而，辦課官吏並不同情體恕，往往以鞭笞相博，「其所司又重之以掊剋、槌剝、羈縶、笞捶之害。」〔註240〕為防止勞動者反抗，元代勞役制冶場內部都設置了嚴密、周備的監視、鎮壓系統。山東濟南萊蕪鐵冶都提舉司內部「勾稽案牘有所，鬻鐵有庫，下迨廚廄獄舍，各以序為。」〔註241〕撫州樂安縣的小曹金銀場，場設武官一員，駐兵一十三人，行使監督與警備之職。〔註242〕

除在勞役制官營課程手工業場冶勞作時接受官方管理、監督外，就是在場外，政府也對諸色辦課戶計嚴加管理。至元七年元廷頒佈了社制，強制諸色戶計入社。「除以行下各路，及令所屬州縣，在城關廂見住諸色戶計，欽依聖旨事理並行入社。」〔註243〕社，原本是基層勸農自治組織，由於勸農管理效果顯著，逐漸發展成為實際的半官方社會基層組織，並延伸到各行各業。它在限制諸色

〔註236〕陳椿：《熬波圖》卷上。（日）吉田寅：《〈熬波圖〉的一考察》，劉淼譯，《鹽業史研究》，1995年第4期。

〔註237〕張養浩：《歸田類稿》卷九，《朝散大夫同知山東東路都轉運鹽使司事恭古行司惠政碑》。

〔註238〕《元代奏議集錄》卷六十七，鄭介夫：《上奏一綱二十目‧治道》。

〔註239〕《文獻通考》卷十八，《征榷考五》。

〔註240〕何夢桂：《潛齋文集》卷九，《建德路罷金課記》。

〔註241〕《萊蕪文物》碑刻，《濟南萊蕪等處鐵冶都提舉司公署記碑》。

〔註242〕《（弘治）撫州府志》卷十六，《武衛‧職制》

〔註243〕郭成偉點校：《大元通制條格》卷十六，《田令‧立社巷長》，北京：法律出版社，1999年版，第191頁。

辦課戶計外逃、遷徙和影占方面起到了不可或缺的監督管理作用。

（四）強制完成生產任務

勞役制官營課程手工業勞動者，不僅要在辦課官員的直接奴役與鞭笞下勞作，而且還必須強制完成法定的生產任務。諸色辦課戶計的辦課任務定額一般是以諸色辦課戶計的「人丁」和「物力」為依據確定的，即以辦課諸色戶計「事產多寡，以參等玖甲為差，品答高下」設定生產任務定額，決定「合辦本色」的多寡。〔註244〕為隨時掌握各戶人丁物力的具體情況，元政府規定：「諸色戶計，各鄉保村莊丁口、產業鼠尾簿一扇，各戶留空紙一頁於後，凡丁口死亡或成丁，或產業、孳畜增添、消乏，社長隨即報官，於各戶下，令掌簿吏人即便標注。」〔註245〕各戶的人口、事產變化情況必須在戶籍中隨即標注，接受政府管理與控制。諸色辦課戶計的這種人丁事產造冊登記並「類攢鼠尾文簿」，其目的有二：一是在集體辦課的生產方式下，為科收辦課工本提供依據；二是在個體以戶為單位辦課的生產方式下，為確立每戶辦課定額提供依據。

由於各戶的辦課任務是建立在真實的事產人力的基礎上，而各戶的人丁、事產又在不斷的增添、消乏，為確保人口、事產的準確登記和實現均役的目的，世祖曾在鹽戶中推行過三年一比附推排制度。「比附推排法」源自於金朝的「通檢推排法」，此法始行於金朝世宗大定初年。通檢，乃普查之意；推排，即評定。由官府主持村坊居民根據各戶財產，共同評定物力等級，作為課斂賦稅和徵發差役的依據。〔註246〕就製鹽業來說，《元史》不乏適用「比附推排法」的記載。如王都中除兩浙都轉運鹽使，「鹽亭灶戶，三年一比附推排，世祖舊制也。任事者恐斂怨，久不舉行。都中曰：『為臣子者，使皆避謫，何以集事。』乃請於行省，遍歷三十四場，驗其物力高下以損益之。役既平，而課亦足，公私便之。」〔註247〕再如，謝讓調任河間等路都轉運鹽司經歷。「先是，灶戶在軍籍者，悉除其名，以丁多寡為額輸鹽，其後多雇舊戶代為煮鹽，而雇錢甚薄。讓言：『軍戶既落籍為民，當與舊灶戶

〔註244〕郭成偉點校：《大元通制條格》卷十七，《賦役·科差》，北京：法律出版社，1999年版，第228頁。
〔註245〕胡祗遹：《紫山在全集》卷二三，《雜著·縣政要式》。
〔註246〕曾代偉：《金律研究》，成都：四川民族出版社，1995年版，第132頁。
〔註247〕宋濂等：《元史》卷一百八十四，《王都中傳》，第4232頁。

均役，既令代役，豈宜復薄其庸，使重困乎？自今雇人，必厚與值，乃聽。』先是，逃亡戶率令見戶納其鹽，由是豪強者以計免，而貧弱者愈困。讓令驗物力多寡，比次甲乙以均之。」〔註248〕至於在礦冶業領域，也有官員實施過「比附推排法」。如饒州樂平地區，「驗田租賦金，歲久力疲，賦額如故。州長圖救其敝，以富補貧，富戶相率上訴，君獨持不可，曰：吾非欲多納金，顧徵賦自土地出，有田之家不納，令無田者虛納，安乎？贊成州長所行，貧戶德之，富者有怨言，弗恤也。」〔註249〕儘管法律規定得十分周詳，又有「比附推排」的實踐，但由於官吏與富戶上下齊手，侵欺貧民的情況累有發生，其結果尤如山東萊蕪鐵冶，「富者得優於家，貧者久拘於役，甚則彩絢相敝，權勢相傾。是以頑惡公行，善人俯首，差役有重並之家，應辦少存留之戶。」〔註250〕如此可謂完全是黑白混淆、是非顛倒，生產任務的定額一片混亂。

對於諸色辦課戶計生產任務的完成，元廷規定有十分嚴格的程限。例如，元廷規定，兩淮運司歲辦鹽課，「自二月為頭煎燒，十月終足備。」並且強調，「雖連陰數月，並不許申報陰雨妨工，以為久遠常例。」〔註251〕對於煎鹽預積柴薪灶草的期限，元廷也有明確規定：「自九月為始，場官催督灶戶並力打列合用煎鹽灶草。比至年終須要搬運到灶，如法積垛，亦於周圍寬治火場，以備春煎。如違期不辦，不將灶草搬運到灶，或已到灶，並火道以裏胤火燒燃，場官、灶戶陪償當罪。」〔註252〕礦冶業也是如此。淘金有「正月下場，十月閉場之程限」；〔註253〕銀冶則是「年例七月科撥礦炭，八月搬載大石修疊爐座，冬春興煽，次年五月爐終」；〔註254〕鐵冶與此類似，平時「人戶俱各漫散住坐，每遇秋冬煽煉，逐旋勾集」。〔註255〕諸色辦課戶計必須在辦課程限之內完成工作任務。

〔註248〕宋濂等：《元史》卷一百七十六，《謝讓傳》，第4109頁。
〔註249〕吳澄《吳文正集》卷八十六，《有元同知茂州事葉君墓誌銘》。
〔註250〕《（嘉靖）萊蕪縣志》卷七，《碑刻‧崔公提舉德政碑》。
〔註251〕《元典章》卷二十二，《戶部八‧鹽課‧新降鹽法事理》，第886頁。
〔註252〕郭成偉點校：《大元通制條格》卷二十八，《雜令‧野火》，北京：法律出版社，1999年版，第308頁。
〔註253〕《元代奏議集錄》卷六十七，鄭介夫：《上奏一綱二十目‧治道》。
〔註254〕《永樂大典》卷2608，《憲臺通紀‧照刷鐵冶提舉司文卷》。
〔註255〕《（嘉靖）萊蕪縣志》卷七，《碑刻‧崔公提舉德政碑》。

（五）強制接受產品分配

勞役制官營課程手工業產品全部歸政府所有，但爲了維持勞動力的再生產，政府需要對勞動者提供一定的勞役報酬。當然，無論何種形式的勞役報酬，都不是勞動者自願接受和自願選擇的結果，而是政府強制執行的分配制度。從文獻資料的記載來看，元代官營課程手工業勞役報酬大略有三種形式。

1、支付口糧。元史學者普遍將勞役制手工業者等同視爲造作手工業係官工匠，其報酬待遇與係官工匠一樣，支取口糧。高樹林先生認爲：「鐵冶戶在官設冶、監進行煽煉生產，產品歸官府所有，統一支配，稱『係官鐵冶』。『係官鐵冶』戶的稅役負擔，亦當與『係官匠戶』相同，只服本役，支領口糧，免除本戶科差、雜泛差役，有耕地者如數交納地稅。」「元代銅冶戶的賦役負擔，雖亦無文獻記載，也應與銀戶、鐵戶等相同，……實行入官場服役的冶戶，也只能是支領口糧，免除雜泛差役等負擔的制度。」〔註256〕劉莉亞博士也認爲：「自蒙古汗國到元前期的礦冶業內部就是採用這種撥戶入場、係官匠戶式生產方式，它的主要內容是：官府簽戶，出給工本與口糧，由冶戶入場無償勞動，生產出的產品全部歸官府所有。」〔註257〕但是給課程手工業工人支付口糧的文獻記載甚少，《元典章》、《大元通制》記載的《口糧則例》也沒有課程手工業工人支取口糧的規定。似乎可以斷定，依據常理推測的支付口糧的報酬形式並沒有在元代大規模發生。零星的記載還是有的：《大元通制》《田令・官田》提及「工、役、軍、匠闕食的人每根底，多於江南運來的米糧內支與有。」此處的「工、役、軍、匠」，在「匠」之外還有「工、役」與「匠」並列，「工、役」包括勞役課程手工業工人的可能性很大。另外，《元史》記載，王思誠爲監察御史，考察至檀州採金鐵冶提舉司發現：「採金鐵冶提舉司，設司獄，掌囚之應徒配者，鈦趾以舂金礦，舊嘗給衣與食，天曆以來，水壞金冶，因罷其給，吃草飲水，死者三十餘人，瀕死者又數人。」〔註258〕然犯因畢竟與一般淘金戶計有異。

2、支付工本。支付工本的勞役報酬形式主要發生在製鹽業領域。至元二十八年，中書省奏請：「煎鹽的灶戶很生受有，在先一引鹽賣三十兩時分，一

〔註256〕高樹林：《元代賦役制度研究》，保定：河北大學出版社，1997年版，第204、207頁。

〔註257〕劉莉亞：《元代礦冶業研究》，河北大學：碩士學位論文未刊本，第10頁；《元代手工業研究》，河北大學：博士學位論文未刊本，第75頁。

〔註258〕宋濂等：《元史》卷一百八十三，《王思誠傳》，第4211頁。

引鹽五兩工本鈔與有來，如今添了二十兩賣一定呵，也則與五兩有，虧著他每的一般合添有。」至元二十八年之前，一引鹽賣三十兩，工本鈔五兩；到至元二十八年時，物價上漲，鹽價已經增爲一定（五十兩），工本鈔仍是五兩；工本鈔嚴重滯後於物價的上漲。後經皇帝聖旨批准，煎鹽工本鈔由原來的五兩添爲八兩，曬鹽工本鈔由原來的四兩添爲六兩四錢。〔註259〕由此可見，鹽戶支領工本鈔根據製鹽難易、物價情況，不同鹽場與不同時期均有不同。有學者測算，「南方沿海鹽區工本較高，北方的山東最低。諸地工本僅爲售引價的 2～16.7% 之間。」〔註260〕

　　3、減免賦役。減免賦役的勞役報酬形式主要發生在礦冶業領域。中統五年八月元廷規定：「站戶，馬錢祇應；打捕鷹房，合納皮貨、鷹隼；金銀、鐵冶，合辦本色；及諸色戶所納物貨，並驗定到鼠尾合該鈔數折算送納。」〔註261〕可見，金銀、鐵冶戶計不納「差發」，「合辦本色」，即是以免徵稅賦爲勞役之「報酬」。於此，文獻資料有大量記載，如至元年間建康等處淘金提舉司於苗米五石之下三石之上戶內簽撥的原簽金戶，歲納金五錢五分，夏秋二稅並免徵；元貞二年二月江浙金銀銅冶轉運司於苗米四石戶內增撥的續簽金戶，歲納金五錢五分，免秋糧不免夏稅。〔註262〕銀冶方面，以蒙山銀冶爲例：「初制，煉銀一兩，免役夫田租五斗；今民力日困，每兩擬免一石。」〔註263〕鐵冶方面，「大抵其民皆殷實上戶」，官府「復其戶調，仍減其租稅之半，」即免其歲輸包銀、絲料、稅糧。〔註264〕胡小鵬先生認爲這些記載「反映了元政府以礦課、勞役代替部分田賦甚至科差的思路」。〔註265〕

　　元政府在收納課程產品、發放工本時亦有一套嚴格的法律規制措施。元廷規定：「諸灶戶中鹽到場皆須隨時兩平收納，不得留難。其合給工本，運官一員監臨給付。若鹽司官吏因而有所剋減或以他物移易準折者，計其多少

〔註259〕《元典章》卷二十二，《戶部八・鹽課・添支煎曬鹽本》，第 922 頁。
〔註260〕高樹林：《元代賦役制度研究》，保定：河北大學出版社，1997 年版，第 184 頁。
〔註261〕郭成偉點校：《大元通制條格》卷十七，《賦役・科差》，北京：法律出版社，1999 年版，第 228 頁。
〔註262〕《（弘治）徽州府志》卷三，《食貨・金課》
〔註263〕〔明〕宋濂等：《元史》卷十七，《世祖十四》，第 357 頁。
〔註264〕王惲：《秋澗集》卷八十一，《中堂事記》；李謙：《萊蕪鐵冶都提舉司紀績碑》，《萊蕪縣志》卷七。
〔註265〕胡小鵬，狄豔紅：「略論元代的礦冶制度」，《西北師大學報》，2006 年第 6 期，第 86 頁。

論罪，仍勒賠償。每給工本時，肅政廉訪司差人暗行體察。」〔註266〕「諸產金之地，有司歲徵金課，正官監視人戶，自執權衡，兩平收受。其有巧立名目，廣取用錢，及多秤金數，剋除火耗，為民害者，從監察御史廉訪司糾之。」〔註267〕但實際上，政府官吏還是百般刁難，及盡剋扣侵漁之能事。「民戶納金，官執權衡，十贏其一二，行賂乃頗減殺」；〔註268〕「官本之給，或刻減吏胥之手，亭之長吏又從而擾之，以耗其力，是以日煎月辦有不能及者」。〔註269〕元政府在勞役制官營課程手工業的產品分配中提供給「役夫」的勞動報酬本已甚微，卻又經過統領官吏的層層剋扣，貧困辦課戶計經常無力組織課程及勞動力的再生產，只有直面逃亡或死絕的命運。

總之，元代勞役制是以政府強制為根本法律特徵，是蒙古社會奴隸制的殘餘。蒙古貴族把被征服地的人民當作奴隸役使，相較於宋代的召募制、承買制經營方式，勞役制無庸置疑是歷史的倒退。對於勞役制之弊，兩浙運司一份上書中書省的官方文書有一段令人難忘的描繪：「本司所轄場司三十四處，各設令、丞、管勾、典史，管領灶戶火丁。用工之時，正當炎暑之月，晝夜不休。才值陰雨，束手彷徨。貧窮小戶，餘無生理，衣食所資，全籍工本，稍存抵業之家，十無一二。有司不體其勞，又復差充他役。各場元簽灶戶一萬七千有餘，後因水旱疫癘，流移死亡，止存七千有餘。即今未蒙簽補，所據拋下額鹽，唯勒見戶包煎而已。若不早為簽補，優加存恤，將來必致損見戶而虧大課。」〔註270〕官方控訴尚且如此，民間悲鳴情何以堪！

二、承包制經營的法律規制

承包制官營課程手工業，可以說是在勞役制官營課程手工業的基礎上發展而來的，是元政府改善官營課程手工業的管理辦法，逐漸放棄直接役使，吸收民營經濟的積極因素，允許民間私人參與甚至自主經營，而政府只是間接控制的一種官有課程手工業經營形式。其主要內容是：政府召募承包者，

〔註266〕《元典章》卷二十二，《戶部八·課程·至元新格》，中國廣播電視出版社，影印元刊本，第864頁。
〔註267〕宋濂等：《元史》卷一百○四，《刑法三》，第2647頁。
〔註268〕吳澄：《吳文正公集》卷八十，《大元中大夫益都般陽等處路淘金總管孫侯墓誌銘》，元人文集珍本從刊3冊第648頁下。
〔註269〕劉將孫：《養吾齋集》卷一八，《李運副德政碑記》。
〔註270〕宋濂等：《元史》卷九十七，《食貨五》，第2496頁。

承包者赴官立狀，自備工本，依託承包到的國有自然資源，自主生產，政府機構只負責收課，不干涉生產，勞動產品採取課額制或抽分制在官府與承包者之間進行分配。承包制經營由於具有官營和民營雙重屬性，尤其是官府並不干涉生產，私人可以自主生產，因此，也有直接將其稱為民營制。但事實上，承包制經營並不是民間自由經營，它只不過是政府改善官營課程手工業管理經營的一種經營形式，其基本原則還是「官主民輔，民為官用」。更為重要的是，元代承包制課程手工業是元代官營工商業不可分割的重要組成部分。因此，本文仍將其稱為承包制官營課程手工業。

（一）承包制經營源起與成因

承包制經營起源甚早，前文提及「齊管仲的『官山海』法令，乃是貫穿整個中國古代的鹽鐵專賣立法的肇端。」就是這位「官山海」的鼻祖，他主張禁止人們自由開礦，對違禁者予以重罰。「有動封山者，罪死而不赦。有犯令者，左足入，左足斷；右足入，右足斷。」〔註271〕然而，他又主張私人可向國家承包礦山，經營開採冶煉業，但須將所產鐵的百分之三十上交官府，以充承包礦山之費。〔註272〕管子反對官府直接開採礦冶業，認為這樣「未見山鐵之利而內敗矣！故善者不如與民，量其重，計其贏，民得其七，君得其三，有雜之以輕重，守之以高下。若此，則民疾作而為上虜矣！」〔註273〕由此可見，承包制經營是伴隨著中國古代禁榷制度「官山海」而同時出現的。而至宋代，召募承包制更加盛行。元代的承包制與前代一脈相承。早在太宗時，就有「富人劉忽篤馬、涉獵發丁、劉廷玉等以銀一百四十萬兩撲買天下課稅」，在耶律楚材極力反對下未予施行，但太宗十一年（1239）十二月，「商人奧都剌合蠻買撲中原銀課二萬二千錠，以四萬四千定為額」，太宗從之。〔註274〕這可以說是為元代官營課程手工業承包制經營開了先河。

世祖至元四年更是立法鼓勵：「若有虛閒洞冶，並堪以立冶地面，更仰召募諸人自備工本、起立採打興煽，從長辦課，毋得曠闕辦課月日」；「諸路山川多有舊來曾立洞冶，往往勢要之家不曾興工，虛行影占，阻擋諸人不得煽

〔註271〕《管子·地斷》。
〔註272〕曾代偉：《中國經濟法制史綱》，成都：成都科技大學出版社，1994年版，第18頁。
〔註273〕《管子·輕重》。
〔註274〕宋濂等：《元史》卷二，《太宗》，第36頁；卷一百四十六，《耶律楚材傳》，第3462頁。

煉辦課入官。今擬……上項洞冶所出之物，取勘見數，召募諸人赴制國用使司入狀立額興煽。」〔註275〕至元二十年（1283）中書省又下文於福建省，要求該省積極踏勘產銅地，「召人興煉」。〔註276〕

但是元初，官營課程手工業還是以官府直接經營的勞役制爲主，承包制只是在特殊情形下辦課的一種補充形式，這與蒙古統治者像奴隸一樣役使被征服者的制度習慣有關。而後勞役制向承包制的演變，主因並不是政治動機——解放勞役制工人，而是出於經濟上的考慮——降低管理成本及生產成本。這從廣爲引用的元代名臣王惲《論革罷撥戶興煽爐冶事》一文中可以明顯看出。王惲在該文中算了一筆詳細的經濟賬，認爲在這些勞役製鐵冶業裏，直接役使還不如把冶戶放罷向每戶徵收包銀來得合算。他在呈給御史臺的呈文中說：「今略舉綦陽並乞石烈、楊都事、高撒合所管四處鐵冶，見分管戶九千五百五十戶，驗每戶包鈔四兩計，該鈔七百六十四錠。今總黃青鐵二百四十七萬五千六百九十三斤半，價值不等，該鈔四百六十八錠二十三兩三錢三分半，比包鈔虧官二百九十五錠二十六兩六錢半，……如將上項戶計罷去當差，許從諸人自治窯冶煽煉，官用鐵貨給價和買，深是官民兩便。據此合行具呈，伏乞御史臺照樣施行。」〔註277〕

事實上，從勞役制到承包制的運動，並沒有「從身份到契約」運動的那種難以逾越並且意義深遠的鴻溝。元代的承包制不是簡單的承包契約關係，而是與戶計身份有著千絲萬縷的聯繫。〔註278〕大德七年（1303）鄭介夫的奏章可以印證這一點。鄭介夫指出：「如金戶一項，所簽戶計，散在諸路，而淘金之地聚在數場，雖令各戶自行淘探，其實用鈔買金以辦官課耳，既與之免稅、免役，以稅役之費爲買金之資，亦無損於民也。在先立淘金漕運司，金戶不能自存，革罷之後，皆得稍安。然猶不免金場各官頭目之擾。今金有定額，戶有定數，不必設官計戶點名，亦不必拘以正月下場，十月閉場之程限，但責任有司官用心提調，依各處里正例立排子頭摧辦，依每歲徵糧例，照元額徵納，則自安生計，不致失所矣。」〔註279〕所以金戶還是金戶，生

〔註275〕《元典章》卷二十二，《戶部八·洞冶·立洞冶總管府》，中國廣播電視出版社，影印元刊本，第968頁。
〔註276〕《元典章》卷二十二，《戶部八·洞冶·根訪銅礦》，第969頁。
〔註277〕王惲《秋澗集》卷八十九，《論革罷撥戶興煽爐冶事》。
〔註278〕胡小鵬，狄艷紅：「略論元代的礦冶制度」，《西北師大學報》，2006年第6期，第85頁。
〔註279〕《元代奏議集錄》卷六十七，鄭介夫：《上奏一綱二十目·治道》。

產定額還是那個生產定額，只是政府不再「計戶點名」，更不管金戶納課金自何來？計將安出？似乎這裡仍然沒有多少契約自由、意志自願可言。鄭介夫所指的這種包納的經營方式大概可以算得上是勞役制經營與承包制經營的中間形式，而元代的承包制經營則有很大一部分還停留在這樣一種中間形式。因此元代承包制經營所代表的「從身份到契約」的運動很不徹底，這與宋代召募制、承買制還有一定的差距。

（二）承包制經營的主要內容

元代官營課程手工業承包制經營並沒有法律上統一的範式，政府完全是為辦課的需要因地制宜便宜行事，承包制內容和形式都不拘一格，很多情形還帶有明顯的勞役制痕跡。下面以其典型形態，從承包合同的簽訂、生產的組織以及產品分配制度三個方面予以探討。

1、召募與赴官入狀簽訂承包合同

承包合同是承包經營的法律基石。元政府對簽訂承包經營合同必然有極嚴格的法律規制要求。根據《元典章》的記載：「諸路山川多有舊來曾立洞冶，……上項洞冶所出之物，取勘見數，召募諸人赴制國用使司入狀立額興煽。」〔註280〕由此可以歸納出簽訂承包合同的一般步驟：官方在現場勘察的基礎上估算出「標的」課程手工業的產量，並向「諸人」發出「要約邀請」，即「召募諸人」；承包者「赴官入狀」，即向官府發出「要約」；官府根據「要約」內容——主要是要約課額，作出「承諾」，即為「立額」；合同訂立生效後即可「興煽」，進入合同履行階段。

典型形態的承包經營，其承包合同的簽訂應該是建立在「契約自由」的基礎上。承包合同的主體官府與承包者在法律上完全是平等的，雙方是一種契約關係，與身份無關。官有課程手工業的承包制經營為何引起法史學家的巨大興趣，其意義也就在於「從身份到契約」的這種運動。元人王惲《論革罷撥戶興煽爐冶事》、《停不急之務‧省罷鐵冶戶》，其建議直指身份關係的解除——罷放冶戶：「如將上項戶計罷去當差，許從諸人自治窯冶煽煉，官用鐵貨給價和買」；「將所佔百姓分撥所屬州縣依例當差，仍許諸人認辦課額，興煽小爐，或抽分本貨，或認辦鈔數，臨時定奪。」〔註281〕元英宗碩德八剌至

〔註280〕《元典章》卷二十二，《戶部八‧洞冶‧立洞冶總管府》，中國廣播電視出版社，影印元刊本，第968頁。

〔註281〕王惲：《秋澗集》卷八十九，《論革罷撥戶興煽爐冶事》；卷九十，《停不急之

治三年（1323 年），「罷上都、雲州、興和、宣德、蔚州、奉聖州及雞鳴山、房山、黃盧、三叉諸金銀冶，聽民採煉，以十分之三輸官。」〔註282〕即是典型的解除冶戶身份關係的實踐。其進步意義都值得肯定。

　　需要指出的是，在元代並不是所有課程手工業都允許實行承包經營。從文獻資料上看，承包經營一般適用於礦冶業，釀酒業、湖泊課程業也有之。至元十三年中書省制定《江南諸色課程》條畫時，就提到「隨處多有勢要之家設立酒庫，持勢少認辦到課額，恣意多造醨酒發賣，辦到息錢除認納定官錢外，餘上盡行入己。」〔註283〕這實際上就是以定額承包制形式經營釀酒業。湖泊課程業方面，至元二十二年正月中書省規定：「江南打魚人戶，在先各處官司出榜召募，諸人自備工本辦課勾當行來，認了一百定課程。……今後交各處官司兼管湖泊招收魚船戶，官為應副綱索、攔閘、神福等，外據打算魚數，十分為率，魚戶收三分官收七分。」〔註284〕這裡規定了官營漁業的兩種承包制經營辦課形式：其一是魚戶自備工本，承包定額經營。其二是官為應副工本，承包比例抽分，官七民三。承包經營製鹽業是十分罕見的。史載：「至順三年（1332 年）二月，州民侯坤願作什器煮鹽而輸課於官，詔四川轉運司主之。」〔註285〕元順帝後至元元年（1335 年）閏月乙酉詔：「四川鹽運司於鹽井仍舊造鹽，餘井聽民煮造，收其課十之三。」〔註286〕這些都是承包經營製鹽業的實例。

2、生產組織：個體小生產與雇傭勞動力生產

　　承包制課程手工業其生產由承包者自主組織和自主管理，政府不予干涉。既無「計戶點名」之擾，也無「正月下場，十月閉場」之限，這不僅解放了勞動者的人身自由，而且極大地提高了勞動者的生產積極性和生產效率。就其生產方式來說，又分為兩種類型：

　　其一，個體小生產方式。這種生產方式是以戶為單位承包並組織生產，主要出現在淘金業。淘金之地雖然是「聚在數場」，但仍然是「令各戶自行淘

　　　　務・省罷鐵冶戶》。
〔註282〕宋濂等：《元史》卷二十八，《英宗二》，第 619 頁。
〔註283〕《元典章》卷二十二，《戶部八・課程・江南諸色課程》，中國廣播電視出版
　　　　社，影印元刊本，第 857 頁。
〔註284〕《元典章》卷二十二，《戶部八・河泊・湖泊招人打魚》，第 974 頁。
〔註285〕宋濂等：《元史》卷三十六，《文宗五》，第 799 頁。
〔註286〕宋濂等：《元史》卷三十九，《順帝一》，第 815 頁。

採」。例如，至元五年棲霞縣金戶「每戶輸金歲四錢」；〔註287〕至元十八年，溧水、句容淘金戶「每戶周歲認辦二錢二分」。〔註288〕這些都是個體戶小生產方式的典型。

其二，雇傭勞動力生產。元代貨幣經濟已經十分發達，民間手工業主作坊式雇傭勞動生產已經出現。在承包製鐵冶業和銀冶業生產中，也出現了雇傭勞動力生產方式。這種生產方式主要出現於鐵冶業和銀冶業，是與冶煉業需要大量勞動者集體分工配合及大量生產資本分不開的。曾任南宋末年國史編校官胡升記載了元初婺源州鐵冶生產的詳細情況，「既得礦，必先烹煉，然後入爐。煽者、看者、上礦者、煉者、取礦沙者、煉生者，而各有其任。晝夜番換，約四五十人。若取礦之夫，造炭之夫，又不止是。故一爐之起，厥費亦重。」〔註289〕因此，這樣的生產規模個體小生產者根本無法企及。世祖中統二年（1261），李玉自仕途退出返家後，開辦起冶鐵與煮礬業，「所居城市凡能傭力而無恆產者，魚聚水而鳥投林，相率來歸。寒者得衣、饑者得食，窮殍者得生活」；〔註290〕元後期廬陵安福人劉宗福「尤善生殖，營業鐵爐於金牛大冶，煽役者常千人，由是高資厚積。」〔註291〕這些都是雇傭勞動力生產方式的典型。

3、產品分配制度：定額制與抽分制

元代官營課程手工業承包制經營的分配方式可分為定額制與抽分制。定額制就是承包者以周歲為限向官府交納固定課額，餘下的產品歸自己分配，多勞多得。如徽州路金課，至元十八年為每戶輸金一錢，以後則不斷提高歲納金額，到至元二十九年已經增至每戶納金五錢五分。〔註292〕銀課方面，如「仁宗延祐三年（1316），李充直包羅山縣銀場，課銀三錠。四年，李王圭等包霍丘縣豹子崖銀洞，課銀三十錠，其所得礦，大抵以十分之三輸官」。〔註293〕鐵冶如婺源州有鐵爐五座，歲納課一萬四千四百斤。〔註294〕

〔註287〕宋濂等：《元史》卷六，《世祖三》，第 105 頁。
〔註288〕《（至大）金陵新志》卷三下，《金陵表》。
〔註289〕《（弘治）徽州府志》卷三，《食貨》。
〔註290〕胡祇遹：《紫山大全集》卷一八，《顯武將軍安陽縣令兼輔岩縣令李公墓誌銘》。
〔註291〕王禮：《麟原前集》卷三，《劉宗海行狀》。
〔註292〕《（弘治）徽州府志》卷三，《食貨・財賦・金課》。
〔註293〕宋濂等：《元史》卷九十四，《食貨二》，第 2377 頁。
〔註294〕《（弘治）徽州府志》卷三，《食貨・財賦・鐵課》。

　　抽分制就是承包者生產出來的產品，按照固定比例官方與承包者分成，對於官方來說，就是抽分。抽分制的優點在於：一是承包者不必擔憂完成不了定額，即「辦不勾呵，拿著問要陪來！」〔註295〕無論他產出如何，都可以一部分納官，另一部分歸自己支配。二是避免了承包者無限擴大生產規模，過渡開發國有資源，而政府得不到應有的收益。抽分制在鐵冶業、銀冶業承包經營中比較常見，鐵冶業一般為二八分成，如大德元年（1297）十一月，中書省的一份法律文書中提到：「各路係官鐵冶累年煽到鐵貨積垛數多，百姓工本煽爐雖是二八抽分，納官中間多不盡實。」〔註296〕銀冶業則常為三七抽分，如上文提及的元英宗至治三年（1323年）罷諸金銀冶，「聽民採煉，以十分之三輸官。」〔註297〕也有二八抽分的，如泰定二年「罷永興銀場，聽民採煉，以十分之二輸官。」〔註298〕官營捕漁業中，也有官為工本，「十分為率，魚戶收三分官收七分」的抽分承包制。〔註299〕

　　上述的是承包制經營的典型形態，元代承包制不拘一格，其變種有：強制承包制、引誘承包制、虛假承包制及其複合形態：強制虛假承包制、引誘虛假承包制。下面逐一列舉說明：

　　強制承包制，是指官方強製辦課戶計「包納」、「包煎」。它的最大特點是沒有簽訂以「契約自由」為基礎的承包合同，而是法律強制完成定額任務，但政府不干涉辦課戶計的生產。如鄭介夫所指的「金有定額，戶有定數」，「令各戶自行淘探」。

　　引誘承包制，是指官方以免稅免役為條件，引誘民戶中家業殷實者改換身份戶計，從事課程手工業承包生產，一旦被確定為辦課戶計，就終生不得更改，且課額任務「日新月異」。其特點是「結婚自願」，但「離婚不自由」，一旦有了「妻子」的名份，則終生盡「妻」之責，且最終受盡虐待。如饒州產金之地，官府曾「募民能淘探者輸金以當其賦稅，時有無田而家則裕，願虛輸以免百役」，然而「歲久而弊，貧逃死絕者數百家，而里役代之輸。」〔註300〕再如棲霞縣金場，「編戶置官，歲定金額，有增無減，……官復侵剝，

〔註295〕《元典章》卷二十二，《戶部八·河泊·湖泊招人打魚》，第974頁。
〔註296〕《元典章》卷二十二，《戶部八·洞冶·鐵貨從長講究》，第970頁。
〔註297〕宋濂等：《元史》卷二十八，《英宗二》，第619頁。
〔註298〕宋濂等：《元史》卷二十九，《泰定帝一》，第637頁。
〔註299〕《元典章》卷二十二，《戶部八·河泊·湖泊招人打魚》，第974頁。
〔註300〕李存：《俟菴集》卷二十五，《三老材甫桂君墓誌銘》。

大約金戶一家之賦當他戶三倍之多，而戶不勝其苦矣。」〔註301〕

虛假承包制，就是指有其名而無其實，承包者根本不從事課程手工業生產，而承擔固定的納課定額。如至元二年御史臺指出：「建康路淘金總管府，元認淘金辦課，驗撥到人戶，品答高低，出給花名由貼，科配百姓包納。」〔註302〕再如盧世榮創立門攤食茶課程，「不問有無產茶去處，一概椿配百姓。」〔註303〕此為典型的強制虛假承包制，而饒州「願虛輸以免百役」者，則是典型的引誘虛假承包制。

（三）承包制經營的官營性

承包制課程手工業具有官營與民營二重性。其民營性主要體現在生產過程官府不予干涉，完全由承包者即民間私人自主組織、自主管理。但承包制經營不等於民間自由經營，承包制也不等於民營制，它仍然屬政府管理經營的一種經營形式。

首先，承包制經營的主要生產資料——自然資源，有時甚至勞動工具，都歸政府所有。這是課程手工業官營的物質基礎，也是決定承包制課程手工業官營屬性的主要根據。這同通常意義上的私營企業，其資產私有是有本質區別的。

其次，承包制經營的主要存在目的是經辦官課，而不是私人營利。元代法律規定得十分明確：「諸路係官並自備工本洞冶俱係恢辦官課去處，仰經過宣使軍馬人等並不得搔擾，如違治罪。」〔註304〕自備工本洞冶一般理解為承包制經營的洞冶，其仍然係「恢辦官課去處」，這是承包制經營出現和存在的目的。而通常意義上的民營是指民間私人營利。

其三，正是因為承包制經營其目的在於辦課，所以元代承包制有許多變種，其存在甚至不是建立在自由契約的基礎之上，而是建立在法律強制的基礎之上。而且，就算承包制經營的法律基礎是由承包者與政府簽訂的承包合同，但與政府行政許可制度還是有本質差別。承包合同與行政許可法理根據完全不同，不可混為一談。

〔註301〕于欽：《齊乘》卷一。
〔註302〕《元典章》卷二十二，《戶部八·洞冶·民戶淘辦金課》，第967頁。
〔註303〕《元典章》卷二十二，《戶部八·茶課·恢辦茶課》，第867頁。
〔註304〕《元典章》卷二十二，《戶部八·課程·洞冶·立洞冶總管府》，中國廣播電視出版社，影印元刊本，第969頁。

其四，正是因爲承包制經營是政府經營課程手工業的一種管理形式，所以政府完全可以根據需要任意廢罷改變。以冶鐵爲例，「大德元年（1297）十一月，中書省近爲各路係官鐵冶累年煽到鐵貨積垛數多，百姓工本煽爐雖是二八抽分，納官中間多不盡實。爲此，於元貞二年（1296）九月初八日奏准，革罷百姓自備工本爐冶，官爲興煽發賣。」〔註305〕釀酒業亦是如此，如元廷得知「隨處多有勢要之家設立酒庫，持勢少認辦到課額，恣意多造醅酒發賣，辦到息錢除認納定官錢外，餘上盡行入己。」認爲這是「侵佔官課」的行爲，規定「截日盡行罷去，止委總管府選差人員造酒，依例從實辦課。」〔註306〕承包制經營的解除權完全在官方。這也是《元史·食貨志》所載各地辦課機構「廢置不常」的主要原因，其置也，官府直接役使辦課；其廢也，自然是「聽民開採」。

其五，元廷常給承包者封官，承包者既是私人承包者，也是政府官員。至元四年立洞冶總管府法律條畫中提到的「見設官員自備工本洞冶」，〔註307〕可能就是指這種情形。文獻資料也不乏明確記載，如至元十四年，分寧縣人商瓊者，「謀獻利覓官，乃誘湖南淘金工易彬等三十餘人至豐城縣之長寧縣留臺居焉。及募其鄉人傅壽等穴山谿，奮沙石，習淘金爲業，歲責輸浮辦金四兩重，請行省署淘金場，縣中領之，而瓊泪阮祥者實司其職。……而亡賴者景從日衆，至三百三人焉。瓊又爲之請於有司，歲復其役。豐城既無金，群轉走饒、信、徽、衢、婺、江、南康、蘄、黃，歲掠以進瓊。瓊輸官而攘其贏，繇是致富。……瓊益以聚斂爲功，復請增金三兩一錢九分六釐重，總之爲廿九兩九分六釐重矣。瓊因求遷小曹場官，兼賦豐城金。」〔註308〕「瓊輸官而攘其贏，繇是致富」，這表明瓊是定額制承包者，而又爲小曹場官。再如，蒙山銀場陳以忠，「始言蒙山銀場，煉銀工本納糧，不使每歲認撥，戶糧四萬石，每石減鈔一十兩，只收輕齎三十兩，做煉銀、修坑、取壙，買炭工本，辦銀七百錠。如有虧兌，願將家產折挫還官。」即被封爲「蒙山銀場提舉」。〔註309〕

〔註305〕《元典章》卷二十二，《户部八·洞冶·鐵貨從長講究》，第970頁。
〔註306〕《元典章》卷二十二，《户部八·課程·江南諸色課程》，中國廣播電視出版社，影印元刊本，第857頁。
〔註307〕《元典章》卷二十二，《户部八·洞冶·立洞冶總管府》，中國廣播電視出版社，影印元刊本，第968頁。
〔註308〕危素：《危太樸文續集》卷十《富州蠲金紀事》。
〔註309〕《元典章》新集，《户部·課程·蒙山銀場多課工本》，第2293頁。

其六，承包者對生產產品無自由處置權，通常由政府包買。課程手工業產品元時實行嚴格的禁榷制度，通常不得自由流通。即使承包者獲權開採和煽煉，所產產品也不得自由處置，除定額或抽分納官外，其餘部分也由官府包賣而行禁榷專賣法。

最後，元代課、稅有別，辦課難同三十取一的稅法。如至元五年，均州軍戶韓玉馮「依賴軍戶形勢，告劉元帥文字，攔擋止令將燒到窯貨三十取一，」中書省判定：「磁窯舊例二八抽分，難同三十分取一……合納課程，照依舊例辦課。」〔註310〕再以漁業為例，法律明確規定：「近水之家，許鑿池養魚……所出物色，如遇貨賣，合稅者依例赴務投稅，難同自來辦課河泊課程，以致人民不敢增修。」〔註311〕竹木採伐業也是如此，至元二十一年十二月聖旨規定：「懷孟及其餘路分竹貨係百姓栽植恆產，因之……應當民戶差發，……止依例收稅。」〔註312〕這充分反映了承包制經營辦課與純粹的民營之間的區別。

當然，基於「契約自由」的承包制經營，已經向發展民營經濟邁進了一大步。在承包制經營的基礎上，改「簽訂承包合同」為「行政許可」，改「抽分制產品分配」為「所得稅和資源稅」，一種真正的民營制經營將應運而生。

〔註310〕《元典章》卷二十二，《戶部八·洞冶·磁窯二八抽分》，中國廣播電視出版社，影印元刊本，第969頁。

〔註311〕《元典章》卷二十二，《戶部八·河泊·池魚難同河泊辦課》，中國廣播電視出版社，影印元刊本，第973頁。

〔註312〕《元典章》卷二十二，《戶部八·竹課·竹貨依例收稅》，中國廣播電視出版社，影印元刊本，第971頁。

第四章　元代官營商業的法律規制

第一節　官營專賣商業的法律規制

　　商業，即貿易，是指商品流通與交換的營利性經濟活動。《漢書·食貨志》稱：「士農工商，四民有業。……通財鬻貨曰商」。元代由於農業、手工業和交通運輸業的發展，統一的貨幣在全國流通，商業活動十分活躍。但國內外商業貿易不僅僅是商「民」之業，更是政府經營管理的營利之業。元代的官營商業有專賣與非專賣之分。為經營和控制關係國計民生的重要商品的流通與交換，政府實行專賣壟斷制度，即「禁榷」制度，禁止私人自由經營，以利政府獲得超額的壟斷利潤，此即為官營專賣商業。下面將就元代政府經營的這種專賣商業的法律規制情況進行分析探討。

一、法定專賣的榷貨種類

　　專賣即榷，專賣之利即為專利，也稱榷利，專賣的物品就叫做榷貨。我國歷史上的專賣法首創於春秋初年的齊國。公元前 685 年管仲為齊國相，從「富國強兵」的目的出發，制定頒佈了旨在擴大財源，增加財政收入的「官山海」法令，對鹽、鐵實行國家專賣。漢、唐以來，榷鹽、榷鐵、榷茶、榷酤漸成法律傳統。「元初，以酒醋、鹽稅、河泊、金、銀、鐵冶六色，取課於民。」[註1] 實際上元代官辦專賣商業遠不止這六項。專賣榷貨的種類是法定的，下面逐一考析之：

〔註 1〕宋濂等，《元史》卷九十四，《食貨二》，第 2386 頁。

榷鹽：「國之所資，其利最廣者莫如鹽。」因之，太宗庚寅年（1230）春，定諸路課稅時，即「始行鹽法，每引重四百斤，其價銀一十兩。」〔註2〕自此而後，元廷「累降聖旨條畫禁斷私鹽」，「諸犯私鹽者，科徒二年，決杖七十，財產沒官。決訖，發下鹽司帶鐐居役，滿日釋放。」〔註3〕終元之世，其法相沿不改。

榷茶：史稱「榷茶始於唐德宗，至宋遂為國賦，額與鹽等矣。」茶課雖不是元初「六課」之一，但「由約而博」，逐漸成為榷貨中的大宗，其地位僅次於鹽。元代有關榷茶的最早資料，要算《元史・張庭珍傳》附《張庭瑞傳》中記載的中統二年，「官買蜀茶，增價鬻於羌，人以為患。庭瑞更變引法，使每引納二縜，而付交易券與民，以其自市於羌，羌、蜀便之」。〔註4〕此時即有「官買蜀茶」，張庭瑞則改政府專賣直銷法為茶引法。榷茶成為國家的一種正式制度，始於世祖至元五年（1268），「用運使白賡言，榷成都茶，於京兆、鞏昌置局發賣。私自採賣者，其罪與私鹽同。」〔註5〕《元史・刑法志》載：「諸茶法，客旅納課買茶，隨處驗引發賣畢，三日內不赴所在官司批納引目者，杖六十；因而轉用，或改抹字號，或增添夾帶斤重，及引不隨茶者，並同私茶法。但犯私茶，杖七十，茶一半沒官，一半付告人充賞，應捕人同。若茶園磨戶犯者，及運茶船主知情夾帶，同罪。有司禁治不嚴，致有私茶生發，罪及官吏。茶過批驗去處不批驗者，杖七十。其偽造茶引者斬，家產付告人充賞。諸私茶，非私自入山採者，不從斷沒法。」〔註6〕

榷沽：榷沽即榷酒，是元代國賦之一，利之所入亦厚。然元代榷酒法令多變，時興時罷，時嚴時馳，與宋時一貫堅持專賣有所不同。具體來說：元之榷沽，始於太宗，是元初「六課」之一。太宗庚寅年春（1230），「定諸路課稅，酒課驗實息十取一。」此是取十分之一的所得稅制。第二年辛卯（1231）即改為專賣制：「立酒醋務坊場官，榷沽辦課。」並於甲午年（1234），「頒酒麴醋貨條禁，私造者依條治罪。」〔註7〕此後，「累降聖旨條畫禁斷私鹽酒醋麴貨」。中統二年六月重申專賣之制，「諸犯私酒麴貨者，取問得實，科徒

〔註2〕 宋濂等，《元史》卷九十四，《食貨二》，第2386頁。
〔註3〕 《元典章》卷二十二，《戶部八・課程・恢辦課程條畫》，第853頁。
〔註4〕 宋濂等，《元史》卷一百六十七，《張庭珍傳》，第3923頁。
〔註5〕 宋濂等，《元史》卷九十四，《食貨二》，第2393頁。
〔註6〕 宋濂等，《元史》卷一百四，《刑法三》，第2648頁。
〔註7〕 宋濂等，《元史》卷九十四，《食貨二》，第2395頁。

二年，決七十，財產一半沒官，於沒官物內一半付告人充賞。」〔註 8〕至元十三年平定南宋，元廷在得知「隨處多有勢要之家設立酒庫，持勢少認辦到課額，恣意多造醅酒發賣，辦到息錢除認納定官錢外，餘上盡行入己。」認為這是「侵佔官課」的行為，規定「截日盡行罷去，止委總管府選差人員造酒，依例從實辦課。」並對罷訖私營酒庫作了善後處理，「見在米麴漿米酒醋浸清酒並一切什物，官為拘收作本，合該價錢官吏保結申省定奪支撥施行。」〔註 9〕官營專賣制度得到了堅持。可能是私酒日益氾濫，元廷於至元十五年加強了私酒的懲罰力度，二月初十聖旨：「做私酒來的為頭的人殺者，家筵抄了呵！」七月十六日再予聞奏，聖旨定奪：「造酒底除本人夫妻二人隻身外，應有老小財產盡行斷沒了者。」〔註 10〕至此，元代權沽已至高峰，制裁嚴極「殺者」之刑。

至元二十一年十一月，盧世榮居中書未十日，即言：「京師富豪戶釀酒酤賣，價高味薄，且課不時輸，宜一切禁罷，官自酤賣。」〔註 11〕這表明權沽專賣之制已經糟到破壞。至元二十二年二月，盧世榮在世祖支持下，一面打擊豪強，「州城依例官司權酤」，一面免課百姓，頒佈《鄉村百姓許盒醋》、《鄉村百姓許造酒》的法令。然在這一保一壓、一緊一鬆之間，鄉村造酒私賣已屬合法。權貴富豪立即在政治上反撲，盧世榮居中書不過數月，即遭彈劾罷職，同年十一月身辱被誅。盧世榮之後，元廷在至元二十五年重申私酒之罰，其法與中統二年同。成宗大德七年，補充規定：「釀造私酒速魯麻並葡萄酒犯人，七十七下，追中統鈔一百貫付告人充賞」。私酒之罰日緩，權酤之制日馳，最終導致權酤法實事上的廢止。「權沽之法既已改革，酒醋課程普散於民」，延祐六年五月，元廷最終頒佈《私造酒麴依匿稅例科斷》的法令，完全廢除了權沽制度。〔註 12〕

權鐵：鐵冶是元初「六課」之一。劉秉忠曾上書世祖指出：「移剌中丞拘權鹽鐵諸產、商賈酒醋貨殖諸事，以定宣課，雖使從實恢辦，不足亦取於

〔註 8〕　《元典章》卷二十二，《戶部八‧課程‧恢辦課程條畫》，第 854 頁。

〔註 9〕　《元典章》卷二十二，《戶部八‧課程‧江南諸色課程》，中國廣播電視出版社，影印元刊本，第 857 頁。

〔註 10〕　《元典章》卷二十二，《戶部八‧酒課‧禁治私造酒》，中國廣播電視出版社，影印元刊本，第 935 頁。

〔註 11〕　宋濂等：《元史》卷二百〇五，《姦臣盧世榮傳》，第 4565 頁。

〔註 12〕　《元典章》卷二十二，《戶部八‧酒課‧禁治私造酒》，中國廣播電視出版社，影印元刊本，第 935 頁。

民，拖兌不辦，已不爲輕。奧魯合蠻奏請於舊額加倍榷之，往往科取民間。」
〔註13〕這表明榷鹽、榷鐵均出於「移剌中丞」，應指耶律楚材。《元史・刑法志》載：「諸鐵法，無引私販者，比私鹽減一等，杖六十，錢沒官，內一半折價付告人充賞。偽造鐵引者，同偽造省部印信論罪，官給賞鈔二錠付告人。監臨正官禁治私鐵不嚴，致有私鐵生發者，初犯笞三十，再犯加一等，三犯別議黜降。客旅赴冶支鐵引後，不批月日出給，引鐵不相隨，引外夾帶，鐵沒官。鐵已賣，十日內不赴有司批納引目，笞四十；因而轉用，同私鐵法。凡私鐵農器鍋釜刀鐮斧杖及破壞生熟鐵器，不在禁限。江南鐵貨及生熟鐵器，不得於淮、漢以北販賣，違者以私鐵論。」〔註14〕

元代榷鐵是否一以貫之值得懷疑。元初，世祖即位，立十道宣撫使，以姚樞使東平，姚樞「推物力以均賦役，罷鐵官」；〔註15〕史天倪子史楫爲眞定兵馬都總管。或請運鹽按籍計口，給民以食，楫爭其不可，曰：「鹽鐵從民貿易，何可若差稅例配之。」〔註16〕這表明元初就有人反對榷鐵。但當時鐵冶業悉數官冶，壟斷其生產，必然壟斷其銷售。後來，王惲在《論革罷撥戶興煽爐冶事》一文中提議：「如將上項戶計罷去當差，許從諸人自治窯冶煽煉，官用鐵貨給價和買，深是官民兩便。」〔註17〕其實是主張完全民冶民賣。「大德元年（1297）十一月，中書省近爲各路係官鐵冶累年煽到鐵貨積垜數多，百姓工本煽爐雖是二八抽分，納官中間多不盡實。爲此，於元貞二年（1296）九月初八日奏准，革罷百姓自備工本爐冶，官爲興煽發賣。」〔註18〕如果「納官中間多不盡實」，其間必有私人發賣鐵貨。

榷鐵本來有兩個層次：一是專賣鐵貨，一是專賣鐵器。中統四年，「阿合馬奏以禮部尙書馬月合乃兼領已括戶三千，興煽鐵冶，歲輸鐵一百三萬七千斤，就鑄農器二十萬事，易粟輸官者凡四萬石。」〔註19〕此時官鑄農器發賣，但還沒有專賣鐵器之制。至元七年，「阿合馬議拘民間鐵，官鑄農器，高其價以配民。……（張）文謙悉於帝前極論罷之。」〔註20〕至元十二年，

〔註13〕 宋濂等：《元史》卷一百五十七，《劉秉忠傳》，第 3690 頁。
〔註14〕 宋濂等：《元史》卷一百四，《刑法三》，第 2649 頁。
〔註15〕 宋濂等：《元史》卷一百五十八，《姚樞傳》，第 3713 頁。
〔註16〕 宋濂等：《元史》卷一百四十七，《史天倪傳》，第 3482 頁。
〔註17〕 王惲《秋澗集》卷八十九，《論革罷撥戶興煽爐冶事》。
〔註18〕 《元典章》卷二十二，《戶部八・洞冶・鐵貨從長講究》，第 970 頁。
〔註19〕 宋濂等：《元史》卷二百〇五，《姦臣阿合馬傳》，第 4558 頁。
〔註20〕 宋濂等：《元史》卷一百五十七，《張文謙傳》，第 3697 頁。

阿合馬又言：「應公私鐵鼓鑄，官爲局賣，仍禁諸人毋私造銅器。」〔註 21〕此次，鐵器專賣被批准。至元十三年（1276）正月東平等路轉運司提到「行鋪之家收下鐵貨並農器等生活，合無收買事」，中書省議得：「仰轉運司令各處鋪戶之家，將現在鐵器生活，須管立限發賣了畢，限外，依市價都轉運司收買。」〔註 22〕即是在爲專賣鐵器作準備。此外，盧世榮也曾提及「盡禁權勢所擅產鐵之所，官立爐鼓鑄爲器鬻之。」〔註 23〕

榷銅：「諸出銅之地，民間敢私煉者禁之。」〔註 24〕生產尚且如此，銷售自不待言。至元十二年，阿合馬言：「應公私鐵鼓鑄，官爲局賣，仍禁諸人毋私造銅器。」〔註 25〕由此可見，銅器也一度在禁榷之限。銅可以鑄造銅錢，元朝通用紙幣，因此，元廷曾一度禁止煉銅及鑄造、使用銅錢、銅器，以確保紙幣的有效流通。如至元十四年（1277）四月「禁江南行用銅錢」；至元十七年（1280）「詔括江淮銅及銅錢銅器」；同年六月以江淮等處頒行鈔法，廢宋銅錢。〔註 26〕

榷竹：元廷還在一定範圍榷竹，如《元史·刑法志》規定：「諸衛輝等處販賣私竹者，竹及價錢並沒官，首告得實者，於沒官物約量給賞。犯界私賣者，減私竹罪一等。若民間住宅內外並闌檻竹不成畝，本主自用外貨賣者，依例抽分。有司禁治不嚴者罪之，仍於解由內開寫。」

榷金銀：金銀作爲一種特殊的貨幣，元廷爲頒行鈔法，曾經禁止私人買賣，只須赴官倒換。至元十九年（1282）中書省頒發了一系列整治鈔法的條例，其中包括對私市金銀者的嚴厲懲罰措施。「買賣金銀，赴官庫依價回易倒換。如私下買賣，諸人告捉到官，金銀價鈔全行斷沒，於內一半付告捉人充賞。應捕人減半。一十兩以下，決杖五十七下，一十兩以上，決杖七十下，一定以上，決杖一百七下，於犯人名下更追鈔兩給付捉事人充賞」；「金銀匠人開鋪打造開張生活，……不許自用金銀打造發賣。若已有成造器皿，赴平準庫貨賣。如違，諸人告捉到官，依私倒金銀例斷罪給賞。」爲便於官方倒換金銀，元廷還出榜曉喻倒換金銀價例。如「課銀每定，入庫價鈔一百二兩

〔註 21〕 宋濂等：《元史》卷二百〇五，《姦臣阿合馬傳》，第 4560 頁。
〔註 22〕 《元典章》卷二十二，《戶部八·課程·運司合行事理》，第 859 頁。
〔註 23〕 宋濂等：《元史》卷二百〇五，《姦臣盧世榮傳》，第 4565 頁。
〔註 24〕 宋濂等：《元史》卷一百四，《刑法三》，第 2649 頁。
〔註 25〕 宋濂等：《元史》卷二百〇五，《姦臣阿合馬傳》，第 4560 頁。
〔註 26〕 宋濂等：《元史》卷九，《世祖六》，第 175 頁；《元史》卷十一，《世祖八》，第 221 頁。

伍錢，出庫價鈔一百三兩。」倒換課銀，每定官府可賺取伍錢。〔註27〕

　　此外，元代権貨還有鉛、錫、礬、水銀、朱砂之類。如「鉛、錫在湖廣者，至元八年，辰、沅、靖等處轉運司印造錫引，每引計錫一百斤，官收鈔三百文，客商買引，赴各冶支錫販賣。無引者，比私鹽減等杖六十，其錫沒官」；「礬在河南者，二十四年，立礬課所於無為路，每礬一引重三十斤，價鈔五兩。」〔註28〕再有「印造茶鹽等引局，……至元二十四年置，掌印造腹裏、行省鹽、茶、礬、鐵等引」，〔註29〕也可印證礬是権貨之一。

二、非法私賣的法律規制——以私鹽為例

　　元政府為維護官營專賣商業的經濟秩序，一手嚴厲打擊非法私賣禁権商品，一手嚴格規範和控制官營專賣商業的經營管理。由於在諸権中，食鹽專賣地位居首，且鹽法最為細密，而其他諸権法往往以鹽法為參照比較體系，因此，下面將以鹽法為例展開討論。

（一）私鹽罰則

　　無引販鹽，即為私鹽。元代私鹽的一般罰則是：諸犯私鹽者，科徒二年，決杖七十，財產一半沒官。決訖，發下鹽司帶鐐居役，滿日釋放。大德四年，針對「敗獲鹽徒多係累經配斷視為尋常不改前過」的情況，又補充規定：「今後犯鹽經斷賊徒各於門首粉壁大字書寫『犯鹽經斷賊徒』六字，官為籍記姓名，責令巡尉捕盜等官，每月一次點名撫治，務要改過別求生理，出入往回須使鄰祐得知，三日之外不歸者，即報捕盜官究問。三年不犯，鄰祐保舉，方許除籍。」〔註30〕也就是說，私鹽犯罪在刑滿釋放後，犯人還要接受三年的政府特別管制。這種特別管制既是防範再犯的法律措施也是對私鹽犯罪的補充處罰內容。

　　私鹽犯罪的主體是一般主體，但對一些特殊身份的犯罪主體，元代法律作了特別申明：

　　蒙古色目人：中統二年，元廷規定：「達達民戶鹽場裏要鹽時分，各自斟酌吃多少呵要者，分外多要，隨處住各田地裏夾帶私鹽貨賣呵，依以前體

〔註27〕《元典章》卷二十二，《戶部六‧鈔法‧整治鈔法》，第770頁。

〔註28〕宋濂等，《元史》卷九十四，《食貨二》，第2393頁。

〔註29〕宋濂等，《元史》卷八十五，《百官一》，第2130頁。

〔註30〕《元典章》卷二十二，《戶部八‧鹽課‧新降鹽法事理》，第890頁。

例裏當按打奚罪過者。」〔註31〕此時，蒙古民戶可以到鹽場「要」鹽，但不得多「要」貨賣，貨賣私鹽按「打奚罪」處罰。至元二十九年，元廷規定：「蒙古漢軍探馬赤打捕鷹房站赤諸色人等，一體買食官鹽，不得私煎販賣。」〔註32〕顯然，此時已經完全取消了蒙古色目人的「要」鹽特權，並重申不得私煎販賣。至於蒙古色目人私鹽罪的處罰，仁宗延祐六年，兩浙運司申諮都省「色目人煎販私鹽別無所坐罪名」，都省照詳刑部議得：「色目人煎販私鹽者，依例科斷」；「蒙古色目人（如斷配）發付兩廣海南」。〔註33〕《元史·刑法志》將其總結爲：「諸蒙古人私煮鹽者，依常法。」事實上，私販者，亦如之。

鹽司監臨官與灶戶：元政府規定：「如有鹽司監臨官與灶戶私賣鹽者，同私鹽法科斷。」〔註34〕並且，元廷還特別規定鹽司監臨官與灶戶等人不得作爲「鹽商」買引賣鹽，「鹽運司裏勾當的官吏人等休買要鹽引者，……其餘衙門裏官員不禁約呵」；〔註35〕更不得賒買鹽引，「監臨主守官吏並不得賒買（引），違者其價與鹽俱沒官，詭名盜買者，仍徵倍贓，官解見任，司吏勒停。」〔註36〕

婦女：延祐六年元廷規定：「婦人有犯，單衣受刑，例合免徒。」〔註37〕這表明婦女犯私鹽罪，其處罰較男性爲輕，只受杖刑，免除徒刑。《元史》記載的一段逮捕婦人私鹽的故事甚爲有趣：泰定初，王克敬任兩浙鹽運司使，溫州逮犯私鹽者，以一婦人至，王克敬怒曰：「豈有逮婦人千百里外，與吏卒雜處者，污教甚矣！自今毋得逮婦人。」建議著爲令。〔註38〕此事發生在仁宗延祐之後，建議是否被採納也未尚可知。

除特殊主體外，元廷還對私鹽犯罪的特殊行爲、特殊情節及相關特別罪狀的刑罰處罰作了規定：

正犯鹽徒再犯加等斷罪居役，三犯斷訖發付邊遠屯田。〔註39〕

〔註31〕《元典章》卷二十二，《戶部八·課程·恢辦課程條畫》，第855頁。
〔註32〕《元典章》卷二十二，《戶部八·鹽課·立都提舉司辦鹽課》，第882頁。
〔註33〕《元典章》卷二十二，《戶部八·鹽課·鹽法通則》，第903頁。
〔註34〕《元典章》卷二十二，《戶部八·課程·恢辦課程條畫》，第853頁。
〔註35〕《元典章》卷二十二，《戶部八·鹽課·鹽司人休買要鹽引》，第924頁。
〔註36〕《元典章》卷二十二，《戶部八·鹽課·立都提舉司辦鹽課》，第882頁。
〔註37〕《元典章》卷二十二，《戶部八·鹽課·鹽法通則》，第902頁。
〔註38〕宋濂等：《元史》卷一百八十四，《王克敬傳》，第4233頁。
〔註39〕《元典章》卷二十二，《戶部八·鹽課·鹽法通則》，第902頁。

知道賣私鹽的人每根底，拿去時分，拿去的人每根底相迎著廝殺的根底，敲了。二次做伴當爲從廝鬥的，斷沒家緣，流遠。又他每之下做伴當來的每根底，家緣斷沒了，鐐著三年灶戶裏使用。〔註40〕

買食私鹽者，杖六十。

轉行貨賣博易諸物者，同私鹽法。不以物鉅細價之多寡，依例全科相應。

諸犯私滷，同私鹽法。終非成鹽，買賣之人各杖六十。

買食私滷，笞四十七下。

刮取滷士食用，三十七下。

諸犯私鹽淹浥魚鱔等貨賣或自家食用及博易諸物者，比同私鹽法科斷。

挑擔撐載受寄爲牙引領貨賣私鹽干犯人，比正犯減等杖六十。〔註41〕

諸人販賣鹽貨，除官定袋法每引四百斤之外，夾帶多餘斤重者，同私鹽法科斷。〔註42〕

另外，元廷還規定了犯界鹽罪。凡持有鹽引的商人，即可經銷食鹽，但他們也只能在指定的地區（稱作「行鹽地」）銷售，超越規定地界販鹽，即爲犯界。「若犯界鹽貨，減犯私鹽罪一等。」〔註43〕元廷規定犯界鹽罪，其目的是避免官營辦鹽機構之間相互競爭，影響壟斷經營的效果。

（二）告捕私鹽的法律規制

爲打擊私鹽犯罪，元廷通過立法重賞激勸百姓告捕私鹽，並規定對知情不舉者，處以「連坐」，從賞罰兩方面對百姓告捕私鹽進行法律規制。

中統二年六月，元廷頒佈《恢辦課程條畫》明確規定：「若有告捕（私鹽）得獲，於沒官物內一半充賞。」〔註44〕這一獎賞規定被元廷反覆重申並補充完善。如延祐六年，元廷討論決定「一起私鹽內，有獲正犯人二名至十餘名者及指問出煎賣私鹽灶戶一二家，俱各斷沒一半財產，是否將一起內應有斷沒到各家沒官一半財產再分一半都與首告親獲之人」時，刑部擬得：「合將各家沒官財產依例一半付告人充賞，其展轉指出者不在諸賞之限」，中書省「依準部擬」。〔註45〕即規定了一起私鹽犯罪的同案犯全部一半家產沒官，

〔註40〕《元典章》卷二十二，《戶部八・鹽課・立都提舉司辦鹽課》，第883頁。
〔註41〕《元典章》卷二十二，《戶部八・鹽課・鹽法通則》，第902～906頁。
〔註42〕《元典章》卷二十二，《戶部八・鹽課・立都提舉司辦鹽課》，第883頁。
〔註43〕《元典章》卷二十二，《戶部八・課程・恢辦課程條畫》，第853頁。
〔註44〕《元典章》卷二十二，《戶部八・課程・恢辦課程條畫》，第853頁。
〔註45〕《元典章》卷二十二，《戶部八・鹽課・鹽法通則》，第904頁。

在這一半沒官家產中再分一半給告人充賞，但是由犯人展轉指出的煎賣私鹽灶戶雖仍一半家產沒官，但不再與告人充賞。

如果犯人家貧，家財全無或雖有家財但數量很少，按照告捕私鹽「沒官物內一半充賞」的勸賞法令根本無法達到酬賞告人的目的，則必然導致賞賜不厚，人們告捕私鹽的積極性降低，私鹽生發。針對上述情形，元廷又制定了一套以告獲私鹽數目為依據的官為給賞法律補充規則。起初規定的是「每一引賞與十兩鈔」。至元三十一年七月，有御史提出：「如今拿住私鹽呵，每一引賞與十兩鈔有，為賞少的上頭，人每不肯向前拿有。如今若是應捕軍人等拿住呵，與十五兩；不干礙人每拿住呵，與二十五兩。這般呵，拿私鹽的人肯向前拿也者。」元廷認為：「依著他的言語與呵，不虧官，有益有。」於是將告捕給賞金額提高到「一引二十五兩鈔」。〔註46〕至仁宗延祐六年，又將給賞金額提高到「一引官給中統鈔五十貫」。「諸人捕獲私鹽，其告首親獲之人，於犯人沒官家產內一半充賞。若犯人貧窮，無產可籍，雖是不酬其功者，每私鹽一引官給中統鈔伍拾貫，應捕人減半，不及引者同一引例。」〔註47〕

元廷不僅以重賞激勸人們告捕私鹽，而且對知情不舉者處以「連坐」重罰。至元二十九年，元廷規定：「兩鄰知而不首者，減犯人罪一等。」〔註48〕延祐六年整頓鹽法時重申：「兩鄰知而不首者，決六十。」〔註49〕

（三）巡禁私鹽的法律規制

為打擊私鹽犯罪，元代官府建立了一套完整的由運司官、鹽場官、捕盜官、管民官組成的官府巡禁私鹽系統。

巡禁私鹽的分工，「巡禁私鹽者，附場百里之內，從運司選委相應人員巡捉；其餘府州司縣行鹽去處，摘委鹽司正官與管民正官一同巡捉。」〔註50〕為了不致擾民，元廷規定：「諸鹽司凡承告報私鹽，皆須指定煎藏處所，詳審明白，計會所在官司同共搜捉；非承告報，其巡鹽人員止許依例用心巡捕，不得妄入人家搜捉。」〔註51〕至大四年，又補充規定：「巡鹽人等須差有職役請俸人員每道不過二名巡禁，不許濫差白身無祿之人生事擾民。」而且重申

〔註46〕《元典章》卷二十二，《戶部八‧鹽課‧拿住私鹽給賞》，第927頁。

〔註47〕《元典章》卷二十二，《戶部八‧鹽課‧鹽法通則》，第904頁。

〔註48〕《元典章》卷二十二，《戶部八‧鹽課‧立都提舉司辦鹽課》，第884頁。

〔註49〕《元典章》卷二十二，《戶部八‧鹽課‧鹽法通則》，第902頁。

〔註50〕《元典章》卷二十二，《戶部八‧鹽課‧立都提舉司辦鹽課》，第883頁。

〔註51〕《元典章》卷二十二，《戶部八‧課程‧至元新格》，第865頁。

鹽司巡禁人員在巡禁地方時，必須「約會所屬提點官一同巡禁。」並特別強調：「不許灶戶擅自搜捉擾民生事。」〔註52〕

巡捉私鹽還必須依照一定的程序，明立案驗。《至元新格》規定：「諸捉獲私鹽酒麴，取問是實，依例追沒。其所情由並追到錢物皆須明立案驗，另附文歷，每月開申合屬上司。」〔註53〕明立案驗，事實上是提取和保存證據，依據辦案。這樣既有利於規範巡捉行為，防止官員枉法，又有利於加強上級部門的監管。

對私鹽巡捉，元廷還制定了一套詳細的獎罰措施。中統二年，元廷規定：「州府長官提調禁治私鹽罪，如禁治不嚴，致有私鹽並犯界鹽貨生發，初犯笞四十，再犯杖八十，三犯以上開具呈省，聞奏定罪。若獲犯人，依上（依告人例）給賞。」〔註54〕至元二十九年，對禁治不嚴的處罰規定更為系統完整，「場官失覺察者，初犯笞四十，再犯杖八十，三犯杖一百除名。場官知情貨賣者，與犯人同罪。管民提點正官不為用心禁治捉拿，縱令百姓買食私鹽，與場官同罪。如經過關隘港沽去處，管軍官不為用心盤捉，與管民提點官一體斷罪，如有通同縱放貨賣私鹽者，與犯私鹽人同罪。」〔註55〕成宗大德四年，在重申上述懲罰性規定的同時，對巡捉私鹽的獎賞作了系統規定：「凡獲私鹽犯界鹽貨，須先從實挨問，監賣鹽場罪及場官，經過去處罪及鎮守軍官，轉行貨賣地面罪及路府州縣提點捕盜等官，或通同作弊，或有失覺察，並從運司照依已降聖旨條畫科斷。……管民官、鹽場官、捕盜官獲到私鹽、犯界鹽貨各各起數，任滿於解由內開寫，量加遷擢；鎮守把隘巡鹽軍官，若能周歲之內，所獲私鹽並犯界鹽貨，百戶有及三百引、千戶五百引、萬戶千引之上者，並各陞官一等；親獲之人，應捕者每鹽一引賞鈔一十五兩，不干礙人賞鈔二十五兩，所在官司就便及時支給。」〔註56〕至此，巡禁私鹽的賞罰規定已十分完備。

三、專賣管理的法律規制——以鹽法為例

元政府在加強禁榷商品非法私賣的法律規制的同時，對官營專賣榷貨的

〔註52〕《元典章》卷二十二，《戶部八·鹽課·巡鹽不便》，第919頁。
〔註53〕《元典章》卷二十二，《戶部八·課程·至元新格》，第865頁。
〔註54〕《元典章》卷二十二，《戶部八·課程·恢辦課程條畫》，第853頁。
〔註55〕《元典章》卷二十二，《戶部八·鹽課·立都提舉司辦鹽課》，第884頁。
〔註56〕《元典章》卷二十二，《戶部八·鹽課·新降鹽法事理》，第890頁。

管理也十分重視。在榷鹽管理方面，主要是沿襲宋代舊制，實行「鹽引法」。鹽引是鹽商在交納引課後，政府發給鹽商依法支取、運輸、銷售食鹽的憑證。鹽引法雖是一種所謂的商運商銷法，準確地說應是一種官府總批發、鹽商分批發、各地店鋪零售之法。在榷鹽運銷的過程中，鹽商在其中發揮著重要作用，並有一定的自主權，但從鹽商買引支鹽到運鹽批驗、再到賣鹽退引整個過程都在政府的嚴格控制之下，法律規制十分細密。

（一）買引支鹽

元代鹽引由中書省戶部統一印製。史載戶部至元二十四年下設印造茶鹽等引局，「掌印造腹裏、行省鹽、茶、礬、鐵等引」。〔註57〕元代對偽造鹽引處罰極重，處極刑且連坐失察官員及不舉鄰祐。「諸偽造鹽引者斬，家產付告人充賞。失覺察者，鄰祐不首告，杖一百。」〔註58〕

鹽引下發運司，由運司統一發賣。鹽商「入狀運司買引」，太宗始行鹽法時，每鹽一引重四百斤，其價銀一十兩。世祖中統二年，減銀爲七兩。至元十三年（1276），每引改爲中統鈔九貫。二十六年，增爲五十貫。元貞丙申，每引又增爲六十五貫。以後不斷加價，至延祐二年（1215），累增爲一百五十貫。除「正課」外，鹽商還得支付其他費用。如成宗大德四年規定：「自大德五年爲始，每引納官中統鈔六十七兩五錢：正課鈔六十五兩，帶收鈔二兩五錢。綱運水腳一兩一錢，裝鹽席索錢七錢，倉場子腳錢六錢。」〔註59〕鹽商必須現錢買引，不得賒購。「諸鹽法並須見錢賣引，必價鈔入庫，鹽袋出場，方始結課。」〔註60〕

爲防範徇私舞弊，元廷規定了十分嚴格的買引程序和賣引登記制度，「運官監視挨次交檢（價鈔）數足，送庫收訖，支引出庫，隨於引面上書塡客名次，於引背上墨印批鑒兩淮都轉運鹽使司發引赴某處鹽倉支鹽，於墨印上再用本司正印訖，出給下倉勘合同引當官給付客旅赴倉關鹽。本司另置花名銷簿，於上附寫一貼，幾年月日某人買鹽若干，幾年月日用某字號勘合行下某倉放支，仍於貼項後餘留空紙，以後鹽倉批驗所申到出倉賣過月日，並於本客名下相續銷附。」〔註61〕

〔註57〕　宋濂等，《元史》卷八十五，《百官一》，第 2130 頁。
〔註58〕　宋濂等：《元史》卷一百四，《刑法三》，第 2649 頁。
〔註59〕　《元典章》卷二十二，《戶部八·鹽課·新降鹽法事理》，第 892 頁。
〔註60〕　《元典章》卷二十二，《戶部八·課程·至元新格》，第 866 頁。
〔註61〕　《元典章》卷二十二，《戶部八·鹽課·新降鹽法事理》，第 892 頁。

　　鹽商買引之後，根據引背上批鑿的鹽場或鹽倉，赴場或倉支鹽。中統至元年間，鹽商都是直接赴鹽場支鹽，但大德四年，兩淮鹽法改爲赴倉支鹽，「淮東揚州淮安地面，以遠就近分立六倉。……今後客旅赴倉關鹽。」〔註62〕兩浙鹽法後來也跟隨之，「因支查停積，延祐七年，比兩淮之例，改法立倉，綱官押船到場，運鹽赴倉收貯，客旅就倉支鹽。」〔註63〕

　　支鹽時，鹽商不得「攙越資次」，也不得「多要斤兩」，且要履行嚴格的支鹽程序。「鹽倉從運司置立關防號簿，每號餘留空紙半張印押過預發諸倉收掌。如承運司勘合比對，元發字號相同，辯驗引上客名印信別無詐冒漏落，即於簿上附寫幾年月日某字幾號勘合放支客人某人鹽若干。然後照依資次，撥袋支鹽。」支鹽後，鹽場將客名鹽數出倉月日關發批驗所，以便批驗所「勘合」。〔註64〕

　　儘管元廷賣引查鹽的管理法例規定得十分周詳細緻，但違法活動還是層出不窮，「各處轉運鹽使司所用皆非其人，省降鹽引多爲勢力之家賒買來引下場，攙驀資次多查斤兩，遮當客旅，把握行市，以致鹽法不行，公私兩不便當。」爲此，元政府又累降聖旨予以整治：對賒買鹽引者，元廷規定：「今後見錢賣引照依資次支發鹽袋，監臨主守官吏並不得賒買，違者其價與鹽俱沒官，詭名盜買者，仍徵倍贓，官解見任，司吏勒停」；對查鹽不法者，元廷規定：「各位下並權豪勢要之家，納課買引赴場查鹽，不得攙越資次，恃賴氣力逼勒場官多要斤重。如有違犯之人取問是實，依條斷罪」。〔註65〕

（二）運鹽批引

　　鹽商在買支官鹽之後，其運銷活動並不是自主的，其在運輸途中必須及時向沿途官府呈驗引目，必須做到鹽引不相離，更不得鹽引數外夾帶私鹽。元廷明確規定：「匿不批引者，同私鹽法科斷」；〔註66〕「諸人販鹽，引不隨行，依私鹽法」；〔註67〕「諸人販賣鹽貨，除官定袋法每引四百斤之外，夾帶多餘斤重者，同私鹽法科斷」。〔註68〕因此，《元史・刑法志》將其總結爲：「商

〔註62〕《元典章》卷二十二，《戶部八・鹽課・新降鹽法事理》，第886頁。
〔註63〕宋濂等：《元史》卷九十七，《食貨五》，第2494頁。
〔註64〕《元典章》卷二十二，《戶部八・鹽課・新降鹽法事理》，第893頁。
〔註65〕《元典章》卷二十二，《戶部八・鹽課・立都提舉司辦鹽課》，第882頁。
〔註66〕《元典章》卷二十二，《戶部八・鹽課・新降鹽法事理》，第891頁。
〔註67〕《元典章》卷二十二，《戶部八・鹽課・引鹽不相離》，第921頁。
〔註68〕《元典章》卷二十二，《戶部八・鹽課・立都提舉司辦鹽課》，第883頁。

賈販鹽，到處不呈引發賣，及鹽引數外夾帶，鹽引不相隨，並同私鹽法」。

　　為盤捉私鹽、批驗引目，政府還在鹽商必經之地設置專門的批驗所，如眞州批驗所、採石批驗所。以採石批驗所爲例，其職責法律規定得十分明確，「採石依舊設官批驗引目，摘撥軍舡一同盤捉私鹽。今後前去上流販鹽舡只須由彼中批驗，另無夾帶私鹽方許經行。」〔註69〕

　　批驗所批驗引目的程序：首先，「批驗所從運司置立關防文簿，印押過發付本所收掌。如承鹽倉關到客人出倉鹽袋，即於簿上附寫幾年月日某倉關到某人出倉鹽若干，仍於客名後餘留空紙，每日賣過鹽數，牙人鹽商賚引同赴本所批鑒。」即批驗登記。登記之後，批驗所還得收費，「並收要批引中統鈔三錢、牙鈔一錢。」收費之後，「於引上背使各各關防青印付客從便興販。」最後，批驗所還得「將鹽倉元關客名鹽數賣過花名月日收到官錢數目，隨於前簿本客名下銷附，每月一次開申運司照驗。」當然，鹽商如匿不批引私自發賣者，將依條追斷。〔註70〕

（三）賣鹽退引

　　元代鹽商並不是直接將官鹽賣給食鹽消費者，而是經「行鹽地面」的當地「牙人」說合，將鹽批發給當地店鋪。牙人，也稱為牙郎、牙儈，以介紹買賣爲業，類似今天的經紀人。元代牙人有官牙、私牙之分，官牙即官府設立的牙人組織成員。至元二十九年，由於「行鹽地面路府州縣，私立鹽牙行大秤有，壞鹽法」，因此，元政府要求「所在官司截日罷去，違者捉拿到官，痛行斷罪」。〔註71〕在禁止私牙之後，「如鄉例須用牙人說合」，即根據當地習慣仍然須用牙人才能說合生意，則各路提點長官依例設立介紹食鹽買賣的官牙組織──鹽總部轄。對於官設鹽牙人選，元廷規定「於本土諸行鋪戶內，選到有抵業、愼行止、不作過犯、知商賈、信實之人以充鹽總部轄，專一說合賣鹽交易，運司常加關防，務要盡革前弊。」並且規定：「鹽總部轄擬設四名，專一說合賣鹽交易，如無過犯不得擅自更換。」官牙說合鹽商與當地店鋪的食鹽買賣，必須在官設批驗所中進行，「新立部轄每日止於批驗所與買主賣主對面說合交易，不許他處暗地成交。」〔註72〕

〔註69〕　《元典章》卷二十二，《户部八‧鹽課‧新降鹽法事理》，第891頁。
〔註70〕　《元典章》卷二十二，《户部八‧鹽課‧新降鹽法事理》，第893頁。
〔註71〕　《元典章》卷二十二，《户部八‧鹽課‧立都提舉司辦鹽課》，第883頁。
〔註72〕　《元典章》卷二十二，《户部八‧鹽課‧新降鹽法事理》，第896頁。

　　鹽商每日賣鹽數目必須到批驗所登記「銷附」，以便官府控制和管理。鹽商、店鋪在販賣鹽貨過程中不得短斤少兩、插和灰土欺詐消費者，「諸人興販鹽貨，務要兩平發賣，不得中間插和灰土，違者，嚴行斷罪。」〔註73〕

　　鹽商賣鹽完畢，應退引還官。退引的目的，在於防止用舊引「夾帶私鹽，影射使用」。元廷規定：「諸客旅並行鋪之家，賣訖官鹽限五日赴所屬州司縣繳納引，如違限匿而不批納者，同私鹽法。」〔註74〕並要求當地官員用心拘刷，「諸人賣過鹽引，欽奉聖旨限五日赴所在官司繳納，隨路管民官每月用心拘刷，每季繳申行省照勘。如不用心拘刷，縱令客旅違限不納，夾帶私鹽，影射使用，從行省究治。」〔註75〕

　　地方官員在拘收到退引之後，應及時批毀，以免再流入市場影射私鹽。「諸路拘該到退引內多不行批毀，中間為弊最深」，因而，元政府規定「依期拘收到官（退引），隨於引上正面批使（關防批毀條印）入庫，對收每季牒發運司比較。如有滅裂不行用意拘收及漏用批退印記，並行究問。」〔註76〕

　　除上述行鹽引法進行食鹽官營專賣總批發之外，元代還實行食鹽法，即政府直銷專賣零售法，實際上即計口授鹽、依口納課。具體做法是「附（鹽）場百里之內村莊鎮店城廓人戶食用鹽貨，官為置局發賣，驗各家食鹽月日，從運司出給印信，憑驗關防，無致私鹽生發，如是過期卻有附餘鹽貨，別無由關，同私鹽法科斷。」〔註77〕大德四年，由於食鹽法弊端多出，又將食鹽地面「附場百里之內」縮改為「附場十里之內」，「今擬附場十里之內，人戶取見實有口數，責令買食官鹽。」〔註78〕元後期，由於鹽課太重，行鹽地面往往完成不了課額任務，運司只有在鹽引法之外強加食鹽法，將課額計口椿配給百姓。如山東運司額辦鹽課二十八萬引，除客商承辦之外，還存十三萬引，絕無買者，將及年終，歲課不能如數。遂將新城、章丘、長山、鄒平、濟南等處，改為食鹽，權派八千引，責付本處有司自備席索腳力，赴已擬固堤等場，於元統三年依例支出，均散於民。御史臺認為「山東運司，初無上司明文，輒擅散民食鹽，追納課鈔，使民不得安業。」〔註79〕

〔註73〕《元典章》卷二十二，《戶部八‧鹽課‧立都提舉司辦鹽課》，第883頁。
〔註74〕《元典章》卷二十二，《戶部八‧鹽課‧申明鹽課條畫》，第900頁。
〔註75〕《元典章》卷二十二，《戶部八‧鹽課‧立都提舉司辦鹽課》，第885頁。
〔註76〕《元典章》卷二十二，《戶部八‧鹽課‧新降鹽法事理》，第894頁。
〔註77〕《元典章》卷二十二，《戶部八‧鹽課‧立都提舉司辦鹽課》，第884頁。
〔註78〕《元典章》卷二十二，《戶部八‧鹽課‧新降鹽法事理》，第891頁。
〔註79〕宋濂等，《元史》卷九十七，《食貨五》，第2491頁。

四、榷商利益的法律保護——以鹽商爲例

　　元代榷貨專賣，政府直接專賣至消費者的情況較少，多以政府批發、商運商銷爲主。政府專賣利益的實現直接依賴於榷商買引，而榷商買引又最終依賴於榷商自身利益的實現。這樣榷商利益就與政府專賣利益具有了一致性，因此，元政府在加強政府專賣及榷商運銷的法律規制的同時，對榷商利益也採取了諸多法律保護措施。下面以鹽商利益的法律保護爲例進行研究。

（一）鹽商買引支鹽的法律保護

　　元代鹽商的市場准入並沒有專門的法律規定，政府只是爲了防範貪腐及私鹽而禁止鹽司監臨官與灶戶等人不得作爲鹽商買引賣鹽，「鹽運司裏勾當的官吏人等休買要鹽引者，……其餘衙門裏官員不禁約呵」，〔註80〕因此，從法律上說，一般人都可以從事官鹽運銷業務，具有買引賣鹽的法律資格。但是由於鹽業的官方壟斷以及權豪勢要之家對行市的把持，食鹽運銷行業存在豐厚的壟斷利潤。至元二十二年中書省曾經在一份法律文書中提到：當時官方鹽價是每引十五兩，但在市面上，「如今官員豪富有氣力的人每，詭名兒教人買出鹽來，把柄著行市，揝勒百姓，多要利錢」，潭洲一引鹽賣到一百八十兩，江西賣到一百七十兩，就是在皇城大都也賣到一百二十兩。〔註81〕

　　權豪勢要之家把持行市的第一環，就是「遮當客旅」買引。通過人爲地製造市場准入門檻，阻止普通百姓從事食鹽運銷，減少市場競爭。「近年各處轉運鹽使司所用皆非其人，省降鹽引多爲勢力之家賒買來引下場，……遮當客旅，把握行市，以致鹽法不行，公私兩不便當。」針對這種不正當競爭情況，元政府規定：「阻礙商人者，逐一出榜嚴行禁治」；「見錢賣引」；「監臨主守官吏並不得賒買（引），違者其價與鹽俱沒官，詭名盜買者，仍徵倍贓，官解見任，司吏勒停。」〔註82〕從而，在法律上保障了一般鹽商「買引」的平等權利。

　　鹽商買引之後，赴指定鹽場或鹽倉支鹽。根據現有文獻的記載，鹽商又會遭遇到至少四種不公平待遇：

　　第一，不依次第，先給後受。

　　第二，無故留難，不受不給。

〔註80〕《元典章》卷二十二，《戶部八・鹽課・鹽司人休買要鹽引》，第924頁。

〔註81〕《元典章》卷二十二，《戶部八・鹽課・設立常平鹽局》，第897頁。

〔註82〕《元典章》卷二十二，《戶部八・鹽課・立都提舉司辦鹽課》，第882頁。

第三，秤盤不平，剋除斤重。

第四，多帶斤重，取要分例。

這些對鹽商利益的不法侵害行為，有的是潛規則、暗中操作，有的則擺上了檯面、明目張膽。以少查斤兩為例，元廷原本規定「裝鹽袋法以四百斤為則」，然而，至大四年御史臺的一份法律文件表明，「近聞知各處運司上下不依元定法度裝查，每遇客旅到場削減斤重支發，每引大者不及三百七八十斤，小者三百三十斤，」〔註83〕少給斤重，剋除鹽商已經是明目張膽，且十分普遍。與少查斤兩相反，「多帶斤重，取要分例」，表面上是侵欺官課，對鹽商並無損害，但事實上也是一種侵害鹽商的行為，因為元代刑法明確規定：「鹽引數外夾帶，並同私鹽法」，這種行為顯然是「逼良為娼」，鹽商不得不承擔「潛規則」的違法風險。具有諷刺意味的是，「多帶斤重，取要分例」本是上不了檯面的「潛規則」，但鹽場官為了「支持」上級機構氾濫差人「監察」的沉重財務負擔，竟然使之有了「合法性」。大德四年整治鹽法的法律條款中竟然會有：「運司氾濫差人下場必要祗待賫發，在先客旅就場查鹽，多帶斤重取要分例，場官有以支持。」〔註84〕這說明「多帶斤重，取要分例」的違法行為在某種程度上得到了上級管理、監督部門的暗中認可，並且其不法收入用於「公用」開支，受侵害的看來只有鹽商了。

為保護鹽商支鹽的合法利益，元政府早在中統二年，世祖就下旨禁止不法官員侵害鹽商，並對侵害鹽商的不法行為規定了明確的罰則：「今後諸鹽場遇有買納及支客鹽，無致留難，不受不給或勘合號簿批鑒引鈔違限者，並徒二年。若不依次第，先給後受及秤盤不平者，徒二年。」〔註85〕此後，為保障這一法令的實施，元廷又累下聖旨加強法律監督：

至元新格規定：「凡近年官吏違犯禁條，營謀私利，侵損官課，阻礙商人者，逐一出榜嚴行禁治，仍須選差廉幹人員，不時暗行體察，務要茶鹽通行，公私便利」；「諸場鹽袋皆判官監裝，須要斤重均平，無有餘欠。運使以下分轉檢較，仍於袋上書寫監裝檢較職位姓名，以千字文為號，如法編垜。凡遇商客支請驗其先後，從上給付。行省戶部差官不測體驗，但有夾帶餘鹽或剋除斤重及支給失次刁蹬鹽商者，隨即追問是實，各依所犯輕重理罪，仍聽察

〔註83〕《元典章》卷二十二，《戶部八・鹽課・鹽袋每引四百斤》，第917頁。

〔註84〕《元典章》卷二十二，《戶部八・鹽課・新降鹽法事理》，中國廣播電視出版社，影印元刊本，第889頁。

〔註85〕《元典章》卷二十二，《戶部八・課程・恢辦課程條畫》，第853頁。

官糾彈。」〔註86〕

至元二十九年立都提舉司辦鹽課強調：「近年各處轉運鹽使司所用皆非其人，……攙奪資次多查斤兩，遮當客旅，把握行市，……今後見錢賣引，照依資次支發鹽袋。」〔註87〕

大德四年，兩淮都轉運鹽使司立鹽倉支鹽時又重申：「諸倉遇客支鹽，若有留難不給，隨即理斷。因而受財者，並從枉法科斷。」〔註88〕

至大四年，針對查鹽袋法廢馳，削減斤重剋除鹽商的違法活動十分猖獗的事實，御史臺建議：「合令行省腹裏各處運司設法關防，用心鈴束場官秤子人等，須要依法每引鹽四百斤。出場以後宜從都省選官前去掣肘秤閘，若有短少，運官及倉場官等依條追斷，仍議黜降。」中書省依旨下令：「依上體察施行」。〔註89〕

（二）鹽商運鹽批驗的法律保護

元代鹽場多在沿海，食鹽運銷則深入內地，有時甚至需要輾轉數千里，耗時費工，風險極大。更為甚者，是沿途不法之徒索拿卡要，人為風險更大於自然災害。自成吉思汗統一大蒙古汗國以來，元朝原本就有保護商業貿易交通網絡安全順暢、四通八達的法律傳統，而食鹽運銷則更是關乎國家經費的命脈，因此元廷對鹽商食鹽運輸的法律保護十分重視，相關法律規定也十分周密。

世祖中統二年，忽必烈制定《恢辦課程條畫》，其中許多法律條款即是維護鹽業運輸秩序和保護鹽商運鹽利益。現梳理歸納如下：

1、禁止沿途索要錢財。

「如客商買到官鹽並官司綱運舡車經由河道，其關津渡口橋樑妄稱事故邀阻者，陳告得實，杖一百，因而乞要財物者，徒二年。故縱者與同罪，失覺察者，的決笞五十。」

「如有遮擋客旅拘買取利者，徒二年，鹽付本主，買價沒官。」

2、保障河道運輸暢通。

「諸處河道若有舊來釘立椿橛，仰當該公河官司委官……盡行拔出。若

〔註86〕《元典章》卷二十二，《戶部八・課程・至元新格》，第 864 頁。
〔註87〕《元典章》卷二十二，《戶部八・鹽課・立都提舉司辦鹽課》，第 882 頁。
〔註88〕《元典章》卷二十二，《戶部八・鹽課・新降鹽法事理》，第 887 頁。
〔註89〕《元典章》卷二十二，《戶部八・鹽課・鹽袋每引四百斤》，第 917 頁。

以後不行拔出椿橛，因而損壞舡隻，據鹽本一切損失之物，當處官司賠償，將管民正官約量的決。」

「仍禁治隨處官民無得將舊來運鹽河道開決河水澆溉稻田，以致水淺止滯鹽舡，有誤恢辦課程。

3、不得奪要擅徵交通工具。

「不以是何投下，雖有拘撮舡隻文字，如無許令拘撮客旅運鹽綱舡，諸人不得應副。」

「經過客旅買賣回回通事諸色人等，不得將……販鹽車舡頭匹奪要走遞，因而停滯客旅……如有違犯之人，聽於所在官司陳告，開具姓名申省。」〔註90〕

為打擊和防範私鹽，鹽商在運輸途中還得接受政府的巡查和批驗。例如批驗所，是政府在鹽商必經之地設置的專門盤捉私鹽、批驗引目的政府機構。批驗所設官批驗引目，配撥有盤捉私鹽的軍舡，經過的販鹽舡隻必須「由彼中批驗，另無夾帶私鹽方許經行。」然而，各級官吏往往借「盤捉私鹽、批驗引目」之名，刁難鹽商，索要錢財。據大德四年《新降鹽法事理》的法律文件記載，「設立批驗所，官府專責批鑒鹽引，發運辦課，欲使無擾鹽商交易快便，不謂近年以來，批驗所以為作弊要錢之司，除通同牙人取要分例外，縱令攢典合干門下家丁人等私立名色，紛擾鹽商取要錢物。」〔註91〕盤捉私鹽、批驗引目的批驗所竟然成了「作弊要錢之司」、「紛擾鹽商取要錢物」之司。

為此，元廷不得不規範政府官吏巡禁私鹽、批驗引目的行為，以保障鹽商不受侵擾。例如，元廷規定：「諸鹽司凡承告報私鹽，皆須指定煎藏處所，詳審明白，計會所在官司同共搜捉；非承告報，其巡鹽人員止許依例用心巡捕，不得妄入人家搜捉。」〔註92〕在巡捉私鹽的程序上也有明確規定：「諸捉獲私鹽酒麴，取問是實，依例追沒。其所情由並追到錢物皆須明立案驗，另附文歷，每月開申合屬上司。」〔註93〕針對批驗所官吏私立名色，索要錢財的擾害鹽商行為，元廷要求「運司常加用心關防鈴束，務要盡革前弊……隨事追問。」〔註94〕

〔註90〕《元典章》卷二十二，《戶部八·課程·恢辦課程條畫》，第853～854頁。
〔註91〕《元典章》卷二十二，《戶部八·鹽課·新降鹽法事理》，第895頁。
〔註92〕《元典章》卷二十二，《戶部八·課程·至元新格》，第865頁。
〔註93〕《元典章》卷二十二，《戶部八·課程·至元新格》，第865頁。
〔註94〕《元典章》卷二十二，《戶部八·鹽課·新降鹽法事理》，第895頁。

（三）鹽商賣鹽結款的法律保護

鹽商賣鹽，身處他鄉異地，一般需要當地牙人說合，將鹽批發給當地店鋪。這其中的賣鹽結款過程又有許多陷害鹽商的非為，總結其要者大略有以下三種侵害鹽商利益的現象：

其一，牙人坑害客旅，壞秤法，多取牙錢。據《元典章》所述，「所設牙人皆非從公選擇，濫用無籍破落之徒，各名下別帶小牙秀才勾當人等，百數成群，結攬鹽商，把柄行市，多取牙錢，坑陷客旅」；〔註95〕「行鹽地面路府州縣，私立鹽牙行大秤有，壞鹽法」，〔註96〕鹽牙的嘴臉甚是醜惡。

其二，權豪勢要不正當競爭，一般鹽商無法成交。「行鹽地面諸路官府多將上司官員並自己販到鹽貨添答價錢攙先發賣，使無勢力鹽商不得成交，縱然分賒在地，其鹽牙索到價錢，止還權勢之家，因而客旅虧折本錢。」〔註97〕

其三，鹽牙鋪戶經手客鹽，久不結款給鈔。

針對上述三種侵害鹽商的不法行為，元廷先後出臺了諸多相應的法律規制措施，主要記載於大德四年制定的《新降鹽法事理》。

禁止私牙。至元二十九年，元政府規定，「所在官司截日罷去（私牙），違者捉拿到官，痛行斷罪」。〔註98〕大德四年，又補充規定，「敢有私充牙人及已罷舊來潑皮鹽牙仍前結攬鹽商暗行交易者，許諸人首捉到官，犯人決杖六十七下，仍於各下各追中統鈔五錠付告人充賞。」

設立官牙。大德四年，立法設立介紹食鹽買賣的官牙組織——鹽總部轄。對於官設鹽牙人選，元廷規定「於本土諸行鋪戶內，選到有抵業、慎行止、不作過犯、知商賈、信實之人以充鹽總部轄，專一說合賣鹽交易，運司常加關防，務要盡革前弊。」

禁止多取牙錢。元廷規定「牙錢每引不過中統鈔一錢，餘上不得多取。」如有「多取牙錢，許鹽商諸人首告是實，犯人決杖六十七下，違法多取牙錢盡給告人充賞」。

禁止不當競爭。針對政府官員添答價錢攙先發賣鹽貨，使無勢力鹽商不得成交，都省要求「各處提點正官常加關防，毋致似前作弊陷害鹽商，違者並行究治。」

〔註95〕《元典章》卷二十二，《戶部八·鹽課·新降鹽法事理》，第895頁。
〔註96〕《元典章》卷二十二，《戶部八·鹽課·立都提舉司辦鹽課》，第883頁。
〔註97〕《元典章》卷二十二，《戶部八·鹽課·新降鹽法事理》，第897頁。
〔註98〕《元典章》卷二十二，《戶部八·鹽課·立都提舉司辦鹽課》，第883頁。

官爲監收結款。「諸路鹽牙鋪戶人等經手賣過客鹽，如有未還價鈔，分司運官到處先行取會見數，及令鹽商自行首告，督責各處提點官吏及時監徵給主，無使停滯怠慢，停滯怠慢去處，就便究治。」〔註99〕

綜上所述，元政府對鹽商利益的法律保護可以說是周詳齊備、無微不致，甚至最後，法律竟然規定鹽商的司法管轄權不歸有司（地方政府）而歸於運司，「鹽商、灶戶、綱舡工腳、鑄盤織席之家，運司常加照管，無令有司拖拿搔擾，違者究問。」〔註100〕其呵護之心躍然紙上。然而，事實上，萬萬不可高估其法制意義，法律保護的只能是諸王附馬、權豪勢要們的食鹽運銷利益，一般客旅終究是逃不了「虧折本錢」的命運。

第二節　官營非專賣商業的法律規制

元朝政府除對権貨實行專賣以外，對另外一些商品，尤其是與人民生活關係最密切的糧食等商品，有時也直接進行商業經營，其與官營專賣商業制度的區別只是並不限制私人對這些商品進行販運買賣，因此，本文稱之爲官營非專賣商業。

在元代之前的中原古代社會，爲了調節國民經濟，加強對商品流通領域的控制，限制大商人對市場的操縱，穩定劇烈波動的市場物價，歷朝政府都十分重視直接介入市場的途徑和方法，先後創建和實施過均輸制、平準制、常平制、和糴平糶制、市易制等官營非專賣商業制度。這些商業法律制度的實施，極大地限制了富商大賈所獨佔的商業利潤，爲國家財政也帶來了可觀的收入。元代的官營非專賣商業制度，毫無疑問，深受唐宋舊制的影響並與之一脈相承。尤其是漢臣盧世榮爲財相時，曾一度模倣一百多年前的王安石經濟法制改革，運用國家的行政權力和法律的手段，抑制富商強豪，大力擴張官營非專賣商業。

一、盧世榮官營非專賣商業法制改革

至元二十一年十一月，盧世榮在世祖忽必烈的支持下，擊敗保守派政敵，入主中書省右丞，任財相，推行「裕國足民」的經濟法制改革。除強化官營

〔註99〕《元典章》卷二十二，《戶部八‧鹽課‧新降鹽法事理》，第896頁。
〔註100〕《元典章》卷二十二，《戶部八‧鹽課‧申明鹽課條畫》，中國廣播電視出版
　　　　社，影印元刊本，第899頁。

專賣法律制度外，創新和完善官營非專賣商業法律制度是其改革的重點之
一。據《元史》的記載，〔註101〕其採取的官營非專賣商業法律制度改革措施
主要有：

（一）立常平鹽法。在國家鹽業專賣制度的基礎上，仿照常平倉法，建
立國家食鹽直銷制度，穩定食鹽的市場價格，打擊鹽商操縱市場，保護民戶
的食鹽消費利益；同時增加國家財政收入。「鹽每引十五兩，國家未嘗多取，
欲便民食。今官豪詭名罔利，停貨待價，至一引賣八十貫，京師亦百二十貫，
貧者多不得食。議以二百萬引給商，一百萬引散諸路，立常平鹽局，或販者
增價，官平其直以售，庶民用給，而國計亦得。」世祖從之。

（二）立官營市舶法。市舶法即海運對外貿易法。在立法之前，市舶以
收實物關稅即市舶抽分為政府調控海運對外貿易市場和獲取海運對外貿易
利益的主要方法。盧世榮首創官營市舶法，具有政府專營禁止私營的性質。
「於泉、杭二州立市舶都轉運司，造船給本，令人商販，官有其利七，商有
其三。禁私泛海者，拘其先所蓄寶貨，官買之；匿者，許告，沒其財，半給
告者。」

（三）完善常平倉法。元代常平倉法，仿漢唐故事，始立於元世祖至元
六年。其法：「豐年米賤，官為增價糴之；歉年米貴，官為減價糶之」。但至
盧世榮專理財政時，其法已經名存而實亡：「今國家雖有常平倉，實無所畜。」
盧世榮積極籌措，完善常平之制。「臣將不費一錢，但盡禁權勢所擅產鐵之
所，官立爐鼓鑄為器鬻之，以所得利合常平鹽課，糴粟積於倉，待貴時糶之，
必能使物價恆賤，而獲厚利。」

（四）改革平準法。「平準法」起於漢之桑弘羊，是其與「均輸法」一同
推行的一種物價統制法。由政府設立「平準」機構，當市場上某種商品價格
上漲時，平準機構以低價拋售；當某種商品價格下跌時，以高價收購，從而
達到穩定物價的目的。元代雖有平準法，但內容與漢代已經全然不同，不再
是一種物價統制法，而是一種避免鈔法虛弊，穩定幣值的金融統制法。元政
府在路府設立「平準行用庫」，其職責是倒換金銀昏鈔並收取工墨息錢。從表
面上看，平準行用庫是政府專營金銀買賣的機構，事實上，它有更重要的職
能：推行和穩定鈔法，相當於今天的中央銀行和國有商業銀行。「國家雖立平
準，然無曉規運者，以致鈔法虛弊，諸物踴貴。」盧世榮為救鈔法，對平準

〔註101〕宋濂等，《元史》卷二百〇五，《姦臣盧世榮傳》，第4564～4567頁。

法進行了改革：其一是允許民間金銀交易。「金銀係民間通行之物，自立平準庫，禁百姓私相買賣，今後聽民間從便交易。」其二是擴張平準行用庫職能：開展官營信貸業務。「宜令各路立平準周急庫，輕其月息，以貸貧民，如此，則貸者眾，而本且不失。」此職能與王安石推行「青苗法」如出一轍。

（五）試行市易法。市易法始於王安石變法，其主要內容是由政府設立官營商業機構——「都市易司」和「市易務」，召募鋪戶和牙人，充當市易務的牙人，直接購銷物資，參與市場交易，以調劑供求，平抑物價。至元二十一年，盧世榮主張：「隨朝官吏增俸，州郡未及，可於各都立市易司，領諸牙儈人，計商人物貨，四十分取一，以十為率，四給牙儈，六為官吏俸。」其立市易司的做法與王安石推行市易法頗為相似。

（六）議行官營南北交易法。盧世榮提議：「國家以兵得天下，不藉糧饋，惟資羊馬，宜於上都、隆興等路，以官錢買幣帛易羊馬於北方，選蒙古人牧之，收其皮毛筋角酥酪等物，十分為率，官取其八，二與牧者。馬以備軍興，羊以充賜予。」此法與歷代官營非專賣商業以平抑物價為立法目的殊不相同，它大大擴張了中國古代「國家資本主義」改革的範圍。然而，世祖有些猶豫，稱：「此事亦善，祖宗時亦欲行之而不果，朕當思之。」致使此法胎死腹中。官營南北交易法，不僅是一種官營非專賣商業法，也是一種官營畜牧業法。難道是因為事涉蒙古人利益，世祖深知官營工商業之害而不願推行？是否如此，不得而知。

（七）立規措所。至元二十二年二月，盧世榮奏立規措所，「秩五品，所司官吏，以善賈者為之」。世祖曰：「此何職？」世榮對曰：「規畫錢穀者。」由此可見，規措所也是一種政府投資設立的官營商業機構。納速剌丁為雲南行省右丞，曾建言三事：其一謂「雲南省規措所造金簿貿易病民，宜罷」。〔註102〕此處記載也可印證規措所的官營商貿職能。

綜上所述，盧世榮「新政」的推行，是國家權力和國家資本在商品流通領域的擴張；國家在參與市場交易獲取利潤的同時，也加強了國家權力對市場的控制。這樣的改革必然「侵蝕」和「擠佔」權豪勢要、富商大賈的既得商業利益，正如他本人所言：「臣更經畫，不取於民，裁抑權勢所侵」。因此，這樣的改革也必然會引起保守派和既得利益集團的瘋狂反撲，盧世榮總理財政不過四

〔註102〕宋濂等，《元史》卷一百二十五，《賽典赤贍思丁傳》，第3067頁。

個月，改革便以其獲罪入獄而宣告失敗，其本人最終也因改革而名敗身誅。

二、官營常平商業的法律規制

　　元代的諸官營非專賣商業法律制度，一般實施時間不長，或者時馳時廢，其中官營常平商業法律制度，可以說是元代規範最爲完備、運行時間最長、對後世影響最大的官營非專賣商業法律制度。元代官營常平商業法律制度又分爲「常平倉法」與「常平鹽法」，下面分而述之。

（一）常平倉法

　　以調劑、穩定國家糧食價格爲主要目的的常平倉制度起源於西漢宣帝年間，由耿壽昌倡議，「以穀賤時增其價而糴以利農，貴時減價而糶」。最初在漢邊郡設立，其後逐漸在全國推廣。常平制的宗旨與李悝的平糴法、桑弘羊的平準法基本一致，均是在市場價格的基礎上，政府通過直接投資經營非專賣商業，吞吐物資、調節供需，控制物價，使價格的波動保持在有利於生產和消費的幅度之內。

　　元代常平倉之設，憲宗時，月合乃性好施予，嘗建言立常平倉；〔註103〕世祖在潛邸，姚樞也曾建言「廣儲蓄，復常平以待凶荒，立平準以權物估。」〔註104〕據《元史・食貨志》記載，常平倉、義倉均始立於世祖至元六年（1269）。實際上在此之前，似乎就有常平倉、義倉的存在。世祖中統元年（1260）十一月，「發常平倉賑益都、濟南、濱棣饑民」。〔註105〕至元三年（1266），戶部尚書馬亨曾主張立常平、義倉，「謂備荒之具，宜亟舉行。而時以財用不足，止設義倉。」〔註106〕說明義倉立於常平倉之前。

　　元代常平倉效法漢、唐之制，爲官方出資建立，設立於城市，「豐年米賤，官爲增價糴之；歉年米貴，官爲減價糶之。」除穩定糧食價格的功能外，還有備荒救災之效。其總體做法是：由政府出本在路、府設立常平倉，在糧食上市時（特別是豐收年份），因商人壓價，糧價暴跌，政府便命令各地常平機構以適當高於市場的價格收糴糧食；在青黃不接時（特別是歉收年份），因商人抬價，糧食狂漲，便命令各地以適當低於市場的價格出售糧食，及時

〔註103〕宋濂等，《元史》卷一百三十四，《月合乃傳》，第3245頁。
〔註104〕宋濂等，《元史》卷一百五十八，《姚樞傳》，第3712頁。
〔註105〕宋濂等，《元史》卷四《世祖一》，第68頁。
〔註106〕宋濂等，《元史》卷一百六十三，《馬亨傳》，第3827頁。

供應缺糧農戶和城市平民。在市價比較正常時則按市價於產糧地區收購部分糧食。對於災區，則用糧食出貸給災區人民，到豐年時收回本息；或者用糧食換購災區人民的土產雜物，留作官用，或轉運到豐收地區出售。在豐收年份從產糧地區收來的糧食，除供應缺糧地區，並在季節之間進行周轉調劑之外，餘者則儲存起來，作備荒之用。

為規範官營常平倉的管理，元廷頒佈法令，採取了許多具體的法律規制措施：

1、人員選差。常平倉商業機構在路、府設立，委各處正官不妨本職「提點」、「提調」；合設倉官、攢典、斗腳「就於近上（即中上戶）、不作過犯內公同選差」，而且國家「除免各戶雜役」。〔註107〕

2、倉廠興建。常平倉倉廠由政府投資興建。至元九年（1272）正月，世祖下旨各處添蓋常平倉倉廠規定：「仰各路總管府摘差正官及坐去造作人員，催督起蓋，每間約儲糧千石，合用木物，令人匠從實計料，估直於各路見在官錢支買，會計鐵數就於附近爐冶開造，工匠先盡係官投下內差撥，如不敷，於軍民站赤諸色戶內補差，其夫役止令各路於本管旁近丁多之家借倩，官為日支錢米」。〔註108〕

3、糴本來源。糴本（積糧）由政府投入，據《元史·食貨志》記載，「於是（至元）八年以和糴糧及諸河倉所撥糧貯焉。二十三年定鐵法，又以鐵課糴糧充焉。」〔註109〕由此可見，糴本（積糧）來源主要有三：

其一，和糴糧。和糴糧是常平倉糴本糧的首要來源。至元八年中書省奏准「隨路常平倉收糴糧斛」，「驗每月時估，以十分為率添答二分，常川收糴。」至元十九年，針對「近年以來有司滅裂，加之勢要人等把柄行市積塌收糴，侵公害私」的現象，元廷要求「除別行禁約外」，還要求各處正官「不妨本職提點」；「不得樁配百姓」；「及便支價並無減剋」。元廷還規定在和糴時統一使用「官降一樣斛檻升斗」。〔註110〕元代前期，官司所用斛檻「底狹面闊，吏卒收受概量之際輕重其手，弊倖多端。」至元二十九年，元廷規定一律採用前宋文思院斛，「亡宋行用文思院斛腹大口狹，難於作弊。今可比附式樣

〔註107〕《元典章》卷二十一，《戶部七·義倉·設立常平倉事》，第817頁。
〔註108〕《永樂大典·倉》卷七五一一，濟南：齊魯書社，1996年版，第445頁。
〔註109〕宋濂等，《元史》卷九十六《食貨四》，第2467頁。
〔註110〕《元典章》卷二十一，《戶部七·義倉·設立常平倉事》，第817頁。

成造新斛頒行天下。」〔註111〕

其二，河倉糧。河倉糧是政府實物稅收和實物地租徵收來的糧食，因貯存於河道倉庫便於水運而得名。官府調撥部分河倉餘糧以充常平倉糶本糧，是政府投入糶本的重要來源之一。元代有「餘糧許糶接濟」的法令。例如，大德三年中書省「照得」一份聖旨規定：「見在糧斛（河倉糧）除支持外，餘上糧數，即目正是青黃不接之際，各處物斛湧貴，百姓艱糴，合無斟酌出糶接濟貧民不致失所」。〔註112〕

其三，鐵課糧、鹽課糧。鐵課糧、鹽課糧是元代常平倉糶本糧的補充來源，其投入形式有二：一是以鐵課、鹽課收入糶糧入倉作為糶本糧；二是以官營課程手工業產品直接交換糧食，不以貨幣為中介，直接通過實物貿易獲取糶本糧。鹽（引）中糧、鐵器與農民交換糧食作為糶本糧就是政府投入鹽課糧、鐵課糧作為糶本的第二種形式。至元二十一年，由於糶本不足，「國家雖有常平倉，實無所畜」，盧世榮建言：「盡禁權勢所擅產鐵之所，官立爐鼓鑄為器鬻之，以所得利合常平鹽課，糴粟積於倉，待貴時糶之，必能使物價恆賤，而獲厚利。」〔註113〕該建議得到世祖的支持。至元二十三年定鐵法，以鐵課糶糧充常平倉糶本糧。這表明盧世榮被誅後，以鐵課糧充常平倉糶本並沒有因人而廢。

此外，元政府為充實常平倉，也將「各處沒官財產，係官贓罰，闕官子粒，併入粟補官散濟不盡鈔數」等撥作糶本，「隨宜以濟其民」。〔註114〕

4、出糶賑貸。遇到歉年米貴及災荒，政府則出糶、賑貸常平倉的積糧。《元典章・設立常平倉事》記載：「貧家闕食者，仰令依例出糶」。這表明元代出糶應有出糶法例，但由於文獻闕如，無法詳細考證。大德三年，都省批准江浙行省以餘糧出糶接濟貧民規定：「照依各處目今實直市價，挨陳出糶接濟貧民。」〔註115〕寥此一句，具體做法仍然不得其詳。《元史・食貨志》記載：「京師賑糶之制：至元二十二年始行。其法於京城南城設鋪各三所，分遣官吏，發海運之糧，減其市直以賑糶焉。凡白米每石減鈔五兩，南粳米

〔註111〕《元典章》卷二十一，《戶部七・倉庫・行用圓斛》，第812頁。
〔註112〕《元典章》卷二十一，《戶部七・倉庫・餘糧許糶接濟》，第814頁。
〔註113〕宋濂等，《元史》卷二百〇五，《姦臣盧世榮傳》，第4565頁。
〔註114〕王元恭，《至正四明續志》卷六《賦役》，上海：上海古籍出版社，1995年版，第233頁。
〔註115〕《元典章》卷二十一，《戶部七・倉庫・餘糧許糶接濟》，第814頁。

減鈔三兩，歲以爲常。成宗元貞元年，以京師米貴，益廣世祖之制，設肆三十所，發糧七萬餘石糶之，白粳米每石中統鈔一十五兩，白米每石一十二兩，糙米每石六兩五錢。二年，減米肆爲一十所，其每年所糶，多至四十餘萬石，少亦不下二十餘萬石。至大元年，增兩城米肆爲一十五所，每肆日糶米一百石。四年，增所糶米價爲中統鈔二十五貫。自是每年所糶，率五十餘萬石。泰定二年，減米價爲二十貫。致和元年，又減爲一十五貫云。賑糶糧之外，復有紅帖糧。紅帖糧者，成宗大德五年始行。初，賑糶糧多爲豪強嗜利之徒，用計巧取，弗能周及貧民。於是令有司籍兩京貧乏戶口之數，置半印號簿文貼，各書其姓名口數，逐月封貼以給。大口三斗，小口半之。其價視賑糶之直，三分常減其一，與賑糶並行。每年撥米總二十萬四千九百餘石，閏月不與焉。」元代「京師賑糶之制」記載較爲詳備，雖然不是出糶常平倉糧，但仍然對研究常平倉出糶法律制度具有十分重要的參考價值。

除出糶外，有時爲接濟災民，元政府考慮到災民的支付能力，則用常平倉糧出貸給災民，到豐年時再收回本息。如至元十二年，濮州等處饑，貸糧五千石。〔註116〕再如，延祐元年，博羅歡爲甘肅行者平章政事，「時米價騰湧……乃爲經畫計，所省至四百餘萬緡，自是諸倉俱充溢。……民饑，則發粟賑之，春缺種，則貸之」。〔註117〕賑貸與出糶不同，出糶是買賣關係，賑貸是借貸關係。借貸可以不支付即價，但在未來要支付本息。如成宗時，王構爲濟南路總管，「官貸民粟，歲饑而責償不已，構請輸以明年。」〔註118〕

常平倉之設，本意是爲了穩定糧價、恤民救荒，但官府往往將常平糧挪作他用，如供應軍需等。元代名臣王揮在論及常平倉時曾指出：「至若軍旅調度，糧餉爲先，比歲軍興，動以和糶，若常平一立，除屯田糧及正稅外，復有百萬餘石之穀，積於中而壯於外。時和歲豐，民無所仰。推以濟軍，雖調度加倍，民無和糶之擾，軍免闕食之虞。」〔註119〕時人胡祇遹也認爲：「（常平倉）一歲積蓄得三年之儲，設遇凶歲，可以紓憂，軍不闕食，民無流餓。」〔註120〕

〔註116〕宋濂等，《元史》卷九十六《食貨四》，第2474頁。
〔註117〕宋濂等，《元史》卷一百二十一，《博羅歡傳》，第2992頁。
〔註118〕宋濂等，《元史》卷一百六十四，《王構傳》，第3856頁。
〔註119〕王揮，《秋澗集》卷八十八，上海：上海古籍出版社，1987版，第455頁。
〔註120〕胡祇遹，《紫山大全集》卷二十二《論積貯》，上海：上海古籍出版社，1987年版，第677頁。

5、監督檢查。常平倉管理的日常監督由各路、府正官負責，委各處正官不妨本職「提點」、「提調」。常平倉商業帳簿管理十分嚴格，元廷要求各處常平倉機構必須「按月將先發價鈔已未收糴支納、現在數目，開坐申部呈省」，接受戶部和都省的日常審計檢查。除接受行政機關的內部監督檢查外，常平倉商業還須接受國家專門監察機關——御史臺及各道按察司的監察。如至元十九年中書省頒佈的「設立常平倉事」法令，就規定：「慮中間作弊，仰行移各道按察司體察施行」。〔註121〕

元代常平倉法律制度脈承漢唐舊制，相關規範較為完備。在實際商業運作中，曾一度貯糧達八十餘萬石，對穩定糧價、備荒救災發揮過積極作用。史稱「元立義倉於鄉社，又置常平於路府，使饑不損民，豐不傷農，粟直不低昂，而民無菜色，可謂善法漢、唐者矣。」但是，由於政治腐敗、吏治廢馳，「行之既久，名存而實廢」。元初名臣胡祇遹在《論積貯》中提到：「常平倉既立，即今空無一粟」，「公私倉廩筐筥皆無蓄積剩餘，豐撚則不能支歲用，若遇堯湯之水旱，則人相食矣」；〔註122〕時人王揮也指出：「常平倉設自至元八年，隨路收貯斛粟，共約八十餘萬。今倉廩久空，起運盡絕，甚非朝廷救荒恤民本意」。〔註123〕顯而易見，常平倉商業在元初世祖在位時經營就舉步維艱，瀕臨破產。

（二）常平鹽法

元代常平鹽法是至元二十一年盧世榮經濟法制改革的產物。其出臺的直接原因是各地大鹽商把柄行市、虛抬鹽價，致使食鹽市場價格嚴重扭曲，官課受損而民不得食。據《元典章・設立常平鹽局》記載，當時官方鹽價是每引十五兩，但在市面上，「如今官員豪富有氣力的人每，詭名兒教人買出鹽來，把柄著行市，掯勒百姓，多要利錢有，十八年潭洲一引鹽賣一百八十兩，江西賣到一百七十兩，一個月前這大都一引鹽也賣到一百二十兩來。為這上頭，皇帝少要課程的聖恩不曾到百姓身上；為這般上，窮百姓多有不得鹽吃的有」。為改變這一局面，元政府在右丞盧世榮的倡議下，立法創立官營常平鹽

〔註121〕《元典章》卷二十一，《戶部七・義倉・設立常平倉事》，第817頁。
〔註122〕胡祇遹，《紫山大全集》卷二十二《論積貯》，上海：上海古籍出版社，1987年版，第677頁。
〔註123〕王揮，《秋澗集》卷三十五《上世祖皇帝論政事書》，上海：上海古籍出版社，1987版，第366頁。

局，「販鹽底人每若時貴呵，咱官司賤賣。那般做呵，百姓每都得鹽吃，國家更有利錢」。〔註124〕

常平鹽法，其理類似於常平倉法，與榷鹽法有著本質的區別。榷鹽法是政府專賣，私人不得經營，而常平鹽法是官私並行，「官設鹽鋪與商賈販賣並無窒礙」；〔註125〕在常平鹽局設立之後，政府並不限製鹽商私營，「不問價例平和，聽從民便發賣」。而且，元廷還規定：「咱們的鹽引二百萬引鹽根底教客旅興販，一百萬引鹽諸路運將去放者。」〔註126〕局賣引鹽只有總量的三分之一。因此，常平鹽法屬於官營非專賣商業法，而不屬政府專賣法。

關於常平鹽局的設立及營運，元政府在至元二十一年十二月初一頒行《設立常平鹽局》的法令，法律規制十分周詳細緻，現歸納如下：

1、常平鹽局的設置

常平鹽局直接設立於縣級行政區域，「各縣置立一處」。除此之外，「各路並戶多州郡及人煙輳集鎮、官市可以添設去處，本路就便斟酌設立」。如皇城大都，居民繁盛，日用之中，鹽不可缺，「於南北二城置局十有五處」。〔註127〕元廷還要求，各級政府在設立鹽局之後，「開具各各數目，保結申宣慰司呈行省，腹裏路分申部」。

至於鹽局房舍劃撥與起蓋，元政府規定：「鹽局房舍於各處係官房內從便摽撥。如無，係官錢內起蓋；合用夫匠，本處就便差發。」

2、常平鹽局官典的選差

常平鹽局每局設大使一員、副使一員，由各級政府「於近上戶計內選保有抵業、通商賈、信實、不作過犯之人」充任，並由各路出給「付身」，「開具花名，保結申宣慰司呈報行省，腹裏路分申部照會」。

至於鹽局攢典、秤子等典吏的選差，元廷規定：「合用攢典、秤子合干人，從本路斟酌賣鹽多寡，就便定奪。於酌中戶內差撥，毋致多餘濫設，仍將設定人數，申部保結申保結申宣慰司呈行省。」

局官、典吏的待遇，在《設立常平鹽局》的法例中沒有做出具體的規定，只是提及，「局官俸給、攢典、秤子工食錢隨後另行定奪」。據元史記載，順

〔註124〕《元典章》卷二十二，《戶部八·鹽課·設立常平鹽局》，第 897 頁。
〔註125〕宋濂等，《元史》卷九十七《食貨五》，第 2486 頁。
〔註126〕《元典章》卷二十二，《戶部八·鹽課·設立常平鹽局》，第 897 頁。
〔註127〕宋濂等，《元史》卷九十七《食貨五》，第 2486 頁。

帝至正三年，大都「十五（鹽）局官典俸給，以一歲計之又五百七十六錠」，
每局一年約爲四十錠。

3、常平鹽支運

各鹽局常平鹽由鹽運司各鹽場無償調撥，其具體程序如下：

首先，各鹽局確定年銷鹽袋的數量，報宣慰司總管府批准，「合賣年銷鹽
數，驗各處人戶多寡斟酌可用鹽袋，開坐數目行移宣慰司。」接著，由宣慰
司總管府出具公文，差管押官一員帶上鹽引，同鹽局官一同前往相關運司鹽
場支鹽。元廷規定：「宣慰司總管府各差管押官一員賫公文將引各處局官前去
合干運司關引支撥（常平鹽），須要交割明白，到局若有短少，著落元關局官
倍償。」然後，各處運司根據宣慰司總管府公文和鹽引，查驗並依次序支發
常平鹽。「各處運司……先盡常平鹽袋，如遇各道宣慰各路差官賫公文關
撥，隨即先行依資次關引支查。」最後，常平鹽運輸由運司負責，「合用腳力，
運司就便和雇」，「運（至）立局去處」。如果現有鹽數不敷，運司則均分各鹽
局分二批次支發。「如是見在不敷，先盡實有見在均表，分作兩處般運，毋致
短少斤重、刁跌蹬停滯。」

爲保障常平鹽支發，元廷還規定：「各運司額辦鹽數，催督各場官勾、灶
戶、秤子等趁時煎造，毋致攔誤支發。」

4、常平鹽銷售

常平鹽局銷售食鹽分兩種情形：一是市場食鹽價格上漲時才拋售常平鹽
以平抑物價，即「如無客旅興販，鹽價增添時分，官爲發賣」。另一情形是不
管市場時價如何，鹽局每天定量銷售。如順帝元統二年復常平鹽局規定：「依
舊制於南北二城置局十有五處，每局日賣十引。」〔註128〕

至於常平鹽的銷售價格，元廷規定：「官爲發賣價直，雖高每行不過一
錢。」即在市場價格的基礎上，不得高於市場價格一錢以上。市場價格以聽
從民便，「價例平和」時爲準。由於市場價格具有波動性，不便於操作，元
統二年元政府在大都置局賣鹽規定：「每中統鈔一貫，買鹽二斤四兩。」

爲買賣方便，秤法公平，元廷要求各鹽局賣鹽必須預先依法打包。「須要
一斤至二斤、三斤各作一裹，預先如法多廣包裹。如遇人戶買鹽，即便驗價
支發，免致逐旋秤盤停滯買戶。」元統二年爲整治常平鹽銷售之非爲奸弊，
元廷一方面禁止「雜灰土其中，及權衡不得其平」；另一方面規定：「凡買鹽

〔註128〕宋濂等，《元史》卷九十七《食貨五》，第2486頁。

過十貫者，禁之。」爲防範私鹽，元廷規定常平鹽也要據引發賣，賣過鹽引必須即時上繳。「賣過鹽引逐旋繳申提點官，批鑒訖申覆本路轉申省部。」

5、常平鹽營銷彙報與監督

元政府規定常平鹽機構必須將常平鹽營銷情況及時向上級管理機關彙報，並準時上繳賣鹽價鈔。「據賣到價錢，本局明附文歷，每日分豁本息具單狀申報提點官司印押，每旬開申本路轉申宣慰司呈省，比及次月終，須要開諮到省；腹裏路分每局申部呈省。據每月賣到數目，不過次月初五日申解本路送納。」

爲保障常平鹽法的正常實施，元政府要求各級地方政府「本處正官」經常到鹽局「提點」、「提調」。如規定：「本處正官提點催趕（鹽局）發賣，毋致擱誤，亦不得剋減斤兩，虧損百姓。」爲懲奸獎廉，元統二年元廷還規定了明確的獎罰鹽局官員的措施，「如滿歲無短少失陷及元定分數者，減一界陞用之；若有侵盜者，依例追斷其合賣鹽數。」〔註129〕

常平鹽法的實施，曾經在穩定鹽價、限製鹽商操縱市場、保護民戶食鹽消費利益方面起到過一定的積極作用。後來有官員評論：「當時立法嚴明，民甚便益」；「竊睹京畿居民繁盛，日用之中，鹽不可闕。大德中，因商販把握行市，民食貴鹽，乃置局設官賣之。中統鈔一貫，買鹽四斤八兩。後雖倍其價，猶敷民用。」〔註130〕但是法久弊生，在上者失於管束，在下者欺侵多端，中間又有巨商趨利者營屬當道，結果「殊不料官賣之弊，反不如商販之賤」。順帝至正三年，監察御史王思誠、侯思禮建言罷京師常平鹽局，曾歸納其弊有三：

其一，斤兩不足、雜和灰土。「在船則有侵盜滲溺之患，入局則有和雜灰土之奸。名曰一貫二斤四兩，實不得一斤之上。其潔淨不雜，而斤兩足者，唯上司提調數處耳。」

其二，騷擾河運、舟楫難通。「常白鹽一千五百引，用船五十艘，每歲以四月起運，官鹽二萬引，用船五十艘，每歲以七月起運，而運司所遣之人，擅作威福，南抵臨清，北自通州，所至以索截河道，舟楫往來，無不被擾。名爲和顧，實乃強奪。一歲之中，千里之內，凡富商巨賈之載米粟者，達官貴人之載家室者，一概遮截，得重賄而放行，所拘留者，皆貧弱無力之人耳。

〔註129〕宋濂等，《元史》卷九十七《食貨五》，第 2486 頁。
〔註130〕宋濂等，《元史》卷九十七《食貨五》，第 2485 頁。

其舟小而不固，滲溺侵盜，弊病多端。既達京廠，又不得依時交收，淹延歲月，困守無聊，鬻妻子、質舟楫者，往往有之。此客船所以狼顧不前，使京師百物湧貴者，實由於此。」

其三，虛費官錢，民食貴鹽。「竊計官鹽二萬引，每引腳價中統鈔七貫，總爲鈔三千錠，而十五局官典俸給，以一歲計之又五百七十六錠，其就支賃房之資，短腳之價，席草諸物，又在外焉。當時置局設官，但爲民食貴鹽，殊不料官賣之弊，反不如商販之賤，豈忍徒費國家，而使百物貴也。」〔註131〕

綜上所述，元代常平鹽法，其法不可謂不善，其制不可謂不嚴，然而元代後期政治腐敗，吏治貪刻，官營鹽法如其他官營經濟一樣，終是擺脫不了損公害私的最終結局。歸結其弊，發人深思。

三、斡脫商業的非官營性辯析

斡脫是元代獨有的一種頗具特色的商業形態，在元代經濟生活中佔有十分重要的地位，並引起了中外元史學者的廣泛關注和深入研究，甚至有學者認爲：「對元代商業活動的研究，必須或者說其核心應該是對蒙元時期特有的現象——斡脫進行研究，這是不能否認的現象，也是治蒙元時期商業史者所共識的。」〔註132〕儘管中外學者對斡脫商業研究的成果頗豐，但斡脫——這一元代獨特的商業形態及其具體制度仍然被著神秘的面紗，有許多問題，甚至是基本的問題還有待考證和探析。

（一）斡脫商業簡述

斡脫，是突厥語 Ortaq 的音譯，原義爲「共同」、「共同者」，在伊朗語系的花剌子模方言中則表示「商人」。花剌子模商人（即回回商人）東來貿易，遂將表示「商人」含義的 ortaq 傳入蒙古。〔註133〕傳入蒙古地區的斡脫意爲商人，但不是普通商人，而是從蒙古諸王、后妃、大臣那裡領取資金進行貿易的特殊商人或商人組織。〔註134〕蒙古貴族入主中原以後，皇室、妃主、諸

〔註131〕宋濂等，《元史》卷九十七《食貨五》，第 2487～2488 頁。

〔註132〕胡興東：《元代民事法律制度研究》，北京：中國社會科學出版社，2007 年版，第 209 頁。

〔註133〕岩佐精一郎：《元代斡脫錢的原語》，見《史學雜誌》第 46 編第 892 — 893 頁，昭和十年。

〔註134〕修曉波：「元朝斡脫政策探考」，《中國社會科學院研究生院學報》，1994 年第 3 期，第 26 頁。

王的斡脫商業不斷發展，並成爲元朝皇室、諸王和妃主剝削收入的重要來源。斡脫商人在蒙元時期的商業活動中十分活躍，隨著斡脫商業的發展和時間的推移，斡脫便衍生出十分豐富的引申義，如用來表示斡脫商業、斡脫商業行爲、斡脫戶或者斡脫錢等等。

儘管斡脫商業在元代經濟生活中佔有十分重要的地位，但原始文獻對其記載卻相對缺乏，這給研究斡脫商業帶來了困難。被廣爲引用的描述斡脫商業的文獻資料主要有兩處：

一是南宋彭大雅、徐霆撰疏的《黑韃事略》中記載：

「其賈販則自韃主以至僞諸王、僞太子等，皆付回回以銀，或貸之民而其息，一錠之本，展轉十年後，其息一千二十四錠；或市百貨而懋遷；或詐夜偷而責償於民。」

「霆見韃人只是撒花，無一人理會得賈販。自韃主以下，只以銀與回回，令其自去賈販以納息。回回或自轉貸與人；或自多方賈販；或詐稱被劫而責於州縣民戶。」〔註135〕

一是元人徐元瑞在《習史幼學指南》指出：「斡脫，謂轉運官錢，散本求利之名也。」又稱之爲「見聖旨、令旨，隨處做買賣之人」。〔註136〕

由此可見，斡脫作爲一種特殊的商業形態。其本質特點主要有二：一是這種商業活動的資本來源於蒙古王公貴族；一是這種商業活動的經營者是當時被稱爲回回人的西域色目商人。

斡脫商業對外經營方式主要有兩種：一是放高利貸；另外一種是長途販賣商品和人口。令人印象深刻並廣爲史學家關注的是第一種經營方式：放高利貸。蒙古國初期，放高利貸的年息是百分之百。王國維解讀「展轉十年後，其息一千二十四錠」時推算說，「一錠之本，至年底爲二錠，第二年底爲四錠，三年底爲八錠，到十年底正好是一千二十四錠。」〔註137〕這種高利貸，「如羊出羔，今年而二，明年而四，又明年而八，至十年則累而千」。所以斡脫錢又叫「羊羔兒息」。〔註138〕斡脫商業以發放高利貸的方式牟取暴利，

〔註135〕〔南宋〕彭大雅、徐霆：《黑韃事略》，王國維箋證本，文殿閣書莊，民國25年版，第13頁。

〔註136〕徐元瑞：《吏學指南》，楊訥點校，杭州：浙江古籍出版社，1988年版，第118頁。

〔註137〕〔南宋〕彭大雅、徐霆：《黑韃事略》，王國維箋證本，文殿閣書莊，民國25年版，第13頁。

〔註138〕李海棠：「斡脫錢」，《文史雜誌》，2000年第2期，第23頁。

使中原小農經濟紛紛破產，給中原人民造成了很大危害。柯邵忞指出：「斡脫錢者，諸王妃主以錢借人，如期並其子母徵之，元初謂之羊羔兒息。時官吏多借西域賈人銀以所負，息累數倍，至沒其妻子猶不足償。」〔註139〕時人王惲也評論說：「自乙未（太宗七年）版籍後，政煩賦重，急於星火。以民蕭條，猝不易辦，有司貸賈胡子錢代輸，積累倍稱，謂之羊羔利。歲月稍集，驗籍來徵，民至賣田業、鬻妻子，有不能給者。」〔註140〕

相對於對外經營，斡脫商業的內部關係即作爲投資者的蒙古權貴與經營者回回商人之間的權利義務關係，學界爭議很大，且難於把握，顯得極爲神秘。胡興東先生作了可喜的、頗有見地的研究，他歸納指出：「有研究者認爲是相當於代理關係。『元時中亞回教徒與蒙古人接觸後，代理蒙古人經營商業及銀錢借貸，彼此間或者在一種聯絡組織，由是乃自稱爲『夥伴』（Ortaq）』。有人認爲是委託，至於是什麼委託關係卻沒有明確說明。『蒙古國建立後，擁有巨額財富的蒙古王公貴族委託回回商人放高利貸，從中收取高額息銀，這種發放高利貸活動稱之爲『斡脫』』。「早在成吉思汗時期，蒙古貴族就提供本銀，委託西域商人賈販貿易，自己坐收高額利息，那些爲蒙古貴族經營的西域商人即成爲斡脫。』日本人在《亞洲歷史辭典》中認爲是一種借貸關係。『尤其是十三世紀初期蒙古帝國勃興以來，東西交通路線高度安全，隊商不斷進入中國，他們發揮其特有之商才。將必需品及奢侈品運送給蒙古貴族，請求擔貴族封邑內的徵稅工作，甚至向貴族借取資金經營高利貸。』對於說是借貸關係的，可以說完全誤解了斡脫在蒙元時期民事關係中的性質。」並研究確認：「蒙元時期的斡脫民事關係即蒙古王公與商人之間所產生的民事關係，相當於一種信託關係，而不是代理關係。」〔註141〕

胡興東先生的研究很有學術價值，結論看起來也十分正確，但筆者認爲其結論仍然難於令人信服。其理由有三：

其一，「斡脫」便是「斡脫」，代理、信託都是現代的民法學概念，用今天的概念去揭示元代的「斡脫」，總免不了削足適履的嫌疑。從方法論上說，這種解讀歷史事物的方法不甚科學。揭示「斡脫」的內部關係，重要的不是

〔註139〕《新元史》卷七十三，《食貨志‧斡脫官錢》，中國書店1988年8月影印版。
〔註140〕王惲：《秋澗先生大全文集》卷四十八，《開府儀同三司中書左承相忠武史公家傳》，《四部叢刊》本。
〔註141〕胡興東：《元代民事法律制度研究》，北京：中國社會科學出版社，2007年版，第215～217頁。

看它相當於現代的什麼民事關係，而是須要考察這種特殊的法律關係其主體、內容與客體是什麼？尤其是「斡脫」法律關係的內容：作爲投資者的蒙古權貴與經營者回回商人究竟享有怎樣的權利和承擔何種具體的義務？這不是一個英美法系中「信託」法律關係所能取代的。

其二，「斡脫」本是一個外來詞，在傳入蒙古後，其意義發生了本質的變化。從蒙古人到漢人接受這個詞匯，並用來定義「斡脫」這種商業法律關係，「斡脫」商業本身也在發展變化。其中既有事物本身發展變化，也有元代法律對其規制而促使其變化。因此，斡脫商業的內部法律關係，其在蒙元出現、發展、到消亡不可能從一而終。例如，至元元年（1264）八月，世祖忽必烈下詔：「定立諸王使臣釋傳、稅賦、差發，不許擅招民戶，不得以銀與非投下人爲斡脫，禁口傳敕旨及追呼省臣官屬。」〔註142〕其中「不得以銀與非投下人爲斡脫」，難道就沒有改變斡脫商業的內部法律關係？

其三，斡脫商業的內部法律關係，既然是一種民事法律關係，就屬於一種私法關係。除政府公權力強力介入外，其法律關係的具體內容即權利義務主要取決於當事人的自由意志。基於當事人雙方自由意志簽訂的合夥協議，其合同條款必定會五花八門。本人不排除可能會存在某種範式，但多樣性是無庸置疑的。類似於今天的代理、委託、信託甚至借貸都有可能包括在斡脫商業內部法律關係的範例中。例如，《元典章・追斡脫錢擾民》記載，札忽兒眞妃子、念木烈大王位下差人追徵斡脫錢物，「止坐到元借斡脫錢人不魯罕丁、法合魯丁、孟林三名信徒，各指諸人借欠錢數，展轉攀指一百四十餘戶，追徵因而擾民不便。」〔註143〕此處「不魯罕丁、法合魯丁、孟林三名信徒」就是回回人，「元借斡脫錢」即是從札忽兒眞妃子、念木烈大王直接借斡脫錢，不魯罕丁、法合魯丁、孟林三名信徒與札忽兒眞妃子、念木烈大王之間的斡脫關係，不正是借貸關係嗎？此處用詞即是「元借」。

正是因爲古今語彙上的差異、斡脫內部法律關係的變化性與多樣性及其私法性特徵，造成了我們理解斡脫內部法律關係的難度。由於史料的缺乏，我們只能憑藉斡脫原義爲「合夥」、「共同」、「共同者」，從而簡簡單單地確定斡脫內部法律關係就是「合夥」商事關係。

〔註142〕宋濂等，《元史》卷五《世祖二》，北京：中華書局校點本，1976 年版，第98 頁。

〔註143〕《元典章》卷二十七，《戶部十三・錢債・追斡脫錢擾民》，第1080 頁。

（二）斡脫商業的法律規制

斡脫商業，無論是內部關係還是外部關係，從本質上說都是屬於私法關係，元蒙政府承襲早期的蒙古權貴自由工商業政策，公權利一般不予介入、干涉，這是造成原始文獻中關於斡脫的記載較少的原因之一。儘管在官方法律文書及其他文獻資料中，規制斡脫商事關係的法律規範記載不多，但仍然為研究斡脫商業提供了不少線索，現將相關法令疏理如下：

法令一：購入商品後破產，再次購入商品再度破產，重新購入商品又破產，如此三次者，處死刑。〔註144〕

這是記載於蒙古人最早的法典——成吉思汗《大札撒》的一條法令，也是規制斡脫商業最早的法律規範。本法令主要是為了保護蒙古貴族的斡脫合夥利益。

法令二：凡有失盜去處，周歲不獲正賊，令本路民戶代償其物。〔註145〕

這是大蒙古國時期，蒙古權貴為保護自己及合夥的斡脫不被搶奪、盜竊，而將失盜損失轉嫁給當地百姓的法律規定。與《黑韃事略》「或詐稱被劫，而責償於州、縣民戶」的記載相印證。

法令三：凡假貸歲久，唯子本相侔而止，著為令。〔註146〕

太宗十二年下詔制止羊羔息。《元史・耶律楚材傳》也記載有：「州郡長吏，多借賈人銀以償官，息累數倍，曰羊羔兒利，至奴其妻子，猶不足償。楚材奏令本利相侔而止，永為定制。民間所負者，官為代償。」〔註147〕中統二年八月世祖進一步重申：「錢債止還一本一利」。〔註148〕

法令四：斡魯朵（斡脫）商販回回人等，若曰其家有馬牛羊及一百者，取牝馬牝牛牝羊一頭入官；牝馬牝牛牝羊及十頭則亦取牝馬牝牛牝羊一頭入官。〔註149〕

太宗五年下旨規定斡脫按蒙古民戶例牛馬抽分。這是要求斡脫商人承擔

〔註144〕 轉引自吳海航：《元代法文化研究》，北京：北京師範大學出版社，2000年版，第70頁。

〔註145〕 蘇天爵：《國朝文類》卷五七《中書令耶律公神道碑》，四部叢刊本，北京：商務印書館，1919年。

〔註146〕 宋濂等，《元史》卷二《太宗》，第32頁。

〔註147〕 宋濂等，《元史》卷一百四十六《耶律楚材傳》，第3461頁。

〔註148〕 《元典章》卷二十七，《戶部十三・私債・錢債止還一本一利》，第1081頁。

〔註149〕 《大元馬政記》，《廣倉學窘叢書》本。

國家稅賦的最早記載。

法令五：凡朝廷及諸王濫發牌印、詔旨、宣命，盡收之。〔註150〕

憲宗元年即位之初即頒佈這道聖旨，有學者解讀是對斡脫進行限制。「貴由汗死後，許多諸王駙馬把額勒赤（使臣）派往各地，經商營利，頒發璽書和牌子，庇護充當斡脫的貴人和賤民。蒙哥降旨，自成吉思汗、窩闊台、貴由以來，諸王駙馬獲得的璽書、牌子一律收回，未經朝中大臣許可，不得濫發任何關於財務的敕令。」〔註151〕筆者認為這種解讀是有道理的。事實上，在元代歷史上，這種現象可以說是屢禁不止。如大德元年六月中書省上奏：「斡脫每自己尋利息，騎著鋪馬做買賣呵，無體例有，將他的鋪馬聖旨拘收了。」被成宗採納。〔註152〕此後，武宗至大元年「中書省臣言：回回商人，持璽書，佩虎符，乘驛馬，名求珍異，既而以一豹上獻，復邀回賜，似此甚眾。臣等議：虎符，國之信器，驛馬，使臣所需，今以畀諸商人，誠非所宜，乞一概追之。制可。」〔註153〕

法令六：斡脫、做買賣畏吾兒、木速兒蠻回回，交本住處千戶百戶裏去者。若稱有田產物業不去呵，依已前聖旨體例裏，見住處不揀大小差發、鋪馬、抵應，與民戶一體當者。〔註154〕

這是元初名臣王揮奏狀中所引用的憲宗聖旨中的一款法令，要求斡脫商人在各自登錄戶籍之地，與平民一同承擔稅賦。

法令七：不得以銀與非投下人為斡脫。〔註155〕

至元元年（1264）八月，世祖忽必烈下詔規制斡脫經營者的資格。

法令八：斡脫戶現奉聖旨諸王令旨隨路做買賣之人，欽依先帝聖旨現住處與民一體當差。〔註156〕

〔註150〕〔明〕宋濂等，《元史》卷三《憲宗》，北京：中華書局校點本，1976年版，第45頁。

〔註151〕修曉波：「元朝斡脫政策探考」，《中國社會科學院研究生院學報》，1994年第3期，第28頁。

〔註152〕《經世大典·站赤》，引自《永樂大典》第八冊，中華書局1956年6月版，第7159頁。

〔註153〕宋濂等，《元史》卷二十二《武宗紀》，第505頁。

〔註154〕《秋澗先生大全文集》卷八十八，《為在都回回戶不納差稅事狀》。元代史料叢刊本，浙江古籍出版社，1986年版。

〔註155〕宋濂等，《元史》卷五《世祖二》，北京：中華書局校點本，1976年版，第98頁。

〔註156〕《元典章》卷十七，《戶部三·戶計·籍冊·戶口條畫》，1998年版，第631頁。

至元八年籍戶對斡脫戶作出界定，並重申「與民一體當差」。

法令九：斡脫每底勾當，為您的言語是上，麼道？交罷了行來。如今尋思呵，這斡脫的言語似是的一般有，在先成吉思皇帝時分至今行有來，如今若他每底聖旨拘收了呵，卻與著；未曾拘收底，休要者。若有防送交百姓生受行底，明白說者。〔註157〕

這是至元二十年二月十八日的一份聖旨。說明世祖早前曾禁止斡脫商業，拘收斡脫們所奉的聖旨、令旨，但此時世祖經再三思考，決定不再拘收他們的聖旨。如有「交百姓受」的非法行斡脫錢行為，將「明白說者」，予以個案處置。與《元史·世祖本紀》載「至元二十年二月癸巳，敕斡脫錢仍歸其舊」相吻合。

法令十：如今過得的每、明有顯跡斡脫每，若有呵，與者；別個失散了的、無保人的每，休要者。做頭口與來的斡脫每，真個被不拜戶要了呵，委實窮暴無氣力呵，休陪者；要了錢的斡脫每，委實窮暴生受呵，休要者。富的，本錢，休要交納利者；貧的，若有呵，他的本錢交納者。又禿兒減磨絲裏兒青□等，依著斡脫每的體例裏，但得的利息納者。

至元二十九年十月御寶聖旨「為追斡脫錢事」做出上述法律規定。其大意是：有明證，可追；無證據的，不得追徵。做商品、人口買賣的，被強奪了，太窮了，不賠償；放高利貸的，太窮了，不追。富有的，只追本錢、不納利息；貧窮的，只納本錢。只有很富貴的，才依斡脫每的貫例納本息。從上述文獻可以看出，斡脫錢不僅指放高利貸的資本，而且也包括「做頭口與來的斡脫每」的資本。

法令十一：斡脫錢為民者倚閣。

大德二年，江西行省譯蒙古文字如下：「阿吉只大王令旨：蠻子田地裏，屬俺的斡脫錢，本錢利錢不納有。這□速丁、馬合謀為頭，使臣、女孩兒、小廝用著的物，俺根底出來的時分，馳驛斟酌著鋪馬他每根底與著交出來的。您省官每識者，麼道？您根底委付將去也。敬此。照得先欽奉聖旨節該：諸王、駙馬並股下□告：隨路官員人等，欠少錢債。照得先帝聖旨：如有為民借了，雖寫作自己文契，仰照戳端的，為差發支使有備細文憑，亦在倚閣之數。仰諸王投下取索錢債人員，須管於宣撫司，與欠債人當面照得委是己

身錢債，另無異詞，依一本一利歸還。毋得逕直於州縣將欠債官民人等，一面強行拖拽人口、頭匹，準折財產，搔擾不安。如違，定行治罪。又先欽奉聖旨節該：江南平定之後，悉爲吾民。今十有八年，尚聞營利之徒，以人爲貨。今後南北往來販人客旅，並行禁止。欽此。已經答付合屬去處，欽奉聖旨事意，毋得縱令收買良民、違錯、欠少斡脫錢債人等，依例施行外。據轉送孩兒、媳婦一節，係以人爲貨事理，移準都省諮該請欽依聖旨事意施行。」〔註158〕

　　本法律文書有許多是由蒙古文字翻譯而來，較爲晦澀。大意是：成宗大德二年，阿吉只大王傳令旨於江西行省官，告知已派使臣前來收斡脫錢債並販運（債務）奴隸，要求省官配合。省官查閱到法律規定主要有三：其一，官員爲民借斡脫錢交稅賦或官用，那怕是用自己的名義借的，只要有證據，則「倚閣」。「倚閣」可能是「擱置」，也可能是由中央財政代償清算的意思，其規定是先帝聖旨，窩闊台時期曾有官爲代償斡脫錢的做法。其二，不得直接於州縣收債，更不得強行扣押準折財產、人口。其三，不得以人爲貸，以債務奴隸抵債。

　　法令十二：斡脫每休約當。

　　大德五年，泉府司奏，「斡脫每裏多有勾當裏行的營運錢的人每，行運聖旨交各處買賣裏去呵，各路官人每聖旨裏他每的名字不是，麼道？約當很生受有，麼道奏來。如今那般賫執聖旨行的斡脫每的官人每處，顯驗的文書將著行呵，將他每的人等根底休約當者，麼道來。既是這般宣諭了呵，約當的，路官不怕那斡脫每根底也，首會者不干自己人每根底休交夾帶者，夾帶的斡脫每有罪過者。」〔註159〕

　　聯繫上下文的意思，「約當」應當是沒有行運斡脫資格的人，代理或夾帶行運斡脫。元時的斡脫商人必須隨身奉帶聖旨、令旨，聖旨、令旨裏記載有斡脫商人的名字，斡脫商人也必須只經營諸王、附馬託付的斡脫生意。然而，斡脫商人常常採取各種手段，假公濟私，夾帶私人資金，營運牟利，發額外橫財。這種非法行爲可能就是本法禁止的「約當」行爲。再有一種解釋，從字面意思上理解爲「預約典當」，可能是相當於今天的一種「流押」、「流質」金融業務，但與上下文文意不符。

〔註158〕《元典章》卷二十七，《戶部十三‧錢債‧斡脫錢爲民者倚閣》，第 1078 頁。
〔註159〕《元典章》卷二十七，《戶部十三‧錢債‧斡脫每休約當》，第 1079 頁。

法令十三：（禁）追斡脫錢擾民。

大德六年，札忽兒眞妃子、念木烈大王位下差人追徵斡脫錢物，「止坐到元借斡脫錢人不魯罕丁、法合魯丁、孟林三名信徒，各指諸人借欠錢數，展轉攀指一百四十餘戶，追徵因而擾民不便。」元廷規定：「今後凡有投下追徵斡脫官錢，開坐欠少戶計、村莊、姓名、數目，具呈都省轉諮行省，行下拘該官同徵理，官民兩便。」〔註160〕

法令十四：斡脫每貨物納稅錢。

「大德元年八月，福建行省準中書省諮、江浙行省諮杭州稅課提舉司申：『馬合謀行泉府司，折到降眞象牙等香貨官物，付價三千定，該納稅鈔一百定，本人賚擎聖旨不該納稅。諮請定奪事。』准此。於大德元年五月初七奏過事內一件：『也速答兒等江浙省官人每說將來有，阿老瓦丁、馬合謀、亦速福等斡脫每做買賣呵，休與稅錢麼道，執把著聖旨行有來。怎生？麼道說將來有。賽典赤等奏將來，拔赤拔的兒哈是稅錢防送回回田地裏的體例，到回回田地裏呵，依聖旨體例休與者；這裏做買賣呵，依著這裏體例裏教納稅錢呵，怎生？』奏呵。奉聖旨：『那般者』。欽此。」〔註161〕

法令十五：商賈於店止宿。

「中統五年（1264）八月初四日，欽奉聖旨條畫內一款：往來客旅、斡脫、商賈及貴擎財物之人，必須於村店設立巡防弓手去處止宿。其間若有失盜，勒令本處巡防弓手立限根捉。如不獲者，依上斷罪。若客旅、斡脫、商賈人等卻於村店無巡防弓手去處止宿，如值失盜，並不在追捕之限。」〔註162〕

除上述之外，《元典章》中還有一些零星記載。如《禁買賣人軍器》，禁斡脫帶軍器；《河道船隻》，禁斡脫「使氣力行拷看閘的人每夕頻頻開閘」；《新降鹽法事理》，禁斡脫辦買鹽引欺凌倉官，隔越資次、多要斤重。從法律規制的內容上看，多是對行運斡脫的外部關係的規制，對斡脫內部關係的法律規制則很少。

（三）斡脫商業官營性質疑

斡脫商業是不是官營商業？斡脫商業中有沒有官營斡脫商業？元史學界對這兩個問題的回答存在著部分誤區。《中國大百科全書·中國歷史·元史》

〔註160〕《元典章》卷二十七，《戶部十三·錢債·追斡脫錢擾民》，第1080頁。

〔註161〕《元典章》卷二十二《戶部八·雜課·斡脫每貨物納稅錢》，第979頁。

〔註162〕《元典章》卷五十一《刑部十三·防盜·商賈於店止宿》，第1834頁。

將「斡脫」直接定義為「蒙古和元朝經營高利貸商業的官商」；〔註163〕翁獨健老前輩認為：「斡脫錢者乃斡脫等所營之錢債，以其母錢之來源為政府公家或王庭帝室，故又稱斡脫官錢」；〔註164〕湖南李海棠先生也是這樣定義斡脫錢的，「斡脫錢，就是在元朝時候由西域的回回商人經手發放的官債（或諸王、貴戚的私債），故又稱斡脫官錢。」胡興東先生也指出：「此種民事關係（斡脫關係）為蒙古王公和政府與商人之間的關係，筆者還沒有發現在民間出現此種關係。」〔註165〕從這些論斷上著，斡脫商業似乎分為兩種所有制形式：一是投下貴族資本行運的斡脫商業；一是國有（政府）資本行運的官營性斡脫商業。這兩種斡脫商人統稱為「官商」，行運的斡脫錢統稱為「斡脫官錢」，對外發放的債統稱為「官債」。然而，筆者在研究斡脫商業的法律規制時，卻令人遺憾地發現元代的那種「母錢之來源為政府公家」的官營性斡脫或許根本不存在，至少是找不到值得信服的可靠證據。

　　所謂官營性斡脫商業，就是指由官方即元政府出資，委託給回回商人經營的斡脫商業。筆者認為這種斡脫商業或許根本不存在。其理由如下：

　　其一，儘管元人徐元瑞在《習吏幼學指南》中指出：「斡脫，謂轉運官錢，散本求利之名也」，但在史料文獻中卻找不到政府出資行運斡脫的直接的甚或是間接的證據。筆者所及的都是元代皇室、后妃、諸王、大臣等投資行運斡脫，而他們投資行運的斡脫從本質上來說應該是私營的而非官營的。如果存在官營性質的斡脫，必定還會有規範這種斡脫行運的法令等官方文件記載。因為官營斡脫法律關係不再是一種單純的私法關係，而必定會演化出許多行政管理法律關係。但事實上，關於官營斡脫如何投資、政府與商人如何分配利潤、政府如何管理官營斡脫商人等等，至今找不到任何文獻記載，也沒有一個元史學者能夠說得清楚。在有關元政府理財宰執的記載中，從王文統到阿合馬，從盧世榮到桑哥，根本就沒有提及「斡脫」二字。如果存在政府行運斡脫，這種現象也是不可思議的。

　　其二，元代史料文獻中提及的「斡脫」，都沒有係官斡脫與投下斡脫的區別，而事實上官營斡脫與投下斡脫性質上又是如此不同。而在其他經濟領域，

〔註163〕韓儒林主編：《中國大百科全書・中國歷史・元史》，上海：中國大百科全書出版社，1985年版，第114頁。

〔註164〕翁獨健：「斡脫雜考」，《燕京學報》，1941年第29期，第48頁。

〔註165〕胡興東：《元代民事法律制度研究》，北京：中國社會科學出版社，2007年版，第218頁。

往往會有這樣的區別，如元代文獻中經常提及到「係官工匠」、「官田」、「官鐵」，以與投下經濟相區分。在戶籍管理中，就明確有「係官工匠」與「投下工匠」兩類戶籍；而「斡脫」戶只有一種，且當「差發」。如果有係官「斡脫」戶既爲政府經營商業，又要如民戶一樣承擔「差發」，則顯然是一種戶籍同時承擔兩種封建義務。這既是不公平的，也與元代的戶籍管理常規（民戶當差、站戶當站、軍戶當軍、匠戶當匠）不相符合。

其三，元政府對斡脫商業的態度具有兩面性：一方面，斡脫商人受託於蒙古權貴，爲元朝皇室、諸王、后妃效力，斡脫商業也成爲他們剝削中原漢地人民的一種重要方式，因此，斡脫一直受到官方的保護，並享有許多特權。另一方面，諸王附馬串通斡脫爲其營利，斡脫在他們的庇護下肆無忌憚地搜括百姓，也直接損害了大元帝國的國家利益，元政府因此也出臺了諸多限制斡脫商業的法律規定。元朝皇帝及行政中樞中書省，作爲國家整體利益的總代表，從總體上說，其對斡脫政策的傾向性是限制多於鼓勵、打擊多於保護，甚至一度還曾禁止行運斡脫。元政府對斡脫商業的這種消極的限制的態度，是與對其他官營商業的態度格格不入的。反過來說，如果斡脫眞是官營的，爲政府帶來可觀的商業利潤，政府的態度肯定不是限制或打擊，而是加強規範和管理。

其四、元代文獻中有許多官爲代還、代借斡脫錢的記載。如太宗十二年（1240）因王珍建議，官償西域賈人銀八十錠、逋糧五萬斛；〔註166〕同年，中書令耶律楚材建言官銀代還羊羔息，汗庭出銀七萬六千錠。〔註167〕這件事，在《史集》中也有記載：「漢地有一座城大名府的居民訴苦說：『我們有八千巴里失的債，這就將是〔我們〕貧困的原因，因爲債主催〔還〕。如果能降旨讓我們簽訂一個和緩的協議，我們就可逐漸償付而不致於最後破產。』合罕說：『迫使債主們簽訂的協議將造成他們的損失，對這件事置之不理，將引起臣民叛亂。最好由國庫全部償付吧。』」〔註168〕同時，也不乏官員代表官方代借斡脫錢的記載。如王揮所提及的「自乙未（太宗七年）版籍後，政煩賦重，急於星火。以民蕭條，捽不易辦，有司貸賈胡子錢代輸」；柯邵忞所指出的「時官吏多借西域賈人銀以所負，息累數倍，至沒其妻子猶不足

〔註166〕宋濂等，《元史》卷一百五十一《王珍傳》，第3261頁。
〔註167〕《國朝文類》卷五十七，《中書令耶律公神道碑》，《四部叢刊》本。
〔註168〕〔波斯〕拉施特：《史集》第一卷第二分冊，余大鈞、周建奇譯，北京：商務印書館，1983年版，第118頁。

償」；《元典章‧斡脫錢爲民者倚閣》所記載的「隨路官員人等，欠少錢債。照得先帝聖旨：如有爲民借了，雖寫作自己文契，仰照截端的，爲差發支使有備細文憑，亦在倚閣之數」。這些官方代爲還錢、借錢的記載，從一個側面進一步證實，當時的斡脫錢實非官錢，而是蒙古諸王、貴妃們的私房錢。

綜合上面的分析，元代斡脫商業的官營性是值得懷疑的，認爲斡脫商業全部是官營的自然是錯誤的，那種認爲斡脫商業有一部分是官營性質的也是沒有史料依據的。但爲何有如此多的學者在斡脫商業的產權問題上混淆不清？究其原因，大略歸納爲以下幾點：

第一，在大蒙古國時期，曾經有國庫資金投入斡脫商業運營。在成吉思汗時期，韃主的個人財產與「國庫」資金合一，成吉思汗的個人「國庫」參與斡脫商業運營是不可否認的。如成吉思汗曾經邀請馬合木‧花剌子迷、阿里‧火者‧不花里及玉速甫‧堅客‧訛答剌里三個回回商人作爲自己的「斡脫」和使者出使花剌子模。〔註169〕到太宗窩闊台時期，可汗個人的財產與國庫財產已經分離，但國庫資金仍然在行運斡脫以求厚利。據《史集》、《世界征服者史》等史料記載，當時那些聲稱「要當斡脫，領巴里失去謀利」的人，都可以在蒙古汗庭領取大筆經商的資本。如「有來自不花剌附近之察兒黑 Chargh 之一阿里『A1id 名察兒黑之阿里』A1id of Chargh 者，自國庫接受一筆巴里失經商。及付還之期，被云已經還清。彼等索其收據，彼則云已交合罕本人。」〔註170〕還有一名斡脫在汗庭領到五百巴里失的資本，不久他回來說錢已用盡，要求再領一筆錢。窩闊台又給了他五百巴里失。不到一年，那人仍是兩手空空地回來領錢。當他第三次返回時，必闍赤們斥責他揮霍浪費，窩闊台卻不以爲然，再一次交給他同樣數目的巴里失。〔註171〕這些文獻資料表明，在大蒙古汗國時期確實有政府投資經營的官本性質的斡脫商業，但這種政策是否延續到入元之後，何時終止不得而知。

第二，在中國古代歷史上，國有資本與官僚資本往往容易混淆不清。特別是在分封制下，諸侯的就是國家的，「天子適諸侯，升自阼階，諸侯納管

〔註169〕〔波斯〕拉施特：《史集》第一卷第二分冊，余大鈞、周建奇譯，北京：商務印書館，1983 年版，第 258～259 頁。

〔註170〕〔波斯〕剌失德丁：《史集》第二卷《成吉思汗的繼承者》，周良霄譯注，天津：天津古籍出版社，1992 年版，第 115 頁。

〔註171〕〔伊朗〕志費尼：《世界征服者史》，何高濟譯，翁獨健校訂，呼和浩特：內蒙古人民出版社，1980 年版，第 249 頁。

鍵，執策而聽命，示莫爲主也」。〔註172〕元代諸王、附馬、后妃都是分封的投下主，在中原傳統文化裏，他們的財產自然就是國家財產的一部分。因此，元代史料經常將國有資本即政府財產與官僚資本即投下財產不加區分，統稱爲「官錢」。如徐元瑞認爲斡脫就是轉運「官錢」；再如，《元典章》（禁）追斡脫錢擾民，明明是札忽兒眞妃子、念木烈大王位下等投下的斡脫錢，元廷規定則是：「今後凡有投下追徵斡脫官錢。」〔註173〕在如此正式的法律文書中，元廷仍然將投下錢與「官錢」混爲一談。

第三，元代皇帝擁有巨額的個人財產，皇帝個人資本投入到了斡脫商業領域。如至元十七年十一月，元朝「置泉府司，掌領御位下及皇太子、皇太后、諸王出納金銀事」。〔註174〕這裡「御位下」的金銀即是世祖忽必烈的個人資本。皇帝個人財產容易與黃金家族共有財產相混淆，皇帝個人資本容易與國有資本相混淆，皇帝個人資本運營活動容易被誤解爲政府行爲。

第四，元廷先後設有斡脫總管府、泉府司、斡脫所等斡脫商業管理機構，但容易被誤解爲官營斡脫商業的營運機構。不能認爲西方國家有銀行業監督委員會及銀監局，就認爲商業銀行是官營的。

第五，元代斡脫商人的特權及官方背影，引人誤解。如元廷規定：「今後凡有投下追徵斡脫官錢，開坐欠少戶計、村莊、姓名、數目，具呈都省轉諮行省，行下拘該官同徵理，官民兩便。」〔註175〕追徵斡脫錢都是由政府官員負責，可見官方介入之深。

總之，元代斡脫資本主要來源於諸王、附馬、后妃等私營資本。元代政府資本是否投入斡脫商業運營，在筆者研究中沒有發現可靠證據，而將官僚個人資本混淆爲國有資本的可能性是存在的。

四、官營對外貿易的法律規制

元朝地域廣闊，文化多元，對外交流的觀念開放，是我國歷史上對外貿易大發展的重要時期，無論是海運貿易還是陸路貿易，無論是貿易規模還是貿易所達地域，都遠遠超過了唐宋。在理財觀念的驅使之下，爲獲得豐厚的

〔註172〕《鹽鐵論》，哈爾濱：黑龍江人民出版社，2004年版，第26頁。
〔註173〕《元典章》卷二十七，《戶部十三·錢債·追斡脫錢擾民》，第1080頁。
〔註174〕宋濂等，《元史》卷十一《世祖八》，北京：中華書局校點本，1976年版，第221頁。
〔註175〕《元典章》卷二十七，《戶部十三·錢債·追斡脫錢擾民》，第1080頁。

海外貿易利潤及滿足統治階級對海外奢侈品的需要，元政府不僅利用政府公權利強制徵收對外貿易關稅、市舶抽分，而且直接動用政府資本組織大規模的對外貿易經營。其經營形式多樣，主要有榷場互市貿易、「官本船」貿易、使臣貿易。爲規範其管理，元政府頒佈了許多法令，現考析如下：

（一）榷場互市貿易的法律規制

互市是中國歷史上中央王朝與外國或異族之間貿易的通稱。早在秦漢時期就已經開始在邊境與相鄰國家進行貨物交換，當時即稱之爲「互市」。有時出於國防及經濟利益的考慮，法律規定互市只許在官府定點設置的互市場所及政府官員互市監的監督下進行。這種官府定點設置的互市場所就稱之爲「榷場」，而「榷場」中進行的物物貿易即榷場互市貿易。

榷場互市一般是在相互具有敵意的國家之間進行，兩國貿易關係介於自由貿易與禁止貿易之間，因此法律對此種貿易規制十分嚴格。元人編撰《金史》時指出：「榷場，與敵國互市之所也，皆設場官，嚴厲禁，廣屋宇，以通兩國之貨。」〔註176〕元初，國家未曾一統，元政府先後與南宋、高麗、吐蕃等政權都有榷場互市貿易往來。

元初榷場互市，事關國家國防利益，其開設批准權直接歸於中央和皇帝本人。如中統二年秋七月「巴思答兒乞於高麗鴨綠江西立互市，從之」；次年即中統三年春正月「庚午，罷高麗互市。諸王塔察兒請置鐵冶，從之；請立互市，不從」。再如，中統三年，「中書省奏與宋互市，庶止私商，及復通民之陷於宋者，且峴漣、海二州，不允。」〔註177〕可見地方政府及各諸侯王均無開設榷場之權，甚至元代中央政府中書省開設榷場的決議都由皇帝本人批准和否決。

爲了維護榷場的貿易秩序和邊境安全，榷場往往設置在軍隊之中，以利於軍隊把守巡邏。如「中統元年置互市於漣水軍，禁私商不得越境，犯者死」；「秋七月立互市於潁州、漣水、光化軍。」〔註178〕榷場的互市監官員也經常由軍官兼任。如中統四年，以禮部尚書馬月合乃兼領潁州、光化互市，「詔以本職兼領已括戶三千，興煽鐵冶，其蒙古、漢軍並聽節制。」〔註179〕再如至

〔註176〕脫脫等：《金史》卷五十《食貨五》，北京：中華書局校點本，1975年版，第三階段2234頁。

〔註177〕宋濂等，《元史》卷四《世祖一》、卷五《世祖二》，第57、81頁。

〔註178〕宋濂等，《元史》卷四《世祖一》，第57頁。

〔註179〕宋濂等，《元史》卷一百三十四《月合乃傳》，第3245頁。

元十年春，「以忙古帶等新舊軍一萬一千五百人戍建都。立建都寧遠都護府，兼領互市監。」〔註180〕榷場互市貿易完全在官方機構互市監及軍隊的監控之下進行。據《元史》記載，仁宗延祐四年，王克敬往四明監倭人互市，「先是，往監者懼外夷情叵測，必嚴兵自衛，如待大敵。克敬至，悉去之，撫以恩意，皆帖然無敢猾。」〔註181〕日本與元政權相隔千里海濤，互市監官員監督倭人互市仍然「如待大敵」，如是與南宋、吐蕃等互市，政府監督無疑會更為謹慎嚴格。

在加強榷場互市貿易控制監督的同時，為達到政府壟斷對外貿易市場的目標，元廷還反覆下令嚴禁民間私自貿易。中統元年四月，世祖忽必烈在首置榷場與宋互市時，就下令「禁私商不得越境，犯者死」。中統二年五月，又重申沿邊軍民越境私商之禁，特別是與國家安全攸關的商品如馬匹，更是在禁私之列，「申嚴越境私商，販馬匹者罪死」。〔註182〕至元元年元廷又再次「申嚴持軍器、販馬、越境私商之禁」。為規範打擊私商，增強防範私商的效果，元廷還規定：「隨路私商曾入南界者，首實免罪充軍」；「諸越界私商及諜人與偽造鈔者，送京師審核。」〔註183〕對於南宋私商越境貿易，法律也有規定的處置措施，世祖曾多次寬宥他們。如史載中統二年八月，「宋私商七十五人入宿州，議置於法，詔宥之，還其貨，聽榷場貿易」；〔註184〕再如至元元年五月，「釋宋私商五十七人，給糧遣歸其國。」〔註185〕

榷場的貿易形式有兩種：一是由商販運貨物赴榷場，官為作價與他國商人貿易，政府收取關稅；二是政府直接參與買賣，由政府搬運貨物或直接撥給本錢到榷場進行貿易。在元初，以官營榷場互市為主，其中最為知名的是中統四年，月合乃主持的以農器與南宋進行的糧食貿易。「四年，南邊不靖，月合乃建言光、穎等處立榷場，歲可得鐵一百三萬七千餘斤，鑄農器二十萬事，用易粟四萬石輸官，不惟官民兩便，因可以鎮服南方。」〔註186〕此處的榷場即互市場所，南方即南宋。由於蒙古族本身產馬，加上西藏、青海、甘肅等地均屬元代版圖，馬源十分充沛，元代沒有沿襲唐宋以來的茶馬互市貿

〔註180〕宋濂等，《元史》卷八《世祖五》，第147頁。
〔註181〕宋濂等，《元史》卷一百八十四《王克敬傳》，第4232頁。
〔註182〕宋濂等，《元史》卷四《世祖一》，第57頁。
〔註183〕宋濂等，《元史》卷六《世祖三》，第105頁。
〔註184〕宋濂等，《元史》卷四《世祖一》，第57頁。
〔註185〕宋濂等，《元史》卷六《世祖三》，第105頁。
〔註186〕宋濂等，《元史》卷一百三十四《月合乃傳》，第3245頁。

易，但元朝與少數民族之間的互市，仍有茶馬互市貿易的痕跡。如中統二年，張庭瑞任官四川，「官買蜀茶，增價鬻於羌，人以爲患。（張）庭瑞更變引法，使每引納二緡，而付文券與民，聽其自市於羌，羌、蜀便之。」〔註187〕元廷還曾在至元十四年夏四月，「置権場於碉門、黎州，與吐蕃貿易。」〔註188〕這可能是漢藏茶馬互市的某種延續。

元代統一南方之後，官營権場互市貿易法律制度逐漸退出元朝對外貿易制度主流地位。因此，元代官方法律文件中對官營権場互市制度記載幾乎爲零，有關這方面的正式法律制度規定更沒有可資考證的系統記錄，本文只是在此作一簡單略述。

（二）官本船貿易的法律規制

官本船貿易制度是至元二十二年盧世榮經濟法制改革的產物之一，它結合中原禁権制度和蒙古權貴與西域商人斡脫商業的貿易模式，是元朝官營海外貿易的一大創舉。根據《元史》的記載，〔註189〕其制大略包括以下幾方面內容：

其一，設市舶都轉運司於杭、泉二州，作爲官營官本船海外貿易的經營管理機構。

其二，政府出資具船給本，選人入蕃，貿易諸貨。這種官商合辦的海外貿易制度，明顯借鑒了斡脫商業的經營模式，具有斡脫商業的基本性質。制度初創之時，「盧市舶司的勾當係官錢裏一十萬定要了，他著海舡裏交做買賣行。」〔註190〕這表明盧世榮十分重視，親自從係官錢中撥付十萬定中統鈔，交付海商經營。

其三，官本船貿易所獲利潤，以十分爲率，官取其七，商有其三。這是官本船貿易的利潤分配制度，海運貿易利潤大部分爲政府所得，從而抑制了權勢海商勢力，也是官本船制度難以久行的根本原因。

其四，禁止私自泛海。凡權勢力之家，皆不得用己錢入蕃爲貨，犯者罪之，仍籍其家產之半。這明顯具有禁権制度的特徵，其目的在於政府專利，排擠權豪勢要佔有海商利益。

〔註187〕宋濂等，《元史》卷一百六十七《張庭珍傳》，第3923頁。
〔註188〕宋濂等，《元史》卷九《世祖六》，第175頁。
〔註189〕宋濂等，《元史》卷二百〇五，《姦臣盧世榮傳》，第4564頁；卷九十四《食貨二》，第2402頁。
〔註190〕《元典章》卷二十二《戶部八·市舶·合併市舶轉運司》，第979頁。

　　其五，收買民間海貨，禁止藏匿海貨。拘其先所蓄寶貨，官買之；匿者，許告，沒其財，半給告者。這是貫徹禁権制度的輔助措施，使民間海貨盡絕，所謂利出一孔，政府獨佔海貨利益。

　　至元二十二年四月，盧世榮改革失敗，被廢處死。同年八月，「罷禁海商」，〔註191〕允許民間商人出海貿易。至元二十三年三月，合併市舶轉運司聖旨中明確規定：「近眾官人每老的每等官司做買賣的罷了，百姓做買賣的每市舶的勾當做者，依著在先先體例裏要課程抽分者。」〔註192〕元代官本船海運貿易制度自此告一段落。

　　此後，元政府官本船海運貿易雖未消亡，但其制度卻有很大變化。成宗元貞二年（1296），「禁海商以細貨於馬八兒、唄喃、梵答刺亦納三蕃國交易，別出鈔五萬錠，令沙不丁等議規運之法。」唄喃即俱藍，又作故臨，與梵答刺亦納二國均在印度半島西岸，馬八兒則在半島南部。這次禁令似是對民間商人前往印度半島的貿易加以限制，不許購買「細貨」，只許購買「粗貨」，並未禁止民間海運貿易。從令沙不丁等議規運之法的記載來看，當時應是官本船貿易與民間海運貿易並行。成宗大德七年，「以禁商下海罷之」。〔註193〕說明此前申嚴了禁海之令，此時又予以廢除。

　　仁宗延祐元年（1314），權臣鐵木迭兒為右丞相，上奏：「往時富民，往諸蕃商販，率獲百利，商者益眾，中國物輕，蕃貨反重。今請以江浙右丞曹立領其事，發舟十綱，給牒以往，歸則徵稅如制；私往者，沒其貨。」〔註194〕仁宗批准了奏議，但與盧世榮所實施的官本船制度有明顯不同。「延祐元年，復立市舶提舉司，仍禁人下蕃，官自發船貿易，回帆之日，細物十分抽二，粗物十五分抽二。」〔註195〕雖禁私商下海，但以徵稅取代「官商七三」利潤分成。元代市舶抽分，一般「其貨以十分取一，粗者十五分取一」，此時翻了一倍。由此推測，仁宗延祐元年實施的市舶互市法律制度應該是一種「行政許可壟斷制」，官方並不實際出資，只是憑著政府權力禁私而壟斷「承包許可」，徵收「承包許可」稅。其原因可能是官方出本海外貿易，往往因用人不善經營不良致使血本無歸，同時也可避免海貿風險。然而，「承包制」官本船

〔註191〕宋濂等，《元史》卷十三《世祖十》，第 263 頁。
〔註192〕《元典章》卷二十二《戶部八・市舶・合併市舶轉運司》，第 979 頁。
〔註193〕宋濂等，《元史》卷九十四《食貨二》，第 2402 頁。
〔註194〕宋濂等，《元史》卷二百〇五，《姦臣鐵木迭兒傳》，第 4578 頁。
〔註195〕宋濂等，《元史》卷九十四《食貨二》，第 2402 頁。

貿易容易導致承包者非法追求短期利益，延祐七年，英宗下令「罷市舶司，禁賈人下番」，理由是「以下蕃之人將絲銀細物易於外國，又並提舉司罷之。」這裡的「賈人」、「下蕃之人」應是指官本船貿易承包者，禁止他們下蕃，官方又開始直接投資經營官本船貿易。但第二年即英宗至治二年，「復立泉州、慶元、廣東三提舉司，申嚴市舶之禁」，可能又回到官本船貿易承包制。至治三年，「聽海商貿易，歸徵其稅」，官本船貿易自此在元政府終結。

元代官本船海運貿易法律制度廢立不常，其規制也十分靈活，以盧世榮時期最為完善和嚴格，此後出現了官本船與私商貿易並行和「行政許可壟斷承包制」，都是在充分考慮權勢海商的外貿利益基礎上實行的官營海外貿易制度，充分反映了元政府依賴權貴富商的政權本質。

（三）使臣貿易的法律規制

使臣貿易是中國傳統外交制度的重要組成部分，也是元代官營對外貿易的重要組織形式。馬克斯·韋伯曾稱東方的使臣貿易為饋贈貿易，並指出：「在古代東方，政治當局在彼此不處於戰爭狀態時，就靠饋贈往來來維持。……在這裡自由饋贈本來是個原則。由於這方面的背信棄義時有發生而漸漸導致彼此之間的禮尚往來，因而從饋贈貿易之中發展出以準確數字為基礎的真正貿易了。」〔註196〕這與元廷使臣貿易基本一致，「島夷朝貢，不過利於互市賜予」，〔註197〕「（使臣）奉朝旨，飛舶浮海與外夷互市，是有利於遠物也」。〔註198〕有元一代，政府積極拓展，與許多國家建立了程度不等的外交聯繫，使臣往來十分頻繁。從使臣貿易的角度看，主要存在兩種貿易形式：一是各國遣使向元廷朝貢，一是元廷派人前往他國購物。

元代蒙古統治者崇尚武力，又十分重視商業貿易，憑藉著雄厚的政治軍事實力，在與他國進行的使臣貿易中經常處於強勢地位，牢牢把握著使臣貿易國際法律規則制定的主導權。在元廷統治者看來，使臣貿易要麼是屬國表示臣服，中央王朝享有宗主權的重要內容，要麼是兩國外交關係良好的體現。對於藩屬國，使臣貿易通常也稱為貢使貿易，具有強制性。例如，世祖中統三年九月就曾降詔於安南：「卿既委質為臣，其自中統四年為始，每三

〔註196〕〔德〕馬克斯·韋伯：《經濟通史》，姚曾廙譯，韋森校訂，上海三聯書店，2006年版，第124頁。

〔註197〕《文獻通考》卷331，《四裔考八·千陀利》。

〔註198〕吳萊：《淵穎集》卷五《論委》，四庫全書本，臺灣商務印書館1986年影印版，第1209冊，第86頁。

年一貢，可選儒士、醫人及通陰陽卜筮、諸色人匠各三人，及蘇合油、光香、金、銀、硃砂、沉香、檀香、犀角、玳瑁、珍珠、象牙、綿、白磁盞等物同至。」〔註199〕這樣的詔令明顯具有國內法的色彩。如果違抗詔令，元廷將視之為犯罪。如太宗五年，窩闊台就曾下詔高麗王令其悔過來朝，並數其五罪，五罪之首即為「自平契丹賊、殺札剌之後，未嘗遣一介赴闕，罪一也。」〔註200〕

至於非藩屬國，兩國外交關係較為平等，但使臣貿易作為外交關係良好的體現，仍然是不可缺少的。在這種情況下，蒙古統治者更關注的是自己派遣的商業使團的貿易自由和貿易利益保護。早在成吉思汗時期，成吉思汗就曾組織四百五十個「斡脫」商業使團帶著希望自由貿易的國書出使花剌子模，後因訛答剌城的「海兒汗」殺害並掠奪了使團，釀成了中世紀最大的使臣貿易復仇戰爭。〔註201〕至元二十九年二月，世祖忽必烈派兵二萬、發舟千艘出征爪哇，也是因為使臣的原因，「朝廷初與爪哇通使往來交好，後刺詔使孟右丞之面，以此進討」。〔註202〕

元代和以前中原歷代王朝一樣，對於來「貢」者，都要「回賜」其金銀、玉帶、金繒、藥餌、鞍轡等物。為了體現和炫耀「上國」的尊嚴和富足，元廷給予來「貢」者的「回賜」一般都要高於「貢」物的價值。時人稱之為「厚往薄來」。〔註203〕根據《史集》的記載，太宗曾經命令，「不論數額如何，均可增百分之十付與」。〔註204〕入元之後，對於「呈獻物貨」，「回賜」也有一定議價制度。如「賽因怯列木丁，英宗時嘗獻寶貨於昭獻元聖太后，議給價鈔十二萬錠，故相拜住奏酬七萬錠」。〔註205〕這是「回賜」議價的具體案例。

為規範使臣貿易的國內管理，保障使臣貿易的順利進行，防範貿易使臣的不法行為，元廷先後出臺了一系列國內法，以加強對使臣貿易的法律規制，現將其歸納如下：

〔註199〕宋濂等，《元史》卷二百九《外夷二》，第4635頁。

〔註200〕宋濂等，《元史》卷二百八《外夷一》，第4609頁。

〔註201〕〔伊朗〕志費尼：《世界征服者史》上冊，何高濟譯，翁獨健校訂，呼和浩特：內蒙古人民出版社，1980年版，第93頁。

〔註202〕宋濂等，《元史》卷二百一十《外夷三》，第4665頁。

〔註203〕胡祗遹：《紫山大全集》卷7《八蠻來朝詩》。

〔註204〕〔波斯〕剌失德丁：《史集》第二卷《成吉思汗的繼承者》，周良霄譯注，天津：天津古籍出版社，1992年版，第111頁。

〔註205〕宋濂等，《元史》卷三十五《文宗紀四》，第773頁。

第一，禁止氾濫差派下海使臣，嚴格使臣派遣程序。元廷規定海外貿易使團的派遣由中書省提議，皇帝欽差，並發給代表身份的差箚文憑。延祐元年針對「下蕃使臣在前託以採取藥材，根買希罕寶貨，巧取名分，徒費廩給」的下海使臣氾濫情況，明確規定：「今後並行禁止；果有必合遣使者，從中書省聞奏差遣，其餘諸衙門近待人等不得干預。朝廷若有宣索諸物，責令順便番船綱首博易納官。」〔註206〕此後，泰定改元詔書又重申：「奇珍異貨，朕所不貴，諸人獻，已嘗禁止。下海使臣指稱根尋希罕寶物，冒支官錢，私相博易，屈節番邦，深沾國體，亦仰住罷，所給聖旨、牌面盡數拘收。」〔註207〕

第二，完善使臣分例制度，保障使臣往來。為給使臣貿易提供優質的後勤保障服務，元廷賦予來往使臣很大的權利，沿途站赤和地方政府必須向他們提供充足的衣食、鋪馬、站船，措辦出海船隻，徵發遞運腳力。為此，元廷制定的使臣分例制度十分周詳，其規制的內容也十分具體。

其一，為徵發驛馬、領取分例，使臣必須隨身攜帶差箚文憑以表明其身份。如元貞二年江西行省請示中書省：「廣東地面接連海外諸番，時復出使人員稱係朝廷差遣，元起鋪馬聖旨箚付，於福建泉州上船時分繳納。所引人員稱係諸番貢獻諸物，赴省索要冬夏衣裝、鋪馬、分例、遞運腳力。即係動支官錢，不見此等人員定例，又無所賫差箚文憑，難辯真偽，伏慮未應，諮請定奪回示。」中書省明確規定：「出使人員元賫鋪馬聖旨既於上船處繳納到官，合令所在官司出給明白執照，回日行省以憑照用，所引諸番人員，如有進呈之物，即同顯驗，若無詐偽，所索衣裝腳力等從行省斟酌照例應副。」〔註208〕

其二，根據使臣的不同身份及出海遠近，法律規定其享有不同的分例標準。元代使臣一般分為正使臣和隨從人員。根據大德二年及皇慶元年的法律文書記載，當時有「正使臣並從人不分間將來有」；「不分正從，一概作正，濫取分例」的濫給文憑現象，於是元廷規定：「咱每這裡（中書省）分間了正從人數」；「正從分例差箚上開寫」。〔註209〕下海使臣在航海途中需要的糧食物資，「舊制遠使預支二年分例，近者一歲」，後來則「不分遠近，例求二

〔註206〕《大元通制條格》卷第十八，《關市‧市舶》，郭成偉點校，北京：法律出版社，2000年版，第239頁。

〔註207〕《永樂大典》卷19425《成憲綱要‧驛站》，臺灣：中華書局，1960年影印本，第16頁。

〔註208〕《元典章》卷十六《户部二‧分例‧出使衣裝分例》，第600頁。

〔註209〕《元典章》卷十六《户部二‧分例‧下海使臣正從分例事》《正從分例差箚上開寫出》，第600、603頁。

年之給」，再遠者則支三年之分例。〔註210〕當時出使的蒙古人最主要的出海糧食是羊肉，由於使臣喜歡北羊肉，而不愛吃南方的山羊肉，「應付下番使臣往回三週年分例，各官不要山羊，只要北羊」，但「北羊既非南地所出」，因而元廷特別出臺了「下番使臣山羊分例」法律制度，規定出使人員只應付山羊肉。〔註211〕

其三，限制使臣人員在驛站宿住的時間長短。由於使臣在驛站好吃好喝，有的使臣在驛站閒住七八個月，甚至一二年，給地方政府帶來了很大的財政負擔。「差將下海去的使臣每，未到入去的時分早來有，比及時分到呵，騎小鋪馬吃祗應閒住七八個月」；「過往人員並西番大法師到府停住數月，取要分例」。針對這種情況，地方政府要求「禁約」，「斟酌合入去的時分相近教來呵」，省明白規定「斟酌時月教去呵」，「禁約施行」。〔註212〕

其四，使臣人員必須驛站住宿，不得擾民。早在中統二年忽必烈就曾下旨：「往來使臣城子裏沒勾當的，休入去；如有勾當入城去的使臣，仰於蓋下的使臣館驛內安下者，官員民戶每的房子裏休得安下。」並且規定：「如違治罪」。〔註213〕後來又相繼規定「使臣不得騎馬入酒肆」，「使臣不得索要妓女」，「使臣不得毆打站官」，「使臣故意於沿路宿頓或村下取要飲食馬匹草料，百姓人等並不得應付」，〔註214〕其目的在於禁止使臣擾民。

第三，禁止夾帶私貨及以進呈物貨為名，偷漏市舶抽分。至元三十年《市舶則法二十三條》中明確規定：「使臣並大小官吏軍民人等，因公往海外諸番勾當，皆是官司措辦氣力舡隻前去，卻有因而做買賣之人，今後回舡之時，應有市舶物貨並仰於市舶司照例抽分納官。如有進呈希罕貴細之物，亦仰經由市舶司見數泉府司具呈行省，行省開坐移諮中書省聞奏，仍仰今後應有過番使臣卻不得以進呈物貨為名，隱瞞抽分，如違並以漏舶治罪，物貨沒官。」〔註215〕延祐元年復立市舶司時又重申：「番國遣使賫執禮物赴闕朝見，仰具所賫物色報本處市舶司秤盤檢驗，別無夾帶，開申行省。如隱藏不報，或夾帶

〔註210〕《永樂大典》卷19419《驛站四》，臺灣：中華書局，1960年影印本，第13頁。
〔註211〕《元典章》卷十六《戶部二・分例・下番使臣山羊分例》，第602頁。
〔註212〕《元典章》卷十六《戶部二・分例・下海使臣正從分例事》《使臣宿住日期分例》，第600～601頁。
〔註213〕《元典章》卷三十六《兵部三・站驛・使臣驛內安下》，第1351頁。
〔註214〕《元典章》卷三十六《兵部三・站驛・使臣》，第1351～1362頁。
〔註215〕《元典章》卷二十二《戶部八・市舶・市舶則法二十三條》，第947頁。

他人物貨不與抽分者，並以漏舶論罪斷沒，仍於沒官物內壹半付告人充賞。」
〔註216〕

第四，限制和禁止貢獻、「中寶」。由於回賜豐厚，元代海外商人紛紛以貢使之名，借機積極「進貢」寶物，成宗大德四年（1300年）十二月，中書省的一件法律文書中規定：「海裏做買賣的人每，將著寶貨等物，指稱呈獻物貨，旱路裏騎鋪馬，物貨於百姓處起夫擔遠，到水路裏站船運將來。到這裏呵，依著時價要錢。又有這裏用不著的粗重物貨，沿路站赤百姓生受。今後可以呈獻希罕物貨有呵，交沙不丁分揀了，斟酌與鋪馬來者。」〔註217〕可見當時「進貢」之盛，元廷也不得不作出限制。更有甚者，是武宗至大四年，寶合丁、乞兒八答私買所盜內府寶帶，轉入中官，導致仁宗在即位詔書中規定：「諸人中寶，蠹耗國財，……今後諸人毋得似前中獻，其札蠻等所受管領中寶聖旨亦仰追收。」〔註218〕

元代的使臣貿易十分興旺，但由於「貢物」與「回賜」並不等價，且元統治者酷愛「希罕寶貨」，往往不惜一擲千金，白白徒費國財，對國計民生和社會經濟實無益處。儘管元廷曾數度下令禁止「貢獻」和「下海使臣尋寶」，但這些禁令既未動搖使臣貿易的根基，也未改變蒙元統治者對寶貨的喜愛，形同具文而已。

〔註216〕《大元通制條格》卷第十八，《關市・市舶》，郭成偉點校，北京：法律出版社，2000年版，第244頁。
〔註217〕《永樂大典》卷19425《成憲綱要・驛站》，臺灣：中華書局，1960年影印本，第16頁。
〔註218〕《元典章》卷二，《聖政・止貢獻》，北京：中國廣播電視出版社，影印元刊本，1998年版，第62頁。

第五章　元代官營工商業法律制度評析

第一節　官營工商業法律制度的千古利弊之爭

　　中國古代官營工商業法律制度有著深厚的歷史文化底蘊。它起源於西周「工商食官」之制，後經齊之管仲、秦之商鞅、漢之桑弘羊、唐之劉宴、宋之王安石，延續至元朝，制度歷備，內容代豐，可謂綿延數千年而不絕。管仲因之相桓公而霸諸侯，商鞅因之助秦王而開帝業，桑弘羊專鹽鐵、榷酒沽、立均輸平準之制，武帝因之而卻匈奴於千里之外，其歷史功效也可謂彪炳史冊。然而，言利而害義，富國而傷民，溢上而損下，官營工商業制度也飽受非議。漢昭帝始元六年（公元前 81 年），召開鹽鐵會議，以賢良文學爲一方，以御史大夫桑弘羊爲另一方，圍繞鹽鐵專營、酒類專賣和平準均輸等經濟政策，展開激烈辯論，桓寬將會議內容整理爲《鹽鐵論》一書。雖然官營工商業制度的利弊未有定論，千古之爭不絕於史，但後世之爭難出其右。鹽鐵之爭，博大精深，筆者不才，願試析之。

一、官營工商業法律制度的政治經濟學基礎

　　官營工商業制度利弊之爭，並不是純粹的經濟學之爭，也不是單一的經濟制度之爭，更不可能用一種數學模式將其得失予以計算。它首先是一種政治哲學、一種政治倫理之爭。探討官營工商業經濟制度，不得不提到法家的政治哲學。

　　法家是繼儒、墨之後，在中國古代現實政治中具有巨大影響的一種功利

主義政治哲學流派。他們認為：「上古競於道德，中世逐於智謀，當今爭於氣力。」〔註1〕「氣力」的具體體現則是富國強兵，所謂「兵起而勝敵，按兵而國富者，王」。〔註2〕然而，要實現富國強兵，必須要做到民為君用，百姓肯為君主耕戰。於是他們對民眾的本性進行了分析，認為民眾的本性是功利的，「趨利而避害」、「惡勞而好佚」，〔註3〕「饑而求食，勞而求快，苦則求樂，辱則求榮，生則計利，死則慮名。」〔註4〕因此，在政治上，他們主張以「權勢」制臣，以「刑賞」服民。強調「擅權」、「重勢」，所謂「萬乘之主，千乘之君，所以制天下而征諸侯者，以其威勢也」；「主所以尊者，權也」；〔註5〕強調「任法」、「重刑」，他們的法不是今天制約政府權力保障人民權利的法，實際上是君主驅民的「二柄」，所謂「二柄者，刑德也」，「何謂刑德？曰殺戮之謂刑，慶賞之謂德。」〔註6〕綜而述之，其基本政治理念就是君主利用統治權，以刑賞二柄驅使、利誘民眾耕戰，達到國富兵強的目的。

正是基於上述政治哲學，他們在經濟上主張以「權」制「利」，以「法」積「財」，實際上就是運用國家公權力干預、控制國民經濟，在發展經濟的同時為君主斂財。其大要有三：

一曰弱民富國。弱民是手段，富國是目的，他們認為「民弱國強，民強國弱，故有道之國，務在弱民」。弱民就是使農無餘食，商無淫利，官則必用。「農有餘食，則薄燕於歲；商有淫利，有美好傷器；官設而不用，志行為卒。」〔註7〕他們強調：「王者，國不蓄力，家不積粟。國不蓄力，下用也；家不積粟，上藏也。」〔註8〕就是說國家不需要供養戰力、功力，只要下面的民力為國所用即可；而民眾則不得積蓄糧食財產，上繳國庫收藏則是。

二曰數民任地，通貨積財。就是國家採取多種形式和措施，大力發展農、工、商業，增加國家財政收入，為君主斂財，所謂「外設百倍之利，收山澤

〔註1〕 《韓非子今注今譯》，邵增樺注譯，臺北：臺灣商務印書館，民國七十年版，第 28 頁。

〔註2〕 《商君書今注今譯》，賀凌虛注譯，臺北：臺灣商務印書館，民國六十一年版，第 44 頁。

〔註3〕 《韓非子‧心度》。

〔註4〕 《商君書‧說民》。

〔註5〕 《韓非子‧人主》。

〔註6〕 《韓非子‧二柄》。

〔註7〕 《商君書‧弱民》。

〔註8〕 《商君書‧說民》。

之稅，國富民強，器械完飾，蓄積有餘」。〔註9〕在發展農業生產上，管仲提出「相地而衰徵」，即根據土質好壞、產量高低徵收農業稅；商鞅提出「數民任地」，即計算土地與人口，使土地與人口相匹配，做到「盡地力」，並且主張管制糧食貿易，提高國家糧食收購價格。在發展工商業上，管仲提出「官山海」、「通貨積財」、「徼山海之業」；商鞅也主張國家獨佔山澤之利，實行鹽鐵專賣。〔註10〕

　　三曰輕重其民。即國家要「通輕重之權」，「民有餘則輕之，故人君斂之以輕；民不足則重之，故人君散之以重，凡輕重斂散之以時，則準平。」〔註11〕實際上就是統治階級利用公權利控制民眾的私有財產，決定私人財產的多寡，「治國之舉，貴令貧者富，富者貧。貧者富，富者貧，國強」。〔註12〕

　　由是觀之，官營工商業法律制度在中國古代社會的建立和發展，不是孤立的，而是契合法家政治倫理、經濟思想的必然選擇。它的建立有著深厚的中國古典政治經濟學基礎，其制度意義不可簡而言之。

二、官營工商業法律制度的主要功利價值

　　官營工商業法律制度深受法家政治哲學的影響，其基本價值取向是功利主義。漢昭帝始元六年（公元前 81 年），官營工商業制度遭到以儒家為代表的賢良文學堅決反對，他們要求罷鹽鐵、酒榷、均輸，為此御史大夫桑弘羊與之展開了激烈辯論，直陳官營工商業法律制度的功利價值。現將其主要論點歸結如下：

　　（一）發展官營工商業經濟，有利於打擊地方豪強和地方分裂政治勢力，維護國家政治穩定和統一。官營工商業法律制度的功利價值首先體現在其政治意義上，「令意總一鹽、鐵，非獨為利入也」，〔註13〕官營工商業仍是國家政治集權和制民的經濟基礎，所謂「今山澤之財，均輸之藏，所以御輕重而役諸侯也」。〔註14〕桑弘羊繼承了商鞅的弱民思想，認為「家強而不制，

〔註9〕　《鹽鐵論・非鞅》，哈爾濱：黑龍江人民出版社，2004 年版，第 35 頁。

〔註10〕曾代偉：《中國經濟法制史綱》，成都：成都科技大學出版社，1994 年版，第 12、17 頁。

〔註11〕《漢書・食貨志》。

〔註12〕《商君書・說民》。

〔註13〕《鹽鐵論・復古》，哈爾濱：黑龍江人民出版社，2004 年版，第 30 頁。

〔註14〕《鹽鐵論・力耕》。

枝大而折幹」；〔註15〕「民大富，則不可以祿使也；大強，則不可以罰威也」。
〔註16〕然而，鹽鐵仍是國之大利，山海仍是貨之寶源，而且「鼓鑄煮鹽，其
勢必深居幽谷，而人民所罕至。姦猾交通山海之際，恐生大奸」，因此「人
君統而守之則強，不禁則亡」。〔註17〕

　　為說明上述觀點，桑弘羊還例舉了許多實例來論證不發展官營工商業經
濟的政治危害。「異時，鹽鐵未籠，布衣有朐邴，人君有吳王，皆鹽鐵初議
也。吳王專山澤之饒，薄賦其民，賑贍窮乏，以成私威。私威積而逆節之心
作。」〔註18〕「齊以其腸胃予人，……（田氏）以專巨海之富而擅魚鹽之利
也。勢足以使眾，恩足以恤下，是以齊國內倍而外附。權移於臣，政墜於家，
公室卑而田宗強，轉轂遊海者蓋三千乘，失之於本而末不可救。」〔註19〕因
此，他十分肯定官營鹽鐵的政治意義，稱其為「令意所禁微，有司之慮亦遠
矣」。〔註20〕

　　（二）發展官營工商業經濟，有利於增加國家財政收入，充實國庫，保
障國家強兵、振災等職能的實現。官營工商業法律制度的首要經濟意義在於
其增加財政收入，充實府庫，所以歷史上很多官營工商業法律制度改革都是
緣於國家財政困難，是從理財開始的。漢武大帝發展官營工商業經濟也是有
此緣由，「先帝哀邊人之久患，苦為虜所繫獲也，故修障塞，飭烽燧，屯戍
以備之。邊用度不足，故興鹽、鐵，設酒榷，置均輸，蓄貨長財，以佐助邊
費」。〔註21〕而桑弘羊堅持鹽鐵官營，發展官營工商業經濟，也是希望繼武
帝未竟之業，繼續用兵匈奴，廓清宇內，所謂「有司思師望之計，遂先帝之
業，志在絕胡、貉，擒單于，故未遑扣扃之義，而錄拘儒之論」。〔註22〕昭
帝「罷郡國榷沽、關內鐵官」之後，在明知大舉掃清匈奴已不可為的情況下，
桑弘羊仍然與賢良文學議「今欲以小舉擊之，何如？」〔註23〕希望得到他們
的政治支持。

〔註15〕《鹽鐵論‧刺權》。
〔註16〕《鹽鐵論‧錯幣》。
〔註17〕《鹽鐵論‧刺權》。
〔註18〕《鹽鐵論‧錯幣》。
〔註19〕《鹽鐵論‧刺權》。
〔註20〕《鹽鐵論‧刺權》。
〔註21〕《鹽鐵論‧本議》。
〔註22〕《鹽鐵論‧復古》。
〔註23〕《鹽鐵論‧擊之》。

除對外禦敵需要大量的財政支持外，振濟災民也是國家的一項重要職能。桑弘羊指出：「往者財用不足，戰士或不得祿，而山東被災，齊、趙大饑，賴均輸之畜，倉廩之積，戰士以奉，饑民以賑。故均輸之物，府庫之財，非所以賈萬民而專奉兵師之用，亦所以賑困乏而備水旱之災也。」〔註24〕

至於爲何選擇官營工商業經營增加財政收入，而不是直接增加民眾稅賦負擔？這是因爲通過官營工商業，尤其是鹽鐵專賣斂財具有隱蔽性。「是以徵敵伐國，攘地斥境，不賦百姓而師以贍。故利用不竭而民不知，地盡西河而民不苦。鹽、鐵之利，所以佐百姓之急，足軍旅之費，務蓄積以備乏絕，所給甚眾，有益於國，無害於人。」〔註25〕這也是桑弘羊主張本末並重的主要原因，因爲不僅農業稅賦可以增加國家財政收入，官營工商業增加財政收入更隱蔽、更易於爲民眾接受。因此，他強調：「賢聖治家非一寶，富國非一道」；「富國何必用本農，足民何必井田也？」〔註26〕「富在術數，不在勞身；利在勢居，不在力耕也」。〔註27〕

（三）發展官營工商業經濟，有利於國家控制和干預國民經濟，穩定物價，促進經濟迅速發展。官營工商業是國家控制和干預國民經濟的重要手段，也是國家繁榮經濟的一支重要力量。在貨幣經濟不甚發展的中國古代封建社會，國家宏觀調控國民經濟的手段十分有限，官營工商業由政府直接控制和經營，爲國家行政干預經濟提供了有效途徑，「故鹽、鐵、均輸，所以通委財而調緩急」。〔註28〕尤其是國家儲備制度，「豐年歲登，則儲積以備乏絕；凶年惡歲，則行幣物；流有餘而調不足也」，〔註29〕對農業經濟的健康穩定發展十分有利。由此，桑弘羊專門解釋了均輸、平準制度的調控經濟職能，「往者，郡國諸侯各以其方物貢輸，往來煩雜，物多苦惡，或不償其費。故郡國置輸官以相給運，而便遠方之貢，故曰均輸。開委府於京師，以籠貨物。賤即買，貴則賣。是以縣官不失實，商賈無所貿利，故曰平準。平準則民不失職，均輸則民齊勞逸。故平準、均輸，所以平萬物而便百姓，非開利孔而爲民罪梯者也。」〔註30〕

〔註24〕《鹽鐵論・力耕》。
〔註25〕《鹽鐵論・非鞅》。
〔註26〕《鹽鐵論・力耕》。
〔註27〕《鹽鐵論・通有》。
〔註28〕《鹽鐵論・本議》。
〔註29〕《鹽鐵論・力耕》。
〔註30〕《鹽鐵論・本議》。

官營工商業經濟，作爲封建經濟的重要組成部分，不僅關係到國計民生，同時也是國家經濟繁榮的重要支柱。桑弘羊引用管子的話說：「國有沃野之饒而民不足於食者，器械不備也。有山海之貨而民不足於財者，商工不備也。」「故工不出，則農用乏；商不出，則寶貨絕。農用乏，則穀不殖；寶貨絕，則財用匱。」因此，「先帝建鐵官以贍農用，開均輸以足民財；鹽、鐵、均輸，萬民所載仰而取給者，罷之，不便也。」〔註31〕

（四）發展官營工商業經濟，有利於斂有餘而散不足，抑制兼併，避免貧富懸殊不均。人有智愚之別，民有強弱之分，自由經濟的一個最大缺陷是強者恆強，而弱者無立錐之地。「交幣通施，民事不及，物有所併也。計本量委，民有饑者，穀有所藏也。智者有百人之功，愚者有不更本之事。人君不調，民有相萬之富也。此其所以或儲百年之餘，或不厭糟糠也。」由此導致的貧富不均和土地兼併之風也是封建經濟的一大痼疾。這也是法家發展官營經濟的一個重要理由，「故人主積其食，守其用，制其有餘。調其不足，禁溢羨，厄利塗，然後百姓可家給人足也。」〔註32〕所以桑弘羊痛斥文學高第：「今放民於權利，罷鹽鐵以資暴強，遂其貪心，眾邪群聚，私門成黨，則強禦日以不制，而併兼之徒奸形成也。」〔註33〕

三、官營工商業法律制度的主要流弊

官營工商業法律制度及法家的這套功利主義政治哲學，自其出現於世之日起就遭到了其他諸子各家的抨擊，其中尤以儒家爲甚。在西漢武帝建元元年（公元前141年），爲統一國家思想意識形態，新儒學的代表董仲舒提出：「《春秋》大一統者，天地之常經，古今之通誼也。……臣愚以爲諸不在六藝之科、孔子之術者，皆絕其道，勿使並進。」〔註34〕要求「罷黜百家，獨尊儒術」。建元六年（公元前135年），酷愛黃老之術的竇太后去世，武帝親政，即執行「絀黃老、刑名百家之言，延文學儒者」〔註35〕的政策。昭帝始元六年，詔議鹽鐵，此時儒學已經取得了「獨尊」的正統政治思想地位。以儒生爲代表的賢良文學，上承聖旨，下挾民意，對鹽鐵、酒榷、均輸等官營工商

〔註31〕 《鹽鐵論·本議》。
〔註32〕 《鹽鐵論·錯幣》。
〔註33〕 《鹽鐵論·禁耕》。
〔註34〕 《漢書》卷五十六《董仲舒傳》，第2523頁。
〔註35〕 《史記》卷一百二十一《儒林列傳》，第3118頁。

業法律制度展開了全面而又深入的批判。他們指陳其弊，訴說其害，要求政府予以廢罷。其主要觀點可以歸納爲以下幾個方面：

（一）在政治倫理方面，示民以利，危及教化

儒家主張「德」治，「禮」治，「導之以德，齊之以禮，有恥且格。」他們認爲德治、禮治的關鍵在於「教化」，在於通過「教化」提升人民的精神品質，使人民達到「仁」、「義」的精神境界，從而實現良好的社會政治秩序。從孟子的論述中我們也可以清楚地看出這一點，孟子說：「人之有道也，飽食暖衣，逸居而無教，則近於禽獸。聖人有憂之，使契爲司徒，教以人倫：父子有親，君臣有義，夫婦有別，長幼有序，朋友有信。」〔註36〕在儒家看來，「教化」是通過「莊以蒞之，動之以禮」〔註37〕來實現的。所謂「莊以蒞之」，就是統治階級以身作則，爲民表率。孔子反覆強調了以身作則的重要政治意義：「君子之德風，小人之德草，草上之風，必偃」；〔註38〕「政者，正也！子帥以正，孰敢不正？」〔註39〕「其身正，不令而行；其身不正，雖令不從」。〔註40〕

賢良文學對官營工商業法律制度的抨擊就是從這裡開始的。他們認爲在上者示民以利，在下者必然效而仿之，其結果必然危及教化，動搖統治階級的政治倫理根基。在辯論的開篇，他們就指出：「治人之道，防淫佚之原，廣道德之端，抑末利而開仁義，毋示以利，然後教化可興，而風俗可移也。今郡國有鹽、鐵、酒榷，均輸，與民爭利。散敦厚之樸，成貪鄙之化。」而民眾「散敦厚之樸，成貪鄙之化」的根本原因在於上行下效，「上好禮則民闇飾，上好貨則下死利」，〔註41〕「排困市井，防塞利門，而民猶爲非也，況上之爲利乎？《傳》曰：『諸侯好利則大夫鄙，大夫鄙則士貪，士貪則庶人盜。』」因此，官營工商業「是開利孔爲民罪梯也」。〔註42〕

與桑弘羊一樣，在賢良文學這幫儒生看來，官營工商業法律制度的問題首先是一個政治問題。那怕官營工商業在經濟上確有一些好處，只要它在政

〔註36〕《孟子・滕文公上》。
〔註37〕《論語・衛靈公》。
〔註38〕《論語・顏淵》。
〔註39〕《論語・顏淵》。
〔註40〕《論語・子路》。
〔註41〕《鹽鐵論・錯幣》。
〔註42〕《鹽鐵論・本議》。

治上有損於治道，也是不足取的。因此，他們認為推行官營工商業法律制度是「當時之權，一切之術也，不可以久行而傳世，此非明王所以君國子民之道也」。並且批駁桑弘羊是「守小節而遺大體，抱小利而忘大利」；〔註43〕「崇利而簡義，高力而尚功，非不廣壤進地也，然猶人之病水，益水而疾深，知其（指商鞅）為秦開帝業，不知其為秦致亡道也」。〔註44〕

（二）在分配制度方面，上溢下損，傷及民生

官營工商業法律制度，尤其是鹽鐵專賣制度，是政府利用公權力，壟斷自然資源，攫取公民財富的重要工具。所以眾儒生一開始就指出了「今郡國有鹽鐵、酒榷、均輸，與民爭利」〔註45〕「賈萬民」的實質。與萬民為賈的結果必然是國富則民貧，上溢則下損。「商鞅峭法長利，秦人不聊生，相與哭孝公。吳起長兵攻取，楚人搔動，相與泣悼王。其後楚日以危，秦日以弱。……今商鞅之冊任於內，吳起之兵用於外，行者勤於路，居者匱於室，老母號泣，怨女歎息。」〔註46〕儒生用歷史事實和現實寫照映證了官營工商業法律制度弱民、貧民、病民的流弊。

針對國家利用官營工商業法律制度巧取豪奪民財的隱蔽性，賢良文學指出：「昔文帝之時，無鹽、鐵之利而民富；今有之而百姓困乏，未見利之所利也，而見其害也。且利不從天來，不從地出，一取之民間，謂之百倍，此計之失者也。無異於愚人反裘而負薪，愛其毛，不知其皮盡也。」〔註47〕並認為：「自古及今，不施而得報，不勞而有功者，未之有也。」〔註48〕

針對法家「民弱則國強」的「弱民」政策，儒生作了針鋒相對的抨擊和論述。他們繼承了孔子「百姓足，君孰與不足乎？」的政治經濟思想，認為「民人藏於家，諸侯藏於國，天子藏於海內。」〔註49〕「天子不言多少，諸侯不言利害，大夫不言得喪。」〔註50〕主張「築城者先厚其基而後求其高，畜民者先厚其業而後求其贍」，〔註51〕先富之而後取之。在稅賦政策上，他們

〔註43〕《鹽鐵論・復古》。
〔註44〕《鹽鐵論・非鞅》。
〔註45〕《鹽鐵論・本議》。
〔註46〕《鹽鐵論・非鞅》。
〔註47〕《鹽鐵論・非鞅》。
〔註48〕《鹽鐵論・力耕》。
〔註49〕《鹽鐵論・錯幣》。
〔註50〕《鹽鐵論・本議》。
〔註51〕《鹽鐵論・未通》。

主張「上取有量，自養有度」，輕繇薄賦，「富在儉力趣時，不在歲司羽鳩」。
〔註52〕

（三）在資源配置方面，窮兵黷武，窮奢極欲

官營工商業法律制度為政府聚斂了大量經濟資源，但是在資源配置上，政府往往不能實事求是地考慮民生和經濟社會發展情況，一味窮兵黷武，並且還助長統治階級窮奢極欲之風，造成嚴重的資源浪費，阻礙了國民經濟再生產的順利進行，給國家經濟帶來了巨大損失。

在窮兵黷武方面，文學指出：「今廢道德而任兵革，興師而伐之，屯戍而備之，暴兵露師，以支久長，轉輸糧食無已，使邊境之士飢寒於外，百姓勞苦於內」；「昔秦常舉天下之力以事胡、越，竭天下之財以奉其用，然眾不能畢；而以百萬之師，為一夫之任，此天下共聞也。且數戰則民勞，久師則兵弊，此百姓所疾苦，而拘儒之所憂也。」顯然，國家長期對外用兵是漢武帝時期民貧國困的主要原因之一，因此文學主張：「立鹽鐵，始張利官以給之，非長策也。故以罷之為便也。」〔註53〕

在小農經濟時代，農民過著自耕自織的生活，當時的工商業，尤其是官營工商業，並不是為廣大農民服務，更主要的是為統治階級提供享受窮奢極欲生活的豪華奢侈品和財政保障。因此，《鹽鐵論》整篇貫穿了賢良文學「重本輕末」的經濟思想，他們認為「商不通無用之物，工不作無用之器」；「王者不珍無用以節其民，不愛奇貨以富其國」；「故理民之道，在於節用尚本，分土井田」。〔註54〕對當時的官營工商業所造成的巨大人力和物力資源浪費進行了無情揭露和批判，「今驒騱之用，不中牛馬之功，鼲貂旃罽，不益錦綈之實。美玉珊瑚出於崑山，珠璣犀象出於桂林，此距漢萬有餘里。計耕桑之功，資財之費，是一物而售百倍其價也，一揖而中萬鍾之粟也。」〔註55〕「女極纖微，工極技巧，雕素樸而尚珍怪，鑽山石而求金銀，……交萬里之財，曠日費功，無益於用。是以褐夫匹婦，勞罷力屈，而衣食不足也。」
〔註56〕

〔註52〕　《鹽鐵論・通有》。
〔註53〕　《鹽鐵論・本議》；《鹽鐵論・復古》。
〔註54〕　《鹽鐵論・力耕》。
〔註55〕　《鹽鐵論・力耕》。
〔註56〕　《鹽鐵論・通有》。

（四）在經營管理方面，貪官污吏，巧取豪奪

無論法律多麼周密，監督多麼嚴格，貪官污吏總是無孔不入，這是官有制經濟的一大久治不愈的通病。以漢代均輸、平準之制爲例，桑弘羊認爲「平準、均輸，所以平萬物而便百姓」，其立法目的不可謂不善。然而，法久行而弊生，文學指出；「古者之賦稅於民也，因其所工，不求所拙。農人納其獲，女工效其功。今釋其所有，責其所無。百姓賤賣貨物，以便上求。間者，郡國或令民作布絮，吏恣留難，與之爲市。吏之所入，非獨齊、阿之縑，蜀、漢之布也，亦民間之所爲耳。行奸賣平，農民重苦，女工再稅，未見輸之均也。縣官猥發，闔門擅市，則萬物並收。萬物並收，則物騰躍。騰躍，則商賈俟利。自市，則吏容奸。豪吏富商積貨儲物以待其急，輕賈奸吏收賤以取貴，未見準之平也。」〔註57〕貪官污吏在官營工商業的管理經營過程中巧取豪奪，硬生生地將均輸、平準之制弄得面目全非。

由於官營工商業經濟並不是自由市場經濟，而是壟斷專制經濟，官營工商業經濟的管理經營者，就是那些貪官污吏，他們手握國家公權力，「食湖池，管山海，鷁篿者不能與之爭澤，商賈不能與之爭利。」〔註58〕在巨大利益面前，他們往往濫用手中的職權，徇私舞弊，唯利是圖，「攘公法，申私利，跨山澤，擅官市」，〔註59〕中飽私囊，其結果必然導致社會不公，「公卿積億萬，大夫積千金，士積百金，利己並財以聚；百姓寒苦，流離於路」。〔註60〕難怪賢良文學指斥嘲諷：「權利深者，不在山海，在朝廷；一家害百家，在蕭牆，而不在胸邾」；〔註61〕「有司之慮遠，而權家之利近；令意所禁微，而僭奢之道著。」〔註62〕

（五）在經濟效益方面，質次價高，效率低下

經濟成本高，效率低下，生產的產品質次價高，也是官有制經濟的一大流弊。文學以鹽鐵爲例指出：「夫秦、楚、燕、齊，土力不同，剛柔異勢，巨小之用，居句之宜，黨殊俗易，各有所便。縣官籠而一之，則鐵器失其宜，而農民失其便。……故鹽冶之處，大傲皆依山川，近鐵炭，其勢咸遠而作劇。

〔註57〕《鹽鐵論·本議》。
〔註58〕《鹽鐵論·貧富》。
〔註59〕《鹽鐵論·刺權》。
〔註60〕《鹽鐵論·廣地》。
〔註61〕《鹽鐵論·禁耕》。
〔註62〕《鹽鐵論·刺權》。

郡中卒踐更者，多不勘，責取庸代。縣邑或以戶口賦鐵，而賤平其準。良家以道次發僦運鹽、鐵，煩費，百姓病苦之。」〔註63〕賢良也指出：「縣官鼓鑄鐵器，大抵多爲大器，務應員程，不給民用。民用鈍弊，割草不痛，是以農夫作劇，得獲者少，百姓苦之矣。」〔註64〕

為此，賢良還將私營與官營作了細緻的比較。「卒徒工匠！故民得占租鼓鑄、煮鹽之時，鹽與五穀同賈，器和利而中用。今縣官作鐵器，多苦惡，用費不省，卒徒煩而力作不盡。家人相一，父子戮力，各務爲善器，器不善者不集。農事急，挽運衍之阡陌之間。民相與市買，得以財貨五穀新幣易貨；或時貰民，不棄作業。置田器，各得所欲。更繇省約，縣官以徒復作，繕治道橋，諸發民便之。今總其原，壹其賈，器多堅韌善惡無所擇。吏數不在，器難得。家人不能多儲，多儲則鏅生。棄膏腴之日，遠市田器，則後良時。鹽、鐵賈貴，百姓不便。貧民或木耕手耨，土檷淡食。鐵官賣器不售或頗賦與民。卒徒作不中呈，時命助之。發徵無限，更繇以均劇，故百姓疾苦之。」〔註65〕官營、私營，其利害由此也可見一斑。

官營工商業法律制度之利弊，早在兩千多年的漢代，古人就有如此全面而又深邃的思考，筆者感觸良多，還是以桓寬的一段話來作小結吧。「余睹鹽、鐵之義，觀乎公卿、文學、賢良之論，意指殊路，各有所出，或上仁義，或務權利。異哉吾所聞。」〔註66〕

第二節　元代官營工商業法律制度的主要特徵

一個國家的法律必然與一個國家的政體及其原則相符合，一個國家政體的性質和特徵決定了一個國家法律的性質和特徵。元代是一個蒙古少數民族強勢統治中原漢地的朝代，其政權具有中原歷代封建王朝的一般屬性，也具有外夷民族殖民中原的特殊性質。因此，元代的官營工商業法律制度，受其特定的政治背景和經濟基礎的影響，不僅具有歷代官營工商業法律制度的一般特徵，而且還頗具個性。

〔註63〕《鹽鐵論·禁耕》。
〔註64〕《鹽鐵論·水旱》。
〔註65〕《鹽鐵論·水旱》。
〔註66〕《鹽鐵論·雜論》。

一、價值取向的功利性

元代官營工商業法律制度是建立在中原傳統功利主義政治經濟學的基礎之上，但它又受到蒙古統治者殖民主義的政治經濟思想的影響。蒙古統治者依靠武力征服中原，他們把中原被征服的漢民當作戰利品和戰俘奴隸，將自己通過政治特權攫取漢民經濟利益視為理所當然。如早期的蒙古貴族別迭等就提出過「漢人無補於國，可悉空其人以為牧地」〔註67〕的經濟主張。後雖經耶律楚材力辯，採取了「均定中原地稅、商稅、鹽、酒、鐵冶、山澤之利」的官營工商業經濟政策，但這種落後的政治經濟觀念並沒有因此改變。據《元史》記載：「中書省嘗令李留判者市油，桑哥自請得其錢市之，司徒和禮霍孫謂非汝所宜為，桑哥不服，至與相毆，且謂之曰：與其使漢人侵盜，曷若與僧寺及官府營利息乎？乃以油萬斤與之。桑哥後以所營息錢進，和禮霍孫曰：我初不悟此也。一日，桑哥在世祖前論和雇和買事，因語及此，世祖益喜，始有大任之意。」〔註68〕這或多或少反映了桑哥、和禮霍孫、甚至表面上尊重中原儒學的世祖忽必烈，他們為「官府營利息」的政治態度和民族歧視立場。

正是在這種落後的政治經濟思想支配下，他們對中原傳統文化不求甚解，將官營工商業法律制度完全當作攫取漢民經濟利益的政策工具，將國家之利與人民之利完全對立看待，唯國家利益是圖，很少顧及民間疾苦，也很少考慮經濟政策的可行性及百姓的經濟承受能力，使官營工商業法律制度的設立和運行完全脫離了中原傳統「民本」思想的制約。事實上，在元代各類官營工商業法律制度的設立和變革中，蒙古統治階級的既得利益保障總是立法和變法的前提條件，而增加他們經濟利益又成了立法和變法的首要目的。正如成宗大德七年（1303）鄭介夫的奏章所指出的，「今有陳言何地產玉出金，何處人家有奇珍異寶，則朝廷忻然從之，立見施行，謂其有以利吾國也；有陳言謂損朝廷一分之鈔，可謂民間十分之利，或無損於國而有益於民之事，則一切視同故紙，抑而不行，謂其無以利吾國也。」〔註69〕可見元代的官營工商業法律制度已經走到了國家功利主義的極限，它已經不再是以管仲、商鞅為代表的傳統法家功利主義經濟制度的簡單歷史傳承，而是蛻變成了蒙古

〔註67〕 宋濂等：《元史》卷一百四十六，《耶律楚材傳》，第3458頁。
〔註68〕 宋濂等：《元史》卷二百○五，《姦臣桑哥傳》，第4571頁。
〔註69〕 鄭介夫：《上奏一綱二十目》《元代奏議集錄》。

統治階級權貴以「國家利益」為幌子，謀取私利，剝削漢地民眾的幫兇。尤其是阿合馬、桑哥這些色目理財大臣當政時，「在他們的政治觀念和理財思想中，很大一部分淵源於早期游牧軍事貴族把被征服地區人民的生命財產和土地視為可供瓜分的戰利品的陳舊落後觀念。他們的所作所為因而具有更無節制的貪婪性和殘暴性，反映了元朝蒙古色目統治集團中最頑固保守的政治階層的利益和要求。」〔註70〕

對於元代官營工商業法律制度法律價值取向的這種非傳統差異性，元代儒臣士子一直是高度警惕並作出了激烈抨擊。元初，劉秉忠深受世祖忽必烈器重，他曾明確向世祖指出：「今言利者眾，非圖以利國害民，實欲殘民而自利也。」〔註71〕元代儒臣胡祗遹更是將這種非傳統差異性作了十分明白清晰的表達，他說：「古之聚斂之臣，財聚於上，民怨於下，猶使國家富強，帑藏充實。如秦之商鞅、漢之桑弘、唐之劉晏。今之聚斂之臣則不然，不規劃，不會計，不知生財之道，取財之方。不量民力之重輕，田力之厚薄，直挾朝廷之威，督責號令，白取於民。今年數百萬石，來歲加倍，來歲又加倍……」〔註72〕元代名士蘇天爵也慨歎：「古者山澤之利，蓋所以潤國而養民，後世聚斂之徒出，民始不勝其困矣……夫人臣嗜利以掊克，小人妄有所獻陳，皆足厲世以害民，當國者可不熟慮乎？向聞江南之民有鑿山披沙以取金充貢者，不足，又市他所，人孰恤其難也？……」〔註73〕

綜上所述，元代的官營工商業法律制度雖然淵源於管仲、商鞅一脈的傳統國家功利主義，但它在國家功利主義的道路上走得太遠，已經變成了唯國家利益至上主義。正是這種唯國家利益是圖的法律價值取向，反映了元蒙政權的本質和元代官營工商業法律制度的首要特徵。

二、產權基礎的家族性

產權問題是一切生產關係的核心問題，它決定了生產資料歸誰所有，產品如何分配。官營工商業經濟是中原歷代封建王朝官有制經濟或稱為公有制經濟的重要組成部分。一般來說，官營工商業的產權應該是歸國家所有，從

〔註70〕蕭功秦：「元代儒臣的反功利思潮」，《上海師範大學學報》，1994年第1期，第76頁。

〔註71〕宋濂等：《元史》卷一百五十七《劉秉忠傳》，第3688頁。

〔註72〕胡祗遹：《紫山大全集》卷二二，《論聚斂》。

〔註73〕蘇天爵：《滋溪文稿》卷二八，《跋金溪葛孝女贊》。

某種意義上說也是歸全民所有。當然，由於受「溥天之下，莫非王土；率土之賓，莫非王臣」的傳統君主主義文化影響，官營工商業產權也可以認為是歸皇帝所獨有。「古者，名山大澤不以封，為下之專利也。山海之利，廣澤之畜，天地之藏也，皆宜屬少府；陛下不私，以屬大司農，以佐助百姓」；〔註74〕「家人有寶器，尚函匣而藏之，況人主之山海乎？」〔註75〕《鹽鐵論》中這些對山海所有權的論述充分反映了官營工商業的主要生產資料——山海，本為「人主」「少府」所有，但「陛下不私」又改為「以屬大司農」，歸為官有、公有，而其產品分配原則在於「以佐助百姓」。

元代官營工商業法律制度雖然與唐宋舊制一脈相承，但由於受蒙古社會私有制與分封制草原文化的影響，其產權基礎與唐宋殊異。蒙古統治者一直將被征服地區的土地和人民當作共有的戰利品，將其視為可以瓜分共享的經濟資源，所謂的「國家財產」只不過是有待分享的「黃金家族」共有財產。蒙古貴族共同分享權力和財富一直是元政權統治中原的一項基本政治經濟原則，正如《世界征服者史》作者志費尼所指出的，「他們後來始終遵守這個原則：雖然形式上權力和帝國歸於一人，即歸於被推舉為汗的人，然而實際上所有兒子、孫子、叔伯，都分享權力和財富。」〔註76〕這一原則在延祐五年監察御史的一份正式法律文書中表述得更加直白：「太祖皇帝初起北方時節，哥叔弟兄每商量定：取天下了呵，各分地土，共享富貴。」〔註77〕因此，元代官營工商業，只是在經營管理法律制度上繼承了前代的管理模式和方法，而事實上因產權基礎不同，其代表的生產關係是一種完全與唐宋不同的生產關係。

這種產權差異最終體現在產品分配制度的差異上。歷代中原官營工商業法律制度在產品分配原則上都強調「斂有餘、散不足」，使「貧者富，富者貧」，通過官營工商業打擊和抑制豪強，擠佔富商大賈的工商業利益，將大官僚大地主大商人的部分剝削所得收歸朝廷，從而增強政府振災濟民的財政能力。元代的官營工商業法律制度，其目的根本不在打擊和抑制蒙古權貴，恰好相

〔註74〕 《鹽鐵論‧復古》。
〔註75〕 《鹽鐵論‧禁耕》。
〔註76〕 〔伊朗〕志費尼：《世界征服者史》上冊，何高濟譯，翁獨健校訂，呼和浩特：內蒙古人民出版社，1980年版，第45頁。
〔註77〕 《元典章》卷九，《吏部三‧官制‧投下‧改正投下達魯花赤》，中國廣播電視出版社，影印元刊本，第302頁。

反，它是蒙古權貴利用國家權利剝削人民的工具之一。這一點集中體現在元代的賜賚制度上，大量的官營工商業聚斂所得，被定期和臨時性地分配給蒙古王公勳貴統治集團，官營工商業成爲權貴們取之不盡、用之不竭的財富來源。有學者粗略統計，「從中統建元到至治二年止，共六十多年，賞賜、給共三百多次：元世祖在位三十五年，一百餘次；成宗在位十三年，近百次；武宗在位五年，三十多次；仁宗在位十年，五十多次；英宗在位三年，二十多次。」而賞賜的數額，據至元二十九年中書右承相完澤提供的數據，「年賞賜幾占全年所入的三分之一」。〔註78〕於此足見元廷賞賜是何等氾濫。

由於元廷的泛賞濫賜，封爵太盛，賜賚太隆，「遙授之官眾」，「泛賞之恩溥」，〔註79〕其結果必然導致入不敷出，聚斂未到，賞賜已出，國庫空竭。這樣反過來又促使朝廷不得不加強聚斂，提高官營工商業的剝削程度。如桑哥提議：「國家經費既廣，歲入恆不償所出，以往歲計之，不足者餘百萬錠……臣愚以爲鹽課每引今直中統鈔三十貫，宜增爲一錠；茶每引今直五貫，宜增爲十貫；酒醋稅課，江南宜增額十萬錠，內地五萬錠。」〔註80〕有時，爲應付賜賚，朝廷不得不殺雞取卵，至大元年預賣鹽引就是一例。至大元年二月中書省臣言：「陛下登極以來，賜賞諸王，恤軍力，賑百姓，及殊恩泛賜，帑藏空竭，豫賣鹽引。」〔註81〕

當然，元廷大肆賜賚宗族姻戚，並不是遵循什麼「親親之義」，而是建立在「黃金家族」共有財產權的「共享富貴」產品分配觀念的基礎之上。由於元代官營工商業產權基礎的家族性，官工商制度不但不能「斂有餘」而「散不足」，反而爲貧富懸殊和民族不平等推波助瀾，失去了中原歷代官營工商業法律制度原有的政治價值與經濟意義，成爲元朝短祚的原因之一。

三、各依本俗的差異性

「各依本俗」源起於唐律「化外人」治罪的刑罰原則：「諸化外人，同類自相犯者，各依本俗法。」〔註82〕「化外人」是指外國人而非本國的少數民族，因而唐律的「各依本俗」原則具有國際私法的性質。金朝對唐律的這一

〔註78〕 舒炳麟：「析元朝氾濫賜賚的痼疾」，《安徽大學學報》，1995年第3期，第65頁。
〔註79〕 宋濂等：《元史》卷二十三《武宗二》，第509頁。
〔註80〕 宋濂等，《元史》卷二百○五，《姦臣桑哥傳》，第4575頁。
〔註81〕 宋濂等：《元史》卷二十三《武宗二》，第509頁。
〔註82〕 長孫無忌：《唐律疏議》，劉俊文點校，北京：中華書局，1983年版，第133頁。

規定作了引申，使之成了一項國內法，「同類自相犯者，各從本俗法」，法律的適用對象不再限於「化外人」，而是適用於國內的「各有風俗，法制不同」的不同民族。元帝國治下民族眾多，不僅在民法、刑法領域沿用了金朝的這一法律原則，而且將「各依本俗」法律原則統領於「民族分治」的政治思想之下，「成吉思汗皇帝降生，日出到沒，盡收諸國，各依風俗」。〔註83〕因此，「各依本俗」不僅成了元代法治的基本指導思想，而且還是元統治者治國的根本方略。當時元人對此也有很深刻的認識，如成宗時楊恆上時務疏二十一事指出：「爲治之道，宜各從本俗」。〔註84〕正是基於「各依本俗」的治國之道，元代大漠南北與漢地的政治經濟制度有很大的差別，具體到官營工商業法律制度上，其差異性主要體現在以下三個方面：

其一，嶺北沿襲大汗國時期的自由工商業經濟政策。元代官營工商業法律制度的效力止於中原和江南漢地，而不適用於嶺北、大漠南北蒙古人居住處。大漠南北實行分封制，其土地和人民由諸王投下世襲領轄。諸王投下再自任官員，將土地和人民再行分封，「諸王規定千夫長的地方，千夫長規定百夫長的地方，百夫長規定十夫長的地方。」〔註85〕儘管元朝建立後對諸王投下的權利有一定的限制，但蒙古權貴在其封地始終享有較大的自治權，「凡諸王分地與所受湯沐邑，得自舉其人，以名聞朝廷，而後授其職。」〔註86〕在經濟制度上，漠北仍然沿襲大蒙古汗國時期的自由工商業經濟政策，適用於漢地郡縣制的官營工商業法律制度並不適宜在諸王封地上施行，而蒙古牧民所承擔的賦稅負擔主要是忽卜赤兒里（qubchir）即羊馬抽分。

在元代官營工商業法律制度中，食鹽禁榷專賣法律制度最爲重要，其適用範圍應當最爲廣泛，其執行也當最爲嚴格，然而，它竟然並未在嶺北蒙古民戶中一貫推行。韓儒林主編《中國大百科全書·中國歷史·元史》「謙謙州」詞條中指出：「謙謙州產鹽，劉好禮定例不榷鹽課，由領地所有者別吉大營盤以鹽爲課程抽分。」〔註87〕據《元史》記載，至元七年劉好禮遷益蘭

〔註83〕《元典章》卷五十七，《刑部十九·諸禁·禁宰殺·禁回回宰殺羊做速納》，第2024頁。

〔註84〕宋濂等：《元史》卷一百六十四《楊恆傳》，第3856頁。

〔註85〕〔英〕道森：《出使蒙古記》，呂浦譯，北京：中國社會科學出版社，1983年版，第26頁。

〔註86〕宋濂等：《元史》卷八十二《選舉二》，第2037頁。

〔註87〕韓儒林主編：《中國大百科全書·中國歷史·元史》，北京·上海：中國大百科全書出版社，1985年版，第78頁。

州等五部斷事官，以比古之都護，治益蘭。「或言榷鹽酒可以佐經費，好禮曰：『朝廷設官要荒，務以綏遠，寧欲奪其利耶！』言者慚服。」〔註88〕據此可知，不獨謙謙州不榷鹽課，劉好禮所領益蘭州等五部皆不榷鹽課也。謙謙州是蒙哥領地，當屬朝廷直屬，其子民當屬皇帝「大數目」裏的民戶，其不榷鹽課在漠北極具代表性，其他諸王投下領地有更大自治權，朝廷更不可能榷其課程。這一點在元代法典中也可以得到佐證，中統二年元廷規定：「達達民戶鹽場裏要鹽時分，各自斟酌吃多少呵要者，分外多要，隨處住各田地裏夾帶私鹽貨賣呵，依以前體例裏當按打奚罪過者。」〔註89〕由此可見，蒙古民戶可以到鹽場「要」鹽，只是不得多「要」貨賣，貨賣私鹽按「打奚罪」處罰，但達達民戶自食則並不違法，足見當時蒙古民戶中並未實行榷鹽之制。由於蒙古民戶沒有禁鹽，其鹽價比及漢地則肯定便宜，不法之徒從中漁利則是常有之事。當時漠北的鹽稱爲「疙疸（韃靼）鹽」，常被販及關內，因而侵損大都等地鹽課。至正二年七月，據河間運司申：「因古北口等處，把隘官及軍人不爲用心詰捕，大都路所屬有司，亦不奉公巡禁，致令諸人裝載疙疸鹽於街市賣之，或量以斗，或盛以盤，明相餽送。今紫荊關捕獲犯人張狡群等所載疙疸鹽，計一千六百餘斤。自至元六年三月迄今犯者，將及百起。若不申聞，恐年終課不如數，虛負其咎。」可見當時販運疙疸（韃靼）私鹽的瘋狂盛況。

其二，諸王投下擁有龐大的投下工商業。承襲大汗國自由工商業傳統，元代投下權貴十分重視經營工商業，其經營的工商業規模之大、範圍之廣頗可與官營工商業相媲病美。據《元史》記載，與皇室世代通婚的弘吉刺部特薛禪家族，其首領世襲王位，其王府「自王傅六人而下，其群屬有錢糧、人匠、鷹房、軍民、軍站、營田、稻田、煙粉千戶、總管、提舉等官，以署計者四十餘，以員計者七百餘，此可得而稽考者也。」〔註90〕由此可見，特薛禪家族的王府，其下統轄四十餘個經濟生產部門，各種官員達七百餘人，投下工商業經濟可見一斑。除北方的諸王外，在大都的皇室成員，如皇后、太子、甚至皇帝本人，其位下都有大量工商業經營機構。如皇后位下的中政院，其統領的器物製造、紡織、礦冶等工商業機構多達四十餘署。〔註91〕再如武

〔註88〕宋濂等：《元史》卷一百六十七《劉好禮傳》，第3925頁。

〔註89〕《元典章》卷二十二，《戶部八·課程·恢辦課程條畫》，第855頁。

〔註90〕宋濂等：《元史》卷一百一十八《特薛禪傳》，第2915頁。

〔註91〕宋濂等：《元史》卷八十八《百官四》，第2225頁。

宗即位，「以潛邸怯憐口民戶人匠無所統領，立管領隨路民匠打捕鷹房納帛總管府」，其下屬有二提舉司：一曰人匠，「以董工藝」；一曰納祿，「以治賦役」。〔註92〕

其三，諸王投下還經營部分禁榷工商業。投下經營的工商業還包括元廷禁榷專營的工商業。如「皇子安西王祚土關中，秦蜀夏隴悉歸控御……馳山澤之禁，罷官市之徵。」〔註93〕這表明安西王對轄區內的「官營」工商業完全有控制權和所有權，此時的「官營」工商業已經完全是其私產了。甚至轄區的製鹽業也是如此，至元九年，「有旨以解州鹽賦給（安西王）王府經費，歲久，積逋二十餘萬緡，有司追理，僅獲三之一，民已不堪。炳密啓王曰：「十年之逋，責償一日，其孰能堪！」結果安西王採納了他的意見，免除全部鹽課逋欠。〔註94〕為盡收山澤之利，投下貴族還設置了諸多專營禁榷工商業的機構。如皇后位下的中政院，其屬有「遼陽等處金銀鐵冶都舉司」、「金銀場提領所」、「西山煤窯場」、「寶昌庫」等專營機構。其中許多銀場都是元廷賞賜予之，如遼陽等處金銀鐵冶都舉司置於仁宗延祐三年，以提舉司所辦金銀鐵冶等課分納中書省與中政院；延祐七年，英宗「以其賦盡歸中宮」。〔註95〕釀酒業在諸王投下中經營十分普遍，他們經常將所釀之酒作為貢品向中央進貢。

總之，根據「各依本俗」的法治原則，漢地的官營工商業法律制度並不及於投下諸王，蒙古貴權們可以大肆興辦投下工商業獲取巨利。由於不同民族適用不同的法律這種不平等制度，給元朝歷史上有名的「四等人制」豐富了內容，也為官營工商業法律制度打擊地方豪強勢要的政治作用大打了折扣。

四、立法創制的務實性

至元八年十一月，元世祖忽必烈在建國號「大元」之際，下令廢止金《泰和律》。〔註96〕然而，自此之後，有元一代並未立法頒行一部系統的中國封建社會傳統法典形式的律令。這一法律現象引起了中外學者的廣為關注。究

〔註92〕 危素：《危太樸文續集》卷四，《翊正司題名記》。
〔註93〕 羅振玉編：《金石萃編未刻稿》卷上，《陝西學校儒生頌德之碑並序》。
〔註94〕 宋濂等：《元史》卷一百六十二《趙炳傳》，第3836頁。
〔註95〕 宋濂等：《元史》卷八十八《百官四》，第2225頁。
〔註96〕 宋濂等：《元史》卷七，《世祖四》，第127頁。

其原因，筆者以為：非不能也，實不為也。這是與元朝統治者立法指導思想
上的務實精神分不開的，他們需要的是大量切合時宜能夠解決實際問題的具
有實用價值的活法，而不是需要一部束之廟堂形同虛設的法典。在中原歷史
上，歷朝歷代雖擁有一部重如聖經的法典，但在具體適用時，則時與「春秋
決獄」，以「教」為「則」，以「禮」代「法」，棄法典而顧之禮義。以宋代現
存最完整的判案集《名公書判清明集》為例。據學者分析，全書引用過法律
條文的案例有 115 件，但嚴格依法判決的卻僅有 11 件。這 11 件是「列敘事實，
具引法條，最後由此判決」，其他的是引法律而不用所引法律判決，此外其他
案例根本就不引用法律條文，而是用禮教價值取向做出判決。〔註 97〕中原歷
代朝廷之所以重視這樣的法典，基本上是出於政治需要，而不是重視其中的
法律規範。元統治者強勢入主中原，事務繁簡不一，本來思想又比較保守，
豈肯固守亡國之制。元代名臣胡祗遹就曾指出：「……紛紜臨事，漫呼法官，
曰『視《泰和律》』，豈不謬哉！亡金之制，果可以服諸王貴族乎？果可以服
臺省貴官乎？果可以依恃此例斷大疑、決大政乎？」〔註 98〕所謂世異則事
異，事異則備變，這就是元統治階級不循求《開皇律》、《貞觀律》之類的法
典的根本原因。

　　元廷廢《泰和律》而不用，其目的是想根據時代的需要創制與前代舊律
有別的屬於自己的法典。元代大學者吳澄在論及此事時說得好，「蓋欲因時制
宜，自我作古也。」〔註 99〕因此，元代立法十分講究「因時制宜」「切時便民」
的務實原則。世祖在其登寶位詔中明確表述：「爰當臨御之始，宜新弘遠之規，
祖述變通，正在今日。務施實德，不尚虛文。雖承平未易遽臻，而饑渴所當
先務。略舉其切時便民者條列於後。」〔註 100〕大德年間，何榮祖受命「更定
律令」，成宗曰：「古今異宜，不必相沿，但取宜於今者。」〔註 101〕基於立法
上的務實精神，元廷立法的具體做法是議事以制，因事立法，簡單說，就是
有什麼事情需要解決，就制定什麼法律予以應對。因此，在法律淵源、法律
的表現形式上，元人「重例而輕律」，將過去的成律通稱為「舊例」。元代的
官營工商業法律體系的構建，大多也是因事立法的結果，其具體立法方式有

〔註 97〕胡興東：《元代民事法律制度研究》，第 244 頁。
〔註 98〕胡祗遹：《紫山大全集》卷一二，《又上宰相書》。
〔註 99〕吳澄：《吳文正集》卷一九。
〔註 100〕《元典章》卷一《詔令·皇帝登寶位詔》，第 2 頁。
〔註 101〕宋濂等，《元史》卷二十《成宗三》，第 430 頁。

以下幾種：

一是詔令、敕令，由皇帝宣喻處理某類事務的原則性命令。如「重民籍」、「均賦役」、「息徭役」等聖政詔書敕令。

二是條畫、條格，由中書省議制，皇帝欽定頒佈處理某類事務簡單但比較系統的一系列法律條文。如《戶口條畫》、《恢辦課程條畫》、《申明鹽課條畫》、《至元新格》等法律條文系列。

三是格例、則例，是下級政府機構及御史臺發現現行法律在運行實施過程中的弊病，向中書省申明情狀並提出糾改意見，由中書省作出立法決定，並奏請皇帝批准頒行。如「巡禁私鹽格例」、「工糧則例」、「鹽袋每引四百斤」等都屬此類。

四是令類，按孛朮魯翀的說法，它是「經緯乎格例之間，非外遠職守所急，亦匯輯之，名曰別類。」〔註102〕可見它實際上就是瑣碎的不重要的法例。

五是判例，是地方司法機關遇到無明確法律依據的疑難案件，「送檢法擬定，再行參詳有無情法相應，更爲酌古準今，擬定明白罪名」，〔註103〕然後再申部諸省，由都省作出裁量決定，成爲辦理同類案件的先例。元代法律規範中判例極多，如「良嫁官戶」、「景紹華等私鹽」、「犯界食餘鹽貨」等法律都是判例法。判例法是元代法律的主要表現形式之一，也是元代立法的一大特色。需要指出的是判例法是今天的法律淵源分類，元代法律無此類分類法，也不可將元代的「斷例」、「舊例」、「依例」與判例混爲一談。

六是法律纂編，就是纂集上述法制事例。如《大元通制》。與之類似的法律彙編，法律彙編不是立法活動，只是法律條文的收集整理。如《元典章》。

通過分析元代上述的立法指導思想、立法原則、立法過程及法律表現形式，足見元代立法因時制宜的務實性，許多法律制定都是因事而制，從下而上，從簡單到複雜，從零星到系統的創新過程。難怪蘇天爵爲《至元新格》作序時指出：「典章憲度，簡易明的，近世煩文苛法爲民病者，悉置而不用。……蓋昔者先王慎於任人，嚴於立法，議事以制，不專刑書。是以訟簡政平，海宇清謐，其皆以是爲則歟！」〔註104〕雖不免誇大其詞，但「議事以制，不專刑書」的評價甚妙。

〔註102〕孛朮魯翀：《大元通製序》，《國朝文類》卷三十六。
〔註103〕《元典章》卷四《朝綱一・庶務・體例酌古準今》，第123頁。
〔註104〕蘇天爵：《滋溪文稿》卷六，《至元新格序》。

五、役民方式的靈活性

元初，受戰俘奴隸制觀念影響，官營手工業經營形式比較單一，大多採取直接奴役制的經營模式。官營手工業勞動者雖是國家的編戶齊民，但係官匠戶、鹽戶、淘金戶等手工業生產戶計隸屬於官營手工業生產機構，在國家的強制力下勞動，世襲承擔法定的封建義務，對國家的人身依附性很強。儘管如此，被征服地區的手工業勞動者畢竟從驅口、怯憐口的奴隸制命運中解放出來，具有了一般民戶的同等法律身份，其作爲一般國民的人身權、財產權也在一定程度上受到了國家法律的保護。就是在這種直接奴役制的經營模式下，元廷的法律規制還是顯示了某些靈活性。如在確保完成國家工作任務定額的前提下，國家允許係官工匠、鹽戶等官營手工業生產戶計擁有自己的私產，並從事自己的生產活動，諸如生產屬於自己的手工業產品到市場上去銷售或購買土地從事農業生產。更有甚者，是國家允許他們雇傭手工業工人代替他們自己承擔法定的封建義務。如鄭介夫記載：「如抄紙、梳頭、作木雜色匠人，何嘗知會絡絲、打線等事，非係本色，只得雇工」；「於有稅戶內簽取人匠，除其稅徭，令雇匠當工。」〔註105〕再有《熬波圖》記載：「搬鹵入團煎燒，或用擔挑，或用鹵船搬載；開河通海者，富戶亦有雇募人夫開河者。」〔註106〕元人謝讓調河間等路都轉運鹽司經歷時，「先是，灶戶在軍籍者，悉除其名，以丁多寡爲額輸鹽，其後多雇舊戶代爲煮鹽，而雇錢甚薄。讓言：『軍戶既落籍爲民，當與舊灶戶均役，既令代役，豈宜復薄其庸，使重困乎？自今雇人，必厚與值，乃聽。』」〔註107〕這些記載表明無論是官營造作手工業還是課程手工業，當時都有雇工當役的現象存在。

隨著經濟效益的驅動和經營觀念的開放，元朝中後期官營工商業經營模式日益多樣，法律規制也日益靈活。在官營造作手工業方面，雖然係官工匠式經營生產仍是主體，但軍匠、罪犯、官奴、外國人以各種經營生產形式參與其中，尤其是民匠，以「差雇」及「和雇」的形式被「雇傭」成爲官營造作手工業的勞動者，其經營形式發生了本質的變化。在官營課程手工業方面，直接奴役制只是在製鹽業領域仍然占主導地位，其他如鐵冶、銀冶、淘金、釀酒等行業都出現了定額制和抽分制，製茶業也出現了門攤制度。抽分

〔註105〕《歷代名臣奏議》卷六十七，鄭介夫《治道·戶計》。
〔註106〕陳椿：《熬波圖》卷上。（日）吉田寅：《〈熬波圖〉的一考察》，劉淼譯，《鹽業史研究》，1995年第4期。
〔註107〕宋濂等，《元史》卷一百七十六《謝讓傳》，第4109頁。

制與現代的納稅制最爲接近，具有歷史的進步意義。在官營商業方面，僅食鹽官賣，就有行鹽法、食鹽法、常平鹽法，其體制之靈活由此可見一斑。由於經營觀念的日益開化，經營模式的日益多樣化，民間工商業力量有了更多的機會和渠道參與官營工商業的經營管理，爲民營工商業的發展提供了諸多機遇。

由於法律規制的日益靈活，難免造成官無常制、法無常式，引起官營工商業經營管理的混亂。許多官營工商業管理機構常常是時廢時立，許多官營工商業法律制度也是時張時馳。如冶鐵業，「大德元年（1297）十一月，中書省近爲各路係官鐵冶累年煽到鐵貨積垛數多，百姓工本煽爐雖是二八抽分，納官中間多不盡實。爲此，於元貞二年（1296）九月初八日奏准，革罷百姓自備工本爐冶，官爲興煽發賣。」〔註108〕其置時，以官府直接役使辦課；其廢時，自然是「聽民開採」。再如榷酒，元之榷沽，始於太宗，太宗庚寅年春（1230），「定諸路課稅，酒課驗實息十取一。」此是取十分之一的所得稅制。第二年辛卯（1231）即改爲專賣制：「立酒醋務坊場官，榷沽辦課。」至元十三年平定南宋，元廷在得知「隨處多有勢要之家設立酒庫，持勢少認辦到課額，恣意多造醋酒發賣，辦到息錢除認納定官錢外，餘上盡行入己。」認爲這是「侵佔官課」的行爲，規定「截日盡行罷去，止委總管府選差人員造酒，依例從實辦課。」〔註109〕至元十五年加強了私酒的懲罰力度，「做私酒來的爲頭的人殺者，家筵抄了呵！」制裁嚴極「殺者」之刑。至元二十一年十一月，盧世榮言：「京師富豪戶釀酒酤賣，價高味薄，且課不時輸，宜一切禁罷，官自酤賣。」〔註110〕這表明榷沽專賣之制已經糟到破壞。成宗大德七年規定：「釀造私酒速魯麻並葡萄酒犯人，七十七下，追中統鈔一百貫付告人充賞」。私酒之罰日緩，榷酤之制日馳，最終導致榷酤法實事上的廢止。「榷沽之法既已改革，酒醋課程普散於民」，延祐六年五月，元廷最終頒佈《私造酒麴依匿稅例科斷》的法令，完全廢除了榷沽制度。〔註111〕這些都是元代官營工商業法律制度變幻無常的證明。

〔註108〕《元典章》卷二十二，《戶部八・洞冶・鐵貨從長講究》，第970頁。
〔註109〕《元典章》卷二十二，《戶部八・課程・江南諸色課程》，中國廣播電視出版社，影印元刊本，第857頁。
〔註110〕宋濂等：《元史》卷二百〇五，《姦臣盧世榮傳》，第4565頁。
〔註111〕《元典章》卷二十二，《戶部八・酒課・禁治私造酒》，中國廣播電視出版社，影印元刊本，第935頁。

六、監督管理的無效性

　　現代法律經濟分析學派的鼻祖波斯納先生在他的著作《法律的經濟分析》一書中提到了組織生產的兩種方法：一是自由契約方法，一是雇主——雇員方法即企業方法，並對兩種方法進行了經濟分析與比較。第一種方法是企業家分別與甲、乙、丙訂立零部件供給契約、零部件裝配契約及產品銷售契約，其遇到的問題是交易成本很高的問題。第二種方法是，企業家雇傭一些人，在他的指導下完成上述的生產任務。顯然，第二種方法的本質是指導與被指導、管理與被管理、上級決策與下級服從的生產組織方法。波斯納指出：「企業方法，需要激勵、信息和通信成本。由於雇員並不因其生產產量而直接得到報酬，所以他就很少會有積極性使其成本最小化。由於雇員們並沒有對他們用於生產的各種資源進行投標，即不會尋求一種會表明最有價值用途的方法，所以企業中關於成本和價值的信息是模糊不清的；換句話說，貯藏在價格中的信息已不再為人所知。而且，由於企業的任務是由雇主的命令所指導，所以建立一種使一系列命令的上下通達失靈最小化的機制是必要的——而這種機制肯定是既昂貴而又不完善的。……通過企業組織經濟活動的方法要解決的是喪失控制問題。限制企業有效率規模的問題是控制問題，或有時它被稱作代理成本（agency cost，主要是取得其代理人誠實、有效履行的成本）問題。」〔註112〕事實上，官營工商業就是一個龐大的國家企業，政府是雇主，官吏、勞動者是雇員，它是企業組織生產方法在一國範圍內的複製和擴張。波斯納的分析是完全能適應官營工商業這種政府生產經營組織方式的，官營工商業法律制度的最大問題是控制問題，是代理成本問題，是代理人誠實、忠誠問題，而且建立一種使一系列命令的上下通達並確保上級決策科學、下級服從有效履行的監督管理機制是必要的——而這種監督管理機制肯定是既昂貴而又不完善的。打開中國官營工商業的歷史，其生產組織的問題、弊端無不在於此。元代官營工商業法律制度的監督管理這方面的問題更是十分嚴重，監督管理幾無效果。其具體體現在三個方面：

　　其一，貪污成風。歷代官營工商業管理經營者，「攘公法，申私利，跨山澤，擅官市」〔註113〕的現象都存在，但有元一代更為嚴重。由於元代官

〔註112〕〔美〕波斯納：《法律的經濟分析》（下），蔣兆康譯，林毅夫校，北京：中國
　　　　大百科全書出版社，1997年版，第514頁。
〔註113〕《鹽鐵論·刺權》。

營工商業是國家的錢袋子，其高級管理經營者大多是蒙古、色目人，他們憑藉自己在政治上和法律上享有的特權，往往飛揚跋扈，目無法紀，濫用手中的職權，徇私舞弊，中飽私囊。如阿合馬方用事，「置總庫於其家，以收四方之利，號曰和市。」〔註114〕至元八年，左丞相安童奏：「阿合馬、張惠，挾宰相權，為商賈，以網羅天下大利，厚毒黎民，困無所訴。」〔註115〕及阿合馬敗，敕中貴人及中書雜問，其子忽辛歷指宰執曰：「汝曾使我家錢物，何得問我？」（張）雄飛曰：「我曾受汝家錢物否？」曰：「惟公獨否。」「歷指」、「惟獨」兩詞已將諸宰執之贓暴露無遺。〔註116〕桑哥更是極貪，其敗亡時，世祖「命帥羽林三百人往籍其家，得珍寶如內藏之半。」〔註117〕其他高級管理經營者貪墨之事更是無以勝計。如兩淮運使納速剌丁與滅里一起，「盜取官民鈔一十三萬錠」；河間鹽運司轉運使張庸「獨盜官庫錢 3100 錠」；中書省平章政事法忽魯丁侵匿官錢 13 萬餘錠；大德三年，御史臺劾平章教化受財 3 萬餘錠，教化招供：平章的里不花領財賦時，盜鈔 30 萬錠；甘肅行省平章合散侵盜官錢 16 萬 3 千錠，鹽引 1 萬 45 千餘道。此類記載不絕於史。由於高級官吏類皆貪饕，「上下因循」，「並緣侵漁」，導致朝廷內外，「貪婪成風」，「貴者不以貪墨為辱，賤者競錐刀之利，恬然不以為怪，反以為當然」。〔註118〕

其二，盤剝嚴重。元代官營手工業勞動者是財富的創造者，也是封建義務的承擔者，他們處在社會最底層，不僅要承擔繁重的工作任務，接受封建國家的剝削，而且還是貪官污吏盤剝侵欺的對象。元政府唯國家利益是圖，利用國家公權利濫用民力，「常造」之外多有「橫造」，「常額」之外更有「餘額」。有些官員，刻下民、媚上司，妄添數額。如建昌路宋初本是撫州的一個屬縣，入元後升為路，其所屬狹小。奈何路官刻下媚上，「令建昌路安機一百張，每年造生熟緞匹二千二百五十段，而鄰近撫州路只安機二十五張。」朝廷知道此事後，其數也「遂不可減。」〔註119〕再如「徽素不產金，至元間山

〔註114〕宋濂等：《元史》卷一百六十八《何榮祖傳》，第 3954 頁。
〔註115〕宋濂等，《元史》卷二百○五，《姦臣阿合馬傳》，第 4560 頁。
〔註116〕宋濂等：《元史》卷一百六十三，《張雄飛傳》，第 3828 頁。
〔註117〕宋濂等：《元史》卷一百三十《轍里傳》，第 3162 頁
〔註118〕蒲道原：《閒居叢稿》卷九《鄉試三問》，文淵閣四庫全書，臺北：臺灣商務印書館影印，1986 年版。
〔註119〕程鉅夫：《雪樓集》卷一○，《奏議存稿‧民間利病》。

民淘澗谷得金如糠秕，校所取不酬勞事，尋已。獻利者罔上、病民，遂傳令，令歲入金以錠計五十有二」，當地百姓只得高價購買以應所求。〔註120〕

除國家政權剝削之外，更有一些貪官污吏，目無王法，利用手中職權，大肆侵欺剋扣，漁肉百姓。如有的局院「濫設局官三員，典史、司吏、庫子、祇候人等，各官吏又有老小及帶行人，一局之內，不下一二百人，並無俸給，止是捕風捉影，蠶食匠戶……衣糧又多為官司揩除」。〔註121〕再如「湖廣歲織幣上供，以省臣領工作，遣使買絲他郡，多為奸利，工官又為刻剝，故匠戶日貧，造幣益惡。」〔註122〕課程手工業也是如此，「雲南民歲輸金銀，近中慶城邑戶口，則詭稱逃亡，甸寨遠者，季秋則遣官領兵往征，人馬草糧，往返之費，歲以萬計；所差官必重賂省臣，乃得遣，徵收金銀之數，必十加二，而拆閱之數又如之；其送迎饋贈，亦如納官之數，所遣者又以銅雜銀中納官。」〔註123〕如此盤剝，民何以堪？

其三，效率低下。官營工商業經營，其生產者在強制下勞動，消極怠工，其管理者又多貪苛之徒，再加沒有規範的會計成本核算，沒有自由市場的充分競爭，其效率必然低下。早在太宗窩闊台時期，耶律楚材就指出：「工匠製造，糜費官物，十私八九。」〔註124〕如元代處州產蔗，每歲供應杭州砂糖局製糖原料。按說在無原料成本計入的情況下，官局砂糖的生產費用及價格應遠遠低於民間同類產品。但事實恰恰相反，其價格要遠遠高出民間有數十部之多。〔註125〕再以鐵冶業為例，元代名臣王惲在《論革罷撥戶興煽爐冶事》一文中曾算過一筆詳細的經濟賬，「今略舉綦陽並乙石烈、楊都事、高撒合所管四處鐵冶，見分管戶九千五百五十戶，驗每戶包鈔四兩計，該鈔七百六十四錠。今總黃青鐵二百四十七萬五千六百九十三斤半，價值不等，該鈔四百六十八錠二十三兩三錢三分半，比包鈔虧官二百九十五錠二十六兩六錢半」〔註126〕官營常平鹽也是如此。至正三年，大都設官賣鹽，置局十有五處。監察御史王思誠、侯思禮等算了一筆賬：「竊計官鹽二萬引，每引

〔註120〕鄭玉：《師上集》卷三，《頌葉縣丞平金課時估詩序》。

〔註121〕《歷代名臣奏議》卷六十七，鄭介夫《治道·戶計》。

〔註122〕宋濂等，《元史》卷一百二十，《察罕傳》，第3959頁。

〔註123〕宋濂等，《元史》卷一百七十六《劉正傳》，第4106頁。

〔註124〕〔明〕宋濂等，《元史》卷一百四十六，《耶律楚材傳》北京：中華書局校點本，1976年版，第3461頁。

〔註125〕楊禹：《山居夜話》。

〔註126〕王惲《秋澗集》卷八十九，《論革罷撥戶興煽爐冶事》。

腳價中統鈔七貫，總爲鈔三千錠，而十五局官典俸給，以一歲計之又五百七十六錠，其就支賃房之資，短腳之價，席草諸物，又在外焉。當時置局設官，但爲民食貴鹽，殊不料官賣之弊，反不如商販之賤，豈忍徒費國家，而使百物貴也。」〔註127〕

　　總之，從純粹經濟學分析來看，官營工商業的主要問題在於控制成本高昂。中國歷史上的歷代官營工商業都沒有很好地解決這個問題，元代更是如此。爲解決這個難題，所採取的措施可以分爲二類：一是不斷加強監督，監督再監督，無疑加大了控制成本，而事實上又無法根除管理不善的弊端。二是不斷變法，所謂法久則弊，通過不斷改變經營模式來避免痼疾，而要想取得實質性變法成果，則必然是日漸廢除官營，讓民營經濟力量參與和取代官營經濟，也就是說以更多的契約取代行政命令。

第三節　元代官營工商業法律制度評價

　　元代官營工商業基本上承繼了唐、宋之制，其經營規模有所擴大。但蒙古統治者挾迭興之武功君臨中原，在政治思想上深受落後的奴隸制觀念影響，將被征服地的人民當作可以任意奴役的戰俘，視人民的財產爲己物。爲維護自己的政治、經濟特權，他們採取公開的民族分治和民族不平等政策。在政治上過渡依賴蒙古權貴；在經濟上處處維護蒙古權貴的自由工商業特權，並將「黃金家族」政治權貴的一己私利等同於國家利益；在文化上對中原的傳統「民本」思想一知半解，甚至不屑一顧，常稱金、宋舊法爲亡國之制。正因爲如此，蒙古統治階級，一方面，將官營工商業法律制度當爲榨取人民超經濟利益的實用工具，只知取之於民，不知用之於民，急斂暴徵，歲司羽鳩；另一方面，他們窮兵黷武、窮奢極欲、泛賜濫賫，肆無忌憚地將聚斂而來的大量財富揮霍一空。概而言之，由於元代蒙古政權的這種「以蒙古權貴爲本」的貴族政權本質，致使元代的官營工商業法律制度挫其長而揚其短，有百害而難見其一利，將官營工商業法律制度的百般弊病暴露無遺。從元代推行官營工商業法律制度的最終社會效果上看，本文將其總結爲三點：

一、開疆定邦之功

　　「富國強兵」是歷代封建王朝大規模發展官營工商業經濟的最直接藉

〔註127〕宋濂等，《元史》卷九十七《食貨五》，第 2488 頁。

口，元代官營工商業法律制度的建立和發展也與之息息相關。耶律楚材草創官營工商業法律制度之時，蒙古貴族別迭等言：「漢人無補於國，可悉空其人以爲牧地」，而耶律楚材主張以官營工商業法律制度足可斂財的理由是：「陛下將南伐，軍需宜有所資，誠均定中原地稅、商稅、鹽、酒、鐵冶、山澤之利，歲可得銀五十萬兩、帛八萬匹、粟四十萬餘石，足以供給，何謂無補哉！」〔註128〕足見「軍需所資」是窩闊台接受漢法，創立鹽、鐵、酒等禁榷之制的直接原因。

世祖忽必烈在潛藩時，就十分重視官營工商業以給軍儲，他曾令李德輝「募民入粟綿竹，散錢幣，給鹽券爲直，……未期年而軍儲充羨，取蜀之本基於此矣。」〔註129〕世祖登基後，在中原的統治地位並不穩固，外有未戢之兵，內有不貳之臣。爲平定阿里不哥漠北之亂，忽必烈急需中原漢地的財力支持。王文統善於理財，世祖曾稱讚他「錢穀大計，慮無遺策」。這種「大計遺策」王文統稱之爲「差發辦而民不擾」，〔註130〕事實上這種「大計遺策」就是中原漢地自古有之的「利用不竭而民不知，地盡西河而民不苦」「不賦百姓而師以贍」〔註131〕的官營工商業經濟政策。忽必烈一方面依託漢地豐富的財力、物力，率師北征；另一方面切斷漢地對漠北的物資供應，使阿里不哥陷於窘境，迫使阿里不哥不得不向察合臺藩國求助，但察合臺汗阿魯忽拒絕提供物資，並扣留了使者。最終導致阿里不哥眾叛親離，勢窮力竭，向忽必烈投降。可見漠北之亂的最終平定，與王文統善於理財，奠定元代官營工商業法律制度是分不開的。自此而後，忽必烈平南宋、攻日本、征占城、侵安南、討緬國、入爪哇、敗葛郎，再加上與東北、西北叛王的戰爭，可以說是連年征戰。每當大軍調動出征，準備糧草器械，招募水手工匠，以及戰後撫恤傷亡軍人及其家屬等，都需要巨額戰爭經費支持，所以有人指出「……南圖江漢，西鎮川蜀，東撫高麗，而來日本，歲不下累萬計」，〔註132〕「軍旅一興，費糜鉅萬」。〔註133〕爲了開闢財源，增加朝廷的收入，以應付各種軍費開支，世祖在中央曾兩立尚書省，而尚書省的主要職責就是「以專財賦」，包括管理

〔註128〕宋濂等，《元史》卷一百四十六，《耶律楚材傳》第3458頁。

〔註129〕宋濂等，《元史》卷一百六十三《李德輝傳》，第3816頁。

〔註130〕〔明〕宋濂等，《元史》卷二百六《叛臣王文統傳》，第4594頁。

〔註131〕《鹽鐵論》卷七《非鞅》。

〔註132〕魏初：《青崖集》卷四，《奏議》。

〔註133〕宋濂等，《元史》卷一百七十三，《葉李傳》第4061頁。

和經營各類官營工商業；在地方，都轉運司——管理官營工商業的專門機構也是「比因軍興」成立的。至元十二年，阿合馬奏請：「比因軍興之後，減免編民徵稅，又罷轉運司官，令各路總管府兼領課程，以致國用不足。臣以為莫若驗戶數多寡，遠以就近，立都轉運司，量增舊額，選廉幹官分理其事。應公私鐵鼓鑄，官為局賣，仍禁諸人毋私造銅器。如此，則民力不屈，而國用充矣。乃奏立諸路轉運司，以亦必烈金……等為使。」〔註134〕

世祖之後，成宗罷日本、安南之征，戰爭逐漸減少，但巨額戰爭費用被巨額軍備費用所取代。據《元史》記載：大德元年（1297 年）六月，「給和林軍需鈔十萬錠」。三年四月，「賜和林軍鈔五十萬定，帛四十萬匹，糧二萬石」。五年七月，又給在漠北戍守的諸王出伯軍鈔四十萬錠。七年五月，「給和林軍鈔三十八萬錠」。至大四年時，「北邊軍需」居然高達「六七百萬錠」，占年度財政支出額的三分之一還多。英宗至治二年（1322 年），「嶺北戍卒貧乏，賜鈔三千二百五十萬貫（650000 錠），帛五十萬匹」。〔註135〕這還僅是嶺北一地的邊備費用，全國軍備費用之巨足見一斑。邊備軍費歷朝歷代都依賴於官營工商業的財政收入，有時甚至直接以鹽引付之。如大德四年，謝讓「遷河南行省左右司郎中。是時，江淮屯戍軍二十餘萬，親王分鎮揚州，皆以兩淮民稅給之。不足，則槽於湖廣、江西。是歲會計兩淮，僅少三十萬石，讓請以淮鹽三十萬引鬻之，收其價以給軍食，不勞遠運，公私便之。」〔註136〕除軍備費用，軍械器備也要靠官營手工業提供，武備寺和地方雜造局都有造作軍器的歲定之數。遇有特殊需要，還需「橫造」軍器。如天曆兵興（兩都之戰），呂思誠為景州葆縣尹，「豫貸鈔於富民，令下造軍器，事皆先集，民用不擾。於後得官價，亟以還民。」〔註137〕

元代官營工商業法律制度作為政府的「富國強兵」之策，為統治階級的窮兵黷武提供了堅實的物質基礎，實事求是地說，也的確為中原王朝的開疆定邦作出了歷史性的貢獻。元朝時，西藏正式歸中央政府管轄。元政府在中央設立總制院（後更名為宣政院），管理全國的佛教事務併兼管西藏地方的軍事和行政；在西藏設置烏斯、藏、納里速·古魯·孫三路宣慰使司都元帥

〔註134〕宋濂等，《元史》卷二百〇五，《姦臣阿合馬傳》，第 4560 頁。
〔註135〕宋濂等，《元史》卷十九、二十、二十一，《成宗二、三、四》；《元史》卷二十八《英宗二》。
〔註136〕宋濂等，《元史》卷一百七十六《謝讓傳》，第 4110 頁。
〔註137〕宋濂等，《元史》卷一百八十五《呂思誠傳》，第 4248 頁。

府，其下又分為 13 個萬戶，萬戶長以上的官吏由中央直接任命。西藏的政治制度和宗教制度，都由元政府規定。元政府對西藏地方政權的控制是十分有效的。雲南正式成為中央直接統轄的地區也始於元代。元政府在雲南設置了行省，其管理模式完全與中原一致，「置郡縣，署守令，行賦役，施教化，與中州等。」〔註 138〕元時，中央政府還在澎湖設立巡檢司，管轄澎湖與臺灣，隸屬福建行省。這是中國政府首次在臺灣地區正式行使行政權力。此外，元朝政府，在漠北蒙古和東北地區分別設立嶺北行省和遼陽行省，管轄蒙古故地和包括庫頁島在內的廣大東北地區；在西北地區設置甘肅行省，管轄範圍包括新疆地區和甘肅、寧夏等地。總之，元代疆域空前遼闊，官營工商業法律制度作為國家的「富國強兵」政策，為有效穩定邊疆、開發建設邊疆提供了堅實的物質基礎，其功效具有非同一般的歷史意義。

二、經濟殖民之具

富國傷民，損下溢上，官營工商業法律制度自古就因此遭世人詬病。元代中原政權落入蒙古權貴之手，他們實行公開的民族分治和民族壓迫政策。一方面，他們利用官營工商業法律制度，在中原漢地毫分縷析，極盡聚斂之能事；另一方面，他們憑藉政治特權，將聚斂所得泛賜濫賚，瓜分天下之富，窮極天下之欲。官營工商業法律制度，在他們手裏，完全蛻化成了經濟殖民之具。

元統治權貴利用官營工商業法律制度剝削下民的規模和程度，世罕其匹。元初，耶律楚材以酒醋、鹽稅、河泊、金、銀、鐵冶六色，取課於民，歲定白銀萬錠。既定常賦，朝議以為太輕，楚材曰：「做法於涼，其弊猶貪，後將有以利進者，則今已重矣。」果然被耶律楚材言中，到成宗大德二年，「歲入之數，金一萬九千兩，銀六萬兩，鈔三百六十萬錠，然猶不足於用」。自時厥後，「國用浸廣。除稅糧、科差二者之外，凡課之入，日增月益。至於天曆之際，視至元、大德之數，蓋增二十倍矣，而朝廷未嘗有一日之蓄。」〔註 139〕那麼天曆之際，官營工商業收入究竟是多少呢？天曆元年主要課程，根據文獻記載如下：金課 489 錠，銀課 1549 錠，銅課 2380 斤，鐵課 884543 斤，鐵課鈔 1879 錠；鹽課，辦鹽 2564000 餘引，總計鈔 766100 餘錠；茶課，與延

〔註 138〕宋濂等，《元史》卷一百二十五《賽典赤贍思丁傳》，第 3065 頁。
〔註 139〕宋濂等，《元史》九十三，《食貨一》，第 2352 頁。

祐七年相同，應爲 289211 錠；酒醋課，酒課 469159 錠，201117 索（雲南貨幣計量單位），醋課 22595 錠。〔註140〕據學者推算，「天曆元年的貨幣收入，至少在 9533490 錠以上，其中鹽課所佔比例最大，約爲 80%；其次是商稅，約占 10%；再次是酒醋課，占 5%。」〔註141〕需要注意的是，財政收入中的貨幣部分，比忽必烈末年的 300 萬錠，30 年增加了三倍。唐、宋時鹽課收入一般占財政收入不到一半，或者「實居其半」，但元代鹽課有「國家經費，鹽課居十之八」的記載，〔註142〕元人袁桷也評論說：「國朝定煮海之賦，倍於前代」。〔註143〕不唯絕對數量成倍增加，如果與秋糧、夏稅比較，鹽課收入占比日重。福建鹽司申：「本道山多田少，土瘠民貧，民不加多，鹽額增重。八路秋糧，每歲止二十七萬八千九百餘石，夏稅不過一萬一千五百餘錠，而鹽課十三萬引，該鈔三十九萬錠。民力日弊，每遇催徵，貧者質妻鬻子以輸課，至無可規措，往往逃移他方。」〔註144〕鹽課收入已經大幅超過秋糧、夏稅。作爲古代農業社會，財政收入一般以農業稅收爲主，然而福建八路秋糧、夏稅只及鹽課三分之二。可見鹽課定額之重，已經全無科學合理性可言，鹽課剝削已然達到了全無理性的瘋狂程度。不唯鹽課，其他課額也是如此，「徽、寧國、廣德三郡，歲入茶課鈔三千錠，後增至十八萬錠，竭山谷所產，不能充其半，餘皆鑿空取之民間，歲以爲常。」〔註145〕眞是取之不竭，剝之無度，那顧民間疾苦。

上述是元代官營工商業的生產剝削情況，那麼，官營工商業所得又是如何分配的呢？只能用窮奢極欲、泛賜濫賚來形容，可以說完全落入蒙古權貴之手和被他們消費。宮廷開支，包括皇帝、后妃的日常衣、食、住、行開銷和飲宴、遊樂等費用。元朝初期，帝、后的日常支出標準沒有記載。文宗天曆二年（1329 年），掌管後宮日常事務的中政院報告皇后的日用所需是「鈔十萬錠，帛萬匹，綿五千斤」，〔註146〕還不包括糧食和肉食等。掌管皇帝日常事務的機構是宣徽院。至順元年（1330 年），御史臺官員指出：「宣徽院錢

〔註140〕宋濂等，《元史》九十三，《食貨一》，第 2352 頁。

〔註141〕《中國經濟通史‧元代經濟卷》，第 756 頁。

〔註142〕參見高樹林：「元朝鹽茶酒醋課研究」，《河北大學學報》，1995 年第 3 期，第 5 頁。

〔註143〕袁桷：《清容居士集》卷十九《兩浙轉運鹽使分司記》，四部叢刊。

〔註144〕宋濂等，《元史》九十七，《食貨五》，第 2495、2500 頁。

〔註145〕宋濂等，《元史》卷一百七十二，《鄧文原傳》，第 4024 頁。

〔註146〕宋濂等，《元史》卷三十三《文宗二》，第 727 頁。

穀，出納無經，以上供飲膳，冒昧者多。」〔註147〕由此可以看出，宮廷的日常開支是相當大的。除日常開支外，還有佛事、中寶等其他費用。元朝蒙古統治者崇奉吐蕃佛教，帝后妃主都接受灌頂（洗禮）。帝師及其門徒主持的各種佛事，耗費巨大。據延祐四年（1317）統計，內廷佛事消耗的食品，每年用麵439500斤、油79000斤、酥21870斤、蜜27300斤元統治者酷愛「寶貨」，泰定元年，張圭上奏指出：「……中賣寶物，……分珠寸石，售值數萬，……率皆天下生民膏血，錙銖取之，從以捶撻，何其用之不吝。……又非有司聘要和買，大抵皆時貴與斡脫中寶之人，妄稱呈獻，冒給回賜，高其值且十倍，蠹蠹國財，暗行分用。……臣等比聞中書乃覆奏給累朝未酬寶價四十餘萬錠，較其元值，利已數倍，有事經年遠者三十餘萬錠，復令給以市舶番貨，計今天下所徵包銀差發，歲入止十一萬錠，已是四年徵入之數，比以經費弗足，急於科徵。」〔註148〕當然，不僅僅是這些，元朝中後期，許多統治者幾乎過著荒淫無度的生活。燕鐵木兒在文宗朝爲相，一宴或宰十三馬，取泰定帝後爲夫人，前後尚宗室之女四十人，或有交禮三日遂遣歸者，而後房充斥不能盡識。一日宴趙世延家，男女列坐，名鴛鴦會。見座隅一婦色甚麗，問曰：「此爲誰？」意欲與俱歸。左右曰：「此太師家人也。」〔註149〕元順帝奢侈淫佚更甚於此，他於苑內造豪華龍船，「其精巧絕出，人謂前代所鮮有。時帝怠於政事，荒於遊宴，以宮女……一十六人按舞，名爲十六天魔，……又宮女一十一人，練槌髻，勒帕，常服，或用唐帽、窄衫。所奏樂用龍笛、頭管、小鼓、箏、琴、琵琶、笙、胡琴、向板、拍板……宮官受秘密戒者得入，餘不得預。」〔註150〕荒淫如此，不亡國又該如何？

　　元代的賜賚，主要是歲賜和「朝會賜賚」。「以明親親之義」爲名，氾濫賜賚數額之巨大，前朝歷代聞所未聞。史稱「元之爲制，其又厚之至者歟」。歲賜以世祖至元二十六年爲例「賜諸王、公主、駙馬如歲例，爲金二千兩，銀二十五萬二千六百三十兩，鈔一十一萬二百九十錠，幣十二萬二千八百匹」〔註151〕世祖朝以後，「朝會賜賚」漸次取代了歲賜的地位，成爲元朝中後期主要的賜賚手段。巨額朝會賜賚是造成元朝財政收支嚴重失衡的一個最重要

〔註147〕宋濂等，《元史》卷三十四《文宗三》，第749頁。

〔註148〕宋濂等，《元史》卷一百七十五《張圭傳》，第4072頁。

〔註149〕宋濂等，《元史》卷一百三十八《燕鐵木兒傳》，第3333頁。

〔註150〕宋濂等：《元史》卷四三，《順帝六》，第919頁。

〔註151〕宋濂等：《元史》卷十五，《世祖十二》，第307頁。

原因。元朝中期的 37 年中，換了 8 個皇帝，每換一次皇帝，都要窮國庫所儲在朝會上大加賜賚，並馬上造成國家財政的極度緊張。至元三十一年六月，成宗即位後的「朝會賜與之外，餘鈔止有二十七萬錠」。十一月，中書省報告：「今諸王藩戚費耗繁重，餘鈔止一百十六萬二千餘錠。上都、隆興、西京、應昌、甘肅等處糴糧鈔計用二十餘萬錠，諸王五戶絲造作顏料鈔計用十餘萬錠，而來會諸王尙多，恐無以給。」元貞二年（1296 年）二月，中書省官員更指出了問題的嚴重性：「陛下自御極以來，所賜諸王、公主、駙馬、勳臣、爲數不輕，向之所儲，散之殆盡。」〔註 152〕武宗即位的當年（大德十一年）十月，已經支出 420 萬錠，還有「應支而未支者一百萬錠」。在這 520 萬錠中，用於朝會賜賚的就有 350 萬錠，占三分之二。〔註 153〕

　　元代怯薛，起源於草原部落貴族親兵，是元代的禁衛軍，也是元代權貴官僚的核心部分，大多數是蒙古萬戶、千戶、百戶的子弟及其隨從。元廷曾明令不得收漢人、南人入怯薛。怯薛歹除了享受極高的政治待遇外，在經濟上也享受很高的待遇，史稱「（怯薛）每歲所賜鈔幣，動以億萬計，國家大費每敝於此焉」。〔註 154〕泰定元年（1324 年）正月，「定怯薛臺歲給鈔，人八十錠」，遂成定制。至順三年（1332 年），中書省奏報：「去歲宿衛士給鈔者萬五千人，今減去千四百人，餘當給者萬三千六百人。」〔註 155〕也就是說，當年支付怯薛歹的錢鈔近 109 萬錠，而前一年的支付額則高達 120 萬錠。怯薛管屬下的怯憐口，另行頒發錢鈔。成宗大德九年（1305 年）二月，「賜宿衛怯憐口鈔一百萬錠」，〔註 156〕即爲明證。

　　另外，有元一代，嶺北是蒙古肇興之地，又係成吉思汗四大斡耳朵和蒙古大千戶所在，因此倍受統治者關注。嶺北行省不僅沒有稅糧、課程歲辦定額，而且所費經費也主要由朝廷撥賜。這類經費撥賜，少者萬餘錠，多者九十萬錠，幾乎達到全國歲鈔的四分之一。此外還有鹽引、雜綵、糧食、金寶等賜與。〔註 157〕如仁宗延祐六年（1319 年），「詔以駝馬牛羊分給朔方蒙古民戍邊徼者，俾牧養蕃息以自贍」；「給鈔四十萬錠，賑合剌赤部貧民；三十萬

〔註 152〕宋濂等，《元史》卷一十九《成宗二》，第 401 頁。

〔註 153〕《中國經濟通史・元代經濟卷》，第 781 頁。

〔註 154〕宋濂等：《元史》卷九十九，《兵志二》，第 2523 頁。

〔註 155〕宋濂等，《元史》卷三十六《文宗五》，第 799 頁。

〔註 156〕宋濂等，《元史》卷二十一《成宗四》，第 447 頁。

〔註 157〕李治安：「元代中央與地方財政關係述略」，《南開學報》，1994 年第 2 期，第 21 頁。

錠，賑諸位怯憐口被災者」。再如英宗至治三年，「蒙古大千戶部，比歲風雪斃畜牧，賑鈔二百萬貫」。這些都是很好的例子。

　　總之，元王朝財政支出，根本不是量入而出，而是濫行支用，毫無節制，以滿足蒙古貴族利益爲出發點。〔註 158〕蒙古權貴的貪欲和元朝府庫空虛互爲表裏，而財政入不敷出，又促使元政治權貴更加瘋狂地利用官營工商業法律制度榨取漢地民眾。元末「窮極江南，富稱塞北」〔註 159〕的民間怨謠，從某種意義上是元代蒙古權貴經濟殖民江南漢地人民的眞實反映。

三、通往奴役之路

　　《通往奴役之路》是享有世界聲譽的自由意志論者哈耶克的一部代表作。1974 年，哈耶克因「在經濟學界自亞當・斯密以來最受人尊重的道德哲學家和政治經濟學家至高無上的地位」，獲得諾貝爾經濟學獎。在《通往奴役之路》一書中，他從多個方面闡述了社會主義國家有「計劃」地控制經濟的種種弊端，並認爲社會主義是一條通往奴役之路。對於大多數社會主義者來說，社會主義的終極目標是「社會正義、更大程度上的平等和保障等理想」；而從方法或手段上看，「社會主義意味著廢除私有企業，廢除生產資料私有制，創造一種『計劃經濟』體制，在這種體制中，中央的計劃機構取代了爲利潤而工作的企業家。」然而，哈耶克指出「社會主義是集體主義的一種，因而符合集體主義本身的一切東西也必定適應社會主義。」他強調說：「社會主義不僅是集體主義或『計劃』中最最重要的一種，而且正是社會主義勸說具有自由主義思想的人們再一次屈從對經濟生活的管轄，而這種管轄他們曾推翻過，因爲照亞當・斯密的說法，這使政府處於『爲了維持自身，他們有責任實行壓迫和專制』的地位。」〔註 160〕

　　中國古代官營工商業法律制度，雖然不是建立在現代社會主義的政治經濟學基礎之上，但其制度設計目標及所使用的手段卻與社會主義公有制是十分類似的。兩者都希望實現更大程度上的社會正義、平等和保障，即「斂有餘而散不足」，使「貧者富、富者貧」，從而消除貧富分化；兩者都採取公有制的形式，加強政府在國民經濟生活中的控制和管理能力，使政府公權力成

〔註 158〕白鋼主編：《中國政治制度史》，天津：天津人民出版社，1991 年版，第 763 頁。
〔註 159〕《草木子》卷三上《克謹篇》。
〔註 160〕（英）哈耶克：《通往奴役之路》，王明毅等譯，北京：中國社會科學出版社，1997 年版，第 37～39 頁。

為社會分配的主導力量。儘管社會主義的終極目標是否能夠實現，以及它所採取的有「計劃」地控制經濟的手段是否有效和正當尚在爭議之中，但元代官營工商業法律制度，使元政府處在「為了維持自身，他們有責任實行壓迫和專制」的地位，並迫使他所統治下的人民接受其奴役卻是不爭的事實。

元代官營工商業手工業勞動者最初就是來源於「唯匠屠免」的戰爭俘奴，其使主將他們稱為「驅口」。入元之後，官營工商業法律制度得以建立，但直接勞役制一直是元政府經營官營工商業的主要生產經營形式。官營手工業勞動者雖是國家的編戶齊民，但係官匠戶、鹽戶、淘金戶等手工業生產戶計是由國家強制簽撥，並隸屬於官營手工業生產機構；他們在國家的強制力下勞動，受政府官員的直接指揮、監督和管理，甚至是在政府鞭笞下從事生產勞動；他們世襲承擔法定的封建義務，必須強制完成確定的生產任務定額；勞動產品全部直接歸官府所有，他們只是被動接受官府發放的口糧或工本，以維持勞動力的再生產；他們對國家的人身依附性極強，幾乎毫無自由可言。

元代官營工商業手工業勞動者生產勞動不僅是全面被強制的，而且生產條件極其惡劣。以鹽戶為例。鹽戶在諸處鹽場煎辦官鹽，其生產地四周建有圍牆，「彷彿城池，以絕姦偽」。圍牆之外，又挖有濠塹。並置關立鎖，復撥官軍把守、巡警。鹽戶則全家老幼出動，「男子婦人，若老若幼，夏日苦熱赤日行天，則汗血淋漓。嚴冬朔風，則履霜躡冰，手足皴裂，悉登場灶，無敢閒惰。」〔註161〕如此惡劣的生產條件，有如人間地獄，張養浩記山東鹽戶時感歎：「父子兄弟妻女盡室以出，鵠形菜色，傴僂執薪煙焰中，仁人君子見為酸鼻。」〔註162〕礦冶戶接受奴役的情況也是如此，勞動條件極其惡劣。「鑿井取沙，箕運山積，局以金斗，漾以金床，赤體沾濡，手足皸龜，罷其日力，幸而有得，不過星粟之微。或並溪連鑿數井，且不見金。或閉氣從潭底求之，腰石而入，畚沙以出，往往腦鼻流血，得不償勞。蓋其難且險如此。」〔註163〕然而，辦課官吏並不同情體恤，往往以鞭笞相博，「其所司又重之以掊剋、槌剝、羈縻、笞捶之害。」〔註164〕為防止勞動者反抗，元代勞役制冶場內部都

〔註161〕陳椿：《熬波圖》卷上。（日）吉田寅：《〈熬波圖〉的一考察》，劉淼譯，《鹽業史研究》，1995年第4期。
〔註162〕張養浩：《歸田類稿》卷九，《朝散大夫同知山東東路都轉運鹽使司事恭古行司惠政碑》。
〔註163〕《文獻通考》卷十八，《征榷考五》。
〔註164〕何夢桂：《潛齋文集》卷九，《建德路罷金課記》。

設置了嚴密、周備的監視、鎮壓系統。山東濟南萊蕪鐵冶都提舉司內部「勾稽案牘有所，鬻鐵有庫，下迨廚廄獄舍，各以序爲。」〔註165〕撫州樂安縣的小曹金銀場，場設武官一員，駐兵一十三人，行使監督與警備之職。〔註166〕元代官營工商業手工業勞動者雖然不是奴隸，但在如此多的國家強制下與奴隸又有何異。蒙古貴族把被征服地的人民當作奴隸役使，相較於宋代的召募制、承買制經營方式，勞役制無庸置疑是歷史的倒退。

在這種奴役制壓迫、剝削下，元代官營工商業勞動者的整體生活狀況又是如何呢？以係官匠人爲例，元人記載有一部分工匠「既無寸田尺土，全藉工作營生，親身當役之後，老幼何所仰給？」可見工糧根本無法維持匠人家人生計。特別是「外路所簽匠戶，盡是貧民，俱無抵業。元居城市者，與局院附近，依靠家生，尚堪存活，然不多戶也。其散在各縣村落間者，十中八九與局院相隔數十百里，前迫工程，後顧妻子，往來奔馳，實爲狼狽」。說明大多數匠戶的生活境遇都是十分艱苦，「尚堪存活」都十分艱難。因此導致一部分「匠戶貧竄尤甚」，生活難以維持，「計無所出，必至逃亡，今已十亡二三，延之數年，逃亡殆盡矣。」〔註167〕再以鹽戶爲例，兩浙運司申：「本司所轄場司三十四處，各設令、丞、管勾、典史，管領灶戶火丁。用工之時，正當炎暑之月，晝夜不休。才值陰雨，束手彷徨。貧窮小戶，餘無生理，衣食所資，全藉工本，稍存抵業之家，十無一二。有司不體其勞，又復差充他役。各場元簽灶戶一萬七千有餘，後因水旱疫癘，流移死亡，止存七千有餘。即今未蒙簽補，所據拋下額鹽，唯勒見戶包煎而已。若不早爲簽補，優加存恤，將來必致損見戶而虧大課。」〔註168〕官方控訴尚且如此，民間悲鳴情何以堪！有元人傅若金的詩爲證，「幾年催鐵困吾州，鄉井供輸日夜愁。廢冶月明誰鼓鑄，空村民散更誅求」。〔註169〕細細品味之，這不是在反抗嗎？這不是在以死相博嗎？村空民散了，你還壓迫什麼呢？你還剝削什麼呢？

〔註165〕《萊蕪文物》碑刻，《濟南萊蕪等處鐵冶都提舉司公署記碑》。
〔註166〕《（弘治）撫州府志》卷十六，《武衛・職制》
〔註167〕《歷代名臣奏議》卷六十七，鄭介夫《治道・戶計》。
〔註168〕宋濂等：《元史》卷九十七，《食貨五》，第2496頁。
〔註169〕傅若金：《傅與礪詩集》卷六，《送梁實翁免鐵歸鄉》。

結　論

　　中國古代官營工商業法律制度有著深厚的歷史文化底蘊，其功過利弊自古就是人們爭議的焦點。本文以元代官營工商業法律制度作爲標本，對其立法背景、規制內容、運行狀況、社會效果等方面作了比較系統的考析和論述。通過這些考析和論述，可以看出：

　　元代官營工商業法律制度基本上沿襲了唐、宋舊制，但受蒙古統治者落後的奴隸制觀念影響，也頗具自己的個性。然而，就官營工商業法律制度的法律價值意義而言，元代的官營工商業法律制度挫其長而揚其短，有百害而難見其一利，將官營工商業法律制度的百般弊病暴露無遺。究其原因，既有法律運行的政治、法治環境的原因，也有其制度本身缺陷的原因，總體上可以歸納爲以下幾點：

一、蒙古少數民族的權貴政治重利輕義

　　一個國家的法律必然與一個國家的政體及其原則相符合，一個國家政體的性質和特徵決定了一個國家法律的性質和特徵。元代是一個蒙古少數民族強勢統治中原漢地的朝代，其政權具有中原歷代封建王朝的一般屬性，也具有外夷民族殖民中原的特殊性質。由於元政權在政治上過渡依賴蒙古權貴，在經濟上處處維護蒙古權貴的自由工商業特權，並將「黃金家族」政治權貴的一己私利等同於國家利益，在文化上對中原的傳統「民本」思想一知半解，重利輕義，必然導致他們將官營工商業法律制度當爲榨取人民超經濟利益的實用工具，只知取之於民，不知用之於民，急斂暴徵，歲司羽鳩。

二、產權基礎家族性導致的分配不公

產權問題是一切生產關係的核心問題，它決定了生產資料歸誰所有，產品如何分配。蒙古統治者一直將被征服地區的土地和人民當作共有的戰利品，將其視為可以瓜分共享的經濟資源，所謂的「國家財產」只不過是有待分享的「黃金家族」共有財產。元代官營工商業，只是在經營管理法律制度上繼承了前代的管理模式和方法，而事實上因產權基礎不同，其代表的生產關係是一種完全與唐宋不同的生產關係，其分配制度是「取天下了呵，各分地土，共享富貴」〔註1〕原則的具體化。這必然導致元政府，將通過官營工商業法律制度聚斂而得的大量財富泛賜濫賚，氾濫賜賚的結果是財政入不敷出，這又促使元政府更加瘋狂地利用官營工商業法律制度榨取漢地民眾。由於元代官營工商業產權基礎的家族性，官營工商業法律制度不但不能「斂有餘」而「散不足」，反而為貧富懸殊和民族不平等推波助瀾，失去了中原歷代官營工商業法律制度原有的政治價值與經濟意義，成為元朝短祚的原因之一。

三、「各依本俗」的法治不平等

元帝國治下民族眾多，不僅在民法、刑法領域沿用了金朝的「各依本俗」法律原則，而且將「各依本俗」法律原則統領於「民族分治」的政治思想之下，成為元統治者治國的根本方略，即所謂的「為治之道，宜各從本俗」。〔註2〕基於「各依本俗」的法治原則，元代蒙古權貴仍然適用沿襲於大汗國時期的自由工商業法律，漢地的官營工商業法律制度並不及於諸王投下。這樣，蒙古貴權們就可以大肆興辦投下工商業，甚至部分禁榷工商業來獲取巨額工商業利益。這種不平等的法治制度，給元朝歷史上有名的「四等人制」豐富了內容，也為官營工商業法律制度打擊地方豪強勢要及節制富商大賈的政治、經濟作用大打了折扣。元代官營工商業法律制度只是加重了人民的經濟負擔，對豪強勢要、富商大賈幾無影響，這是元代官營工商業法律制度挫長揚短的又一根本原因。

〔註1〕 《元典章》卷九，《吏部三·官制·投下·改正投下達魯花赤》，中國廣播電視出版社，影印元刊本，第302頁。

〔註2〕 宋濂等：《元史》卷一百六十四《楊恒傳》，第3856頁。

四、直接勞役制經營模式的落後

　　元代官營工商業手工業勞動者最初就是來源於「唯匠屠免」的戰爭俘虜，其使主將他們稱爲「驅口」。入元之後，官營工商業法律制度得以建立，但直接勞役制一直是元政府經營官營工商業的主要生產經營形式。官營手工業勞動者雖是國家的編戶齊民，但係官匠戶、鹽戶、淘金戶等手工業生產戶計都是由國家強制簽撥，在國家的強制力下勞動，世襲承擔法定的封建義務，勞動產品全部直接歸官府所有，對國家的人身依附性很強。元代官營工商業手工業勞動者雖然不是奴隸，但在國家強制下幾與奴隸無異。蒙古權貴把被征服地的人民當作奴隸役使，相較於宋代的召募制、承買制經營方式，勞役制無庸置疑是歷史的倒退。

五、經營管理的監督機制不完善

　　從純粹經濟學分析來看，官營工商業法律制度的最大問題是控制問題，是代理成本問題，是代理人忠誠問題，而且建立一種使一系列命令的上下通達並確保上級決策科學、下級服從有效的監督機制是十分必要的，但這種監督機制肯定是既昂貴而又不完善的。打開中國官營工商業的歷史，其生產組織的問題和弊端無不在於此。中國歷史上的歷代官營工商業法律制度都沒有很好地解決這個問題，元代更是如此。這就導致了元代官營工商業經營過程中，貪污成風，非法盤剝嚴重，生產成本高昂，經營效率低下，諸如此類的官營工商業法律制度弊端都暴露無遺。

　　今天，我國走的是具有中國特色的社會主義道路，公有制經濟在國民經濟中佔有舉足輕重的主導地位。雖然其政治經濟學基礎與中國古代官營工商業法律制度完全不同，是建立在馬克思科學社會主義的政治經濟學理論基礎之上，但借古鑒今，仍然具有特別重要的現實意義。公有制經濟在富國強兵，集中力量辦大事，增強國際競爭力，節制私人資本，限制貧富分化，促使國民經濟健康穩定發展等具多領域可以發揮與古代官營工商業法律制度類似的作用，但元代官營工商業法律制度的百般弊病，尤其是權貴經濟的禍患、貪官污吏的肆虐，足以引起世人的警惕。2008 年，美國金融危機的爆發和我國危機後的迅速復蘇，見證了「北京模式」的內在生命力和經濟合理性。但美國總統奧巴馬 2010 年 11 月 10 日到訪印度尼西亞首都雅加達，在印度尼西亞

大學發表演講時指出：「沒有自由的繁榮只不過是另一種形式的貧困而已。」
斯言可畏！可畏！

參考文獻

一、中文典籍與著作（含譯著）

1. 宋濂等：《元史》，北京：中華書局校點本，1976年版。
2. 《大元聖政國朝典章》（影印元刊本），北京：中國廣播電視出版社，1998年版。
3. 《大元通制條格》，郭成偉點校，北京：法律出版社，1999年版。
4. 《元朝秘史》，鮑思陶點校，濟南：齊魯書社，2005年版。
5. 桓寬：《鹽鐵論》，哈爾濱：黑龍江人民出版社，2004年版。
6. 《元代奏議集錄》，陳得之、邱樹森、何兆吉輯點，杭州：浙江古籍出版社，1998年版。
7. 黃時鑑輯點：《元代法律資料輯存》，杭州：浙江古籍出版社，1998年版。
8. 徐元瑞：《吏學指南》，楊訥點校，杭州：浙江古籍出版社，1988年版。
9. 柯劭忞：《新元史》，北京：中華書局，1988年版。
10. 方齡貴校注：《通制條格校注》，北京：中華書局，2001年版。
11. 蘇天爵：《國朝文類》，四部叢刊本，北京：商務印書館，1919年版。
12. 蘇天爵：《國朝名臣事略》（影印本），北京：中華書局，1962年版。
13. 《韓非子今注今譯》，邵增樺注譯，臺北：臺灣商務印書館，民國七十年版。
14. 《商君書今注今譯》，賀凌虛注譯，臺北：臺灣商務印書館，民國六十一年版。
15. 脫脫等：《金史》，北京：中華書局，1975年版。
16. 脫脫等：《宋史》，北京：中華書局，1985年版。
17. 脫脫等：《遼史》，北京：中華書局，1974年版。

18. 司馬遷：《史記》，長沙：嶽麓書社，1998 年版。

19. 長孫無忌等：《唐律疏議》，劉俊文點校，北京：中華書局，1983 年版。

20. 李林甫：《大唐六典》（影印日本廣池本），西安：三秦出版社，1991 年版。

21. 《管子》（影印《諸子集成》本），上海：上海書店，1996 年版。

22. 袁桷：《清容居士集》，四部叢刊本。

23. 耶律楚材：《湛然居士文集》，文淵閣四庫全書影印本。

24. 劉因：《靜修先生文集》，臺灣影印文淵閣四庫全書本，臺灣：商務印書館股份有限公司，1986 年版。

25. 梁國治等：《欽定國子監志》，文淵閣四庫全書影印本。

26. 郝經：《郝文忠公陵川文集》，北京圖書館古籍珍本從刊本。

27. 王惲：《秋澗先生大全集》，文淵閣四庫全書影印本。

28. 陶宗儀：《南村輟耕錄》，北京：中華書局，1980 年版。

29. 葉子奇：《草木子》，北京：中華書局，1959 年版。

30. 釋圓至：《藥溪牧潛集》，北京圖書館古籍珍本叢刊本。

31. 《經世大典》（從《永樂大典》輯），北京：九州圖書出版社，1998 年版。

32. 許有壬：《至正集》，元人文集珍本從刊本。

33. 胡祗遹：《紫山先生大全集》，三怡堂叢刊本。

34. 吳澄：《吳文正公集》，元人文集珍本從刊本。

35. 楊奐：《還山逸稿》，元人文集珍本從刊本。

36. 許衡：《許文正公遺書》，文淵閣四庫全書影印本。

37. 胡行簡：《樗隱集》，文淵閣四庫全書影印本。

38. 王圻：《續文獻通考》，文淵閣四庫全書影印本。

39. 楊瑀：《山居新話》，文淵閣四庫全書影印本。

40. 虞集《道園類稿》，文淵閣四庫全書影印本。

41. 宋濂：《宋學士文集》，文淵閣四庫全書影印本。

42. 王冕：《王冕集》，文淵閣四庫全書影印本。

43. 張養浩：《歸田類稿》，文淵閣四庫全書影印本。

44. 魏初：《青崖集》，文淵閣四庫全書影印本。

45. 程鉅夫：《雪樓集》，文淵閣四庫全書影印本。

46. 陳旅：《安雅堂集》，文淵閣四庫全書影印本。

47. 黃晉：《金華黃先生文集》，文淵閣四庫全書影印本。

48. 王逢：《梧溪集》，文淵閣四庫全書影印本。

49. 于欽：《齊乘》，文淵閣四庫全書影印本。

50. 何夢桂：《潛齋文集》，文淵閣四庫全書影印本。

51. 蒲道原：《閒居叢稿》，文淵閣四庫全書影印本，臺北：臺灣商務印書館，1986 年版。

52. 吳萊：《淵穎集》，四庫全書本，臺灣商務印書館，1986 年影印版。

53. 李逸友編著：《黑城出土文書》（漢文文書卷），北京：科學出版社，1991 年版。

54. 曾代偉：《金律研究》，臺北：臺灣五南圖書出版公司，1955 年版。

55. 曾代偉：《中國經濟法制史綱》，成都：成都科技大學出版社，1994 年版。

56. 曾代偉主編：《巴楚民族文化圈研究——以法律文化的視角》，北京：法律出版社，2008 年版。

57. 陳高華、史衛民：《中國經濟通史‧元代經濟卷》，經濟日報出版社，2000 年版。

58. 韓儒林主編：《中國大百科全書‧中國歷史‧元史》，上海：中國大百科全書出版社，1985 年版。

59. 高樹林：《元代賦役制度研究》，保定：河北大學出版社，1997 年版。

60. 韓儒林：《穹廬集》，石家莊：河北教育出版社，2000 年版。

61. 曾仰豐：《中國鹽政史》，商務印書館，1936 年版。

62. 柳詒徵：《中國文化史》，上海：上海古籍出版社，2001 年版。

63. 俞榮根：《儒家法思想通論》，南寧：廣西人民出版社，1992 年版。

64. 陳金全主編：《中國傳統法律文化與現代法治》，重慶：重慶出版社，2000 年版。

65. 呂志興：《宋代法制特點研究》，成都：四川大學出版社，2001 年版。

66. 彭大雅、徐霆：《黑韃事略》，王國維箋證本，文殿閣書莊，民國 25 年版。

67. 色音：《蒙古游牧社會的變遷》，呼和浩特：內蒙古人民出版社，1998 年版。

68. 吳海航：《元代法文化研究》，北京：北京師範大學出版社，2000 年版。

69. 陳喜忠：《中國元代經濟史》，北京：人民出版社會，1994 年版。

70. 白鋼主編：《中國政治制度史》，天津：天津人民出版社，1991 年版。

71. 陳高華：《元史研究新論》，上海：上海社會科學院出版社，2005 年版。

72. 張晉藩主編：《中國法制通史》（十卷本），北京：法律出版社，1999 年版。

73. 傅築夫：《中國經濟史論叢》（上、下），上海：三聯書店，1993 年版。

74. 胡興東：《元代民事法律制度研究》，北京：中國社會科學出版社，2007

年版。

75. 李治安：《忽必烈傳》，北京：人民出版社，2004 年版。

76. 史衛民：《元代社會生活史》，北京：中國社會科學出版社，1996 年版。

77. 吳曉萍：《宋代外交制度研究》，合肥：安徽人民出版社，2006 年版。

78. 陳金全主編：《法律思想史綱》，成都：成都科技大學出版社，1998 年版。

79. 沈大明：《〈大清律例〉與清代的社會控制》，上海：上海人民出版社，2007 年版。

80. 張鈞：《明清晉商與傳統法律文化》，北京：法律出版社，2006 年版。

81. 趙曉耕：《宋代官商及其法律調整》，北京：中國人民大學出版社，2001 年版。

82. 劉曉：《元史研究》，廈門：福建人民出版社，2006 年版。

83. 李劍農：《中國古代經濟史稿》（第三卷），武漢：武漢大學出版社，2005 年版。

84. 〔意〕馬可波羅：《馬可波羅行紀》，馮承均譯，上海：上海書店出版社，2000 年版。

85. 〔波斯〕拉施特：《史集》第一卷第二分冊，余大鈞、周建奇譯，北京：商務印書館，1983 年版。

86. 〔波斯〕剌失德丁：《史集》第二卷《成吉思汗的繼承者》，周良霄譯注，天津：天津古籍出版社，1992 年版。

87. 〔伊朗〕志費尼：《世界征服者史》，何高濟譯，翁獨健校訂，呼和浩特：內蒙古人民出版社，1980 年版。

88. 〔蘇〕博·雅·符拉基米爾佐夫：《蒙古社會制度史》，劉榮峻譯，北京：中國社會科學出版社，1980 年版。

89. 〔蘇〕伊·亞·茲拉特金：《準噶爾汗國史》，馬曼麗譯，北京：商務印書館，1980 年版。

90. 〔瑞典〕多桑：《多桑蒙古史》，馮承鈞譯，上海：上海書店出版社，2001 年版。

91. 〔英〕道森：《出使蒙古記》，呂浦譯，北京：中國社會科學出版社，1983 年版。

92. 〔蘇〕Ｂ·Ｒ·加富羅夫著，肖之興譯《中亞塔吉克史：上古——十九世紀上半葉》，北京：商務印書館，1985 年版。

93. 〔法〕孟德斯鳩：《論法的精神》（上下），張雁深譯，北京：商務印書館，1959 年版。

94. 〔美〕波斯納：《法律的經濟分析》（上下），蔣兆康譯，林毅夫校，北京：中國大百科全書出版社，1997 年版。

95. 〔德〕馬克斯・韋伯:《經濟通史》,姚曾廣譯,韋森校訂,上海三聯書店,2006 年版。

二、中文文章

1. 劉莉亞:《元代手工業研究》,河北大學博士學位論文,中國知網電子本。
2. 劉莉亞:《元代礦冶業研究》,河北大學碩士學位論文,中國知網電子本。
3. 陳廣恩:《元代西北經濟開發研究》,暨南大學博士研究生學位論文,中國知網電子本,2003 年。
4. 張國旺:《元代海鹽研究》,河北師範大學碩士研究生學位論文,中國知網電子本,2003 年。
5. 楊印民:《元代酒俗、酒業和酒政》,河北師範大學碩士研究生學位論文,中國知網電子本,2003 年。
6. 李海棠:《儒學在元代的影響》,湖南師範大學碩士研究生學位論文,中國知網電子本,2001 年。
7. 左鈺雯:《元代蒙古統治者的儒治研究》,雲南師範大學碩士研究生學位論文,中國知網電子本,2006 年。
8. 楊永平:《元代商業和回回人》,雲南師範大學碩士研究生學位論文,中國知網電子本,2003 年。
9. 陳高華:「元代的鹽政及其社會影響」,《元史研究論稿》,中華書局,1991 年版。
10. 吳慧:「遼金元鹽法考略」,《鹽業史研究》,1988 年第 1 期。
11. 高樹林:「元朝鹽戶研究」,《中國史研究》,1996 年第 4 期。
12. 高樹林:「元朝鹽茶酒醋課研究」,《河北大學學報》,1995 年第 3 期。
13. 寧夏固原文管所:「寧夏固原開城元代安西王府建築遺址調查簡報」,《中國歷史博物館館刊》,2000 年第 1 期。
14. 許惠利:「北京智化寺發現元代藏經」,《文物》,1987 年第 8 期。
15. 高榮盛:「元代匠戶散論」,《南京大學學報》,1997 年第 1 期。
16. 胡小鵬:「元代的民匠」,《西北師大學報》,2002 年第 6 期。
17. 胡小鵬:「元代的係官工匠」,《西北師大學報》,2003 年第 2 期。
18. 劉莉亞:「元代係官工匠的身份地位」,《内蒙古社會科學》,2003 年第 3 期。
19. 胡小鵬,程利英:「元代的軍器生產」,《西北師大學報》,2004 年第 3 期。
20. 屈文軍:「論元代中書省的本質」,《西北民族研究》,2003 年第 3 期(總第 38 期)。
21. 劉莉亞:「元代國家各級機構的礦冶業管理權」,《中國經濟史研究》,2003

年第 2 期。

22. 李治安：「元代中央與地方財政關係述略」，《南開學報》，1994 年第 2 期。

23. 胡小鵬，狄豔紅：「略論元代的礦冶制度」，《西北師大學報》，2006 年第 6 期。

24. 蕭功秦：「元代儒臣的反功利思潮」，《上海師範大學學報》，1994 年第 1 期。

25. 修曉波：「元朝斡脫政策探考」，《中國社會科學院研究生院學報》，1994 年第 3 期。

26. 李海棠：「斡脫錢」，《文史雜誌》，2000 年第 2 期。

27. 翁獨健：「斡脫雜考」，《燕京學報》，1941 年第 29 期。

28. 舒炳麟：「析元朝氾濫賜賚的痼疾」，《安徽大學學報》，1995 年第 3 期。

29. 徐東升：「宋代官營手工業定額管理制度述論」，《廈門大學學報》，2002 年第 2 期。

30. 程尼娜：「元代對蒙古東道諸王統轄研究」，《遼寧師範大學學報》，2004 年第 5 期。

31. 潘少平：「論元朝俸祿制度」，《南都學壇》，2002 年第 1 期。

32. 孫文學：「元朝失政之財政思考」，《財經問題研究》，2001 年第 8 期。

33. 呂九卿：「簡論元朝的治國方略」，《洛陽大學學報》，2002 年第 3 期。

34. 吳鳳霞：「元代四等人制產生的原因」，《廊坊師範學院學報》，2001 年第 1 期。

35. 黃鴻山：「元代常平義倉研究」，《蘇州大學學報》，2005 年第 7 期。

36. 劉莉亞：「論元代礦產品的流通政策」，《河北大學學報》，2001 年第 3 期。

37. 李曉：「王安石市易法與政府購買制度」，《歷史研究》，2004 年第 6 期。

38. 胡小鵬，馬芳：「元代的採金、金課與淘金戶計」，《西北師大學報》，2005 年第 6 期。

39. 李倩：「元代冶鐵技術的發展——兼論官營冶鐵向民營冶鐵的演變」，《內蒙古社會科學》，2002 年第 3 期。

40. 沈仁國：「論元代官場貪贓盛行的原因」，《江蘇教育學院學報》，2005 年第 6 期。

41. 〔日〕吉田寅：「〈熬波圖〉的一考察」，劉淼譯，《鹽業史研究》，1995 年第 4 期。

42. 〔日〕有高岩：「元代訴訟裁判制度研究」，《蒙古史研究參考資料》，1981 年第 18 輯。

43. 〔俄〕維爾納德斯基：「成吉思汗札撒的內容與範圍」，《蒙古史研究參考資料》，1981 年第 18 輯。

44. 何泉達：「簡論元代的早逝」，《史林》，2005 年第 5 期。

45. 李瑩，劉春霞：「試論元朝之對外貿易與文化交流」，《瀋陽航空工業學院學報》，2005 年第 6 期。

46. 廖大珂：「元代官營航海貿易初探」，《廈門大學學報》，1996 年第 2 期。

47. 胡興東：「斡脫：蒙元時期民事制度的一個創新」，《雲南師範大學學報》，2003 年第 5 期。

48. 劉秋根，楊小敏：「從黑城文書看元代官營酒業的變化」，《寧夏社會科學》，2007 年第 1 期。

49. 李治安：「論元代的官吏貪贓」，《南開學報》，2004 年第 5 期。

50. 陳傑林：「論元代製酒業與酒業政策特點」，《淮北煤炭師範學院學報》，2003 年第 2 期。

51. 楊德華，楊永平：「元朝的貨幣政策和通貨膨脹」，《雲南民族學院學報》，2001 年第 5 期。

三、外文著作

1. Paul Heng-chao, Ch'en. *Chinese Legal Tradition under the Mongols.* Princeton, New Jersey: Princeton University Press, 1979.

2. Riasanovsky, V.A.*Fundamental Principles of Mongol law.* Tien tsin, 1938.

四、外文文章

1. 〔日〕岩佐精一郎：「元代斡脫錢的原語」，《史學雜誌》第 46 編，昭和十年。

致　謝

　　在論文完稿之際，回首四年的讀博生涯，心中感激萬千。西南政法大學的一草一木，法律史學的諸位老師，同窗共讀的博士學友，四年的光陰易逝，但他們的一切，我將終生難忘。

　　俞榮根博導、陳金全博導、張培田博導，尤其是我的恩師曾代偉博導，他們那無微不至的關懷，孜孜不倦的教誨，他們那精闢入微的見解，耐心細緻的批註，點點滴滴溶入一個學子的心靈，銘刻在我靈魂的深處。

　　徐昱春博士、宋振淩博士、陳松博士、陳宏博士、潘志誠博士、王娟博士、舒國賓博士、胡康博士，我們曾經朝夕相處，一起指點江山，一起激揚文字，規勸勉勵、嬉笑怒罵，都是那麼美好的回憶。

　　完成四年學業，離不開仙桃職業學院給予我的莫大幫助。在此，尤其要提到李前程院長、陳曉燕主任、向世斌院長等各位領導，如果沒有他們的支持和照顧，拖家帶口的我，想要在工作之餘，順利完成畢業論文的寫作，那簡直不可思議。

　　四年來，我的妻子廖英女士默默支撐著一個家。每一次早起，每一頓飯菜，都有她無私的愛和奉獻。四年前，女兒還剛讀小學二年級，兒子還沒有上學。現在，女兒已經長得跟媽媽一樣高了，年內就要上初中了；兒子字寫得還很差，但中午也可以獨自從學校坐公交回家吃午飯了。寫作是辛苦的，但她們臉上燦爛的笑容，猶如爍日溶金的彩霞，布滿了我生活的天空，驅散了我心中的寂寞和疲憊，給予了我無窮的幸福和力量。

　　四年，父母的頭髮又白了許多，他們還是那樣勞苦沉默。

　　畢業論文已經完稿，博士生涯也即將結束。又到了揮手告別，不帶走一

片雲霞的時候，又要背起行囊，踏上浪跡天涯的旅途。沒有豪言壯語，更沒有山盟海誓，只是衷心地說一聲：謝謝！謝謝您們！

　　謹以此文獻給您們──所有愛我的人和我愛的人！